Baldur Schyra
Momentaufnahmen eines Chirurgen

*Für Lothar und Maria
mit herzlichen Grüßen
von
Baldur
zu Weihnachten 2002*

Baldur Schyra

Momentaufnahmen eines Chirurgen

Biographische Erzählungen

edition fischer
im
R. G. Fischer Verlag

Bibliografische Information Der Deutschen Bibliothek
Die Deutsche Bibliothek verzeichnet diese Publikation in der
Deutschen Nationalbibliografie; detaillierte bibliografische
Daten sind im Internet über http://dnb.ddb.de abrufbar

© 2003 by R.G.Fischer Verlag
Orber Str. 30, D-60386 Frankfurt/Main
Alle Rechte vorbehalten
Schriftart: Times 11°
Herstellung: Satz*Atelier* Cavlar / NL
Printed in Germany
ISBN 3-8301-0421-9

*Für Aggi
in Dankbarkeit und Liebe*

*und
für Marion, Anna und Katrin,
die viel Freude in mein Leben brachten*

INHALTSVERZEICHNIS

VORWORT 9

ALLER ANFANG IST SCHWER 11

DIE GRENZE ZUM JENSEITS 50

EINE WEIHNACHTSGESCHICHTE 94

DER BUS-UMFALL 136

EIN EXPERIMENT 175

DENIS SUCHT EINE MUTTER 233

EIN OPERATIONSTAG 258

ES WAR NUR EINE SCHNITTWUNDE 322

VORWORT

Ich habe acht Begegnungen ausgewählt, die mir aus 42 chirurgischen Berufsjahren in besonderer Erinnerung blieben. Gedanken und Eindrücke, Überlegungen und Reflexionen, die mich und meine Arbeit an diesen Tagen begleiteten, habe ich geschildert und dabei gelegentlich »Tabus« aus dem Krankenhaus oder den Operationssälen übergangen. Diese außergewöhnlichen Tage waren für einige Patienten schicksalbestimmend, für den Weg meiner eigenen Entwicklung waren es Meilensteine, die mein berufliches Selbstverständnis veränderten, formten und prägten.

Jede Arbeit wird zum Vergnügen, wenn sie von Erfolgen begleitet wird. Doch ich habe auch über Zweifel und Mißerfolge berichtet, denn sie gehören ebenfalls zum chirurgischen Alltag, und als Schatten der Erinnerung begleiten sie uns manchmal ein Leben lang – so wie der 11jährige Johannes, für den es nach einer kleinen Schnittwunde am Fuß keine Hilfe mehr gab.

Den Ablauf der Handlung habe ich nicht geändert, viele Namen von Personen blieben erhalten. Sogar die »Weihnachtsgeschichte« wird in den Operationsberichten und Krankenblättern unter dem Datum des denkwürdigen 24. Dezember 1980 noch im Klinikarchiv geführt.

Bernburg, im Dezember 2002
Baldur Schyra

ALLER ANFANG IST SCHWER

Die erste Operation ist schon etwas ganz Besonderes im Werden eines Chirurgen. Sie prägt sich tief in das Gedächtnis ein und bleibt dort ein Leben lang als Erinnerung zurück. Doch welches ist die erste Operation? Bestimmt nicht die so oft genannte Blinddarmoperation. Denn wer wollte es schon wagen, einen Bauch zu öffnen, ohne vorher Messer, Schere und Pinzette an einer einfachen Wunde, einer Warze oder einem Furunkel erprobt zu haben? Wenn wir nach jahrelanger Praxis schließlich den ersten Magen total entfernen, eine verengte Herzklappe sprengen oder eine Beinarterie rekonstruieren, so sind das ebenfalls Erstoperationen. Sie sind viel größer, komplizierter und schwieriger als diese Erstoperation, doch sie prägen sich nicht so tief in unsere Erinnerung ein wie dieser kleine Eingriff, wie diese Atheromexstirpation, wie diese operative Entfernung eines einfachen »Grützbeutels« am Kopf.

Ich will aber den Ereignissen nicht vorgreifen und möchte der Reihe nach erzählen.

Ich ging durch einen Park. Kies knirschte unter meinen Schritten. Das erste Herbstlaub säumte den breiten Weg, der im thüringischen Ohrdruf zum Portal eines ehemals herrschaftlichen Hauses führte. Gleich nach den Wirren des politischen Umbruchs hatte sich dort die Innere Abteilung eines Städtischen Krankenhauses etabliert. Ich schritt würdig, denn ich hatte allen Grund dazu. Seit 6 Wochen besaß ich ein wichtiges Zertifikat, das mir die »Ausübung des ärztlichen Berufes unter Anleitung« gestattete. In der Fachsprache heißt diese Urkunde »Vorläufige ärztliche Approbation«.

Niemand kann dieses Gefühl nachempfinden, denn es erlebt

nur der, der schließlich nach 12 Schul- und weiteren 6 Studentenjahren zu seinem großen Vorgesetzten bestellt wird, dort im schwarzen Anzug bei brütender Spätsommerhitze erscheint und in feierlichem Ton erfährt, daß er nun endlich mit dem Beruf beginnen kann, von dem er schon seit 10 Jahren träumte. So ein Gefühl muß man erlebt haben! Man kann es nur unvollkommen wiedergeben. Die Welt ist auf einmal viel größer, die Sonne scheint heller, sogar die Leute auf der Straße schauen einen freundlicher an, und natürlich mit mehr Respekt und Ehrfurcht, glaubt man.

Ich stand vor dem prächtigen Aufgang, schaute auf das Emailleschild mit der Aufschrift
Innere Abteilung
Chefarzt : Dr. E. Helmholtz,
holte noch einmal tief Luft und drückte dann auf den schweren Griff mit dem Löwenkopf. Die wuchtige Eichentür mit den geschliffenen Glasscheiben drehte sich, quietschte und öffnete sich zu einer großen Diele. In der Mitte ein Kamin, zu beiden Seiten eine geschwungene Treppe, natürlich in Eiche. Hinter den Türen mit den schweren Messingklinken wohnte früher die Herrschaft, jetzt standen dort Krankenbetten, in denen Kassenpatienten lagen. In einigen Zimmern sechs, im Salon sogar zwölf.

Mein erster Weg führte mich zur herrschaftlichen Toilette, gleich neben dem Eingang, denn bei jeder Aufregung arbeiteten meine Nieren und mein Darm intensiver. Und natürlich war ich aufgeregt. Noch nie hatte ich so schöne Fliesen gesehen wie in dem großen Bad. Ich konnte mir alles in Ruhe anschauen, denn ich hatte noch 10 Minuten Zeit bis zu meinem Vorstellungstermin. So bewunderte ich den polierten Kristallspiegel, die gediegenen Wandleuchter, die hellblau getönten Becken. Ärgerlich war nur, daß der Spülkasten ständig in das Becken tropfte und dadurch ein längeres Verweilen unmöglich machte. Dafür lief der Hahn mit dem warmen Wasser nicht. Er tropfte nur schwach. Der Boiler solle kaputt sein, sagte mir später die Schwester, aber so genau wußte das niemand.

Wieder in der Diele, ging ich gemessenen Schrittes durch eine geöffnete Tür, an der sich das Schild »Stationszimmer« befand. Die streng aussehende, dunkelhaarige Stationsschwester, in weißes gestärktes Leinen gekleidet, saß hinter einem großen Schreibtisch und verband auf einer Fieberkurve viele kleine Einzelpunkte mit einer roten Linie, wozu sie statt eines Lineals eine Postkarte benutzte. Unverwandt schaute sie auf ihre Arbeit, so daß ich statt ihres Gesichtes nur die hohe Stirn, ein kurzes Stück ihrer in der Mitte gescheitelten Haare und darüber die große Faltenhaube als Zeichen ihrer Autorität erkennen konnte. Hatte sie mich gesehen? Nichts deutete darauf hin. Vor dem großen Fenster schüttelte eine kleinere jüngere Schwester die vielen Thermometer nach unten, unbeirrt durch den Eintritt eines Fremden. Ihren niederen Dienstgrad erkannte jeder an der glatten, faltenlosen Kastenhaube, die sie trug. Die Stationshilfe polierte mit großem Einsatz die makellose Fläche einer blütenweißen Fliesenwand mit einem Fensterleder, schaute aber verstohlen über den aufgestützten Arm in meine Richtung.

Mein Gruß blieb unbeantwortet, wenn man das halblaut gemurmelte »bin gleich fertig« aus der Richtung des Schreibtisches nicht wertete.

»Entschuldigen Sie bitte, ich bin der Neue«, stellte ich mich vor.

»Das hab' ich mir schon gedacht.«

Auch dieser Satz kam vom gleichen Absender, mit dem gleichen Gesichtsausdruck, konzentriert auf den nächsten roten Punkt schauend. Und die gestrenge Stationsschwester, sie hieß Krimhild, wie sich später herausstellte, ergänzte noch: »Wenn Sie zum Chef wollen, sein Zimmer ist dort!«

Am Ende ihres kurzen Satzes drehte sie den Daumen ihrer rechten Hand, in der sich noch der Rotstift befand, nach außen.

Ich konnte gehen, und ich ging, an Wissen reicher, doch an Selbstbewußtsein ärmer.

Zum zweiten Mal in der Diele, klopfte ich zaghaft an die eichene Kassettentür, an der sich ein geschnitztes Brett mit der runenhaften Einkerbung »Chefarzt« befand. Nach einigen Sekunden ehrfürchtigen Wartens:

»Herr – rein!«

Verhaltenen Schrittes betrat ich den Raum, blieb neben der Tür stehen.

Eine massige Gestalt hob sich aus dem geschnitzten Armlehnenstuhl, kam mir zwei Schritte entgegen. Ein kritischer Blick prüfte mich von oben nach unten, danach in umgekehrter Richtung. Der Mund öffnete sich zu einem jovial-gönnerhaften Lächeln und zeigte mir zwei Reihen großer gelber Zähne. »Parodontose«, konstatierte ich insgeheim.

»Sie sind also der Neue!«

Eine fleischige Hand streckte sich mir entgegen.

»Wir werden uns schon vertragen.«

»An mir soll es nicht liegen«, erwiderte ich höflich und setzte mich auf den angebotenen Untersuchungshocker, der so gar nicht zu dem rustikalen Mobiliar der früheren Herrschaft paßte, dafür aber in besonderer Weise den Unterschied verdeutlichte, der in Sitz und Bedeutung zwischen Hausherrn und Gast bestand. Der Chef forderte mich auf, über meine bisherige internistische Tätigkeit zu berichten, und schon nach kurzer Zeit merkten wir beide, daß es da nicht viel zu berichten gab, denn eine Famulatur war alles. Nach drei Sätzen fiel mir nichts Wesentliches mehr ein. Es folgte eine kleine Pause, und am Ende des kurzen Schweigens stand er abrupt auf und meinte: »Kommen Sie mit. Ich zeige Ihnen meine Klinik.«

Es folgte ein Defilee durch ausgewählte Krankenzimmer, wobei die abblätternde Farbe an den Metallbetten und die dürftige Einrichtung in einem erheblichen Kontrast zu der ursprünglichen Anlage des Hauses stand. Bei einigen Patienten erfuhr ich die Diagnose im Telegrammstil. »Angina pectoris«, »Hypertonie«, »Gutachten« und »dekompensiertes Nierenversagen« lagen im ersten Vierbettzimmer.

Ich folgte meinem künftigen Chef in angemessener Entfernung. Kurzer Halt am Bett eines älteren, ausgezehrten Mannes, der uns nur kurz aus seinen tiefliegenden Augen musterte und dann den Blick wieder in die vor ihm liegende Unendlichkeit richtete.

»Schon mal was von der Kahlerschen Krankheit gehört?« näselte mein Vorgesetzter.

»Eine Knochenmarkdysplasie. Befällt meist ältere Menschen. Als Plasmocytom tritt es an Schädelknochen oder Wirbelkörpern auf, kann aber auch in der diffusen Form vorkommen.«

Nicht sonderlich beeindruckt von meinem Redefluß, über den ich mir ein heimliches Eigenlob aussprach, verweilte er beim letzten Kranken des 6-Bett-Zimmers. Etwas umständlich zog er das Stethoskop aus der Kitteltasche, versenkte die mit altem Ohrenschmalz gefüllten Hör-Oliven in seine mit Haarbüscheln gesäumten Gehörgänge und richtete den kleinen Schalltrichter auf die hagere Brust des schwerkranken, nach Luft ringenden Patienten.

»Hier – herrlich – so schön hören Sie das selten. Das ist Musik – direkt über der Mitralis. Was ist das?«

Er machte den Platz am Bettrand für mich frei, reagierte nicht auf den hilfesuchenden Blick des vor ihm Liegenden und schaute mich mit breitem, selbstzufriedenem Lächeln erwartungsvoll an.

Ich sah die gestauten Halsvenen, das cyanotische Gesicht, beugte mich tiefer über den nach Luft ringenden Brustkorb, hörte das keuchende Atemgeräusch, das überdeckt wurde durch ein lautes Gefäßgeräusch, den paukenden ersten Ton über der Herzspitze und den gespaltenen zweiten Herzton.

»Eine Mitralstenose, deutliche Dekompensationszeichen«, sagte ich und war mir meiner Diagnose sicher.

»Das ist doch aber nicht alles, hören Sie mal auf das systolische Crescendogeräusch, das diastolische Decrescendo, die akzentuierte Doppelung des zweiten Tones, den Wachtelschlag.« Nach kurzem Überlegen, ohne die Fragen und das Hoffen im Blick des auf seine Hilfe Wartenden zu registrieren, fügte er hinzu: »Das klingt doch wie ein Akkord aus einer Symphonie. Für mich ist das wie Musik.«

Mit beschwingtem Schritt verließ er den Raum und beendete den Rundgang im nächsten Zimmer mit den Diagnosen »Pfeiffersches Drüsenfieber« und »Leberzirrhose, nicht mehr viel zu machen«. Dann schloß sich die schwere Eichentür hinter dem kärglichen Interieur.

»Na, wie finden Sie meine Klinik?«

Aus seinen Worten sprach Besitzerstolz, obwohl es sich bei dem Krankenhaus um staatliches Eigentum handelte. Wahrheitsgemäß, aber taktisch nicht sonderlich klug, antwortete ich: »Das Haus hat schon mal bessere Zeiten gesehen, man müßte da noch viel Geld reinstecken.«

Die buschigen Augenbrauen kamen sich näher.

»Sie befinden sich in einer Medizinischen Klinik, nicht im Hilton«, war die kurze und nicht sehr freundliche Erwiderung. Die Vorstellung war beendet.

So einfach also war das!

Für ihn schien das Problem damit erledigt, und für mich war wieder ein jugendlicher Versuch zur Weltverbesserung gescheitert. In der folgenden Zeit häuften sich die Widersprüche zwischen meinem Tatendrang und den vom Chef gestatteten Möglichkeiten zur Entfaltung. Man brauchte also keine prophetische Gabe, um eine Kollision vorauszusehen. Ich war auf alles gefaßt, doch nicht auf diese Begegnung, die mich bei einer ganz gewöhnlichen Visite überraschen sollte.

Es war ein ganz normaler Arbeitstag in einer ganz normalen Woche. Ich sah gelangweilt aus dem Fenster und erkannte an dem großen Zeiger der Kirchturmuhr, daß ich noch viel Zeit hatte. Erst in 10 Minuten begann die Vormittagsvisite, die – der Tradition folgend und ungeschriebene Gesetze beachtend – als Ein-Mann-Schau ablief. Der Chef dozierte, und die Patienten waren sein Publikum. Während des Sprechens hatte er die Angewohnheit, sich selbst am linken Unterarm mit dem rechten Zeigefinger den Puls zu kontrollieren. Meist war der Puls wohl normal, denn er nickte gelegentlich beifällig, wenn sich seine Lippen leise zählend bewegten. Eine Vorbereitung zu den Visiten war – im Gegensatz zu den Visiten an großen Kliniken – nicht erforderlich, denn ich wurde nie etwas gefragt. Außerdem besaß ich nur den Status eines Gastarbeiters, wurde also mehr geduldet als gebraucht.

In deutlichem Kontrast zur Chirurgischen Klinik, wo Aufregung und Hektik unverzichtbare Bestandteile jeder Visite waren, verlief in der Inneren der gleiche Vorgang in äußerer Ruhe und scheinbarer Harmonie.

»Unser Chef liebt keine Aufregungen«, meinte die Öse, eine erfahrene Stationsschwester. Der Name Krimhild paßte zu ihr, denn er erinnerte an Sagen und starke Frauen. »In zwei Jahren wird er pensioniert, und bis dahin will er sich nicht mehr aufregen.«

Als Internist wußte der Chef, wie schnell man durch Aufregungen zu einem Herzinfarkt kommen konnte. Prophylaxe sei besser als Therapie, meinte er.

Da er nach Durchsicht meiner Personalunterlagen wußte, daß ich Chirurg werden wollte, verschwendete er nur wenig Zeit damit, mich in die Geheimnisse seines internistischen Fachgebietes einzuweihen. Ich war zu dieser Zeit sein einziger Assistent und versorgte mit ihm gemeinsam zwei Stationen mit 48 Betten. Es war also ein ärztliches Betreuungsverhältnis, das sich heute niemand mehr vorstellen kann. Zu unserem Team gehörten eigentlich noch zwei andere Ärzte, die ich aber in den sechs Monaten meiner internistischen Pflichtassistenz nie zu sehen bekam: ein junger Facharzt, der von einer Ferienreise nach Bayern nicht wieder nach Ohrdruf in Thüringen zurückgekehrt war, »weil der Chef ihn nicht zum Oberarzt machen wollte«, wie er aus Augsburg mitteilte, und eine junge und attraktive Stationsärztin, die aber schwanger war, was der Chef unerhört fand, denn erstens war sie alleinstehend, und zweitens hatte sie die Möglichkeiten eines von ihm organisierten Abteilungsfestes »in unerlaubter Weise mißbraucht«, wie er immer wieder feststellte. Wegen schwangerschaftsbedingter Magenbeschwerden blieb sie also sechs Monate lang zu Hause, was die Sozialversicherung zwar monierte, doch mit einer 90%igen Lohnfortzahlung honorierte.

So teilte ich mir die Arbeit mit dem Chef und kam bei diesem Geschäft gut weg, denn mein Teil der Arbeit war kleiner, für meine Begriffe sogar viel zu klein. Meine einzige Aufgabe bestand darin, die Aufnahmeuntersuchung bei Neuzugängen durchzuführen und, was im allgemeinen auch heute noch wenig beliebt ist, Krankenblätter zu schreiben. Wer schon einmal versucht hat, 48 Krankenblätter auf dem Laufenden zu halten, weiß, daß man das nur schafft, wenn man die eine Hälfte in der knappsten Kurzform bearbeitet und die andere Hälfte für mehrere Wochen unerledigt in ein Regal legt. Nach einigen Wochen kamen dann beide Stapel in das Archiv, und dort waren sie meist 20 Jahre lang dem Einfluß von Staub, Schimmelpilzen und Spinnweben schutzlos preisgegeben.

Dr. Helmholtz pflegte viele seiner Visiten mit dem folgenden kurzen Credo seiner internistischen Ausbildungspflichten zu beginnen:

»In ein paar Jahren werden Sie Chirurg sein. Sie werden also alles besser wissen. Das heißt, Sie werden denken, daß Sie alles besser wissen! Dabei werden Sie alles, was Sie von der Inneren

Medizin einmal wußten, wieder vergessen haben. Also brauchen Sie es erst gar nicht zu lernen.«

Seine Standardausführungen beendete er meist mit den Worten: »Ich kenne keinen Chirurgen, der etwas von der Inneren Medizin versteht!«

Ich ließ mich vorsichtshalber auf keine Streitgespräche mehr ein, und so verlief jede Visite sehr ruhig. Ich wurde nichts gefragt und bekam wenig gesagt. An jedem Krankenbett mußte ich die Kurve entfalten und dem – natürlich immer rechts von mir stehenden – Chef in einem gebührenden Abstand zur Einsichtnahme entgegenhalten. Ich hatte schon nach kurzer Zeit einige Übung in dieser Funktion eines wandelnden Lesepultes. Ich brauchte allerdings viel länger, mich daran zu gewöhnen, daß bei allen auftretenden Fragen die Stationsschwester Krimhild konsultiert wurde. Ich nicht! Und das paßte gar nicht zu meinen Vorstellungen über den Wert und die Bedeutung eines angehenden Stationsarztes. Der Informationsaustausch bei einer Chefvisite konnte sich dann etwa in folgender Form abspielen:

Zur Schwester gewandt, näselte der Chef: »Wir wollten doch das Blutbild noch einmal kontrollieren! Dieser Wert kann doch unmöglich stimmen. Schauen Sie sich den Mann doch einmal richtig an, der hat doch mehr als 45 %.«

Die Schwester nickte.

»Warum ist der Blutzucker immer noch so hoch? Wie lange geben wir schon Alt-Insulin?«

»Seit 3 Tagen, Herr Chefarzt«, erwiderte Schwester Krimhild, und zur Bestätigung nickte sie noch einmal.

Ich wagte den Zusatz: »Herr Schneider trinkt laufend Limonade, die Zucker enthält.«

Ein mitleidiger Blick aus den wenig gütigen Augen des Chefs traf mich. Was weiß denn ein Chirurg vom Diabetes, schien er zu fragen.

Wir gingen weiter. Immer drei Schritte, dann waren wir am

nächsten Bett. Kurzer Stopp. Aufschlagen und Halten des Krankenblattes mit kurzer Unterhaltung. Dann wieder drei Schritte.

»Wo sind denn die Röntgenbilder von der Magendurchleuchtung?«

Intensives Suchen von Schwester Krimhild.

»Ich kann sie nicht finden, Herr Chefarzt, gestern waren sie noch da.«

Ich wagte eine Bemerkung.

»Die habe ich gestern zur Mitbeurteilung in die Chirurgie gegeben. Wahrscheinlich muß der Mann operiert werden. Er hat ein großes Magengeschwür.«

Erst jetzt fuhr mir der Schreck in die Glieder, denn ich hatte damit meine Kompetenz gewaltig überschritten. Doch für einen Rückzug war es zu spät.

Diesmal war es kein mitleidiger Blick, der mich aus den zornig funkelnden Augen traf.

»Soo – die haben Sie gestern also zur Chirurgie gegeben?«

Atemlose Stille im Krankenzimmer. Jeder ahnte die kommende Katastrophe, ich auch. Dann – eine halbe Oktave höher:

»Woher sollen denn die Chirurgen wissen, mit welchen Medikamenten man ein Magengeschwür behandeln und ausheilen kann? Haben die schon mal ein Geschwür mit einer Rollkur geheilt? Nein – noch nie! Gleich immer den Magen raus. Und das wegen einem so kleinen Geschwür!«

In Gedanken verbesserte ich: Wegen eines so kleinen Geschwürs! Doch ich sagte natürlich kein Wort.

Er hielt Daumen und Zeigefinger der linken Hand nach oben, zwei Millimeter voneinander entfernt, dicht vor seinem goldumrandeten Kneifer, um das kleine Geschwür zu verdeutlichen, schob die Unterlippe vor und näherte sich mir drohend in dieser Stellung. Ich blieb standhaft, wich nicht zurück, hielt aber den Pappdeckel mit der aufgezeichneten Kurve schützend in meiner vorgestreckten Hand. So erwiderte ich seinen Blick auf kurze

Distanz und verhinderte ein weiteres Vordringen. Ich sah deutlich die kleinen Schweißperlen auf seiner Stirn, das Zucken um seinen Mund, die Parodontose am Übergang vom Zahnfleisch zu den gelben Zähnen.

»Herr Kollege, wie hier behandelt wird, bestimme ich«. Seine Stimme wurde schrill: »Ihre Handlungsweise ist unerhört, Ihre Anmaßung einmalig!«

Er vergaß seine Infarktgefährdung. Die Haut unter den Schweißperlen wurde dunkelrot, die Adern an den Schläfen füllten sich stärker. Er atmete schwer. Doch schon nach wenigen Augenblicken erinnerte er sich an die drohende Gefahr, und noch rechtzeitig fiel ihm wieder seine Prophylaxe bei drohendem Herzinfarkt ein. – Nur nicht aufregen! Der rechte Zeigefinger ging an den Puls der linken Hand. Die Stimmlage senkte sich um eine Oktave.

»Herr Kollege, Sie müssen noch viel lernen, sehr viel sogar! Fangen Sie rechtzeitig damit an, denn in sechs Monaten, da ist es zu spät, da sind Sie wieder auf der Chirurgie.«

Er atmete schwer, und während der weiteren Visite würdigte er mich keines weiteren Blickes. Das ging so bis zum letzten Zimmer, und hier sollte mich mein Schicksal ereilen.

Herr Arnold, ein schwergewichtiger Gastwirt, lag im zweiten Bett. Das schüttere Haar bedeckte nur bei genauer Ausrichtung den quadratischen Schädel. Seit fünf Wochen wurde er wegen einer Hepatitis behandelt, und – wie er meinte – war die Therapie bei ihm besonders wichtig, da er in seinem Beruf eine leistungsfähige Leber brauchte. Da es ihm nach der langen Behandlung deutlich besser ging, sollte er bald entlassen werden.

»In einer Woche sind Sie wieder zu Hause, nicht geheilt, aber gebessert«, sagte ihm der Chef und klopfte ihm väterlich auf die Schulter.

»Herr Chefarzt, vergessen Sie meinen Knoten nicht!«

Er zeigte auf seinen Hinterkopf, genauer gesagt, auf eine hühnereigroße Beule am Hinterkopf.

Der Chef nahm den Kneifer von der Nase und betrachtete das Gebilde aus nächster Nähe.

»Ja, ja, das Ding wollten wir Ihnen ja noch wegmachen.«

»In acht Tagen bin ich doch wieder zu Hause, und da dachte ich, das können wir doch gleich hier mit erledigen.«

Ein nachdenklicher Blick des Chefs war die Antwort.

»Sie haben mir das doch versprochen! Und in den nächsten Tagen können Sie mich doch noch den Chirurgen vorstellen«, meinte der ahnungslose Wirtshausbesitzer.

O weh – das hätte er nicht sagen dürfen. Zumindest jetzt nicht. Ein Zucken um den Mund verriet die innere Erregung meines Vorgesetzten. Vorstellung beim Chirurgen! Das erinnerte ihn wieder an mein Vergehen. Die Haut im Gesicht wurde dunkler. Vorsicht – nicht ärgern! Herzinfarkt!

Diesmal geriet der Chef nicht außer Kontrolle. Er mußte noch zwei Jahre durchhalten! Er hatte sich wieder in der Gewalt, lächelte gequält, zeigte uns seine großen, gelben Zähne.

»Aber, aber, Herr Arnold, damit werden wir Sie doch nicht gleich zu den Chirurgen schicken. Das machen wir doch selber. Für so was haben wir doch unsere eigenen Leute«, und sein Kopf neigte sich in die Richtung, in der ich stand. Mit allem internistischen Charme, dessen er noch fähig war, fügte er zu mir gewandt hinzu: »Das erledigen Sie bitte heute nachmittag.«

Für ihn war die Sache damit erledigt, für mich fing sie an. Wer ahnte in diesem Augenblick, welche folgenschwere Entscheidung der Chef soeben getroffen hatte? Gleich nach der Visite beteiligte ich mich erst einmal ausgiebig an dem üblichen Kaffeetrinken der Schwestern. Es ging mir weniger um den guten Kaffee, als um die Aufbesserung meines stark angeschlagenen Selbstbewußtseins. Mein Fall wurde gründlich ausgewertet, was mich ziemlich ärgerte. Einige lachten sogar über meinen Auftritt.

»Wie konnten Sie die Unterlagen ausgerechnet in die Chirurgie geben? Hätten Sie mich doch vorher gefragt.«

Das mußte ausgerechnet die Walküre von sich geben, Schwester Krimhild. Was verstand die schon von einem Magengeschwür?

»Liebe Schwester Krimhild, ich werde Sie immer um Ihre Ansicht fragen, wenn ich das für nötig halte!« Ich bemühte mich, überheblich zu erscheinen, und es gelang mir wohl ganz gut, allerdings an der unpassenden Stelle. Ich schaffte es nämlich nicht, meine Gesprächspartner davon zu überzeugen, daß nur mein Standpunkt der richtige war, und daß die Mitbeurteilung der Röntgenbilder durch die von mir favorisierte Chirurgie eine medizinische Notwendigkeit war. Als ich dann schließlich eine Runde Würstchen spendierte, half das der Besserung meines Ansehens weit mehr als der vorausgegangene Disput.

Meine abschließende These, »und der Mann muß doch am Magengeschwür operiert werden«, fand bei einigen Stimmenthaltungen nur noch wenige Gegenstimmen. Nur Schwester Krimhild mußte wieder das letzte Wort haben.

»Und ohne die Röntgenbilder brauchten Sie heute Herrn Arnold nicht den Grützbeutel rauszumachen.«

»Wieso ich?«

»Na, hören Sie mal, glauben Sie etwa, der Chef macht das selber?«

Jetzt erst wurde mir die ganze Tragweite der verunglückten Visite klar. Ich sollte meine erste Operation ausführen! Ohne Assistenz und ohne Anleitung!

Der Schreck fuhr mir in die Knie und in den Magen. Nur jetzt keine Schwäche zeigen, ging es mir durch den Kopf. Der Vormittag war sowieso nicht gut gelaufen.

»Wo soll ich denn operieren?« Meine Frage klang ziemlich hilflos und kläglich.

»In der Neun«, erwiderte Schwester Krimhild kurz und bestimmt.

Zimmer 9 war ein mittelgroßer Raum, den man vom Nebenflur erreichte. Die eine Hälfte diente zum Abstellen von Infusionsständern, Lichtkästen, Keilkissen und veralteten Geräten, die andere Hälfte nutzte Herr Rackwitz. An der Tür befand sich noch das gediegene Emailleschild der Herrschaft mit der Aufschrift in gotischen Lettern »Bügelzimmer«. Mitten im Raum stand ein großer, mit Kunstleder bezogener Armlehnstuhl mit einem verstellbaren Kopflehnteil. An jedem Dienstagnachmittag kam das Klinikfaktotum, Herr Rackwitz, um hier zu arbeiten. Gehfähige Männer konnten hier von ihm für wenig Geld die aktuellen Lokalnachrichten und einen Einheitshaarschnitt erhalten. Manche ließen sich auch rasieren.

Das also sollte mein Operationsraum werden? Das konnte doch niemand im Ernst von mir verlangen! Ich war empört, ging zur Stationsschwester, um zu protestieren. Es half nichts. Ich wäre bei ihr an der verkehrten Adresse, ließ sie mich wissen. Ich sollte doch den Chef fragen. Ich forderte von ihr, daß sie zum Chef geht. Natürlich ging sie nicht. Ich bat, flehte, schmeichelte. Es half alles nichts.

»Dann gehe ich eben selber.«

»Gehen Sie nur, ich habe Sie jedenfalls gewarnt«, kam die schnippische Antwort.

»Dann operiere ich drüben in der Chirurgie«, erklärte ich kategorisch.

»Das können Sie nicht machen!« Entrüstet stellte sie sich mir in den Weg. Schwester Krimhild war eine erfahrene Schwester. Erfahren im Umgang mit Patienten und im Umgang mit jungen Assistenzärzten. Sie versuchte es nun auf eine andere, viel geschicktere Tour.

»Der Grützbeutel sitzt doch direkt unter der Haut, da brauchen Sie doch gar nicht viel zu machen. Der kommt doch nach dem ersten Schnitt von alleine raus. Und Sie haben doch schon so viele chirurgische Bücher gelesen, wer will Ihnen denn da etwas vormachen?«

Das letzte Argument überzeugte mich endgültig. Allerdings mußte ich auch bei späterer Betrachtung zugeben, daß mir die ganze Sache schon damals nicht geheuer war. Ich ging also erst einmal in die wissenschaftliche Bibliothek, um mich zu belesen. Bibliothek war allerdings auch nicht der richtige Ausdruck, denn es war nur ein Zimmer im Verwaltungsgebäude, in dem viele betagte Bücher standen. Auf einigen Regalen befand sich Unterhaltungsliteratur für Patienten, an einer anderen Wandseite ruhten medizinische Fachbücher älteren Datums unter einer Schicht Staub. Ich fand im Register eines in Leder gebundenen Buches unter dem gesuchten Begriff folgende Erklärung:

Ein Atherom ist »ein kugelig-glattes, prall-elastisches, gelbliches, oft in der Vielzahl vorkommendes Gebilde der Haut, oft ist es eine unregelmäßig-dominant erbliche Epidermiszyste; Vorkommen vor allem am Hodensack und im Kopfhaarbereich.«

Damit war die Erklärung beendet, mein Wissensdurst aber noch längst nicht gestillt. Ich fand es vor allem empörend, daß es keiner der Autoren für nötig hielt, dem in Not geratenen Pflichtassistenten mitzuteilen, wie man ein Atherom entfernen mußte.

Dann eben nicht!

Verärgert ging ich nach Hause, das heißt in mein möbliertes Zimmer in der Friedensstraße 23. Dort befand sich der große »Atlas der operativen Chirurgie« von E. Wachsmuth, den ich in meiner Studienzeit für den stolzen Betrag von 186.– Mark erstanden hatte. Und für 186.– Mark konnte man schließlich etwas verlangen! Ich blätterte das Register durch, und meine anfängliche Hochachtung vor dem berühmten Autor verwandelte sich bald in Enttäuschung. Das konnte doch nicht wahr sein! Herr Professor Wachsmuth hatte das Atherom vergessen. Meine Verehrung für den großen Chirurgen sank beträchtlich. In einem anderen Standardwerk wurde in drei Bänden über »Fehler und Gefahren bei Operationen« berichtet. Im Vorgriff auf kommende schwere Zeiten hatte ich mir auch dieses Werk zugelegt, und ich mußte für diese edle Tat zwei Monate ohne Stipendium auskommen. Nun sollte sich meine Investition auszahlen! Welche Fehler und Gefahren erwarteten einen bei Operationen am Kopf? Was konnte man am Kopf alles verletzen! Zunächst stark blutende Gefäße. Und spätestens seit dem Physikum hat jeder Student und junge Arzt Ehrfurcht und Respekt vor dem komplizierten Mechanismus Gehirn, dem man in Prüfungsfragen nicht gern begegnet. In wenigen Stunden würde sich dieses lebenswichtige Organ direkt unter meinem Betätigungsfeld befinden, nur wenige Millimeter unter meinem Operationsgebiet. Ich verdrängte den Gedanken an die bedrohlich enge Nachbarschaft. Ich würde mich auf die dazwischenliegende, schützende Knochendecke verlassen können, die ja in jedem Leben manche harten Schläge aushalten muß.

Also suchte ich weiter. – Und suchte. – Und suchte.

Das Atherom war offensichtlich zu klein und unbedeutend, um in diese drei Bände Eingang zu finden. Aber für mich und Herrn Arnold war es weder klein noch unbedeutend. Es war schließlich meine und seine erste Operation!

Langsam wurde es mir heiß. Jetzt brauchte ich eine erfahrene Hilfe. Ich ging wieder in das Stationszimmer. Dort saß Schwester Krimhild und schrieb ihre Fieberkurven.

»Würden Sie mir helfen, wenn ich heute das Atherom operiere?«

Ich fragte sehr höflich und bescheiden, denn ich wollte eine Absage vermeiden. Sie zog erst noch die blaue Linie bis zum nächsten Meßwert, dann schaute sie auf, verzog keine Mine und sagte klar und bestimmt: »Das macht Rita, die hat heute Spätdienst.«

Das hatte mir gerade noch gefehlt! Rita war zwar ein nettes und ziemlich stabiles Mädchen. Auf Stationsfesten war sie wegen ihrer lockeren Sprüche und ihres großen Bedarfs an Zärtlichkeiten stets gern gesehen, doch der Ernst des Lebens war an ihr ziemlich spurlos vorübergegangen. Rita war für meine Operation völlig ungeeignet.

Doch Reden war hier fehl am Platze. Das erkannte ich schnell, und deshalb fügte ich mich nach einigen vergeblichen Überredungsversuchen. Ich ging in die Neun, um mir den Raum noch einmal aus der Nähe zu betrachten. Außer dem Frisierstuhl war nichts zu gebrauchen. Im Waschbecken noch alter, getrockneter Seifenschaum, auf der Spiegelkonsole eine Flasche Brillantine, nur kaltes Wasser, außerdem schlechtes Licht und – abgesehen von einem kleinen Ablegetisch – kein Mobiliar. Mir wurde abwechselnd heiß und kalt, ich schwankte zwischen Wutausbruch und Resignation, entschied mich aber nach einigem Überlegen für das letztere.

Ich holte aus meinem Dienstzimmer die Schreibtischlampe und befestigte sie an einem Wandhaken. Das war nun meine OP-Leuchte. Den Frisierstuhl rückte ich einen Meter davor, er sollte als OP-Tisch dienen. Im Bad fand ich einen Waschschüsselständer, allerdings ohne Einsatz der Schüssel. Nach einigem Suchen wurde er vervollständigt und in die Neun geschafft. Ein kleines Tischchen folgte, dann noch ein Drehhocker. Jetzt konnte ich mir schon langsam vorstellen, wie sich meine Arbeit abspielen würde, wo wir unsere Plätze einnehmen mußten. Eine Liste meines Operationsbestecks wurde von mir zusammengestellt und mußte beschafft werden: Sterile Skalpelle, Schere, Pinzetten, Nadelhalter, Tuchklemmen, Wundhaken, einige Nadeln und Nahtmaterial. Außerdem sterile Tücher, Operationskittel, Mützen, Mundtücher und OP-Schuhe. Schwester Rita bekam einen Lachkrampf, als ich ihr die Liste übergab und sie mit ernstem Ton aufforderte, alle genannten Gegenstände sofort von der leitenden OP-Schwester Renate zu holen. Erst als ihre vorgesetzte Stationsschwester Krimhild den Auftrag in meiner Gegenwart wiederholte und darauf hinwies, daß es der Chef bei der Visite ausdrücklich verlangt habe, wurde meine Anweisung – wenn auch höchst widerwillig – befolgt.

Im Nachbargebäude auf der anderen Seite des Parks war die

Chirurgie untergebracht. Dort löste mein Zettel und das Erscheinen von Schwester Rita fast eine kleine Palastrevolution aus. In weniger als einer halben Stunde wußten es von der Chefsekretärin bis zur letzten Stationshilfe alle, daß wir auf der Inneren Abteilung operieren wollten. Erstaunlich nur, daß Rita alle Instanzen bezwang. Die leitende OP-Schwester Renate konnte über diesen einmaligen und höchst ungewöhnlichen Fall natürlich nicht selbständig entscheiden. So etwas hatte es noch nie gegeben! Sie brauchte erst noch den Segen des Oberarztes. Der hörte sich alles in Ruhe an, ließ sich dann die ganze Geschichte noch einmal langsam wiederholen, fühlte sich schließlich in seiner Zuständigkeit überfordert und zeigte unmißverständlich mit dem abgespreizten Daumen auf die Tür seines Vorgesetzten. Im Vorzimmer mußte die ganze Geschichte zum drittenmal erzählt werden, diesmal der Chefsekretärin. Diese trug dann die Kurzfassung dem chirurgischen Chefarzt vor, und der – wegen seiner Toleranz und Antibürokratie bekannt – stimmte schließlich zu. Nicht ohne zu schmunzeln, wie später berichtet wurde. Er wollte nur noch wissen, ob die Idee zum Operieren auf der Inneren Abteilung von seinem internistischen Kollegen oder von mir stammte.

Ich hatte die Operation für 14.30 Uhr angesetzt. Aber ich wurde schon lange vorher von einer inneren Unruhe geplagt. Deshalb betrat ich schon eine Stunde früher meinen Operationssaal, und hier hatte ich Zeit und Muße, mir noch einmal alles gründlich zu überlegen. Es bestand wenig Gefahr, daß meine Ruhe gestört wurde, denn Herr Rackwitz kam erst am Dienstagnachmittag, und sonst verirrte sich zu dieser Zeit kaum jemand ins Bügelzimmer. Ich ließ meinen Gedanken freien Lauf, und sie gingen auf dem kürzesten Weg in die Vergangenheit: in den großen Operationstrakt der Universitätsklinik Erfurt. Der Stationsarzt hatte uns dort nur das Betreten des Flures gestattet und den Blick durch das Fenster der Tür erlaubt, vor der das große Schild hing:

Operationssaal. Betreten für Unbefugte verboten!

Der Geruch von Lysol, Äther und Beklommenheit mischte sich damals zu einem faszinierenden Erlebnis und begleitete mich noch viele Wochen. Nur einmal im Leben zieht man die Gummischuhe so akkurat an und legt Mütze und Mundtuch so gewissenhaft an – das ist vor dem Betreten des ersten Operationssaales. Und dieser Vergleich mit dem ersten Operationssaal quälte mich.

Film und Fernsehen können trotz technischer Perfektion nicht die Stimmung wiedergeben, die der blauweiße Lichtkegel der OP-Lampen in dem erstmals zuschauenden späteren Akteur hervorzaubert. Gedämpftes Halbdunkel des übrigen Raumes, verhaltenes, leises Sprechen, hin und wieder das metallische Klicken der Instrumente. Über eine Wunde gebeugte Gestalten. Messer – schneiden, Klemmen – tupfen, Haken – halten. Ich wagte damals nicht, tief zu atmen, aus Angst, es könnte stören. Dozent Renger operierte eine Struma. Alles sträubte sich in mir, mein »Bügelzimmer« mit diesem großräumigen Altar einer chirurgischen Messe zu vergleichen.

Zum Glück kam Schwester Rita. Sie war schon von weitem auf dem Flur zu hören: Schlurfend, keuchend und nörgelnd. Keine Hand zum Öffnen der Tür frei, drückte sie die Klinke mit dem Ellenbogen nieder, versetzte der Tür mit ihrem nicht gerade unterentwickelten Hinterteil einen kräftigen Stoß und betrat rücklings den Raum. Immer noch schimpfend, entledigte sie sich ihrer schweren Last. Trommeln, Tücher und Kästen mehr werfend als legend, hatte sie in wenigen Augenblicken beide kleinen Tische bis an die Ränder gefüllt. Ich fand ihren Auftritt despektierlich und wartete auf eine passende Gelegenheit, ihr das auch unmißverständlich mitteilen zu können. Ich brauchte nicht lange zu warten, denn ihre Begrüßungsworte waren noch despektierlicher: »Die Gummilatschen habe ich nicht mitgebracht.«

»Dann zeigen Sie mir doch bitte noch mal meinen Zettel.«

Wortlos reichte sie mir die Liste. Strenge und ironische Überlegenheit klangen jetzt in meiner Stimme.

»Hier steht die vorletzte Position: ›2 Paar OP-Gummischuhe‹. Es ist also Ihre Sache, wenn Sie den Weg jetzt noch einmal gehen müssen.«

»Erstens konnte ich die Schuhe nicht mehr tragen, und zweitens ist das hier sowieso kein OP«, erwiderte sie empört.

»Wir operieren hier, also ist das ein OP!«

Das klang logisch. Doch Logik erweist sich meist als relativ, wenn das gleiche Problem von unterschiedlichen Positionen und von Männern statt von Frauen betrachtet wird, denn nur Männer erwarten hier etwas Absolutes und glauben, daß sie davon mehr verstehen als Frauen. Rita entgegnete: »Das hier ist eine dreckige Frisierstube, also ist das kein OP.«

Auch das klang logisch. Ich war mir nun meiner Sache nicht mehr ganz so sicher. Aber ich mußte konsequent bleiben. Nur jetzt nicht nachgeben! Ich setzte mich auf den Hocker und schaute aus dem Fenster, betont gelangweilt. Meine ganze Haltung sollte ausdrücken: Wir können nicht mit der Operation anfangen, denn die Hauptsache fehlt noch. Wir haben schließlich keine Gummischuhe!

Schwester Rita ging in Kampfhaltung. Sie stemmte die Hände in die Hüften, kam zwei Schritte auf mich zu, zog ihre dunklen, buschigen Augenbrauen noch enger, schaute mich drohend an und protestierte:

»Sie wollen mir doch nicht erzählen, daß wir hier auf dem Dreckfußboden Gummischuhe anziehen müssen. Hier ist es doch genauso dreckig, wie in allen anderen Räumen auch, vielleicht sogar noch dreckiger. Was sollen denn da Gummischuhe?«

So unrecht hatte sie gar nicht. Doch sie erinnerte mich an die Worte von Dr. Lemminger, Chefarzt in Grevesmühlen, der mich vier Wochen als Famulus ertragen mußte, und der die Diktatur des Operateurs in einem Operationssaal für alle sehr überzeugend demonstrierte. Sein stereotyper Satz, den er auch noch logisch fand, lautete: »In einem OP hat immer der Operateur recht, sogar dann, wenn er im Unrecht ist.«

Seine chirurgische Lebenserfahrung fand ich bei allen Hospitationen meiner Studentenzeit bestätigt. Wenn der Operateur etwas sagte, gab es keinen Widerspruch. Diese Hierarchie mußte auch hier mit Leben erfüllt werden! Also mußte ich hart bleiben. Es galt, meiner OP-Mannschaft – und sei sie noch so klein – beizubringen, daß im OP nur der Operateur eine Weisungsberechtigung besaß. Der Grundsatz der Ein-Mann-Demokratie mußte gewahrt bleiben.

Das Schließen der Tür von Zimmer Neun war noch deutlich in allen Kellerräumen zu hören, als Schwester Rita in das Nachbarhaus ging. Sie ließ sich viel Zeit. Mit aufreizender Gleichgültigkeit schlenderte sie den herbstlichen Parkweg entlang und verschwand im Gebäude der Chirurgie. Sie wußte, daß ich sie vom Fenster des Bügelzimmers sehen konnte und hinter ihr herschaute. Also ging sie sehr gemessenen Schrittes, und ihr wiegendes und – wie schon gesagt – stattliches Hinterteil ließ in mir den Gedanken an Tätlichkeiten aufkommen. Nicht etwa, daß ich Hand angelegt hätte. Ganz im Gegenteil! Den Rückweg lief sie in gleicher Bedächtigkeit. So waren weitere 20 Minuten vergangen, als sie mit gewinnendem Lächeln den Raum betrat und die Schuhe rechts und links von sich fallen ließ. Auf jeder Seite ein Paar. Dann schaffte sie Ordnung auf den Tischen. Nicht zu viel, aber wir hatten wieder den Überblick. Der Herbstspaziergang hatte ihr sichtlich wohl getan und sie beruhigt. Mich ganz und gar nicht. Eigentlich müßte sie die Zeit nacharbeiten, dachte ich – und ich sollte recht behalten.

»Wo bleibt denn der Patient?« wollte ich wissen. Schwester Rita ersetzte das fehlende Haustelefon durch ihren persönlichen Charme. Die Tür öffnend, schrie sie über den Hauptflur zum Treppenflur: »Herr Arnold soll kommen!«

Es vergingen ein paar Minuten, dann klappten Türen, und

wenig später erschien Herr Arnold im Bügelzimmer. Mit einem fröhlichen Lächeln blieb er stehen. Sein massiger Körper füllte den ganzen Türrahmen. Er strahlte über sein breites und vom Alkohol gerötetes Gesicht und begrüßte uns mit den Worten: »Na, dann woll'n wir mal.«

»Wir« hatte er gesagt.

Ich kannte vom Arbeitsablauf in einem Operationssaal nur Fragmente. Jetzt sollte ich aus diesem ungeordneten Puzzle ein Mosaik zusammenfügen.

Mir fiel ein, daß ich jetzt mit Herrn Arnold noch ein Aufklärungsgespräch führen mußte, doch mir fehlten die einfachsten Worte. Was sollte ich ihm jetzt sagen? Zum Glück kam er mir zuvor. Ohne Aufforderung ließ er sich ächzend auf dem einzigen Stuhl des Raumes nieder. In den fünf Wochen seines Krankenhausaufenthaltes hatte er hier schon mehrfach gesessen, doch stets nur am Nachmittag des Dienstages, wenn Herr Rackwitz seine gesprächige Frisierstunde zelebrierte. Jetzt hätte ich allerdings einiges dafür gegeben, wenn unser Figaro mir zur Hand gegangen wäre. Nicht so sehr wegen der Operation, sondern wegen der Vorbereitung. Die Station hatte nämlich versäumt, bei Herrn Arnold das Operationsfeld zu rasieren. Wie konnte ich auch auf einer internistischen Station eine ordnungsgemäße Operationsvorbereitung erwarten? Schließlich ist eine Innere Klinik nicht auf solche Arbeiten eingerichtet.

Das große Atherom, unter dem schütteren Haupthaar verborgen, war jedenfalls nicht zu übersehen. Jetzt fing bereits mein chirurgischer Gewissenskonflikt an, denn ich hatte mich eine Viertelstunde lang gewaschen, meine Hände desinfiziert, sterile Handschuhe und Kittel angelegt. Wie sollte ich also das Haupthaar von Herrn Arnold entfernen? Schwester Rita schien meine Gedanken zu erraten, und sie fürchtete gleichzeitig, ich könnte ihr den Auftrag zum Rasieren geben.

»Ich habe zwei Ersatzkittel und Handschuhe mitgebracht.«

Also blieb mir nichts anderes übrig, als in steriler Verkleidung und mit unsteriler Schere, danach mit Seife und Rasiermesser, mein Operationsfeld selbst vorzubereiten. Wer noch nie einen Schädel geschoren hat, weiß nicht, wie schwierig und zeitraubend so eine Tätigkeit ohne moderne Technik sein kann. Ich konnte nur zwischen zwei Möglichkeiten wählen: Entweder das flache, scharfe Rasiermesser dringt in die oberflächlichen Hautschichten, oder Haarbüschel bleiben stehen. Den goldenen Mittelweg fand ich nur selten. Jedenfalls vergoß ich hier wesentlich mehr Schweiß als bei großen Operationen in späteren Jahren.

Herr Arnold fand das alles recht amüsant und scherzte: »Sie bekommen natürlich den gleichen Betrag wie Herr Rackwitz.«

Schwester Rita, selten um eine Bemerkung verlegen, mischte sich ein: »Dann vergessen Sie aber auch das Trinkgeld nicht.«

»Da können Sie sich drauf verlassen. Aber jeder zusätzliche Schnitt in die Haut wird Herrn Rackwitz vom Trinkgeld abgezogen. Ha – ha – ha!«

Hatte er etwas gemerkt? Ich hatte jedenfalls den Wink mit dem Zaunpfahl verstanden, denn die Haut des Kopfes zeigte bereits deutliche Spuren meiner angestrengten Tätigkeit.

»Dann muß ich wahrscheinlich noch was zuzahlen«, war meine Antwort und der Versuch, auf den Scherz einzugehen, obwohl mir überhaupt nicht zum Scherzen zumute war. Meine beiden Zuhörer lachten, und das ärgerte mich noch mehr. Verbissen schabte ich weiter, bis Schwester Rita mein Werk kritisch betrachtete und kategorisch erklärte: »Jetzt reicht's!«

Herr Arnold stimmte zu, und ich fügte mich.

Mir fiel ein, daß ich mit meinem Patienten immer noch kein vorbereitendes Gespräch geführt hatte, wie es mein Professor für Chirurgie vor jeder OP für erforderlich hielt. Er hatte uns das ausdrücklich und wiederholt versichert, wie wichtig das für einen Kranken ist, der sich voll Vertrauen in die Hände seines Arztes begibt. Denn die Einwilligung zu jeder Operation setzt immer ein

Vertrauensverhältnis voraus, und der Arzt sollte sich dessen stets bewußt sein. Also begann ich – allerdings nicht besonders glücklich – wie sich gleich herausstellen sollte, mein Gespräch: »Also, Herr Arnold, Sic brauchen gar keine Angst zu haben, denn ich operiere Sie jetzt.«

Der fragende Blick von Schwester Rita und das verständnislose Gesicht meines Patienten belehrten mich, daß ich das Anliegen meines Gesprächs wohl doch noch präzisieren müßte.

»Wenn ich mit der Operation fertig bin, werden Sie gar keine Beschwerden mehr haben.«

Die Verständnislosigkeit auf Ritas Gesicht nahm zu, und ich merkte selbst, wie albern dieser Satz klang, denn Schmerzen am Kopf hatte er ja noch nie gehabt. Aber mir fiel eben nichts Besseres ein, und schließlich mußte ich ein Vorbereitungsgespräch führen.

Ich wollte mich auf meine Aufgabe konzentrieren, doch ich erhaschte noch den Blick, der zwischen Schwester und Patient getauscht wurde, und der mein langsam zurückkehrendes Selbstbewußtsein wieder beschädigte. Der Rest von Sicherheit geriet ins Wanken. Außerdem fand ich, daß es sehr warm im Zimmer war. Ich machte noch einen letzten, freilich auch nicht sehr erfolgreichen Versuch, das mißglückte Vorbereitungsgespräch in die gewünschte Richtung zu lenken.

»Der Chef hat gesagt, daß wir das Atherom operieren sollen, deswegen haben wir uns hier zusammengefunden«, – und weiter stockend – »aber« …

Herr Arnold fiel mir ins Wort.

»Mensch, nun fangen Sie doch endlich an.«

Ich gab auf und verlangte die Spritze für die örtliche Betäubung. Als ich die Nadel auf die Kopfhaut setzte, unterbrach mich ein langgezogenes »Ssst« von Schwester Rita. Sie zeigte auf die Jodtinktur. Wieder ein Fehler! Das Desinfizieren, die wichtige Vorbereitung vor jeder Operation, hatte ich ja ganz vergessen. Ob es Herr Arnold auch gemerkt hatte?

»Bitte Jod zum Abwaschen!«

Sie reichte es mir. Ich betupfte die kahle Stelle des Kopfes und die blutigen Kratzer und Schrunden der anstrengenden Rasur. Natürlich löste das einen brennenden Schmerz aus. Herr Arnold zuckte zusammen und versuchte, den Kopf zwischen die breiten Schultern zu ziehen. Der Versuch erinnerte an die Bewegung einer Schildkröte, die sich bedroht fühlt, allerdings mit dem Unterschied, daß es ihm nicht gelang, den Kopf ganz einzuziehen. In dieser Stellung des mißglückten Fluchtversuchs einer Panzerechse verharrte er noch, als ich ihm das Procain zur örtlichen Betäubung einspritzte. Zwei Zentimeter entfernt vom Rand der Erhebung, aus jeder Himmelsrichtung einen Einstich setzend, begann ich den Kampf gegen das Atherom. Dabei umkreiste ich mein Opfer wie der Bildhauer im Atelier seine unfertige Plastik, kritisch die schwachen Stellen prüfend. Aus Furcht vor der Tiefe führte ich die Nadel fast horizontal in die harte Kopfhaut und nicht in die darunterliegende weichere Gewebsschicht. Der Erfolg ließ nicht auf sich warten. Jeder Kubikzentimeter mußte mit großem Kraftaufwand eingespritzt werden. Zweifel an dem Resultat meiner Arbeit kamen auf und veranlaßten mich, auch noch die gewölbte Haut über dem Atherom zu betäuben, was völlig überflüssig war. In die Tiefe wollte ich auf gar keinen Fall, denn dort lag die Geschwulst, und die mußte unbedingt im Ganzen, also unverletzt, entfernt werden. Ob mein Procain aber auch in der Tiefe wirkte? Neue Zweifel kamen auf. Schließlich trennte ich mich von meinem Opfer, das sich noch nicht aus seiner Zwangshaltung gelöst hatte.

Jetzt stand ich vor der nächsten schweren Entscheidung, denn ich hatte ja nur eine Schwester. Sollte sie als sterile Instrumentenschwester oder als »Unsterile« arbeiten? Mir erschien die erste Funktion wichtiger. Ich wechselte also noch einmal Kittel und Handschuhe, desinfizierte noch einmal die Haut und deckte die Tonsur mit zwei großen sterilen Tüchern ab. Das bedeutete die totale Verdunkelung für Herrn Arnold, der jetzt das Äußere eines dunkelblauen Vulkans hatte: steil abfallende Kegelwände, auf der Spitze eine helle Fläche, in deren Zentrum sich eine Erhebung befand: Das Atherom.

Ich bezweifelte nicht, daß es im Inneren dieses Vulkans auch brodelte!

Ich wurde die Zwangsvorstellung nicht los, daß ich jeden Gedanken und jede Tätigkeit bei Schwester Rita überwachen mußte: das vorschriftsmäßige Waschen, das sterile Arbeiten, sogar ihre Begeisterungsfähigkeit für mein chirurgisches Ziel, alles mußte kontrolliert und gesteuert werden. Meine wohlformulierten Hinweise empfand sie zunächst als Kritik, dann als Besserwisserei, schließlich ganz einfach als Nörgeln. Sie war schließlich stellvertretende Stationsschwester und eine Schwester für Innere Medizin, wozu also dieser ganze chirurgische Hokuspokus? Nach kurzer Zeit war die Fröhlichkeit dahin, und auch Herr Arnold scherzte nicht mehr. Vermutlich merkte er empfindlich die ständig steigende Temperatur im Innern des Vulkans und das Sinken des atmosphärischen Sauerstoffgehaltes.

Ich überlegte, ob ich den Hautschnitt in Längs- oder in Querrichtung legen sollte. Schwester Rita hatte sich nun 10 Minuten unter fließendem Wasser gewaschen, für ihre Vorstellungen von Sauberkeit also viel zu lange, und anschließend mußte sie ihre Hände noch 5 Minuten lang in die Schüssel mit Desinfektionslösung halten. Ich erinnerte sie an das Handbad im Alkohol. Wortlos gehorchte sie. Aber was war das? Was machte sie da? Dieses unsterile Scheusal drehte mit ihren schon halb sterilen Händen den unsterilen Wasserhahn zu. Damit war die ganze Arbeit umsonst. Mein Schrei kam zu spät.

Noch einmal beginnen! Aber die Zeit drängte.

»Waschen Sie sich verkürzt!«

Wieder drehte sie mit der Hand am unsterilen Hahn, wieder nahm sie die abgelegte, also schmutzige Bürste und Seife vom

Waschbeckenrand! Ich schloß die Augen. Das hat doch alles keinen Zweck! Die wird doch niemals steril.

»Herr Arnold, wir werden jetzt gleich mit der Operation beginnen«, sagte ich nach einer Stunde, »Sie merken nur, daß wir etwas an Ihrem Kopf machen, aber Sie werden keine Schmerzen haben. Wenn Sie doch Schmerzen verspüren, dann sagen Sie es mir bitte. Haben Sie mich verstanden?«

Der Vulkan nickte.

Ich half Schwester Rita beim sterilen Einkleiden, hielt ihr die Handschuhe zum Überziehen entgegen. Ein neues Problem der Sterilität kam auf mich zu. Wer sollte die Rückenbänder von Ritas Kittel schließen? Sie konnte es nicht, ich durfte es nicht. Normalerweise war das eine Aufgabe der »Unsterilen«. Aber die gab es in unserem internistischen Operationssaal nicht. Fragend blickte sie mich an. Ich zuckte mit den Achseln, ehe mir der rettende Einfall kam. Zu meinem Patienten gewandt, fragte ich:

»Können Sie uns einen Gefallen tun, Herr Arnold, und bei Schwester Rita den Kittel zubinden? Sie können die Tücher hier unten auseinanderziehen, dann geht es.«

Es war noch keine zwei Jahrzehnte her, da hatten wir als Kinder auf die gleiche Art aus einem Indianerzelt geschaut, wie jetzt Herr Arnold in unsere sterile Welt. Schwester Rita zeigte ihm ihren Rücken, ging vor ihm in die Hocke, und als Kavalier der alten Schule bereitete es unserem geübten Kneiper keine große Mühe, unserer Bitte nachzukommen. Die frische Luft und die neue Aufgabe hatten ihn wieder aufgemuntert, denn er bemerkte:

»Wenn Sie sich wieder ausziehen müssen, dann sagen Sie mir rechtzeitig Bescheid, da helfe ich Ihnen wieder.«

Kichernd und sichtlich geschmeichelt, erwiderte Rita: »Das könnte Ihnen so passen, das schaff' ich auch alleine.«

»Schade«, meinte er und verschwand unter dem Zelt.

Jetzt kam für mich die Stunde der Bewährung. Ich holte tief Luft, streckte wortlos die Hand aus und – es passierte nichts!

Diese Ouvertüre jeder Operation hatte ich mir von den großen Chefs aus Kliniken und Filmen so tief eingeprägt, daß ich sie beherrschte. Jede Operationsschwester reicht auf diese stumme Geste des Operateurs das Skalpell, zumindest jede richtige OP-Schwester. Aber das war eben der kleine Unterschied. Hier gab es keine richtige OP-Schwester, und es fehlte der richtige Operateur.

»Bitte das Messer, wir fangen an.«

Diesmal klappte es. Ich nahm das übergroße Skalpell wie einen Bleistift, nur viel vorsichtiger. Mit einer Mischung aus Furcht und Kühnheit setzte ich die Schneide auf die Kuppe der Geschwulst und wetzte behutsam nach rechts und links, ängstlich auf eine Schmerzreaktion wartend. Doch nichts regte sich. Alles blieb ruhig. Ich wetzte weiter, den Druck verstärkend. Ein winziger, blasser Riß entstand in der oberen gespannten Hautschicht.

Ich wurde mutiger und zog eine gerade Linie bis zur gesunden Haut. Nur das Atherom nicht verletzen, das war meine große Sorge. Im Inneren befindet sich eine breiähnliche Masse, die leicht ausläuft. Die äußere Hülle mußte unbedingt geschont werden. Es gehört zur besonderen Ehre eines Operateurs, eine Geschwulst möglichst im Ganzen zu entfernen. Mein erster sichtbarer Beweis einer gelungenen Operation sollte in ganzer Größe erhalten bleiben! Also schonende Operation und korrekte Entfernung! Das Operationsfieber hatte mich gepackt, doch nur für kurze Zeit.

Wer wollte es Schwester Renate, der leitenden OP-Schwester, verübeln, daß sie uns nicht die besten Instrumente herausgesucht hatte? Das Messer war viel zu groß, außerdem stumpf. Ich mußte gewaltig drücken, um die Haut zu durchtrennen. Und da war es auch schon geschehen! Es spritzte im Strahl, durchaus vergleichbar mit dem ersten Anstich einer prallen Bockwurst. Ein Teil des graugelben Inhalts befand sich an meiner Stirn, ein anderer, nicht minder kleiner Teil am rechten Glas meiner Brille.

Verdammt! Es fehlte die unsterile Schwester! An ein Säubern

der Milchglasscheibe war nicht zu denken. Ich begann also den nächsten Schnitt von der anderen Seite, von links, denn in dieser Hälfte war mein Blick noch scharf. Bei jedem Druck auf die Haut quollen weiter breiige Massen aus der kleinen Öffnung. Wir tupften und wischten, und der graue Brei vermischte sich mit dem Rot des Blutes. Die Eleganz jeder Operation zeigt sich beim Trennen der einzelnen Gewebsschichten, beim Präparieren. Aber wem gelingt das schon in Perfektion bei der ersten Operation? Mir gelang es jedenfalls nicht, in die richtige Schicht zwischen Haut und Atheromwand zu kommen.

Vorsichtig blinzelnd, schnitt ich weiter. Die Kopfhaut war sehr gefäßreich, das sollten wir bald zu spüren bekommen. Jetzt blutete es im kleinen Strahl aus beiden Wundrändern.

»Klemme!«

Es blutete weiter.

»Noch eine.«

Unverändertes Bild.

»Weiter! Klemmen!«

Der vierte Versuch führte schließlich zum Erfolg.

»Unterbindung. Schere.«

Wie schwierig sich doch einfache Dinge mit nur einem Auge ausführen lassen! Ich schnitt den Faden viel zu lang ab und versuchte, an der trüben Stelle des rechten Brillenglases vorbeizuschauen. In der Beschränkung wurden mir erst jetzt die Vorteile des stereoskopischen Sehens bewußt.

Schluß jetzt! Ich mußte erst wieder richtig sehen!

»Schwester Rita, Sie nehmen einen Tupfer, wischen damit den Brei aus meinem Augenwinkel und vom Brillenglas. Dann werfen Sie das Instrument weg.«

Wieder ein fauler Kompromiß in unserem sterilen Regime. Aber es war nicht mehr viel zu verderben. Nachdem sie zwei Kornzangen mit Tupfern fortgeworfen hatte, besaß ich wieder die Gabe des räumlichen Sehens, zumindest teilweise. Links war das Bild klar, rechts schaute ich durch eine getönte Milchglasscheibe.

Natürlich hatte ich den Fehler aller Anfänger begangen und den Schnitt über die Kuppe des Atheroms geführt. Hier befinden sich aber immer die größten Verwachsungen, bedingt durch jahrelange Entzündungen, und es ist auch für den Erfahrenen oft schwierig, von hier in die richtige Schicht zu gelangen. Man muß von der Seite beginnen, aber das lernt man erst nach vielen Fehlversuchen, und in einer Operationslehre stehen solche Binsenweisheiten auch nicht. Also mühte ich mich weiter. Ohne den Operationsablauf wesentlich zu verändern oder gar zu beschleunigen, kamen meine Befehle nun in rascher Folge:

»Klemme zum Fassen!«

»Schere!«

»Tupfen, schneller!«

»Unterbindung!«

»Klemme zur Blutstillung!«

Das letzte Kommando war bald am häufigsten zu hören. Trotz vereinter Anstrengungen lief das Blut als kleines, aber unentwegtes Rinnsal hinter dem rechten Ohr hinunter zur Schulter. Dort teilte es sich wie auf einer Wasserscheide in zwei kleinere Flüßchen, von denen das eine zum Rücken, das andere zur Brust zog. Herr Arnold stellte fest, daß etwas Warmes am Rücken herunterlief. Wir ließen ihn bei dem Glauben, daß er schwitzt.

Das Fassen der dünnen Atheromwand war immer nur ein kurzes Erfolgserlebnis, denn bei jedem Anspannen riß das brüchige Gewebe. Vergleichbar mit einem Puzzle, hatten wir schon kleine Stücke des Atheroms herausgezogen und zur Seite gelegt, aber der größere Teil befand sich noch in der Tiefe. Unsere Wundhaken waren für mittelgroße Bauchoperationen geeignet, für unseren Eingriff am Kopf aber viel zu groß.

Ich schnitt in die Tiefe, doch ohne Sicht. Es blutete stärker. Das Atherom mußte heraus!

»Klemme zum Fassen.«
Wieder nur ein Wandfetzen!
Ich stopfte die Höhle mit Tupfern aus. Jetzt stand die Blutung zwar, aber ich konnte nicht weiterarbeiten, sondern mußte erst die vollgesogenen Tupfer entfernen. Kurze Verschnaufpause. Tupfer und Kompressen wurden vorsichtig aus der Wunde entfernt. Erneute Blutung.
Klemmen, Klemmen, Klemmen.
Weitere Blutung.
Tupfer herein!
Kurze Verschnaufpause.
So ging das weiter in raschem Wechsel. Dazwischen wieder ein paar Wandfetzen. Austasten der Höhle mit dem Finger. An der Seite hatten wir das Atherom beseitigt, in der Mitte saß es noch fest. Das Zelt schwankte.
»Ich glaube, mir wird schlecht.«
Die Stimme kam aus dem Inneren des Zeltes und klang kläglich.
»Mir ist auch nicht gut«, das war Schwester Rita.
Jetzt war mir die Sterilität gleichgültig, und ich befahl: »Sofort das Fenster auf!«
Schwester Rita führte den Auftrag bereitwillig aus, denn es war eine willkommene Unterbrechung. Dabei zeigte sich, daß ihr Ausspruch nur eine Solidaritätsaktion darstellte. Mit fröhlichem Gesicht und in tiefen Zügen genoß sie die frische Luft. Herr Arnold hatte nicht übertrieben. Wir breiteten das Zelt auseinander und erschraken, wie mitgenommen er aussah. Das frische Rot war aus seinem Gesicht gewichen, er wirkte fahl. Er legte den Kopf zurück an die Nackenstütze, streckte Arme und Beine von sich, atmete schwer.
Schwester Rita hatte inzwischen das Fenster geöffnet, legte ihm eine feuchte Kompresse auf die Stirn und ordnete die sterilen Instrumente auf unserem OP-Tisch. Saubere und unsaubere

Arbeitsgänge, alles in einem. Vieles ging jetzt durcheinander, und ich ließ es geschehen. Sollte ich mich jetzt noch aufregen? Es half doch nichts, und ich ließ es bleiben. Ich bildete im Moment noch den sterilen Mittelpunkt im Zimmer, doch einen ziemlich hilflosen.

Was sollten wir jetzt machen? Der Patient verlangte ein Glas Wasser und bekam es. Er öffnete die Augen und glaubte vermutlich, auf einem Hauptverbandsplatz zu sein, denn nur wenig erinnerte an einen OP. Tücher, Tupfer und Kittel waren rotbraun gefleckt. Die Jacke seines hellblau gestreiften Schlafanzuges trug das gleiche Muster. Blutreste auch auf seiner Hose, am Fußboden und auf den Gummischuhen. Er sah mich hilfesuchend an und fragte mit gepreßter Stimme:

»Muß ich jetzt sterben?«

»Aber, Herr Arnold!«

Meine unbefriedigende und inhaltslose Antwort sollte wie ein leichter Vorwurf klingen. Aber wem sollte man hier einen Vorwurf machen? Doch nur dem Operateur!

Er wandte sich an uns beide und wollte wissen: »Seid ihr zwei jetzt bald fertig?«

»Noch nicht ganz, Herr Arnold.«

Diesmal war meine Antwort korrekt.

»So, dann beeilt euch, lange halte ich das nicht mehr aus.«

Mit diesen Worten zog er die beiden Abdecktücher wie einen Vorhang zusammen und verschwand wieder unter seinem Zelt. Er bewies damit, daß seine Lebensgeister wiederkamen, und daß er wohl die besten Nerven in unserem Team besaß.

Mir stand der Sinn aber nicht nach Kommentaren oder analytischen Betrachtungen, denn ich mußte eine ganz reale Aufgabe lösen. Ich mußte die Operation zu Ende führen, und zwar so schnell wie möglich.

Ich klemmte zwei Kornzangen an die Wundränder und bat meine halbsterile Schwester, diese auseinanderzuhalten. Nun war die Sicht besser. Zwischen Daumen und Zeigefinger faßte ich die restliche Zystenwand, versuchte darunter einen Schnitt mit der Schere, dann mit dem Skalpell. Ohne Blutung wären wir recht zügig vorangekommen. Doch es rieselte und sprudelte unentwegt weiter und bahnte sich den gleichen Weg in dem vorgezeichneten Strombett.

Ich hielt mein Versprechen und beeilte mich. Ob noch Teile des Atherom in der Tiefe blieben, die später wieder zur erneuten Entwicklung eines Grützbeutels führen könnten? Ich wußte es nicht, und es war mir in diesem Moment sogar egal. Jedenfalls beendete ich mit wenigen Scherenschlägen die Operation, und das war sicher das beste für alle Beteiligten.

Es sollte schnell gehen, aber der Versuch, Unterhautgewebe und Haut gleichzeitig zu vernähen, mißlang. Die Nadel zerbrach in der derben Haut und an der mangelnden Übung des Operateurs. So entschloß ich mich, die Schnittränder in Schichten zu vernähen, ängstlich darauf achtend, nicht weiter als 1–2 Millimeter vom Wundrand einzustechen. Das ergab zwar keine korrekte Annäherung der Wundflächen und keine besonders schöne Narbe. Aber kam es denn jetzt noch auf eine gutaussehende Narbe an?

Wir waren fast am Ende.

Ich zwängte gerade die letzte Nadel durch die Haut, als sich Herr Arnold nochmals meldete: »Es wird mir wieder ganz schlecht!«

Rasch geknotet, Kompresse. Kopfverband.

»Schwester Rita, veranlassen Sie schnellstens den Rücktransport ins Krankenzimmer.«

Das war freilich schneller angeordnet als ausgeführt. Das Bügelzimmer war nicht für das Befahren mit einer Trage vorgesehen. Wer wollte dem Architekten dieses schönen Hauses daraus einen Vorwurf machen? Uns blieb keine andere Wahl: Wir griffen Herrn Arnold unter die Arme und hoben ihn aus dem Stuhl. So hing er zwischen uns, ein lebendes Gewicht von mehr als zwei Zentnern. Diesmal war es ihm wirklich schlecht, und er konnte weder stehen noch sitzen. Er rutschte immer tiefer, und mehr schleifend als gehend beförderten wir ihn vom Nebenflur zum Hauptflur, vorbei am Stationszimmer.

Dort wartete bereits Schwester Krimhild, die man informiert hatte, daß in der »Neun« seit einigen Stunden etwas Außergewöhnliches passierte. Genaue Angaben fehlten. Sie war zutiefst und ehrlich bestürzt, fast erschrocken, als sie den Leidenszug kommen sah. Keuchend und schwitzend schleiften Operateur und Instrumentierschwester, in Gesichtern und Kleidung stark gezeichnet von den Spuren einer großen Operation, ihren gemeinsamen Patienten den Flur entlang. Die Farben des Patienten sagten mehr als Worte: Das vorher rosige Gesicht war weiß. Das Blau des Schlafanzuges war von dem verkrusteten Rotbraun stark gezeichnet. Blut war auch über sein Gesicht gelaufen, Krusten an Stirn und Hals hinterlassend, und in der Eile des Rücktransportes hatten wir natürlich keine Zeit gefunden, es zu beseitigen. Der verrutschte Kopfverband war blutig durchtränkt. So sehen Schwerstverletzte nach einem Unfall aus. Einige der älteren Patienten, die in den geöffneten Zimmertüren standen, wollten sich nichts von dem Schauspiel entgehen lassen, denn es war kein alltäglicher Anblick. Schwester Krimhild schob Rita zur Seite und übernahm die Hälfte der schweren Last. Die Gasse zum Bett war flankiert von ehrfürchtig staunenden Patienten. Ich erkannte unter ihnen den Mann mit dem Magengeschwür. Ob er sich noch an die unglückliche Chefvisite erinnerte und ahnte, wie eng sein Leiden mit dem Schicksal dieses Mannes zusammenhing? Wie sollte er wohl! Schließlich sind wir oft die geheimen Boten des Schicksals, ohne es zu wissen und zu wollen.

Mit vereinter Kraft hoben wir Herrn Arnold ins Bett. Er atmete schwer. Die Augen waren geschlossen, der Puls schwach und schnell, die Haut kalt und feucht. Die Zeichen des Schocks waren

unverkennbar. Ich ging ins Stationszimmer, um dem Labor mitzuteilen, daß wir sofort die Blutwerte kontrollieren müßten, wahrscheinlich auch einige Blutkonserven brauchten.
»Dem Mann fehlt Blut«, meinte Schwester Krimhild.
»Das weiß ich selbst. Die Anweisung ist eben ans Labor gegangen.«
Am Nebentisch saß Schwester Rita, völlig aufgelöst und weinend. Ich hatte ihr unrecht getan, denn sie war großartig gewesen. In den entscheidenden Augenblicken war sie stets auf dem Posten gewesen und hatte mir viel geholfen. Es war ihr Verdienst, daß nichts Schlimmeres passiert war. Ich machte mir Vorwürfe und hatte das deprimierende Gefühl, meiner Aufgabe als fachlicher Leiter eines Arbeitsteams nicht gerecht geworden zu sein. Warum ist es für Leiter immer so schwierig, das eigene Leistungsvermögen richtig einzuschätzen, dafür jedesmal so leicht, die engen fachlichen Grenzen der Untergebenen zu erkennen? Wir glauben, in der mangelnden Akzeptanz der Mitarbeiter gelegentlich Respektlosigkeit und Passivität zu erkennen, ganz gleich, ob wir Pflichtassistent, Oberarzt oder Direktor einer Klinik sind. Doch wir verkennen, daß Respektlosigkeit und Passivität manchmal die einzige Waffe sind, die unterstellte Mitarbeiter gegen unsachliche Anweisungen, persönliche Arroganz und fachliches Unvermögen ihrer Vorgesetzten einsetzen können.
Die studentische Ausbildung mag ausreichend sein, aber der Einstieg ins praktische Leben kommt immer abrupt, unvorbereitet und gleicht oftmals einem Sprung ins kalte Wasser, denn ein hierarchisches Ordnungsprinzip verleiht uns plötzlich Macht und Befehlsgewalt über Menschen, deren Erfahrung und Lebensweisheit unserem trockenen Bücherwissen weit überlegen sind. Die Planstelle entscheidet, nicht das Können, auch nicht die Erfahrung. Ich war nun Arzt, also mußte die Schwester gehorchen. So wollte es die Arbeitsordnung. Ich mußte leiten, war in meiner Persönlichkeitsentwicklung aber weit von einem Leiter entfernt.

Als Student lernt man nicht, Leiter zu werden, auch nicht durch das Studium oder die Übergabe der Approbationsurkunde. Man lebt auf der Universität in einer großen und wohlbehüteten Herde. Die »Semester« oder »Studienjahre« gleichen der großen Wiese, auf der man gemeinsam weidet und gemeinsam meckert, wenn einem etwas nicht passt. Das gehört zu jeder Herde. Um Leiter zu werden, braucht man aber eine zielgerichtete Ausbildung, die das Studium nicht vermittelt. Man braucht die Vielfalt des Lebens.

Wie Schuppen fiel es mir von den Augen. Warum ist der persönliche Mißerfolg so dringend nötig, um diese Zusammenhänge zu erkennen? Warum gibt es so wenig Vorlesungen und Seminare, die einen zum Leiter machen?

Ich legte die Hand auf Ritas Schulter.

»Wahrscheinlich habe ich Sie schlecht behandelt, Schwester Rita. Es tut mir leid. Sie waren große Klasse.«

Sie schaute von unten nach oben, schmollend. Wollte ich mich über sie nun noch lustig machen? Als sie merkte, daß ich es ehrlich meinte, drückte sie ihre Schulter gegen meinen Arm und lächelte mich an. Der Kummer war verflogen. Ich beneidete sie um ihr Gemüt, in dem die Höhen und Tiefen viel näher beieinander lagen, die Freude dichter neben der Trübsal. War sie deshalb oberflächlicher? Wieder ein Trugschluß, der einfach entstand, wenn man das eigene Verhalten zur Norm erhob. Was ist schließlich normal, wenn die eigene Norm nicht normal ist?

Das Telefon läutete, und ich nahm den Hörer ab.

»Hämoglobin bei Herrn Arnold 4,8 Gramm %«, sagte am anderen Ende der Leitung eine Frauenstimme.

Der Schreck fuhr mir in die Glieder. Das war wenig. Wir brauchten unbedingt Blut. Schwester Krimhild betrat den Raum. Sie hatte den Patienten gewaschen, gebettet und ordnungsgemäß verbunden. Außerdem hatte sie alle anderen Patienten in ihre Zimmer verwiesen. Ihr Gesicht blickte streng, aber sie sprach kein Wort. Ihre stumme Anklage empfand ich schlimmer als einen lauten Vorwurf. Ich unterbrach das Schweigen und sagte: »Wir müssen Kreislauf und Blutdruck viertelstündlich kontrollieren, auch nachts. Ich habe vier Blutkonserven bestellt. Wir brauchen für die Nacht eine Sitzwache.«

Ihre Antwort war kurz und sachlich: »Die Kontrollen sind schon angesetzt. Herr Arnold wird gerade in das Einzelzimmer gefahren. Bereitschaftsplan für den Nachtdienst liegt vor Ihnen.«

Natürlich wußte sie selbst, daß Rita heute Bereitschaftsdienst hatte, aber sie sprach es nicht aus. Die heimliche Rivalität zwischen beiden blieb auch in schwierigen Situationen bestehen und glimmte auch unter der Oberfläche weiter wie jetzt. Ich sollte es Rita sagen, obwohl Krimhild ihre Dienstvorgesetzte war. Rita trug es mit Fassung. Sie erhob sich, nahm den Blutdruckapparat und ein Sitzkissen und ging in das Einzelzimmer. Als das Blut vom Labor kam, prüfte ich noch einmal die Unterlagen und Teststreifen, legte die Transfusion an. Jetzt tat sie mir leid, wie sie dort in dem abgedunkelten Raum saß, müde und abgespannt. Ich machte ihr einen Vorschlag: »Sie können nach Hause gehen. Ich bleibe sowieso die Nacht auf der Station.«

»Haben Sie denn Dienst?«

»Nein.«

Mit einer müden Handbewegung lehnte sie mein Angebot ab. Schließlich hatte sie Bereitschaftsdienst! Diese Blöße wollte sie sich nicht geben, und schon gar nicht vor Krimhild. Und morgen dann das Gerede!

»Kommt gar nicht in Frage!«

Also blieben wir beide. Wir wachten, erzählten, tranken Kaffee und erzählten wieder. Herr Arnold schlief tief und schnarchte laut. Das Blut lief, der Blutdruck war wieder stabil, meist über 100. Eigentlich konnten wir beide schlafen gehen. Aber wir blieben, bis die fahle Morgendämmerung uns mahnte, daß der

Frühdienst gleich kommen würde und wir uns noch etwas frisch machen mußten.

Ob es ein Nachspiel gab? Ja, natürlich. Aber nur ein kurzes, und nicht für mich. Am nächsten Tag war ich sehr müde. Am darauffolgenden Vormittag gegen 10 Uhr kamen der Ärztliche Direktor und der Chefarzt der Chirurgie in das Dienstzimmer meines Chefs, alle mit ernstem Gesicht. Sie untersagten meinem Chef in meinem Beisein ein für allemal und für alle Zeiten, nochmals auf seiner Station eine Operation auszuführen oder anzuordnen. Er nahm es schweigend zur Kenntnis, sah zu Boden, kaute auf seiner Unterlippe und nickte. Es wurde dann noch viel von Verantwortlichkeit gesprochen, aber nicht von Verantwortung. Der Ärztliche Direktor war für das ganze Krankenhaus verantwortlich, mein Chef war für die Arbeit auf der Inneren Abteilung verantwortlich und der Chef der Chirurgie für alle Operationen. Er betonte mehrmals und ausdrücklich:

»Für alle Operationen in diesem Krankenhaus bin ich verantwortlich!

Für alle!«

Mit mir wurde nicht gesprochen, denn ich war nur ein Pflichtassistent. Kein Vorwurf, kein Wort zu mir. Ich war tief enttäuscht und beschämt. Warum machte man mir keinen Vorwurf? Schließlich machte ich mir selbst laufend Vorwürfe und fand, daß sie berechtigt waren. Tiefe Enttäuschung begleitete mich den ganzen Tag, und ich wurde einen bitteren Geschmack im Munde nicht los. Ich erinnere mich noch heute an die innere Leere und die resignierte Beklommenheit, außerdem an das Gefühl des Versagens, das mich monatelang verfolgte. Nur nicht wieder operieren! Ob sich die Herren von der Krankenhausleitung auch dann so bereitwillig zu ihrer Verantwortlichkeit bekannt hätten, wenn noch mehr passiert wäre?

Und Herr Arnold? Er mußte 8 Tage länger als vorgesehen auf der Station bleiben. Regreßansprüche waren damals nicht üblich.

Die Wunde heilte gut, und die Narbe sah leidlich aus, sie wurde später wieder von einer Strähne des schütteren Haupthaares bedeckt. Herr Arnold nutzte jede Gelegenheit, mir seine tief empfundene Dankbarkeit zu zeigen und freute sich immer, wenn ich seine Gastwirtschaft in dem Nachbarort Tambach-Dietharz besuchte. Ich war ein stets willkommener Gast und genoß das Freibier, für das er nie eine Gegenleistung annahm. Einige Wochen später unterhielten wir uns bei dem üblichen Getränk mal wieder über seine Operation.

»Ich habe damals wirklich geglaubt, ich müßte sterben«, meinte er, »das ganze Zimmer drehte sich. Ich hörte alle Stimmen nur noch wie aus weiter Ferne.«

»Aber wissen Sie«, fügte er nach einer Pause hinzu, »ich hatte ja auch gar keine Ahnung, was da auf mich zukommt. Es war die erste Operation in meinem Leben.«

Ich nickte nur und ergänzte: »Meine auch!«

DIE GRENZE ZUM JENSEITS

Unser Erinnerungsvermögen gleicht einer Matrize. Belanglose oder alltägliche Dinge werden nur oberflächlich registriert. Ihre Runen verwischen bald. Nach kurzer Zeit sind sie wieder gelöscht. Der Platz ist dann frei für Neues. Wichtige Begebenheiten oder bewegende Erlebnisse graben sich tiefer ein. Sie durchdringen die Oberfläche, ihre Zeichen in die Vergangenheit kann man noch nach Jahren erkennen, entziffern, verfolgen. Unvergessen bleiben jene einmaligen Eindrücke, die ihre Spuren so tief eingraben, daß sie durch nichts gelöscht werden können. Sie begleiten uns ein ganzes Leben lang und gleichen einer in Stein gemeißelten Schrift, die man auch nach Jahrzehnten noch so deutlich wie am ersten Tag erkennen kann.

Es sind schon sehr viele Jahre nach jenem Freitag vergangen, an dem ich Veronika S. kennenlernte, (der Name wurde nicht geändert,) und trotzdem reicht ein kurzes Erinnern, um alle Einzelheiten jenes denkwürdigen Nachmittags zurückzurufen. Sie war damals 12 Jahre alt, hat heute selbst eine Familie und arbeitet als technische Zeichnerin. Doch ich will den Ereignissen nicht vorauseilen und der Reihe nach erzählen.

Wir saßen in gemütlicher Runde im Aufenthaltsraum, gleich neben dem Operationssaal. Der Kaffee war vorzüglich. Schwester Hilde, klein aber resolut, inzwischen jenseits von Gut und Böse, berichtete wieder einmal von ihren Erlebnissen aus dem Krieg. Sie war als Rot-Kreuz-Schwester bei den Flakhelfern tätig. Ihre Geschichten waren bestens bekannt. Aber sie konnte so gut erzählen, daß wir uns immer wieder freuten, alten Bekannten zu begegnen. Eigentlich konnten wir alle nach Hause gehen, denn die Zeiger der Uhr hatten den Beginn des Feierabends schon seit geraumer Zeit überschritten. Aber man sitzt nach den Mühen des Tages gern in fröhlicher Runde, braucht nicht mehr zu überlegen, hat nichts mehr zu entscheiden, hat keine Termine, wird nichts gefragt. Es tut gut, nur zuzuhören und sich gelegentlich über die Schwächen der anderen und über die eigenen Unzulänglichkeiten lustig zu machen. Eigentlich hört man auch gar nicht richtig zu, man ist einfach nur gelöst. Wer kennt nicht diese Stimmung der vollkommenen Entspannung, die man nur am Ende einer anstrengenden Woche erleben kann? Man streckt die Füße weit unter den Tisch, hält die heiße Tasse Kaffee in der Hand, trinkt hin und wieder einen kleinen Schluck und hat alle um sich, die einem durch jahrelange Mitarbeit zu guten Bekannten oder sogar Freunden wurden:

Der Oberarzt, groß, hager und ruhig, arbeitete seit vielen Jahren so zuverlässig, daß ich es ihm (fast) nie verübelte, wenn er hin und wieder auch mal aufmuckte oder grummelte, wenn er nämlich glaubte, daß er ungerecht behandelt wurde. Und welcher Oberarzt glaubt das nicht? Alle Oberärzte glauben, daß sie vom Chef ungerecht behandelt werden. Manchmal natürlich auch zu Recht! Er hatte den Namen Tomaszewsky seiner östlichen Vorfahren etwas eingedeutscht und schrieb sich Tomaschewski, obwohl in seinem Ausweis noch die polnische Fassung stand. Neben ihm saß die gute alte Schwester Emmi, noch im Ätherdampf ergraut, von der enge Bekannte behaupteten, daß sie auch beim Schlafen ihre stets frisch gestärkte Schwesternhaube nicht abnehme. Aber das war sicherlich übertrieben.

An der Stirnseite des Tisches schlürfte Herr Bergner schon seine dritte Tasse Kaffee. Er trank immer doppelt soviel wie eine normale Schwester, was schon beachtlich war. Aber dieses Phänomen wurde nicht mehr registriert, seit wir wußten, daß seine sparsame Frau zu Hause das gleiche Getränk in einer wesentlich dünneren Form servierte. Er war OP-Pfleger und Gipsmeister, unerschöpflich sein Vorrat an Witzen und unersetzlich seine

Anwesenheit in allen schwierigen Situationen. Immer fand er einen Ausweg, wenn Rat oder Hilfe gebraucht wurden. Schwester Kläre neben ihm, die beste »Kaffeemaschine« der Klinik, wußte immer, wer am nötigsten eine koffeinhaltige Stärkung brauchte, und selten vergaß sie beim Servieren den Zusatz: »Der ist aus dem Westen!«

Ihr Kaffee konnte eine Aufmunterung sein, Anerkennung ausdrücken, eine angespannte Zwangssituation überbrücken, oder er war einfach nur die Krönung der Frühstückspause. Leider stirbt diese Schwesterngeneration aus, und die neuen und hochwertigen Kaffee-Automaten sind nur ein höchst unvollkommener Ersatz.

Dr. Güldner, der Jüngste in unserer Runde, war chirurgischer Ausbildungsassistent im ersten Jahr. Er war acht Tage lang – gleich nach seinem Examen – fest davon überzeugt, alles zu wissen und sehr viel zu können. Danach ließ ihn Oberarzt Tomaschewski in schwierigen Fällen selbständig Diagnosen stellen, und die Schwestern schickten ihn bevorzugt zu Patienten mit schlechten Venen, um Blut abzunehmen. So brachten sie ihn gemeinsam wieder auf den Boden der Realität zurück.

Unser Youngster machte uns auf das Besondere des heutigen Datums aufmerksam: »Eigentlich ist für einen Freitag, der auf den 13. fällt, heute noch sehr wenig passiert.«

»Noch so eine Bemerkung, und es war der letzte Kaffee, den Sie von mir bekamen«, erwiderte Schwester Kläre, »denn erstens ist der Tag noch nicht herum, und zweitens ist das nur dummes Geschwätz mit dem 13.«

Ob ich abergläubisch sei, wollte sie wissen. Bestimmt nicht!

Bedeutet der Freitag etwas Besonderes?

Nein, ein Tag wie jeder andere. Besonderheit für mich: Ich freute mich an diesem Tag immer besonders auf das Wochenende. Aber das unterschied mich nicht von den anderen. Bergner wollte wissen, ob die Dreizehn eine Glücks- oder eine Unglückszahl ist.

Weder – noch!

Warum die vielen unangenehmen Dinge immer am Freitag, dem 13., passieren?

Stimmt das wirklich? Oder haben wir uns nur angewöhnt, folgenschwere Vorkommnisse dieses Tages mit einem besonderen Zeichen zu versehen? An anderen Tagen denken wir ja auch nicht an das Datum!

Rasch bildeten sich zwei Parteien. Die eine Seite verteidigte vehement das Zusammentreffen von Freitag und 13 als Unglücksbringer, die andere wußte ganz genau, daß Unglück und Datum nur zufällig zusammentreffen. Doch noch ehe in dem freundschaftlichen Streit eine eindeutige Siegerpartei gefunden war, unterbrach das Läuten des Telefons die Unterhaltung. Der Einsatzleiter vom DRK teilte uns mit, daß der Rettungswagen nach Nienburg gerufen wurde. Einzelheiten waren nicht bekannt.

Ein Routineanruf, der viel, manchmal wenig, gelegentlich auch gar nichts bedeuten konnte. Nienburg liegt 9 Kilometer entfernt von unserer Klink. Der Blick zur Uhr war Routine, um später zu wissen, wieviel Zeit zwischen Unfall und Behandlungsbeginn vergangen war. Gelegentlich hängt von dieser Zeit das Leben des Patienten ab. In 15 bis 20 Minuten konnten wir den nächsten Anruf von der Pforte erwarten, der uns informierte, daß der Unfallwagen jetzt die Einfahrt zum Klinikgelände passierte.

Das Bild hatte sich gewandelt. Die geruhsame Entspannung war gewichen, die Fröhlichkeit abgeflaut. Verflogen war die Atmosphäre des beginnenden Wochenendes. Zwar lauschten wir noch dem Vergangenheitsbericht von Schwester Hilde, als sie trotz Feindbeschuß den verwundeten Oberleutnant, der ihr heute noch schrieb, zum Sanitätsplatz schleppte, doch unsere Gedanken waren schon wieder mehr mit der Gegenwart beschäftigt. Was wird auf uns zukommen? Für Erzähler und Zuhörer hatte die gestörte Aufmerksamkeit keine nachteiligen Folgen, denn alle wußten, daß der junge Lazarettarzt die verschmutzte Lappenwunde nach der Ausschneidung wieder zunähte, obwohl Hilde ihn gewarnt hatte, und daß zwei Tage später wegen einer Blutvergiftung die Oberschenkelamputation durchgeführt werden mußte. Noch heute schickte der dankbare Oberleutnant a. D. jedes Jahr zu Weihnachten ein Päckchen an Hilde.

Ich war aufgestanden, zum Fenster gegangen und schaute in den dunklen Oktobertag. Ein Unfall! Ich war mir sicher, daß es ein Verkehrsunfall war und sollte recht behalten, denn Regen und Nebel sind schlechte Begleiter für Motorradfahrer.

Bereits nach 10 Minuten meldete der Pförtner den Transport aus Nienburg. Die kurze Fahrzeit bedeutete offensichtlich einen neuen Streckenrekord. Bergner schlug mit der flachen Hand auf den Tisch, sprang auf, schüttelte den Kopf und murmelte im Hinauseilen: »Auch der wildeste Fahrer unseres Rettungswagens schafft die zwei mal neun Kilometer nicht in 10 Minuten!«

Er sprach das laut aus, was wir alle dachten: Es mußte etwas Außergewöhnliches vorliegen! Wir liefen an die Eingangstür der Rettungsambulanz und sahen, wie Bergner den Verletzten, der in einer schwarzen, zerschundenen Motorradkombination steckte, aus einem Wartburg zur Auffahrrampe geleitete. Warum fuhr er ihn nicht auf der Krankenbahre des Rettungswagens? Warum erfolgte der Transport in einem PKW? Bergner unterstützte den Verletzten beim Gehen, den Arm um die Hüfte gelegt. Mühsam hielt der sich aufrecht, die gesunde linke Hand krallte sich in die breite Schulter unseres stämmigen OP-Pflegers, die rechte hing bewegungslos herab. Die gefütterte und mit Erde beschmutzte Lederjacke war an der Seite breit aufgerissen, der Pullover mit Blut verschmutzt. Behutsam legten wir ihn auf den fahrbaren Untersuchungstisch im Röntgen und entkleideten ihn. Er stöhnte dumpf, als Dr. Güldners ungeübte Hand die Konturen seiner rechten Schulter prüfte. Nach kurzer Untersuchung und mit sichtlichem Stolz über die fertige Diagnose flüsterte er uns zu: »Claviculafraktur – das Schlüsselbein ist gebrochen.«

»Na Mensch, und siehst du denn nicht, daß der Oberarmkopf

gar nicht mehr im Gelenk steht?«, ergänzte der Oberarzt, »das nennt man Humeruskopfluxation.« Güldners Gesicht lief rot an. Wortlos deutete er auf die Hautabschürfungen und eine klaffende Wunde an der rechten Seite des Brustkorbes, um sich nicht eine zweite Ermahnung wegen nachlässiger Befunderhebung einzuhandeln. Einige Rippen krepitierten beim Untersuchen, ein sicheres Zeichen für Frakturen.

»Wundversorgung vorbereiten«, flüsterte Tomaschewski zu Schwester Hilde, »da kommt aber noch mehr dazu.«

Der Schock des Unfalles ist oft die Selbsthilfe des Organismus gegen starke Schmerzen, und er wirkt so zuverlässig schmerzbetäubend wie Morphium. Diese Verletzungen bereiteten riesige Schmerzen, sie wären normalerweise ohne Medikamente nicht zu ertragen. Doch die ersten Worte des Verletzten galten nicht seinen Schmerzen, sondern seiner Tochter.

»Wo ist Veronika?«

Es waren die einzigen Worte, die wir von ihm hörten. Die vielen Fragen, die wir sonst noch stellten, blieben unbeantwortet. Warum war er nicht mit dem Krankentransport und auf der üblichen Bahre des Sanitätswagens zu uns gebracht worden? Fragend schaute ich in die Runde.

Achselzucken.

»Wer ist Veronika?« wollte ich wissen.

»Meine Tochter«, preßte er zwischen den zusammengekniffenen Lippen hervor.

In der Tür stand eine Frau im Lodenmantel. Es war aber nicht Veronika, sondern die Frau unseres befreundeten Hautarztes. Sie winkte mir herauszukommen.

Sie sprach sehr hastig und erregt. Ihr Mann war noch an der Unfallstelle. Es war 100 Meter vor einer schmalen Brücke passiert, auf der Straße von Nienburg nach Altenburg. Das Mädchen lag direkt am Straßenrand, als sie kamen, erklärte sie mir. Ich versuchte, sie zu beruhigen, aber es gelang mir nicht. Die Kleine sollte etwa 10 Jahre alt sein. Ihr Mann wartete noch auf das Eintreffen des Rettungswagens, als sie schon losfuhr. »Es sieht böse aus«, hatte er noch beim Wegfahren zu ihr gesagt. Zu zweit hatten sie den Fahrer – offensichtlich den Vater des Mädchens – in ihr Auto gesetzt. Sie brachte nun alles durcheinander, Wichtiges und Unwichtiges. Sie wollte am nächsten Telefon den Rettungswagen anrufen, aber der war ihr unterwegs schon auf freier Strecke begegnet. Also hatte sie nicht angerufen. Durch Lichthupe hatte sie ihn gestoppt. Sie hatte ständig Angst, daß ihrem Mitfahrer etwas Schlimmes passieren könnte, daß er sterben würde, weil er so furchtbar gestöhnt hatte. Ob er schwer verletzt war? Was wird aus dem Mädchen werden?

Sie wiederholte ihre Fragen mehrfach ohne Unterbrechung, ohne auf Antwort zu warten. So ging das unaufhörlich weiter. Ich mußte sie erst beruhigen, dann ernstlich ermahnen, ehe ich von ihr sachliche Angaben erhielt.

»Der Vater ist zu schnell gefahren, er hätte den Hänger sehen müssen.«

»Die Schuldfrage interessiert mich nicht«, erklärte ich ihr, denn ich wollte herausfinden, welche Verletzungen das Mädchen haben könnte, um Vorbereitungen für unsere Hilfe treffen zu können.

»Als mein Mann sie auf die Decke legte, sagte er, das Herz schlägt noch, aber wie lange noch, das weiß er nicht. Sie war gleich nach dem Aufprall ohne Bewußtsein und lag wie tot auf der Straße.«

»Bitte, sagen Sie mir jetzt genau, ob Sie Verletzungen am Kopf oder an anderen Körperteilen gesehen haben. Wie hat sie geatmet? Jede Kleinigkeit ist für unsere Vorbereitungen wichtig.«

Nach einigem Überlegen antwortete sie: »Es blutete aus der Nase und aus dem Ohr. Als ich losfuhr, sah ich, wie mein Mann eine Mund-zu-Mund-Beatmung machte.«

Diese Information reichte mir, und sie war schlimm genug.

Wenn es zu einer Blutung aus dem Inneren des Ohres kam, lag meistens eine Schädelbasisfraktur vor, also eine folgenschwere Kopfverletzung.

»Schwester Hilde, wir müssen möglicherweise eine Schädeloperation durchführen, bereiten Sie alles für eine Trepanation vor. – Herr Güldner, Sie rufen den Anästhesisten und fragen, ob wir in wenigen Minuten mit der Narkose beginnen können! Schwester Kläre, das Labor soll kommen! Blutgruppe bestimmen und Blutgruppe einkreuzen!«

Zum Oberarzt gewandt, fügte ich noch hinzu: »Fangen Sie schon mal mit dem Waschen an. Wir beginnen gleich im OP, in Saal II, nicht in der Notambulanz. Güldner soll assistieren. Ich werde erst mal die Lage sichten, dann mache ich bei Ihnen mit.«

Auf meine Mannschaft war Verlaß. Jeder kannte seinen Platz. Wir hatten den Ernstfall nicht nur geprobt, sondern unzählige Male gemeinsam erlebt.

Das gellende Martinshorn und der Anruf des Pförtners meldeten gleichzeitig die unmittelbare Ankunft des Rettungswagens. Bremsen quietschten, Türen wurden auf- und zugeschlagen. Die schweren Tritte der Sanitäter und viele leichte und schnelle Schritte der Begleiter kamen immer näher. Die Glastür zum OP-Gang wurde hastig geöffnet. Der Unfallarzt, der den Krankentransport begleitet hatte, stand am Kopf der Verletzten und preßte über den Beatmungsbeutel Luft in die Lungen. Der Augenarzt, der die erste Behandlung eingeleitet hatte, beugte sich über die Bahre und drückte seine rechte Faust im kurzen Intervall rhythmisch auf den Brustkorb.

In der Mitte des Flures begegneten sich beide Gruppen: die wartende OP-Mannschaft und die hastende Besatzung des Rettungswagens. Hier war keine Untersuchung mehr nötig. Ich stellte auch keine Frage. Es war ja alles klar. Man hatte unterwegs den Herzstillstand diagnostiziert und entsprechend gehandelt.

Wortlos und unaufgefordert setzten die Sanitäter die Bahre auf den fahrbaren Untersatz, den man schon bereitgestellt hatte. Sie schauten betreten, fast schuldbewußt und verlegen, zu Boden. Meine beiden Kollegen blickten mich an, verzweifelt, resigniert und ratlos.

»Sie hatte aber noch gelebt!«

Die Worte unseres Hautarztes klangen wie eine Rechtfertigung. Ich beugte mich nieder über das schwerverletzte Mädchen, sah die wachsfarbene Haut mit dem bläulichen Unterton aus nächster Nähe, die langen dunklen Wimpern, die angetrockneten Spuren von Schleim und Blut im Gesicht. Keine Herzaktion, die Pupillen mittelweit, keine Spontanatmung.

»Wie lange schon«, wollte ich wissen, »wann war die letzte nachweisbare Herzaktion?«

»Noch kurz vor dem Krankenhaus, glaube ich.« Der Unfallarzt nickte.

»Es stimmt, noch vor zwei oder drei Minuten.«

Dieses junge Mädchen hatte also noch vor wenigen Augenblicken gelebt. Jetzt war sie tot. Keine Lebensfunktionen mehr nachweisbar, so lag sie vor uns: ein farbloses, blasses Kindergesicht, das noch vor wenigen Minuten lachen konnte. Die Lippen, bis vor kurzem noch Worte formend, waren weiß und ohne sichtbare Durchblutung. Das Denken und Fühlen stand still, kein Hoffen und Freuen mehr in den sonst makellosen Gesichtszügen, das Mienenspiel zu einer friedlichen, aber leblosen Maske erstarrt. Das nasse, schwarze Haar klebte in Strähnen an Stirn und Wange.

Sieht der Tod so aus?

Immer, wenn er uns durch ein Kindergesicht ansieht, trifft er unser Innerstes, tief und schmerzlich. Den rechten Schuh hatte sie an, der linke fehlte, der wollene Strumpf war zerrissen. Einfach lächerlich, welche überflüssigen Feststellungen ich hier mache, ging es mir durch den Kopf. Ich beugte mich nochmals über sie, schob die braune Windjacke nach oben, ebenfalls den dünnen Pullover und das Hemdchen. Der Brustkorb schien ohne schwere

Verletzungen, die Bauchdecken waren weich, die Haut unversehrt.

Was sollte man hier noch entscheiden?

Die einzige wichtige Entscheidung war doch schon gefallen. Von einem, der stärker war als wir. Jetzt war sie tot. Das hatten zwei Ärzte bestätigt, der Anästhesist und der Hautarzt. Und zwei Pfleger standen daneben und blickten zu Boden, von Trauer, Schmerz und Verzweiflung gedrückt.

Hatte sie schwere innere Verletzungen und war in dieser kurzen Zeit verblutet, dann mußte ein Defekt in einem sehr großen Gefäß im Inneren des Brustraumes oder Bauches vorliegen. In diesem Fall kam unsere Hilfe zu spät. Doch sie hatte zweifellos einen schweren Schädelbruch. Die Blutungen aus Nase und Ohr bestätigten diese Diagnose zuverlässig, auch ohne Röntgenbild. Es konnte also eine Blutung in das Schädelinnere vorliegen. Dann stieg der Druck sehr rasch an, das Gehirn wurde komprimiert. Es kam dann in kurzer Zeit zu einem Zusammenbruch und Ausfall des Kreislauf- und Atemzentrums. Das bedeutete Herz- und Atemstillstand und nach wenigen Minuten den klinischen Tod.

Alles hatte sich blitzschnell abgespielt. Vom Eintreffen des Rettungswagens bis zu diesem Zeitpunkt waren nur Sekunden vergangen, oder wenige Minuten. Ich schob noch einmal mit dem Finger die Oberlider in die Höhe und schaute in die Augen des toten Mädchens. Die Pupillen waren groß, rund und schwarz, die Klarheit war aus ihnen gewichen, der Blick gebrochen. Der Anblick war mir nicht neu. So sieht der Tod aus. Als Chirurg hat man ihn oft gesehen. Man kennt diesen Blick. Doch auch noch nach jahrzehntelanger Berufserfahrung treffen mich diese Augen tief und schmerzlich im Innersten, wenn sie mich aus einem Kindergesicht ansehen.

»Ich brauche ein Messer!«

Erstaunte Gesichter. Schwester Hilde erfaßte als erste die Situation und eilte in den Saal. Immer noch niedergebeugt, hatte ich gemeinsam mit dem OP-Pfleger Bergner den Oberkörper des Mädchens entkleidet und die Herzmassage durch Zusammendrücken des Brustkorbes fortgesetzt. Mein Entschluß stand nun fest. Wenn der Tod wirklich erst vor drei Minuten eingetreten war, und der erhöhte Innendruck des Schädels die Ursache war, hatten wir noch eine winzige Chance. Aber dann mußte alles sehr schnell gehen. Lag das tragische Ereignis aber schon länger zurück oder kamen noch andere schwerwiegende innere Verletzungen hinzu, so stellte unsere Operation allerdings einen Eingriff an einer Toten dar.

Ich brauchte nicht zur Eile zu treiben, jeder wußte, worauf es ankam. Auflegen der Kleinen auf den OP-Tisch. Kurzes Abwaschen der linken Brustseite mit Jod. Rasches Überstreifen von Gummihandschuhen. Die Sterilität, in jedem OP wichtig und heilig, wurde jetzt geopfert. Sie forderte Zeit, und die hatten wir nicht. Im Gegenteil, wir liefen der Zeit hinterher. Wir mußten mindestens drei Minuten einholen. Und was war in dieser Zeit alles passiert? Waren einige Organfunktionen durch den Sauerstoffmangel schon irreversibel gestört? Hatten die empfindlichen Zellen des Gehirns bereits eine bleibende Schädigung? Das Messer glitt zwischen der 6. und 7. Rippe entlang, den kleinen, mageren Brustkorb öffnend. Mit den Händen und erheblichem Kraftaufwand wurde der entstandene Defekt vergrößert, auseinandergezogen. Die linke Hand fuhr in den entstehenden Spalt unter das Lungenfell und signalisierte folgenden Befund: Kein Blut – also keine innere Blutung im Brustkorb. Das Herz gut tonisiert, mit Sicherheit hatte es noch vor wenigen Minuten geschlagen, – also war eine Organschädigung des Gehirns eher unwahrscheinlich, doch aus dieser Situation nicht sicher zu beurteilen. Die Hand umgriff das kleine, lebenswichtige Organ und preßte es zusammen.

Einmal – zweimal – dreimal –
Pause.

Einmal – zweimal – dreimal –
Wieder Pause.
So ging es weiter, doch ohne Pause. Ein leichtes Vibrieren in meiner Hand und das wulstförmige, unkontrollierte Zusammenziehen eines Teils der Herzmuskulatur zeigten mir, daß noch eine Restfunktion des Herzens vorhanden war. Die rhythmische Kontraktion meiner Hand übertrug sich auf das Herz, und diese seit Jahren aktiv funktionierende Pumpstation arbeitete nun passiv weiter. Nicht mit eigenem Antrieb und auch nur mit halber Leistung.

Jetzt hieß es rasch handeln!

»Herr Tomaschewski, Sie übernehmen meine Position!«

Wir tauschten im fliegenden Wechsel die Plätze. Hinter dem Narkosebügel hatte der Anästhesist den Unfallarzt abgelöst und führte jetzt den Lungen über den in die Luftröhre geschobenen Tubus reinen Sauerstoff zu.

»Es könnte sein, daß der Unfall zu einer Blutung in das Schädelinnere geführt hat«, sagte ich in der Form eines Selbstgesprächs, keinen Kommentar oder eine Erwiderung erwartend, aber doch so laut, daß die in der Nähe Stehenden es hören konnten. »Dann ist es zu einer Erhöhung des Hirndrucks und schließlich zu einem Ausfall lebenswichtiger Zentren gekommen, also auch zu einem Versagen des Herz-Kreislauf- und Atemzentrums. Wenn wir jetzt den Druck entlasten, also das Blut aus dem Schädelinneren ableiten, könnten sich diese Zentren vielleicht wieder erholen.«

Jeder von den im Saal Anwesenden wußte, daß uns zur Realisierung dieses Wunschtraums nur drei oder maximal fünf Minuten Zeit zur Verfügung standen. Man nannte diese Zeit auch das »therapeutische Fenster«. Nach dieser Zeit werden durch den Sauerstoffmangel wichtige Zentren des Gehirns unwiederbringlich geschädigt. Auch die Wiederaufnahme der Tätigkeit des Herz-Kreislaufzentrums konnte nach dieser Zeit nicht erreichen, daß das Bewußtsein wiederkehrte. Der Patient lebte dann zwar, denn sein Herz schlug selbständig, doch er blieb bis an das Ende seines Lebens bewußtlos. Er lebte, aber er wußte nicht, daß er lebte. – Und deshalb unsere Eile.

Ohne die sonst notwendige Prozedur des Waschens streifte ich einen sterilen Kittel über, zog ein zweites Paar Handschuhe an. Alles kam jetzt auf unsere Schnelligkeit an. Bergner hatte inzwischen mit ein paar kräftigen Scherenschlägen am Kopf die schönen langen Haare abgeschnitten. Die Stoppeln waren noch einige Millimeter lang, doch wir ließen sie stehen. Die Flasche mit Jod wurde über Stirn, Schläfen und Kopf geschüttet. Hilde reichte mir das Messer, und ich zog einen großen, bogenförmigen Schnitt von der einen Hälfte des Kopfes bis zur anderen. Wie bei einer Skalpierung lassen sich Kopfhaut und die derbe Kopfschwarte zur Seite streifen und auf die Gegenseite klappen. In dieser Region blutet es gewöhnlich sehr stark, doch erstaunlicherweise brauchten wir bei unserer kleinen Patientin keine Klemmen anzulegen und keine Blutstillung auszuführen. Eindeutige Zeichen des zusammengebrochenen Kreislaufs und Herzstillstandes, konstatierte ich.

Die Rundung des Schädelknochens lag vor uns. Matt schimmerte die Knochenhaut. Große, sternförmige Bruchlinien liefen von einem Punkt der rechten Schläfe über die Fläche des Schädels und überzogen die rechte Seite des Kopfes wie ein Spinnennetz. Die Bohrmaschine wurde aufgesetzt.

»Strom einschalten!«

Das beschleunigende Motorengeräusch vermischte sich mit dem Knirschen des Knochens zu einem schrillen Pfeifton. In wenigen Augenblicken war ein kreisrundes Loch von 12 Millimetern Durchmesser gebohrt. Eine besondere Zusatzkonstruktion verhinderte, daß der Bohrstift zu tief eindringen und die Hirnhaut oder das Gehirn verletzen konnte, eine Automatik schaltete den Strom ab. Der Bohrer wurde umgesetzt, wenige Zentimeter neben das fertige Bohrloch.

»Strom wieder einschalten!«

Der kegelförmige Bohrer drang erneut in die Tiefe, und dieser Vorgang wiederholte sich fünfmal. Die großen Löcher markierten einen Halbkreis, und nach jedem Herausziehen des Instruments quoll Blut aus dem Bohrloch, Zeichen der inneren Schädelblutung. Ich arbeitete angestrengt und mit höchster Konzentration, gejagt von der Zeit.

Der verbliebene Knochensteg zwischen den einzelnen Bohrlöchern mußte noch durchtrennt werden. Normalerweise wird das mit einem Sägedraht ausgeführt. Aber das hätte jetzt viel zu lange gedauert!

»Ich brauche die Knochenzange!«

Die guten OP-Schwestern denken mit, die sehr guten denken bereits voraus.

Hilde gehörte zur zweiten Kategorie. Sie hatte natürlich das passende Instrument schon in der Hand und wartete nur auf die Aufforderung, es zuzureichen. Das Gerät glich einer abgewinkelten Schere. Das untere Blatt war flach und gedoppelt, wurde in das erste Bohrloch unter den Knochen geschoben. Ein starker Druck mit der Hand, ein Knirschen des Knochens, ein zentimeterlanges Stück brach heraus. Öffnen und Schließen wiederholten sich in raschem Wechsel. Alle Verbindungsstege zwischen den Bohrlöchern waren durchtrennt. Jetzt konnte ich den handtellergroßen Knochendeckel mit leichter Gewalt nach oben klappen.

Nachdem das oberflächliche Blut abgesaugt war, spannte sich vor uns die gewölbte Hirnhaut, so groß wie ein Handteller. Man erkannte die in ihr laufenden feinen Blutgefäße, die sich wie Äste eines Baumes verzweigten.

»Sauger an.« Mein Kommando war überflüssig, Bergner hatte den Schalter schon im richtigen Moment eingeschaltet. Für ihn war dieser Arbeitsablauf nichts Neues, und auch für uns war es Routine. Doch in der Unfallchirurgie ist Routine auch nicht immer frei von Dramatik, denn jeder Behandlungsverlauf ist neu.

Jeder Fall ist anders und oft einmalig. Hilde reichte mir das feingeschliffene Duramesser zum Durchtrennen der Hirnhaut. Ein vorsichtiger Schnitt mit der winzigen Klinge. Merkwürdigerweise quoll Blut unter der Hirnhaut hervor und wurde abgesaugt. Es mußte also noch eine zweite Blutungsquelle vorliegen. Erweitern der kleinen Öffnung mit der Duraschere. Geronnenes Blut, so groß wie meine Hand, umgab die rechte Hirnhälfte. Mit Spatel und Sauger wurde es behutsam entfernt. Die einzelnen Hirnwindungen waren jetzt gut zu erkennen. Sie waren abgeflacht, zusammengedrückt, Zeichen des stark erhöhten Innendrucks. Wir bestrichen sie vorsichtig mit feinen Wattetupfern, die vorher in warme Kochsalzlösung getaucht waren. Das weiche Hirngewebe war noch elastisch, es dehnte sich langsam wieder aus. Ein günstiges Zeichen.

Jetzt galt es, die Quelle der Blutung zu finden.

Tupfen – schauen.

Saugen – suchen.

Da!

Ein ganz feines Rinnsal bildete sich an der vorderen Außenseite der Hirnhaut. Die mittlere Arterie der Hirnhaut, in der Fachsprache heißt sie Arteria meningea media – sie ist feiner und kleiner als eine Kugelschreibermine – war kurz hinter ihrer Aufzweigung durch die scharfe Kante des Knochenbruchs angeschnitten.

»Ich brauche eine Nadel mit Faden zur Umstechung!«

Meine kurzen Anweisungen waren die einzigen Worte, die im Saal gesprochen wurden. Nur wenige Handgriffe waren erforderlich, dann war die Gefahr beseitigt, das Gefäß vor der Verletzungsstelle unterstochen und abgebunden.

Nun mußten wir noch die andere Blutungsquelle suchen, die verletzte Vene unter der Hirnhaut. Mit größter Vorsicht wurde das Großhirn zur Seite gedrängt. Weiche Spatel bahnten den Weg an der Oberfläche. Dunkel gefärbtes Blut kam aus der Tiefe.

»Knochenzange!«
Erweiterung der Schädelöffnung entlang des Bruchspaltes in Richtung Hinterkopf. Nach einigen Zentimetern eine größere Blutansammlung. Am Übergang zur Schädelbasis fanden wir die Ursache. Der venöse Blutleiter, dick wie ein Bleistift, war seitlich eingerissen. Bei normaler Herzaktion konnte so eine Verletzung bei geöffnetem Schädel in kurzer Zeit zu einer lebensgefährlichen Blutung führen. In wenigen Minuten müssen dann mehrere Blutkonserven unter Druck in das Infusionssystem gepumpt werden. Hier lag das verletzte Gefäß nun offen vor uns, aus dem großen Riß sickerte nur langsam wenig dunkles Blut. Eindeutige Zeichen des schwersten Herzversagens oder sogar Herzstillstandes.

Lebte unsere kleine Patientin eigentlich noch?

Wie sollten wir das wissen?

Hatten wir die Operation an einem toten Menschen vorgenommen, ging es mir durch den Kopf. Niemand hätte mir einen Vorwurf machen können, wenn ich die Operation nicht begonnen hätte. Im Gegenteil!

Bohrende Zweifel an der Richtigkeit meiner Entscheidung kamen, behinderten mich am weiteren Arbeiten. Sogar die jungen Assistenten würden sich später mit ihrer Bewertung nicht zurückhalten und feststellen, daß die Kleine keine Chance hatte. Ich hätte doch erkennen müssen, daß hier unsere Hilfe zu spät kam! Sogar die Krankenfahrer hatten beim Transport festgestellt, daß sie tot war. Und der Chef hatte die Operation dennoch begonnen! Eine schwere Fehlentscheidung! Ein böser Irrtum! Güldner hatte ja recht. Nur jetzt nicht nachdenken! Ich hatte meinen Fehler begonnen, jetzt mußte ich ihn zu Ende führen. Es wäre noch schlimmer, auf halbem Wege stehenzubleiben.

Wenn es doch nur bluten würde! Aber es blutete nicht, es sickerte nur. Keiner sprach ein Wort. Warum sagte Tomaschewski nichts? Warum schwieg der Oberarzt? Er sprach kein Wort, obwohl er doch sonst in ähnlichen, hoffnungslosen Situationen zu sagen pflegte: Na ja, wir haben wenigstens alles versucht, und geschadet haben wir niemandem. Aber auch dieser schwache Trost wurde nicht gespendet. Alle schwiegen. Ich mußte eben allein fertigwerden, auch mit meinen Mißerfolgen. Die nahm mir keiner ab.

Der Erfolg hat viele Väter, für den Mißerfolg ist nur einer zuständig: Der Chef. Das gilt ganz besonders für Chirurgische Kliniken und speziell in Operationssälen, die sich bisher am erfolgreichsten gegen das Eindringen demokratischen Gedankengutes wehren konnten, denn es wird auch in der Zukunft nicht möglich sein, bei schwierigen Operationen eine Mehrheitsentscheidung herbeizuführen.

»Gefäßnaht!«

Ich streckte meine Hand nach hinten zu Schwester Hilde, schaute aber weiter unverwandt auf das Operationsgebiet. Ich erhielt das Gewünschte und verschloß mit einer fortlaufenden Naht den Gefäßriß an der großen Vene. Das ging schneller als mit Einzelknopfnähten. Auch jetzt dachte ich noch an die Zeit, die uns trieb, obwohl das Gehirn doch von dem belastenden Druck befreit war und wir demzufolge alles in Ruhe erledigen konnten. Oder trieb uns die Zeit gar nicht mehr? Oft entscheiden Minuten. Werden sie nicht richtig genutzt, hat man als Arzt oft sehr viel Zeit. Doch sie hilft einem nichts mehr, denn für den Kranken beginnt dann die Ewigkeit. Doch er spürt diese Unendlichkeit nicht mehr. Aus einem tiefen Schlaf gleitet er hinüber in die ewige Ruhe, in das Jenseits, aus dem es kein Zurück mehr gibt. Er schläft und wacht nie mehr auf.

Ich entnahm ein kleines Muskelstückchen aus der Schläfenregion und steppte es auf die Nahtreihe am Gefäß. Es führte zu einer Verklebung der gerissenen Gefäßwand. Das müßte eigentlich halten! Unsere wichtigste Arbeit war damit beendet, der Einriß des Gefäßes verschlossen. Ob ich exakt gearbeitet hatte? Das konnte sich erst zeigen, wenn der Blutdruck wieder auf normale Werte stieg. Ob die Nahtreihe dicht blieb? Jede einzelne Naht mußte halten. Würde der Blutdruck wieder steigen? Der Oberarzt pumpte weiter. Thomas Tomaschewski schwitzte, die kleinen Tropfen auf seiner Stirn verschmolzen zu winzigen Rinnsalen und wurden von den buschigen Brauen zu den Schläfen weitergeleitet. Er mußte die Hand schon mehrfach wechseln, denn es war unmöglich, die Herzmassage über längere Zeit mit einer Hand auszuführen. Es überstieg die physische Kraft eines Einzelnen.

Ich schaute über den Narkosebügel, denn nun hatte ich Zeit. Ich sah nur den breiten Rücken von Dr. Hartwig, der die Kontrollgeräte überwachte, den Narkoseapparat, die Sauerstoffzufuhr, das EKG. Der Blutdruckapparat hatte bei unserer Patientin nur eine symbolische Funktion, denn er hatte bisher noch nichts angezeigt, nichts anzeigen können. Etwas anderes fiel mir beim Blick auf die Narkoseprotokolle noch auf. Wir hatten bisher keine Narkosemittel gebraucht, auch keine Relaxantien zum Entspannen der Muskulatur. Die Bewußtlosigkeit hielt also immer noch an, und sie garantierte uns und der Patientin die absolute Schmerzfreiheit. Eine beängstigende Erkenntnis.

Wir mußten warten. Ein vorzeitiges Verschließen des Schädels konnte katastrophale Folgen haben. Ein nicht erkannter Defekt in einem anderen Gefäß würde zu einer erneuten Blutung mit den schon erwähnten Symptomen führen. Nur die Erhöhung des Blutdrucks konnte uns zeigen, ob wir wirklich alle verletzten Arterien und Venen im Schädelinneren erkannt und exakt verschlossen hatten. Also warten! Wird der Blutdruck ansteigen? Immer wieder die gleiche, bange Frage. Weiter warten.

Um die Zeit zu überbrücken, fragte ich nach dem Unfallhergang. Jetzt war der Rettungsarzt in seinem Element. Er schien schon auf seinen Einsatz gewartet zu haben, denn sein Redefluß glich einem aufgestauten Wasserfall. Bereitwillig und ausführlich erzählte er uns die ganze Geschichte. Der Vater fuhr ein älteres Motorrad. Seine Tochter war in Neugattersleben, einem Nachbardorf, auf einer Geburtstagsfeier. Er arbeitete im Zementwerk in Nienburg als Betriebshandwerker. Auf der Heimfahrt von seiner Arbeit holte er sie ab. Unterwegs regnete es in Strömen. Der Sichtschutz seines Sturzhelms war defekt, und so zwang ihn der Regen, nach unten zu schauen. Deshalb hatte er nur einen kurzen Blickwinkel und sah nicht den auf freier Straße parkenden LKW-Hänger. Mit der rechten Schulter prallte er gegen die Ladeplanke. Das Mädchen wurde vom Soziussitz durch die Luft geschleudert. Sie lag etwa acht Meter vor dem Vater. Sie trug keinen Sturzhelm.

Was nützen Statistiken über Unfallverhütung? Wir wissen, daß über die Hälfte aller Kopfverletzungen bei Motorradunfällen durch Sturzhelme verhindert oder in ihren schweren Folgen gemindert werden können. Doch wem nützen die Erkenntnisse, wenn der Sturzhelm nicht getragen wird? Was passiert, wenn die Wucht des Aufpralls den ungeschützten Schädel trifft? Das Ergebnis lag vor uns! Ein bewußtloses Kind, ein toter Mensch. Vor uns der geöffnete Schädel, die blassen Windungen des Gehirns. Wir warteten, daß es wieder blutete, aber nichts geschah. Alle Überlegungen waren zwecklos. Wir hatten alles getan, konnten jetzt nichts mehr machen. Wir mußten warten. Untätigkeit ist oft schwerer zu ertragen als harte Arbeit.

Gibt es Wunder?

Nein!

Unsere Welt ist zu nüchtern und zu realistisch, um an Wunder glauben zu können. Alle Zusammenhänge sind durchschaubar. Wir haben für jeden Vorgang und jedes Ereignis eine überzeugende Erklärung, eine Gesetzmäßigkeit. Also gibt es keine Wunder. Für unsere Vorfahren war es schwieriger. Sie wußten nicht so viel wie wir, kannten viele Naturgesetze nicht. Die Lücken ihres Wissens füllten sie mit Aberglauben und Wundern.

Belächelt wird, wer an Wunder glaubt!

Unsere Vorfahren durften noch an Wunder glauben, denn sie waren nach der Wahrheit ihrer Väter erzogen, nach der Bibel, dem

Koran oder anderen heiligen Schriften. Aber auch ihr Glaube bröckelt, und ihre Zahl wird weniger. Wir aber gehören nicht zu den Alten.

Und doch gab es Wunder, auch um uns: Die Unendlichkeit des Weltalls, die Vielfalt des Universums, das Erwachen der Natur, das Werden und Entstehen des Menschen. Wir müssen nur die Augen öffnen, um die vielen Wunder um uns zu erkennen und zu begreifen: Die Schneeflocken, die Blumen, die Gedanken, Freude und Trauer. Manchmal sind die Wunder so klein, daß wir achtlos an ihnen vorübergehen.

»Das Herz schlägt wieder!«

Wie nüchtern dieser Satz klingt! Es war aber die sachliche Feststellung unseres langjährigen Oberarztes Thomas Tomaschewski, der als erster bemerkte, daß die Kontraktionen des Herzens in seiner Hand kräftiger wurden, rhythmisch, und schließlich die Arbeit seiner pumpenden Faust übernahmen. Zunächst zögernd, dann stärker und gleichmäßig. Er zog die Hand aus der Wunde.

»Das Herz schlägt wieder!«

Ungläubig wiederholte er seine eigenen Worte. Wir schauten in den geöffneten Brustkorb, sahen in einem schmalen Ausschnitt einen Teil des Herzens. Es zog sich zusammen, dann erschlaffte es. Zog sich zusammen, erschlaffte. Eine monotone und trotzdem aufregende Wiederholung eines gleichbleibenden Wechsels. Ungläubiges Staunen. Es gab keinen Zweifel:

Das Herz schlägt wieder!

Wir hatten ein Wunder erlebt! Hatten wir ein Wunder erlebt? Wir müssen nur daran glauben. Und ich glaubte fest an ein Wunder und war überzeugt, daß auch die anderen dieses Wunder erkannten, auch wenn sie es nicht aussprachen.

Der Oszillograph, verbunden mit dem EKG, zeichnete mit grüner Leuchtschrift einen Kurvenverlauf von bekannter Form. Noch etwas schnell und auch nicht ganz gleichmäßig. Aber wir sahen schon wieder ganz klar die Aktionen des Vorhofs und der Herzkammern. Das war auch für ungläubige Theoretiker der letzte Beweis.

Vor 2000 Jahren wurde der Namensvetter unseres Oberarztes Thomas Tomaschewski berühmt wegen seines Unglaubens. Er glaubte nicht an das Weiterleben nach dem Tod, an die Auferstehung. Thomas mußte seine Hand in die Wunde seines gestorbenen Lehrers Jesus legen, bevor er an das Gesehene und an das wiederkommende Leben glaubte. Sein Unglaube fand Eingang in die Heilige Schrift, in das Neue Testament. Johannes hat diese Begebenheit in seinem Evangelium in Kapitel 20 beschrieben, und heute dient diese Geschichte vielen Gläubigen als Indiz dafür, daß man berechtigt ist, auch ohne Wissen zu glauben, was wiederum Ungläubige nicht verstehen.

Der Anästhesist drückte die Schreibtaste. Der schwarze Zeiger registrierte die gleiche Kurve auf dem Papierstreifen, die wir auf dem Monitor sahen. Der letzte Zweifel war beseitigt. Wir hatten es Schwarz auf Weiß und konnten es »getrost nach Hause tragen«. Unser Thomas sah mit dem gleichen Erstaunen in die offene Thoraxwunde und auf das schlagende Herz, seine eigenen Worte ungläubig wiederholend: »Das Herz schlägt wieder.«

Ein Wunder, direkt neben uns, war geschehen! In unserer nächsten Umgebung. In unserer nüchternen Zeit. Und wir waren Zeugen dieses Wunders. Natürlich sagte unser Verstand: Es gibt keine Wunder. Auch das Herz arbeitet nach Gesetzmäßigkeiten. Der Sauerstoffmangel bestand noch nicht so lange, um zu einer irreversiblen Schädigung des Reizleitungssystems zu führen, der erhöhte Druck im Schädelinneren hatte bis zur operativen Entlastung nur zu einem vorübergehenden Ausfall wichtiger Hirnzentren geführt. Jetzt funktionierten sie wieder. Alles richtig, aber wir hatten ein Wunder erlebt, und das brachten wir auf die einfache und kurze Formel:

Das Herz schlägt wieder!

Es drängte mich geradezu, diese Worte jetzt ganz laut zu rufen, und alle sollten sie hören. Auch der Vater im Untersuchungszimmer, der noch auf seine Behandlung und die Antwort seiner Frage wartete. Doch keiner sprach ein Wort. Gebannt und schweigend starrten alle auf die klaffende Wunde. Keiner wandte den Blick von dem schlagenden Herzen, fürchtend, es könnte seine Aktion wieder beenden.

Doch nichts veränderte sich. Die Pulsationen waren an der Halsschlagader tastbar, dann auch über dem Handgelenk. Die Kopfhaut begann zu bluten. Wir mußten Klemmen anlegen, viele Klemmen. Die Schlaffheit wich aus den Hirnwindungen, sie bekamen wieder einen normalen Tonus, aber sie blieben bluttrocken. Die Durchblutung war gebessert, aber die Blutung stand. Also waren unsere Gefäßnähte dicht, und wir konnten jetzt wieder die Hirnhaut verschließen. Viele kleine, feine und eng aneinanderliegende Fäden waren nötig. Dann klappten wir den Knochendeckel wieder in den Defekt nach unten, bohrten in ihn kleine Befestigungskanäle und verbanden das Fragment mit Draht an dem benachbarten Schädelknochen. Als nächster Schritt folgte die Unterbindung der Klemmen an der Haut. Der schichtweise Wundverschluß mit anschließendem Kopfverband beendete die Operation.

Ich zog die Handschuhe aus, wollte OP-Mütze und Mundtuch entfernen. Erst jetzt merkte ich, daß ich sie gar nicht angelegt hatte. Normalerweise ein grober Verstoß gegen das Regime der Sterilität, auf das in jedem Operationssaal mit höchster Akribie geachtet wird. Doch wir verstießen zu einer Zeit gegen unsere eigenen Regeln, als wir der Zeit nachliefen. Ich wandte mich an den Oberarzt:

»Verschließen Sie bitte den Brustkorb!«

Doch der hatte in seiner ruhigen Art schon ohne meine Aufforderung begonnen, die Wundnähte zu legen. Zuerst die derben Haltefäden um die untere und obere Rippe, dann die Nähte für

Muskeln und zum Schluß die Naht der Haut. Ich stand hinter dem Narkosebügel und wandte keinen Blick von dem Geschehen. Meine rechte Hand lag am Hals des Mädchens, registrierte an der Halsschlagader das wiederkommende Leben. Die Herzaktion war jetzt so stark, daß man die kräftig gefüllte Arterie gut tasten konnte. Ich beugte mich über das blasse Kindergesicht und öffnete behutsam das Oberlid.

Die Pupillen waren wieder enger, ein Zeichen des schwindenden Todes, oder besser gesagt, des wiederkehrenden Lebens.

Ich stand noch immer am Kopfende. Dr. Hartwig hatte den Narkoseapparat bereits abgehängt. Unsere kleine Patientin atmete wieder aus eigener Kraft über den liegenden Tubus. Die Hautnaht wurde begonnen, und da erlebte ich noch einmal etwas Überwältigendes: Ein leichtes Vibrieren der Lider, und die Augen öffneten sich spontan zu einem schmalen Spalt. Nur wenige Sekunden, dann senkten sich die Lider wieder schwer nach unten. Aber diese Augen lebten. Es war nicht mehr der starre Blick der großen Pupillen, sondern das erste Erwachen nach einem tiefen Schlaf. Es gab auch dafür Gesetzmäßigkeiten und Erklärungen: Der Schock war reversibel, die Sauerstoffversorgung des Körpers und seiner Organe wieder ausreichend. Aber ich suchte jetzt keine Gesetzmäßigkeiten, denn ich sah das Leben. Das Leben an seiner Grenze. An der Grenze zum Jenseits. Und ich hatte den Tod gesehen. Beide schauten durch das gleiche Gesicht, durch das Antlitz eines Kindes, durch die gleichen Augen. Und alles sollte kein Wunder sein? Für mich war es ein großes Wunder!

Ich ging hinaus, den Flur entlang. Am Ende des Flures schaute ich aus dem Fenster. Wie lange wohl? Ich weiß es nicht mehr. Ein Stöhnen aus dem Untersuchungszimmer erinnerte mich an den wartenden Vater. Die Röntgenassistentin saß die ganze Zeit bei ihm, wollte ihn in seinem Schmerz nicht allein lassen. Sie kam jetzt heraus und trat zu mir ans Fenster.

»Es ist alles so furchtbar«, seufzte sie.

»Was ist furchtbar«, fragte ich.

»Man hat ihm gesagt, daß seine Tochter gestorben ist, und er kann das nicht fassen.«

Ich fuhr herum. »Wer war das?«

Sie erschrak über meinen Ton und schwieg. Um dem Rettungsarzt ein Donnerwetter zu ersparen, nannte sie seinen Namen nicht. Schon oft hatte ich seine Eigenwilligkeit scharf kritisiert, sich für die Verbreitung von Sensationsmeldungen zuständig zu fühlen, aber nur selten konnte er dieser Sucht widerstehen. Er hatte dem Vater mitgeteilt, daß es bei seiner Tochter leider zu einem Herzstillstand gekommen war. Diese Nachricht war für den Vater gleichbedeutend mit dem Wort »Tod«. Ich unterdrückte nur mühsam meinen Ärger und bezeichnete das Schweigen der Röntgenassistentin als falsch empfundene Kollegialität, aber es änderte nichts an der bedauerlichen Tatsache. Ich öffnete die Tür des Untersuchungszimmers und fand ein Bild der absoluten Trostlosigkeit. Der Vater saß vornübergebeugt auf der Trage, in sich zusammengesunken. Der gesunde und der kranke Arm hingen kraftlos zwischen den Knien. Er preßte ein dumpfes Stöhnen aus seiner Brust. Er sah mich, erhob sich, kam mir einige Schritte entgegen und blieb unschlüssig in der Mitte des Raumes stehen. Die gewaltigen Schmerzen seiner Verletzungen schien er nicht zu empfinden. Der seelische Schmerz war stärker. Sein Gesicht drückte nur eines aus: Verzweiflung!

»Ihre Tochter lebt!«

Ich wußte nicht, ob er meine Worte hörte, verstanden hatte er sie nicht. Mit hilfloser Gebärde versuchte er, seine Hände zu heben, aber die Rechte versagte ihm den Dienst.

»Ich brauche keine Behandlung, aber tun Sie alles, um meine Tochter zu retten.«

Welche Energie verbarg sich in dieser Haltung und hinter diesen Worten? Ich wiederholte meine Nachricht und sagte ihm noch einmal und sehr eindringlich:

»Ihre Tochter lebt. Wir haben sie operiert. Es war eine große Operation. Sie lebt wieder.«

»Warum mußte sie sterben?«

Er hörte meine Worte, aber er verstand nichts und begriff nichts. Ich wollte ihn überreden, sich erst einmal auf die Trage zu legen. Er lehnte ab und sträubte sich mit aller Kraft. Bergner kam wieder einmal im richtigen Moment, und wir versuchten es gemeinsam, doch er leistete energischen Widerstand.

»Laßt mich los«, brüllte er, »ich will keine Behandlung, ich will meine Tochter.«

Jetzt erschien Schwester Kläre, um uns zu helfen.

»Beruhigen Sie sich doch, Ihre Tochter lebt«, sagte sie zu ihm. »Wir haben eine Blutung im Schädelinneren beseitigt. Wir fahren sie jetzt zur Intensivstation. Sie können sie sehen.«

Er konnte die Worte nicht begreifen, denn seine Tochter war für ihn vor einer Stunde gestorben. Er befand sich im Schock, sein Reaktionsvermögen war eingeschränkt und nicht normal.

»Ziehen Sie bitte eine Spritze Morphium auf, 100 Milligramm«, wandte ich mich an Schwester Kläre. Die Beruhigungsspritze schaffte schließlich mehr als unsere Kraft und Überzeugung. Er wurde ruhig, ließ sich entkleiden und in das bereitgestellte Bett legen. Dr. Hartwig umklammerte mit seiner linken Hand den linken Oberarm des Patienten, führte mit der rechten die bereitgelegte Flexüle in die gestaute Vene, spritzte wenige Kubikzentimeter Evipan ein und nickte uns nach wenigen Augenblicken zu. Es konnte losgehen.

Ein kräftiger Ruck, ein Drehen an der abgewinkelten Hand, der Arm war wieder eingerenkt. Ich brauchte mich nicht darum zu kümmern, Tomaschewski und Güldner hatten das mit geübten Griffen erledigt. Ich ging auf die Wachstation. Ein Arzt und eine Schwester waren bei unserer kleinen Patientin. Sie war doch schon 12 Jahre alt, wie aus der Kurve hervorging, sah aber jünger aus. Der Blutdruck hielt sich bei 80, der Puls war auf 120 erhöht.

Der Tubus war aus Sicherheitsgründen noch nicht entfernt, denn eine Verschlechterung von Atmung und Kreislauf waren jederzeit möglich, und wer wußte schon, ob alles andere auch weiter so glatt verlief?

Die kleine Veronika schlief, sie atmete gleichmäßig und ruhig. Ich konnte jetzt gehen, wurde nicht mehr gebraucht, die weiteren Kontrollen, Messungen und Überwachungen erledigten die Schwestern der Intensivstation und die Dienstgruppe der Ärzte. Ich konnte den heimlichen Wunsch nur schwer unterdrücken, die Sitzwache selbst zu übernehmen, einige Stunden neben der schlafenden Veronika zu sitzen, den Blutdruck zu messen, den Puls zu fühlen, die Kurve zu schreiben und nachzudenken. Zum Beispiel, wie schön unser Beruf ist. Oder, wie schön das Leben sein kann! Wie extrem konnte man eigentlich zur gleichen Zeit empfinden? Wären einige Zufälle nicht eingetreten, dann brauchten wir überhaupt keine Sitzwache mehr. Dann wäre mein Denken und Fühlen ganz anders. Dann wäre das Leben nicht schön, dann wäre es grausam. Dann wäre unser Beruf wohl wert, daß man ihn aufgibt. Wie oft hatte ich dieses Wechselbad der Gefühle schon empfunden, in ähnlichen Augenblicken? Allerdings nur dann, wenn unsere Hilfe zu spät kam. Warum können wir nicht einfach unsere Arbeit so gut machen, wie es uns möglich ist, und damit zufrieden sein? Wir brauchen das Erfolgserlebnis als Stimulans unserer Arbeit! – Wir sollen bei Operationen nur denken, nicht fühlen und empfinden, hatte mein früherer Chef Professor Becker oft zitiert. Wer das wohl auch in Extremsituationen fertigbringt? Oder bei Kindern?

Ich werde es nie lernen!

Die Ruhe tat gut, und ich spürte, wie sie von mir Besitz ergriff. Ich schrieb auf einen Zettel: »Bei Befundverschlechterung bitte anrufen!« Darunter die Telefonnummer und mein Signum. Das heftete ich an die Kurve. Eine völlig unnötige Handlung, denn jeder kannte den Inhalt des Zettels als ungeschriebenes Gesetz, gültig für alle Tageszeiten und alle Problempatienten. Außerdem wußten die Diensthabenden, daß ich am späten Abend auch ohne Aufforderung noch einmal kommen würde. Ich wandte mich zum Gehen.

Im Durchgangsflur standen zwei Frauen. Einfach gekleidet. Die ältere mit einer dunkelbraunen Jacke und einem Kopftuch kam auf mich zu. Es war die Mutter. Wer hatte sie in den OP geführt? Ich war ärgerlich, durfte es aber nicht zeigen. Meine Kleidung zeigte unverkennbar die Spuren unserer Arbeit: Dunkelrote und braune Flecken, Reste getrockneten Blutes. Für uns nichts Besonderes, für besorgte Angehörige ein furchtbarer Anblick, den man ihnen unbedingt ersparen muß.

Die Mutter erkannte und erriet, was sie sah: Das Blut ihrer Tochter und ihres Mannes. Wer hatte sie hereingeführt? Später konnte und würde ich im Schwesternzimmer laut schimpfen, jetzt mußte ich mich beherrschen. An unserer peinlichen Begegnung war ohnehin nichts mehr zu ändern. Außerdem hatte es Bergner gut gemeint, als er sie hereinließ und sagte: »Der Chef kommt auf jeden Fall hier durch.«

»Wie geht es meiner Tochter? Was macht mein Mann?« fragte sie leise und konnte die Angst vor meiner Antwort nicht verbergen.

»Beide liegen jetzt auf der Intensivstation und schlafen. Sie hatten eine Narkose. Wir haben Ihre Tochter operiert. Kommen Sie bitte in mein Zimmer, ich werde Ihnen alles erzählen.«

Wir schritten gemeinsam den Flur entlang. Ich war bemüht, vor ihr zu gehen, denn von hinten sah meine Kleidung noch weiß aus. Werde ich der Mutter alles erzählen? Nein! Denn sie könnte es nie verstehen und auch nicht begreifen. Man konnte nichts Unmögliches von ihr verlangen.

Ihre Tochter lebte jetzt, aber vorher war sie ohne Herzschlag, ohne Leben. Wer sollte das begreifen? Selbst uns fiel es schwer, diese Worte zu verstehen. Dabei wurden wir im Verlaufe von vielen Jahren an solche Situationen herangeführt, als staunender Student, als lernender Assistent, als behandelnder Stationsarzt und nun als verantwortlicher Chefarzt. Und auch jetzt fällt uns das Verstehen noch schwerer als das Begreifen. Ich würde ihr also das Gleiche sagen wie den vielen anderen, die sich nach ihren Angehörigen erkundigten: Ihre Tochter war schwer verletzt, wir haben sie operiert, bis jetzt ist alles gut verlaufen. Wenn keine Komplikationen eintreten, werden Ihre Tochter und Ihr Mann in einigen Wochen wieder bei Ihnen zu Hause sein.

Eine Frage kommt immer: Besteht Lebensgefahr? Ich antwortete darauf nie gern mit Ja oder Nein, sondern wich auch hier bei der besorgten, verstörten Mutter umschreibend aus.

»Sie war schwer verletzt, aber ich hoffe, daß sie es schafft. Wir werden weiter alles für sie tun, was in unseren Kräften steht.«

Waren wir frei von Selbstgefälligkeit?

Nein!

In einem verborgenen Winkel regte sich der Gedanke, ihr die Wahrheit zu sagen. Das Herz Ihrer Tochter hat einige Minuten lang nicht mehr geschlagen, aber nun schlägt es wieder. Wie groß müssen wir dann vor ihr stehen? Aber dann kommt schon die nächste Frage: Was haben wir da angerichtet? Wertvolles Porzellan zerschlagen, das sich nur mühsam wieder kitten läßt.

Als sie dann vor mir saß, von der Arbeit und der Angst vor der Wahrheit gezeichnet, war ich sogar bereit zu lügen.

»Nein, Lebensgefahr bestand nicht! Das Herz schlägt gleichmäßig und kräftig. Sie atmet gut. Nach der Narkose hatte sie die Augen schon geöffnet«, erklärte ich ihr.

»Die Augen schon wieder geöffnet?«

Ein flüchtiges Lächeln huschte über ihre Züge und belohnte mich für die Unkorrektheit meiner Ausführungen. Schmal ist der Weg zwischen falsch und richtig, zwischen unehrlich und wahr. Wir bestimmen selbst den Platz, auf dem wir gehen und stehen. Das Feld der Wahrheit ist nicht groß, das der Unwahrheit um ein

Vielfaches größer. Wir sind Arzt und müssen den Kranken behandeln. Dazu gehören auch seine Angehörigen. Sind wir uns dessen bewußt, dürfen wir auch die Wahrheit verschweigen. Aber falsch handelt, wer die Wahrheit um seiner selbst willen verschweigt und nicht wegen des Kranken. Falsch handelt, wer durch Unwahrheit seine eigenen Handlungen nachträglich motiviert, denn oftmals erhalten wir dann den Beweis, daß es Fehlhandlungen waren.

Sie schaute mich an aus einem Gesicht, in dem die Tränen den Runen der Arbeit und Sorge folgten. Als sie ging, gestützt von ihrer Begleiterin, war sie sicher, daß Tochter und Mann außer Lebensgefahr waren. Obwohl ich davon noch nicht restlos überzeugt war, nahm ich ihren Dank für unsere Arbeit an und versprach: »Wir werden in den nächsten Tagen ganz besonders auf Ihre Tochter aufpassen müssen, denn wir wissen, daß ihr Kreislauf noch nicht stabil ist.«

Was ereignete sich, wenn doch Komplikationen eintraten, die den Erfolg unserer Arbeit vernichteten? Ein Ansteigen des Hirndrucks? Ausfall wichtiger Zentren? Zusammenbruch des Kreislaufs? Nur nicht daran denken! Dann hatten wir mit unserer Schönfärberei den Angehörigen zu einem vernichtenden Urteil verholfen, das sich stets mit unserem Namen verband. Dieser Arzt kann nichts! Er wußte nicht einmal, wie schwer meine Tochter wirklich krank war. Nur wenige Stunden nach seiner beruhigenden Auskunft verstarb sie. Der Weg zwischen richtig und falsch ist manchmal nur eine Gratwanderung, und Unkorrektheit und Wahrheit berühren sich gelegentlich. Als Arzt müssen wir diesen Weg manchmal im Dunkeln gehen, denn wie sollen wir Komplikationen voraussehen, Zwischenfälle prophezeien, den weiteren Verlauf erahnen?

Ein guter Arzt kann das, so meinen die Angehörigen. Aber sie irren gelegentlich. Doch sie dürfen irren, wir jedoch nicht.

Ich war wieder allein in meinem Zimmer. Die Stille tat gut. Ich zog die verschwitzte und befleckte Kleidung aus, öffnete das Fenster und schaute in die finstere Nacht. Es war Freitag, der 13. Die Dunkelheit war jetzt nicht mehr drückend oder ängstigend, sie atmete Ruhe und Frieden. Wie oft hatte ich schon durch das gleiche Fenster geschaut und in der Dunkelheit nur Sorge, Verzweiflung und Resignation gesehen? Oder die Tränen und das Leid der Angehörigen? Schon oft gab es ausweglose Situationen. Dann sah die Dunkelheit ganz anders aus, sie glich einer undurchdringlichen Wand oder einem finsteren Abgrund. Manchmal scheint die Dunkelheit nur ein Spiegel unseres Empfindens, unserer Seele zu sein.

Ich ging zu Fuß nach Hause, ließ das Auto vor der Klinik stehen. Die Kühle der Nachtluft tat gut. Nach einer Viertelstunde stand ich vor dem Haus, in dem nur noch das Fenster des Wohnzimmers erleuchtet war. Der Tisch mit dem Abendbrot war nur noch für eine Person gedeckt. Ich ließ alles unberührt, ging später nochmals den gleichen Weg zurück, um vor der Nacht noch eine kurze Visite bei Veronika zu machen. Meine Frau Aggi begleitete mich seit einem halben Leben und auch an diesem Abendspaziergang. Ich erzählte, und erst jetzt löste sich die Spannung ganz, und die innere Verkrampfung wich von mir.

In der Klinik war alles in Ordnung. Unser kleines Sorgenkind schlief ruhig. Schwester Liesl sagte, sie hatte die Augen kurz geöffnet und über Durst geklagt. Alle waren froh, daß es ihr besser ging, und daß sie schon gesprochen hatte.

Dr. Güldner begleitete uns bis zur gläsernen Tür mit der Aufschrift »Wachstation« und sagte mir, daß er gern den zusätzlichen Dienst übernehmen möchte. Ich verstand sehr gut, was ihn bewegte und hielt beim Abschied seine Hand viel länger fest, als es sonst üblich war. Trotz Besserwisserei und unbekümmerter Überheblichkeit hatte er doch recht liebenswerte Eigenschaften. Noch ein Blick auf die Kurve in seiner anderen Hand: Blutdruck weiter bei 80, der Pulsanstieg auf 140 beunruhigte mich zwar, doch schließlich hatte der kindliche Organismus große Belastungen überstanden. Da konnte es schon mal zu einem dramatischen Pulsanstieg kommen. Sie wird es schon schaffen! Diese Überzeugung begleitete mich auch in den nächsten Stunden.

»Lassen Sie die Kontrollen des Blutbildes auch in der Nacht zweistündlich weiterführen«, sagte ich noch beim Gehen. Dann fuhren wir nach Hause und gingen schlafen.

Das Telefon weckte mich. Ein Blick zur Uhr: Ich hatte zwei Stunden geschlafen. Ich war hellwach, als ich die Stimme des Pförtners vernahm:

»Ich verbinde Sie mit der Frischoperiertenstation.«

Die bekannte Stimme am anderen Ende der Leitung, der Anästhesist meldete sich:

»Hier Hartwig. Es ist eine akute Verschlechterung bei Veronika eingetreten. Der periphere Puls und Blutdruck sind nicht mehr meßbar, die zentrale Herzaktion liegt jetzt bei 168. Wir nehmen an, daß es zu einer Hirnschwellung gekommen ist. Sollen wir entwässern?«

Entwässern heißt in diesem Fall: Medikamente und spezielle Infusionen geben, die die Nierentätigkeit anregen, dem Gewebe Flüssigkeit entziehen und den Gewebsdruck, den Turgor, normalisieren.

Ich überlegte. Es war durchaus möglich, daß sich nach der Schädelverletzung und unserer Operation eine Hirnschwellung eingestellt hatte. Es kam dann zu einem raschen Druckanstieg im Schädelinneren und zu einem drohenden Kreislaufzusammenbruch. Entwässern war hier die einzige Hilfe. Bei einer Hirnschwellung kam es aber vorher immer zu einem Blutdruckanstieg, und der war hier nicht zu verzeichnen, denn schließlich hatte der Anästhesist gesagt: »Blutdruck nicht meßbar.« Die Gedanken überschlugen sich jetzt. Es war nämlich auch möglich, daß es nochmals in das Schädelinnere blutete. Dann kam es im Inneren des Kopfes zu einem gefährlichen Druckanstieg, und für das Gehirn ergab sich eine akute Gefährdung. Dann war aber die Behandlung ganz anders. Wir mußten in diesem Fall die Ursache beseitigen, das heißt, den Schädel nochmals öffnen, die Blutung stillen. Ob das unsere Kleine überstehen würde? Sehr fraglich!

Doch zurück zur ersten Variante: Mit Entwässern konnte man bei einer Blutung immer nur eine kurze Zeit überbrücken. Es blutete dann langsam weiter, der Hirndruck stieg unaufhörlich, erreichte schließlich eine kritische Grenze.

Ich hatte jetzt am Telefon nur wenige Augenblicke Zeit, um die richtige oder falsche Entscheidung zu treffen. Nach dieser kurzen Zeit sagte ich:

»Nicht entwässern!«

Es gab noch eine dritte Möglichkeit als Ursache der Verschlechterung, ging es mir durch den Kopf. Es konnte ein traumatischer Schock sein, der erst jetzt zur vollen Auswirkung kam. Die zirkulierende Flüssigkeitsmenge war dann zu gering, der belastete Kreislauf kam an die Grenze der Kompensation. Bei einer Entwässerung würden wir dem Körper noch eine erhebliche, zusätzliche Menge Flüssigkeit entziehen, die Situation dramatisch verschlechtern. Das Ergebnis war klar: Tod im Schock.

Heute wäre das alles viel einfacher. Mit einer computertomographischen Untersuchung wäre in kurzer Zeit eindeutig geklärt, ob es in das Schädelinnere geblutet hat. Diese Diagnose könnte man sogar mit einem einfachen Ultraschallgerät stellen. Der hier geschilderte Behandlungsverlauf ereignete sich aber vor 30 Jahren. Ultraschallgeräte und Computertomographen kamen erst viel später in unsere Kliniken, und wir waren damals – viele Jahre vor der Wende – auf wesentlich einfachere Untersuchungsmethoden angewiesen. Die beste Entscheidungshilfe war die eigene Erfahrung, und die richtige Entscheidung war gelegentlich auch von der Intuition abhängig. Doch jeder Chirurg wird zugeben, daß uns die Intuition auch schon in die Irre geführt und im Stich gelassen hat.

»Ich bin in wenigen Minuten in der Klinik. Warten Sie. Ich entscheide selbst.« Mit diesen Worten legte ich den Hörer auf.

Anziehen, aus dem Haus rennen, in das draußen stehende Auto stürzen und in die Klinik rasen waren ein Arbeitsgang. Die Treppen mit großen Sprüngen nehmend, durch die Flure im Laufschritt, erreichte ich die Frischoperiertenstation. Die Zahl der umherlaufenden Ärzte und Schwestern zu dieser späten Stunde zeigte, daß allen der höchste Notstand signalisiert war.

Dr. Hartwig intubierte, Albrecht Lengwinat, der anästhesiologische Oberarzt, assistierte. Umlegen der Infusion. Eine neue Sauerstoffflasche wurde im Laufschritt gebracht und angeschlossen.

Das Gesicht der Kleinen war nicht mehr wiederzuerkennen: Weiß, durchsichtig, wächsern. Sollte alles umsonst gewesen sein? Was sollten wir in dieser Situation noch machen?

»Die gefährlichste Behandlung in schwierigen Situationen ist die Untätigkeit!« Diese Worte aus einem chirurgischen Hauptkolleg meiner Studentenzeit klingen noch heute in meinem Ohr.

Es gab jetzt nur wenige Sekunden oder Minuten Zeit für die eigene Urteilsbildung, für die richtige Entscheidung. Jedes Zögern bedeutete das sichere Ende. Alle Beobachtungen und Arbeitsgänge liefen im Zeitraffertempo ab und bildeten Bruchstücke, die – schnell zusammengefügt – das richtige oder das falsche Bild des Zustandes vermittelten, jede falsche Urteilsbildung bedeutete den Tod des kleinen Mädchens. Es gab keine Zeit mehr, um abzuwägen, um Rat einzuholen, um das Für und Wider gegenüberzustellen, um in Büchern nachzulesen.

Allgemeiner Eindruck – sehr schlecht.

Peripherer Puls – nicht tastbar.

Puls an der Halsschlagader – sehr unregelmäßig, stark beschleunigt.

Herzaktion – stark beschleunigt, fast nicht mehr zu zählen.

Anheben des Oberlides – weite Pupillen, also hatte sich die Bewußtseinslage wieder verschlechtert, sie glitt ab ins Koma.

Beim Blick in das Auge fiel noch eine winzige Veränderung auf: Die sichtbaren Blutgefäße der Conjunktiva, der Bindehaut, waren sehr blaß, also schlecht durchblutet. Das war vorher anders! Sollte ich dieses Zeichen bewerten, daraus Konsequenzen ziehen? Diese winzige Veränderung sollte sich kurze Zeit später als wichtigstes Indiz zur richtigen Entscheidung erweisen.

Ein Blick auf den Brustkorb – gleichmäßiges Heben und Senken. Die Regelmäßigkeit war aber nur durch die maschinelle Beatmung vorgetäuscht.

Abtasten des Bauches – wieder eine winzige Veränderung: Leichte Vorwölbung der Bauchdecken? War es ein Irrtum?

Ich muß entwässern, wenn ich eine Hirnschwellung annehme, aber ich muß rasch viel Flüssigkeit zuführen, wenn ich einen drohenden Kreislaufzusammenbruch behandle! Eine völlig gegensätzliche Behandlung, doch nur eine von diesen beiden Behandlungen war richtig. Welches war die richtige? Die andere Behandlung beschleunigte das drohende Ende. War es eine Hirnschwellung, und ich führte Flüssigkeit zu, starb sie an erhöhtem Hirndruck. War es eine Blutung, und ich entzog weiter Flüssigkeit, war die Katastrophe perfekt, sie starb an meiner Behandlung, weil die zirkulierende Blutmenge für den Kreislauf nicht mehr ausreichte. Eine falsche Entscheidung führte unweigerlich zum Ende dieses jungen Lebens! Zeit für Untersuchungen oder größere Überlegungen blieb nicht.

Der Druck und die innere Anspannung für mich wurden immer größer, stärker, fast unerträglich. Eingepreßt in den Zwang zur Entscheidung wurde mein logisches Denken erschwert. Was verbarg sich hinter den Bauchdecken? Sie boten ein anderes Bild als vor drei Stunden. Nochmals ein kurzer Blick zur Bindehaut des Auges. Ganz blasse Farbe, also sehr schlechte Durchblutung. Alles nur winzige Bruchstücke aus einem großen, unbekannten

Mosaik. Doch die richtige Zuordnung entschied über das weitere Schicksal, über das Leben. Was war der Schlüssel für die richtige Behandlung?

»Sollen wir entwässern?«

Es war nicht nur eine Frage, sondern die letzte und berechtigte Mahnung des Anästhesisten zum Handeln.

»Ich brauche eine Spritze mit einer dicken Kanüle für eine Parazentese, für eine Stichinzision des Bauches.«

Hilde riß den Instrumentenkasten auf, ich bekam das Gewünschte, desinfizierte rasch die untere Bauchregion, stach mit der dicken Kanüle durch die Haut und Muskulatur, zog den Kolben zurück. Weiteres Vordringen – 6 Zentimeter – 8 – 10 Zentimeter.

Da – Blut!

Der Sog der Spritze bildete Schaum. Nun brauchte ich noch eine letzte Bestätigung. Mit dem Skalpell führte ich eine kleine Stichinzision an der Bauchhaut aus und schob einen Troikart, ein angeschliffenes, verchromtes Stahlröhrchen, durch die Muskelschichten in das Bauchinnere. Ein dünner Plasteschlauch wurde durch das Innere des Troikarts eingeführt – 20 Zentimeter lang. Spülung des Bauchinneren mit steriler Kochsalzlösung. Die zurückströmende Flüssigkeit war blutig gefärbt. Damit gab es keinen Zweifel mehr. Es handelte sich um eine innere Bauchblutung.

»Nicht entwässern, sondern Blut zuführen«, war meine kurze Anweisung, die einen Teil der Spannung von mir und den anderen nahm, mir außerdem die innere und äußere Sicherheit wiedergab, die ich brauchte, um den weiteren Verlauf der Handlung nicht nur mit Worten, sondern mit Kompetenz zu leiten.

»Wir müssen noch einmal operieren. Wahrscheinlich ist die Milz verletzt. Schnell! Beeilt euch! Es muß jetzt alles sehr rasch gehen.« Ich trieb zu höchster Eile.

Dr. Güldner, der die Theorie stets über die Praxis stellte, zeigte mir nochmals die Kurve und fragte:

»Könnte der allmähliche Pulsanstieg und die zunehmende Unruhe der Kleinen nicht auch für eine Blutung in das Schädelinnere und damit für einen gleichzeitig erhöhten Hirndruck sprechen?«

Großer Gott im Himmel!

Mein vernichtender Blick traf ihn. Fragte er aus Interesse oder kam es ihm darauf an, die von ihm gestellte Diagnose zu verteidigen? Weil ich die letzte Möglichkeit nicht ausschließen konnte, außerdem selbst verunsichert war, weil ich genau wußte, wie riskant Blitzentscheidungen waren, fiel meine Antwort ziemlich barsch aus:

»Natürlich kann man auch Flöhe und Läuse gleichzeitig haben. Aber in unserem Fall müssen wir entscheiden, ob wir erst die Läuse und danach die Flöhe bekämpfen wollen. Wir haben im Augenblick kein Universalmittel, das gegen beide hilft. Außerdem habe ich keine Zeit für einen Disput.«

Ich hatte nichts gegen Argumente, aber ich war gegen Rechthaberei. In schwierigen Situationen half das nicht weiter und war höchst überflüssig. Meine Gereiztheit war Ausdruck der eigenen Unsicherheit. Meine aggressive Antwort schützte mich vor weiteren Zusatzfragen. Warum konnte er sich nicht vorstellen, wie schwer mir die Entscheidung fiel? Natürlich konnten auch zusätzliche Störungen im Schädelinneren vorliegen. Viele sogar! Und gleichzeitig im Bauch! Fand ich dann nur eine nebensächliche und unbedeutende Blutung im Bauch, hatten die anderen eben recht, und ich hatte unrecht. Dann hatte ich laparotomiert, also den Bauch geöffnet, nicht die richtige Ursache gefunden und dazu beigetragen, daß das Leben der Kleinen früher beendet war. So einfach waren die Zusammenhänge! Und da sollte ich bei solch überflüssigen Fragen noch ruhig und sachlich bleiben?

Schwester Hilde, meine erfahrenste OP-Schwester, behielt in dem hektischen Durcheinander als einzige den klaren Überblick. Mit Augen, Handzeichen und wenigen Worten dirigierte sie alle, auch die Assistenzärzte, und spornte sie zu Höchstleistungen an.

»Patientin auflegen, Manne hilft Dr. Hartwig«, ordnete sie an, obwohl das gar nicht ihre Aufgabe war, und sie damit ihre Kompetenzen weit überschritt. Doch alle gehorchten ihr, sogar der Anästhesist.

»Die Schwestern von Station können wieder gehen«, mit diesen Worten verabschiedete sie die Zuschauer, die bei Routineoperationen toleriert wurden.

»Bauch großzügig abwaschen«, das Kommando galt Dr. Güldner, dem man anmerken konnte, daß er eine Erwiderung nur ungern unterdrückte, aber die höhere Einsicht siegte. Sie nahm meine sterilen Kittelbänder, verknotete sie am Rücken, wandte sich wieder ihren Instrumenten zu. Die Vorbereitungen zur Operation waren in wenigen Minuten erledigt. Die kleine Patientin brauchte keine Narkosemittel, sie befand sich auch ohne Medikamente in einem narkoseähnlichen Tiefschlaf, vielleicht sogar im Koma. Dieser Zustand garantierte eine ausreichende Schmerzfreiheit. Das Instrumentensieb für Noteingriffe war aufgedeckt, die Kleine lag vor uns auf dem Operationstisch, verdeckt durch blaue Tücher.

Ich wandte mich an Dr. Hartwig: »Geben Sie alle Blutkonserven, die Sie gekreuzt haben, und zwar mit Überdruck!«

Jetzt gab es kein Zurück mehr. Von beiden Seiten wurden Blutkonserven angehängt und mit dem aufgesetzten Gummiballon des Blutdruckapparates unter Druck gesetzt. Jetzt tropfte das Blut nicht mehr, es wurde im Strahl in das Transfusionssystem und in die Venen gepumpt. In wenigen Minuten war ein Liter Flüssigkeit zusätzlich im Kreislauf. Keiner sprach mehr vom Entwässern, denn nun praktizierten wir das genaue Gegenteil.

Ich überwachte diesen Vorgang nicht mehr, sondern durchtrennte mit einem großen Medianschnitt die Haut und das darunterliegende Sehnengewebe zwischen Brustbein und Schambein.

Fettgewebe war nicht vorhanden. Keine Blutung störte unser Vorgehen in diesen Schichten.

Das Eröffnen eines Bauches war Routine, und dennoch war die Spannung jetzt auf ihrem Höhepunkt. Mit zwei Pinzetten schob ich die Sehnenfasern in der Mitte auseinander und war vor der letzten Schicht, dem Bauchfell. Normalerweise schimmerte die Oberfläche blaß oder zartrosa, doch hier wölbte sie sich dunkelblau hervor. Ein winziger Schnitt durchtrennte die feine Gewebsschicht. Das flüssige und zum Teil geronnene Blut quoll im Strahl aus der Bauchhöhle. Der Sauger verstopfte, wir schöpften die zum Teil mit Gerinnseln durchzogene Flüssigkeit mit den Händen in eine bereitgestellte Schale, benutzten Tupfer und Bauchtücher zum Aufsaugen der Flüssigkeit.

In der Tiefe fühlte ich die Milz und glitt mit den Fingern in einen Riß, der über die vordere Fläche zog. Mehr tastend als suchend legte ich ohne die Kontrolle des Sehens eine Klemme an die zuführenden Polgefäße, die die Milz mit Blut versorgten.

Saugen! – Tupfen!

Ständige Wiederholung dieses Vorgangs.

»Der Sauger ist verstopft«, schimpfte ich nun schon zum zweiten Male. Rasches Durchspülen mit steriler Kochsalzlösung, dann wurde er wieder zugereicht. Ich entfernte die Blutkoagel. Jetzt sahen wir das reichlich faustgroße Organ, das schon manchem das Leben kostete, dessen Entfernung zur rechten Zeit aber mit dem Leben vereinbar war.

»Offensichtlich eine zweizeitige Milzruptur«, stellte Dr. Tomaschewski sachlich fest.

»Was heißt zweizeitig«, wollte Dr. Güldner wissen.

»Die Blutung hat sich zweizeitig ereignet«, erklärte der Oberarzt. »Zweizeitig bedeutet in diesem Fall, daß es durch den Unfall zu einem Einriß des weichen Gewebes der Milz gekommen ist. Die zarte, elastische Organkapsel blieb bei dieser Verletzung zunächst noch intakt. Es hat aber dann in diese zerreißliche

Kapsel hineingeblutet, ohne daß es zunächst bedrohlich wurde. Nachdem sich der Kreislauf aber wieder erholt hatte, wurde die Blutung stärker. Die Organkapsel hielt dem erhöhten Druck nicht mehr stand und riß nach mehreren Stunden ein. Und nun kam das Verhängnis! Es blutete in die freie Bauchhöhle.« »Chirurgisches Staatsexamen mit Eins bestanden«, kommentierte ich.

Er hatte recht. Der jugendliche Kreislauf kompensierte zunächst das drohende Schockgeschehen, indem er die peripheren Gefäße verengte und die Herzaktion beschleunigte, um die lebenswichtigen Organe trotz dieser Störung ausreichend mit Blut zu versorgen. Diese selbsttätigen Schutzmechanismen des Körpers liefen automatisch ab und konnten für eine gewisse Zeit die bedrohliche Situation des Kreislaufs überbrücken. Doch der Zusammenbruch war vorprogrammiert, er war nur aufgeschoben, wenn die Ursache, also die Blutung, nicht in kürzester Zeit beseitigt wurde.

Wir mußten die großen Bauchdeckenhaken einsetzen, um die Wundränder besser auseinanderhalten zu können. Inzwischen waren fast zwei Liter Blut aus dem Bauch entfernt worden. Die Sicht in der Tiefe war schlecht und wurde nur langsam besser. Zur exakten Unterbindung der großen Milzarterie und der benachbarten Venen brauchte ich einen guten Überblick.

»Wenn ihr beim Hakenhalten einschlaft, stehen wir morgen früh noch hier«, ermunterte ich – nicht gerade besonders höflich – meine beiden Assistenten. Eine höhere Motivation und ein kräftiger Ruck gingen durch ihren Körper, die Kraft ihrer Arme verdoppelte sich. Ich hatte wieder bessere Sicht, und es gelang mir schließlich, an den beiden Hauptgefäßen der Milz eine sichere Unterbindung anzubringen. Nun konnten wir diese Gefäße vollständig durchtrennen. Das dunkelrote weiche Organ lag jetzt flach auf meiner Hand, es war von allen Befestigungssträngen gelöst, und ich konnte es herausnehmen. Ein breiter Riß klaffte in der Mitte der Oberfläche.

Nun hatten wir übersichtliche Verhältnisse. An den anderen Organen, auch am Darm und an der Leber fanden sich keine weiteren Verletzungen. Ein letzter, prüfender Blick. Wir verschlossen das Bauchfell mit einer fortlaufenden Naht, die durchtrennte Sehnenschicht und Haut mit Einzelknopfnähten.

Die Operation war beendet!

Ich sah an der gespannten Konzentration meiner Mitstreiter Tomaschewski und Hartwig, daß die Gefahr noch nicht gebannt war.

»Wie geht es der Kleinen?«

»Herzaktion bei 160, Puls peripher nicht meßbar, noch keine Spontanatmung«, war die nicht gerade beruhigende Antwort im Telegrammstil.

»Einen Vorwurf kann uns keiner machen, wir haben wirklich alles versucht.« Dieser Standardausspruch von Dr. Tomaschewski kam zwar verspätet, aber nun präsentierte er ihn doch noch.

Wer wird mir einen Vorwurf machen? Der kranke Vater? Die verzweifelte Mutter? Am schlimmsten sind immer die Vorwürfe, die wir uns selber machen, denn sie halten sich oft über Monate und Jahre. Hatte ich wirklich alles getan? Hatte ich alles zur rechten Zeit getan? Das Ja auf die letzte Frage war besonders wichtig. Es glich einem Entlastungsurteil. Das Nein aber belastete mich schwer. Ich selbst war bei einem Mißerfolg zwar Angeklagter und Richter in einer Person, doch das erleichterte die Sache nicht. Nur ich selbst wußte, wie und wann man es hätte besser machen können. Also mußte ich auch in einem fairen, imaginären Verfahren als Belastungszeuge auftreten. Vater und Mutter hatten in dieser stummen Verhandlung das Amt der Schöffen. Sie fällten das Urteil, mehr gefühlsmäßig als mit Sachkenntnis, aber stets sehr kritisch. Würden sie mich für schuldig befinden? Hatte ich wirklich alles getan? Hatte ich nicht an irgendeiner Stelle eine falsche Entscheidung getroffen? Diese Fragen quälten mich. Ich hätte in der Klinik bleiben sollen, nicht nach Hause gehen dürfen! Aber nach einem schwierigen Verlauf ist man immer klüger als vorher. Wichtige Minuten waren nutzlos verschenkt worden. Eine unwiederbringliche, wertvolle Zeit! Ob es die entscheidenden Minuten waren?

Ich saß allein in der Mitte des Waschraumes auf einem hochgedrehten Hocker. Den Kittel zur Hälfte ausgezogen, einen Gummihandschuh noch in der Hand, müde und einsam. Vor mir das Szenarium einer beendeten, großen Operation, deren Ausgang ungewiß war. In meiner unmittelbaren Umgebung eine chaotische Unordnung: Berge gebrauchter, mit Blut befleckter Wäsche, diverse Tücher und Kittel, ungeordnete und braunrot verkrustete Instrumente, Geräte, Schalen und Ablagen. Auf dem Operationstisch ein schlafendes Kind. Oder ein sterbendes? Viele Schläuche, Kabel und Leitungen registrierten erlöschende Lebensfunktionen, versorgten es im Überangebot mit reinem Sauerstoff, Blut und anderen Flüssigkeiten, die zum Leben wichtig sind. Konnten wir das schwindende Leben noch einmal aufhalten? Unsere Kunst war am Ende. Endgültig am Ende. Würde die Natur sich noch einmal selbst helfen?

Diese Frage begleitete mich noch, als ich das erste Morgengrauen erblickte, das zögernde Erwachen eines neuen Tages. Ich hatte den ärztlichen Bereitschaftsdienst zum Schlafen und die Schwester in das Dienstzimmer geschickt. Seit zwei Stunden saß ich als Sitzwache am Bett der kleinen Veronika, kontrollierte Puls, Atmung und Herzaktion, schrieb die Verlaufskurve und überwachte Infusion und Sauerstoffzufuhr. Es war purer Aktionismus, den ich mir verordnet hatte, denn ich konnte nichts mehr machen. Ich brachte es aber auch nicht fertig, tatenlos zu warten.

»Wenn ich Unterstützung brauche, werde ich mich melden«, hatte ich der Dienstgruppe gesagt, und die hatte meine merkwürdige Anordnung ohne weiteren Kommentar zur Kenntnis genommen. Ich war mir aber selbst nicht über mein Motiv im klaren. Ich wollte einfach keinen Fehler mehr machen. Ich wußte, daß ich für das Auftreten der letzten Komplikation eine Mitschuld trug, nun wollte ich verhindern, daß sich noch ein weiteres Versehen einschleichen konnte. Außerdem wollte ich Zeit und Muße zum Überlegen haben. Die altvertraute, längst vergessene und nun wieder neue Tätigkeit einer nächtlichen Sitzwache schien mich zu faszinieren. Doch es erwies sich bald als eine Täuschung, als eine Fata Morgana der Vergangenheit. Ich war viel zu müde, um denken oder empfinden zu können. Mechanisch führte ich die Routinearbeiten der Nachtschwester und des Arztes aus. Die Müdigkeit der beiden schien sich in mir zu vereinen. Ein starrer Ring umspannte meinen Kopf, Blei lag in den Gliedern, ein dichter Nebel lähmte das Denken. Ich stand auf, um nicht einzuschlafen, ging ein paar Schritte durch das Zimmer und blieb wieder vor dem Bett stehen. Mit der Hand strich ich über Gesicht und Stirn der kleinen Veronika. Und nun hatte ich erstmals das ganz deutliche Gefühl und die feste Überzeugung: Sie lebt, und sie wird am Leben bleiben! Sie lag ganz ruhig in ihrem Bett. Schlaf oder Bewußtlosigkeit? Ich wußte es nicht, und auch unsere Geräte konnten diese Frage nicht beantworten. Doch die große Last der Verantwortung und die drückende Angst waren von mir gewichen.

Die zusätzliche Sitzwache hatte sich also doch gelohnt, denn sie gab mir das Gefühl, etwas Sinnvolles und Nützliches getan zu haben.

Ich konnte jetzt eigentlich die Monotonie meiner Arbeit beenden, Schwester und Arzt rufen lassen und ihnen sagen, der Zustand habe sich stabilisiert, sie könnten die Sitzwache weiterführen. Ich war aber zu müde, um diesen Gedanken in die Tat umzusetzen. Also wachte ich weiter.

Die Frühschicht begann. Andere Schwestern kamen. Die neuen Stimmen waren lauter, schriller, ungewohnter. Türen wurden zugeschlagen. Es störte mich, doch ich war zu müde, es abzustellen.

Die Stationsschwester Liesl, eigentlich hieß sie Elisabeth, hatte mich durch die Glasscheibe entdeckt. Sie öffnete die Tür, schaute herein und begrüßte mich mit den Worten: »Na, möchte der Diensthabende lieber einen starken oder einen normalen Kaffee?«

»Schicken Sie mir erst mal den Stationsarzt, Schwester Liesl, dann können Sie mir einen starken Kaffee in mein Zimmer stellen«, erwiderte ich und erhob mich schwerfällig von dem harten Stuhl. Ihr erstaunter Blick galt meinem ungepflegten Äußeren. OP-Mütze, Hemd und Hose trugen noch Zeichen unserer angestrengten Nachtarbeit. Auch die Stoppeln in meinem Gesicht waren um diese Zeit ein ungewohnter Anblick.

Es folgte die kurze Übergabe an Dr. Güldner, der nur wenige Stunden geruht hatte. Dann ging ich in mein Zimmer, machte mich frisch, rasierte mich und kleidete mich um. Stehend stürzte ich den heißen Kaffee herunter und überlegte, was ich wohl in der nächsten halben Stunde bis zur Dienstübergabe noch erledigen konnte. Mir fiel nichts ein. Ich setzte mich an den Schreibtisch, sah draußen den beginnenden Morgen, die hungrigen Spatzen, die sich um ein Stück Brot balgten, redete mir ein, daß ich die Wirkung des Kaffees schon spürte, doch es half nichts. Ich gähnte in rascher Folge, versuchte vergeblich, die innere Leere zu verdrängen, schaute zur Uhr und wartete. Die Minuten vergingen, doch sie wurden immer länger.

Die Routine des Alltags begann. Kurze Übergabe an den Wochenenddienst. Gemeinsame Visite auf der Wachstation. Veronika lag unbeweglich und unverändert in ihrem Bett. Ich überlegte, ob wir unsere Intensivbehandlung noch ergänzen oder verbessern könnten. Mir fiel nichts mehr ein. Rasch ging ich an das nächste Bett. Der Stationsarzt berichtete. Es klang wie aus weiter Ferne. Ich nickte, wir gingen zum nächsten Kranken.

Die Gedanken wanderten wieder zur Arbeit des vergangenen Abends und kreisten immer wieder um die bange Frage: Wie wird es weitergehen?

Meine Arbeit war getan. Der weitere Lauf der Dinge konnte nicht mehr von mir beeinflußt werden. Wozu also überlegen?

Zum Freuen war es noch zu früh, zum Resignieren bestand kein Anlaß mehr.

Als ich nach Hause ging, hatte ich die feste Zuversicht, unsere kleine Patientin wird es schaffen.

Der weitere Verlauf ist schnell erzählt. Bereits am folgenden Tag unterhielt sich Veronika mit uns und wollte wissen, ob ihre kleine Schwester sie besuchen darf.

»Natürlich.«

Roni, wie sie genannt wurde, war ein aufgewecktes, bescheidenes Mädchen. Sie war in den nächsten Tagen noch sehr schwach, aber außer Lebensgefahr. Nach einer Woche kam ich zur Visite, als sie gerade ihr Frühstück aß. Sie saß am Bett eines kleineren Mädchens und las ihr aus einem Buch die bekannten Geschichten von Hanni, Fritz und Putzi vor, gab mir die Hand und beantwortete alle Fragen so artig, wie wir es bei Mädchen mit 12 Jahren gelegentlich bewundern. Sie wollte nach Hause, und wir einigten uns auf zwei Wochen. Die Wunde heilte nicht glatt, es kam zu einer oberflächlichen Eiterung. Wahrscheinlich hatten wir in der Hektik des Geschehens einige Grundsätze der Sterilität nicht genügend beachtet. Aber wir standen damals unter Zeitdruck und hatten ganz bewußt das absolute Ziel des Überlebens vor die wichtigen Gesetze der Sterilität gestellt. Als ich sie beim Abschied drückte, lachte sie fröhlich und sagte mir, daß es gar nicht so schlimm im Krankenhaus war. Die Mutter kam zur Entlassung, war sehr besorgt, aber glücklich, daß ihre kleine Veronika nun wieder bei ihr war. Beide winkten mir noch einmal aus dem Wagenfenster zu und verschwanden dann aus meinem Blick, doch nicht aus meiner Erinnerung.

Ob sie wußten, daß es nur wenigen Menschen möglich ist, die Grenze zum Jenseits zweimal zu überschreiten?

EINE WEIHNACHTSGESCHICHTE

Die frühe Dämmerung löschte alle Farben und überzog Häuser und Land mit einem gleichmäßigen Grau. Ich fuhr in die Klinik. Langsamer als sonst und etwas nachdenklich, denn heute war ein besonderer Tag. Ich hatte Zeit, nichts drängte. Erinnerungen aus der Kindheit tauchten auf, zogen vorüber und verschwanden. Ähnlich wie die Lichter hinter den erleuchteten Fenstern am Rande der Straße. Seit 10 Jahren begann meine Visite am Heiligen Abend mit Einbruch der Dunkelheit. Die Schwestern wußten das, und sie maßen die verbleibende Zeit nicht an der Uhr, sondern an dem schwindenden Hell des Himmels. Sie löschten das Oberlicht in den Zimmern, zündeten auf dem dunklen Stationsflur die Lichter des Christbaumes an, gingen noch einmal durch die Krankenzimmer und steckten die Kerzen der Weihnachtssträuße gerade, die auf den Fensterbrettern oder Nachttischen standen.

Es sind meist außergewöhnliche Patienten, die am Heiligen Abend im Krankenhaus liegen. Sie haben ein besonders schweres Leiden, ein besonderes Schicksal oder manchmal auch keine Angehörigen mehr. Ich begann meinen Rundgang auf der Wachstation, sagte tröstende Worte. Manchmal waren sie aufmunternd, beruhigend, auch ausweichend, verlegen, doch immer ehrlich. Ein kurzer Händedruck, dann ging ich ruhig und ohne die übliche Hast des Alltags an das nächste Bett. Das Ergreifen und Festhalten meiner Hand sagte oft mehr als Worte. Ich spürte durch die Berührung und den Druck der Hand Freude, Traurigkeit, Leid, Hoffnung oder Sehnsucht. Ich spürte Wärme und Zutrauen, Offenheit und Zurückhaltung, aber auch Angst, Hoffnungslosigkeit und Verbitterung. Es wurden nur wenige Worte gewechselt.

Doch bei vielen sprachen die Augen. Was sie erzählten? Wehmut, Nachdenklichkeit, Zuversicht, Schmerz, Heimweh, Warten, Alleinsein. Manchmal verriet der kurze Blick mehr, als er sollte, wenn er durch Tränen getrübt war.

Etwa zu dieser Zeit war es, als am anderen Ende der Stadt ein Schuß krachte. Nicolai brach zusammen. Doch ich kannte ihn noch nicht. Niemand von uns kannte ihn, nur seine Kameraden in der russischen Garnison. Sie stürzten zu ihm. Er lag reglos neben der Straße im grauen Schnee vor dem dunklen Postenhaus.

Der Lauf meiner Visite war vorgegeben. Er folgte einer Tradition, die ich mir in 10 Jahren selbst auferlegt hatte, und die allen Schwestern, Patienten und auch mir wie eine Straße erschien, an deren Ende »Weihnachten« stand. Nach der Aufnahmestation führte der Weg über die Kinderabteilung zur septischen und traumatologischen Station. Mein schwarzer Anzug unterstrich das Besondere dieser Visite. Bei den Kindern war es heute ungewohnt ruhig.

»Wo sind die anderen?« fragte ich, nachdem ich fünf kleine Hände gedrückt hatte.

»Sie können über Weihnachten großzügig beurlauben, haben Sie gestern zum Oberarzt gesagt.«

Natürlich, so war es. Ich erinnerte mich. Er hatte natürlich diese Blanko-Vollmacht genutzt. Seine eigenen Kinder brachten ihm jetzt wahrscheinlich ein kleines Ständchen, denn sie pflegten Hausmusik. Wer wollte ihm seine Großzügigkeit verdenken?

»Wo ist Rico?«

»Zu Hause.«

»Was denn, zwei Tage nach der OP?«

Er hatte eine perforierte Appendizitis, einen Blinddarmdurchbruch. Ein kurzer Blick in das Entlassungsbuch. Trotz leichter Temperatur entlassen. Mein unausgesprochener Vorwurf ging nicht gegen den Oberarzt, sondern gegen mich.

»Schwester Lilo, sagen Sie den Eltern morgen früh, ich möchte Rico gegen 11.00 Uhr nochmals sehen.«

Bei den nächsten Betten begleitete mich Rico als Schatten, und das paßte wieder nicht zusammen: Sentimentalität und Pflichtbewußtsein, Weihnachtsstimmung und Krankenhausdisziplin, Weihnachtslieder singen und ärztliche Anweisungen kontrollieren. Meine Verantwortlichkeit verdrängte meine festliche Weihnachtsstimmung. Ich machte wieder mein Kliniksgesicht, das mir gelegentlich die Kritik meiner eigenen Kinder einbrachte.

»Papa, du guckst wieder wie im Krankenhaus«, hatte mir neulich Marion gesagt.

Doch es war nur ein kurzer Moment. Als mir der siebenjährige Marco sein neues Fußballspiel mit den beweglichen Figuren erklärte, steckte mich auch seine Begeisterung an. Sein Streckverband hinderte ihn nicht, mich in kurzer Zeit mit 5:1 zu besiegen. Noch ganz unter dem Eindruck der Niederlage setzte ich mich zu der fünfjährigen Claudia und ihrer Puppe auf das Bett.

»Kannst du auch singen?« wollte sie wissen, »Ihr Kinderlein kommet«, schlug sie mir vor.

»Sing du es, ich höre zu«, forderte ich sie auf.

Also sang sie – fein und verhalten – und ich lauschte.

Am anderen Ende der Stadt hielt rumpelnd ein robuster Militär-LKW vor dem erdfarben gestrichenen Postenhaus. An den Türen des Fahrerhauses erkannte man ein rotes Kreuz auf weißem Grund, alles in ausgeblichener, abbröckelnder Farbe. Die rückwärtige Holztür des kastenförmigen Sanka wurde von innen aufgestoßen. Eine Trage polterte zu Boden, ein Soldat stolperte hinterher. Sein Hemd hing über der Hose, er trug kein Koppel, eine Schapka saß auf seinem hinteren Kopf. Er sprach Worte einer fremden Sprache und war in großer Eile. Ein zweiter Soldat in der gleichen Uniform eilte hinterher. Sie stellten das eiserne Gestell neben Nicolai und breiteten eine Zeltplane aus. Einer faßte die

Schultern, der andere griff zu den Stiefeln. Ein Ruck ging durch beide, die Bewegung übertrug sich auf Nicolai. Jetzt lag er auf der Plane. Das derbe Gewebe wurde neben dem Kopf und den Füßen gefaßt, auf die Trage gehoben. Wieder ein Ruck. Die Trage befand sich jetzt in Höhe des kastenförmigen Aufbaus, wurde nach innen geschoben. Die beiden kletterten auf der kleinen Sprossenleiter hinterher. Die Holztür krachte hinter ihnen zu. Der Motor heulte auf, der Sanka brauste davon. Zehn Minuten Fahrt bis zum Krankenhaus. Die Zeit wurde unterboten, aber keiner schaute auf die Uhr. Sie sahen nur auf das Metallgestell, auf das fahle Gesicht und den leblosen Körper ihres Kameraden Nicolai, und ihr Blick glitt ins Weite, in die Leere.

»Büstreje, büstreje – schneller, schneller!«

Meine Weihnachtsvisite ging weiter. Die alte Schwester Elli wartete auf mich an der Eingangstür vor der septischen Station. Verlegen strichen ihre faltigen Hände über die frisch gestärkte Schürze. Seit drei Jahren war sie Rentnerin, aber wir waren froh, daß sie noch bei uns arbeitete. Warum gibt es eigentlich zu wenig Schwestern? Es ist doch ein schöner Beruf. Aber immer das gleiche Lied, zu wenig Geld für schwere Arbeit.

»Ein frohes Fest, Herr Chefarzt«, begrüßte mich Elli, machte mit dem Kopf eine Bewegung zu den Krankenzimmern und flüsterte: »Sie warten schon alle.«

Natürlich hatte die gute Elli schon für vorweihnachtliche Stimmung gesorgt.

Gedämpftes Licht im Flur, brennende Kerzen auf den Nachtschränkchen, trotz Verbot des Verwaltungsleiters. Im Stationszimmer spielte ihr nicht mehr ganz neuer Plattenspieler die zweite Strophe von »Stille Nacht, Heilige Nacht«. Erwartungsvolle Augen blickten auf mich. Einige waren gezeichnet von langer Krankheit, von Schmerzen und den Leiden des Alters. Doch ich sah in ihren Gesichtern auch Hoffnung, die ich ihnen geben oder bestätigen sollte. Wenn nicht Genesung, dann doch Linderung oder wenigstens Verständnis. Es bedrückte mich immer wieder, wenn einige von ihnen mehr von mir erwarteten, als ich ihnen geben konnte.

Meine Worte wiederholten sich, aber es waren keine Phrasen.

»Ich bin ganz sicher, das nächste Weihnachten feiern Sie wieder zu Hause.«

»Ich wünsche Ihnen und Ihrer Familie trotz allem ein schönes und gutes Weihnachten.«

»Ich weiß, daß Sie es schwer haben, und ich verspreche Ihnen, daß wir Ihnen helfen werden.«

Die Entfernung zwischen Arzt und Patient wurde an diesem Tage kleiner. Die älteren Patienten spürten das besonders und erwarteten viel Zuwendung. Einige wollten meine Hand gar nicht mehr loslassen.

Der Sanka legte sich gefährlich in die Kurven, sein Fahrer achtete nicht auf die Vorfahrt, betätigte ständig die heisere Hupe, die das fehlende Martinshorn ersetzte. Noch fünf Minuten bis zum Krankenhaus. Inzwischen hastete ein anderer Soldat zu dem frei gewordenen Postenhaus vor der Garnison. Im Eilschritt überquerte er den Kasernenhof.

»Dwa tschassa ransche – zwei Stunden zu früh«, schimpfte er.

In der linken Hand die Kalaschnikow, versuchte er im Gehen mit der rechten das Koppel zu schließen. Vergeblich. Am Kontrollpunkt angekommen, lehnte er die MP an die Bretterwand, ordnete nun mit beiden Händen die schweren Mantelknöpfe und den breiten Ledergurt. Jetzt war die Uniform in Ordnung. Nach einigen Schritten stand er vor einer flachen Holzkiste. Mit einem Tritt seines Stiefels öffnete er die überstehende Klappe, nahm die breite Schippe heraus, streute einige Schaufeln Kies auf die braunrote, zähe Masse, die noch vor wenigen Minuten durch einen muskulösen Körper pulsierte. Dann nahm er die Kalaschnikow, hängte sie über die linke Schulter, ging durch den schmutzigen Schnee 15 Schritte nach rechts, danach 15 Schritte nach links, und diesen Rhythmus wiederholte er monoton in den nächsten Stunden.

Die Schallplatte drehte sich langsam weiter. Sie war inzwischen bei der »fröhlichen, seligen Weihnachtszeit« angelangt. Die treue Elli war gerührt, nahm noch meine guten Wünsche für einen ruhigen Dienst entgegen und begleitete die Angehörigen – leider waren es nur wenige – in die Krankenzimmer.

Als ich mir die Hände abgetrocknet hatte, wollte sie mir in den Mantel helfen. Ich wehrte lachend ab. Nein, das geht noch allein! Sie drückte mir ein kleines Päckchen in die Hand.

»Für Katrin.«

Später sahen wir, daß sie aus drei gehäkelten Topflappen einen kleinen Bären gebastelt hatte, das Wahrzeichen unserer Heimatstadt. »Verlebe in Bernburg – der Bärenburg – ein schönes Weihnachten«, stand auf dem kleinen Kärtchen. Alles hatte bei ihr einen Sinn. Ich war überrascht und gerührt, aber mein kurzes Plaudern beendete sie rasch.

»Sie müssen jetzt gehen, Ihre Kinder warten.«

Sie hatte recht, und ich folgte ihrem Rat. Die großen Töchter Marion und Anna hatten schon am Vormittag den Tannenbaum geschmückt. Die kleine Katharina saß jetzt wahrscheinlich am Fenster und hielt Ausschau nach einem großen Abendstern, der ihr als Vorbote des Christkindes bekannt war.

Ich fuhr langsam, wollte an der Pforte halten, dem Pförtner durch das herabgelassene Fenster ein »Fröhliches Weihnachten« zurufen. Doch mein Vorhaben wurde vereitelt. Herr Wolter war aus seinem Häuschen gelaufen, versperrte mir die Weiterfahrt, hob wild gestikulierend beide Arme nach oben. Wenn er schnell ging, hüpfte er mit dem linken Bein und zog das rechte nach. Vor fünf Jahren hatte er einen schweren Unfall. Oberschenkelamputation. Seit dieser Zeit trug er eine Oberschenkelprothese. Er war viele Jahre Stationspfleger, und wir hatten ihn nach dem Unfall auf diesem Schonplatz als Pförtner eingesetzt. Aber zum Schonen komme er nicht, meinte er.

»Herr Chefarzt, Herr Chefarzt! Die müssen gleich da sein. Die haben eben angerufen. Von der Garnison. Ein schwerer Unfall. Schußverletzung oder so was. Die waren sehr aufgeregt.«

Die Lichtkegel der beiden Autos vor der Krankenhauspforte griffen ineinander, wurden kürzer und kürzer. Bedrohlich kurz! Der Sanka stoppte seine rasende Fahrt einen Fußbreit vor meinem Wagen. Ich stieß zurück, fuhr auf die kleine Rampe, gab den Weg frei und folgte dem erdbraun gestrichenen Sanitätsfahrzeug.

Es hielt vor dem OP-Gebäude. Ich auch, war aber schneller an der großen Glastür. Drückte dreimal die Klingel – dreimal lang! Der Notruf! Jeder im OP kannte ihn. Gespenstische Ruhe. 10 Sekunden Wartezeit. Eine Ewigkeit. Dann wurden Türen geschlagen, Lichter gingen an, Stimmen wurden laut, Schritte kamen näher.

Am Sanka wurde die hintere Holztür von innen aufgestoßen. Zwei dunkle Gestalten sprangen herunter. Die Trage, auf der Nicolai lag, wurde herausgezogen, von beiden abgehoben und im Eilschritt zur Glastür getragen. Nur undeutlich sah ich den Liegenden. Eine Zeltplane bedeckte Körper und Glieder.

Herr Bergner, unser OP-Pfleger, stand in der Mitte des Einganges. Nur die Umrisse waren gegen das helle Innenlicht erkennbar. Ein Hüne an Kraft, aber den Tränen nahe, wenn Kinder leiden. »Gott sei Dank, Bergner hat Dienst«, ging es mir durch den Kopf. Selbst in der größten Hektik strahlte er Ruhe aus. Er war stets unser Fels in der Brandung. Bei der Arbeit redete er nur, wenn er gefragt wurde. Ein unschätzbarer Vorteil. Und noch eine andere Eigenschaft zeichnete ihn aus: Wenn alle anderen verzweifelten, wußte er immer noch einen Ausweg. Er zeigte den Uniformierten den Weg zum OP.

»Prjamo – geradeaus«, seine ausgestreckte Hand wies den Weg. Ein Dutzend Worte der fremden Sprache beherrschte er, doch es hatte immer gereicht, denn er setzte sie mit Überlegung und Unterstützung der Zeichensprache ein.

»Büstro – schnell!« Er zeigte auf den OP-Tisch.

Doch was machten die beiden Sanitäter? Oder waren es nur einfache Soldaten? Sie stellten die Trage neben die Pendeltür auf den Boden, faßten die Zeltplane mit beiden Händen, zogen sie schräg nach oben, und der Verletzte glitt neben die Trage auf den gefliesten Fußboden. Sie ergriffen die Trage und eilten im Sturmschritt zur Pendeltür, ehe wir ihre Aktion stoppen konnten.

»Pschakrewt pjerunje«, auch diesmal kam Bergners einziger ausländischer Fluch, den er perfekt beherrschte, genau an der richtigen Stelle.

»Die einzige Sorge, die sie haben: Nur ja schnell weg von hier!«

Ein dumpfes Stöhnen. Der begleitende Offizier stand verlegen und teilnahmslos neben seinem Untergebenen, sah zu, wie wir zwei uns mühten, seinen Soldaten aus der Lache Blut auf den OP-Tisch zu heben.

Jetzt war ich an seiner Seite und suchte den Puls. – Nichts! – Gar nichts!

Mit der Hand bewegte ich den Kopf zur Seite, beugte mich über sein Gesicht und schob das rechte Lid in die Höhe. Ich begegnete dem Blick eines Sterbenden! Das Auge war gebrochen, ohne Ausdruck, ohne Erkennen.

Das Wissen der ersten Semester sitzt ein Leben lang tief im Gedächtnis. Mechanisch, ohne zu überlegen, folgte die Prüfung des Hornhautreflexes, eine Prüfung, die heute keiner mehr lernt und auch nicht mehr durchführt: Leichtes Berühren des geöffneten Auges. – Täuschung oder Wirklichkeit? Die Lidspalte verkleinerte sich fast unmerklich, also ein Zeichen des noch nicht restlos geschwundenen Lebens.

Wiederholung.

Ein Stückchen Mull glitt nochmals über die glänzende Hornhaut des Augapfels. Kein Zweifel – ein leichtes Zucken des Oberlides war die Antwort. Eine nochmalige Bestätigung war überflüssig. Der Soldat lebte noch. Wie lange konnte er noch leben? Waren es Sekunden? Oder Minuten?

Ich richtete mich auf und schaute in die Runde.

»Intubation!«

»Infusion!«

»Ausziehen! Er bleibt auf dem OP-Tisch!«

»Röntgen – Thorax! Nein, nicht transportieren, hier im OP!«

»Labor soll kommen, großes Programm!«

»Konserven vorbereiten, 12 Stück!«

Jeder Satz war ein kategorischer Imperativ und wurde auch so verstanden. Bei jedem Ausspruch machte meine Hand eine knappe Bewegung, die Anweisung unterstreichend. Nach jeder Anweisung öffnete sich die Hand ein bißchen weiter, erst der Daumen, dann der Zeigefinger, dann die anderen Finger.

Erstens! – Zweitens! – Drittens!

Bedeutung und Wertigkeit aller Handlungen waren damit festgelegt, alles verlief nun nach dem bekannten ABC – Schema: Atemwege, Beatmung und Circulation.

Das bedeutete: Freimachen der Atemwege, genügend Sauerstoffzufuhr und Wiederherstellung der Kreislauffunktion.

Alles andere erfolgte programmiert, nach bewährtem Schema und vielfach erprobt. Es ist unmöglich, die nun folgenden Bewegungsabläufe mit synchroner Schnelligkeit zu beschreiben, denn vier oder fünf, manchmal sogar sechs Arbeitsgänge müssen simultan ablaufen. Obwohl standardisiert und oft geübt, nie wird es ohne Hektik und Turbulenz abgehen. Kein Notfall ist der gleiche, kein dramatischer Fall wiederholt sich. Jeder ist einmalig. Und jeder weiß, daß hier Minuten, gelegentlich sogar Sekunden über das Leben des Verletzten entscheiden.

Warum atmete er nicht spontan?

Ich drückte mit der flachen Hand auf den Brustkorb, noch unregelmäßig, zwischen den einzelnen Stößen wartend. – Nichts! Ich drückte weiter mit beiden Händen, sehr kräftig. Es knirschte unter meinen Fingern. Gebrochene Rippen. Eine vorbestehende Verletzung? Ein schwaches Geräusch an den Lippen. Blutiger Schaum quoll aus Mund und Nase – also eine Lungenverletzung. Preßte ich den Brustkorb stärker zusammen, kam eine größere Menge aus dem Mund. Mein Handteller war blutig, also eine durchgehende Brustkorbverletzung.

»Was war geschehen – tschto slutschilos?«

Ich wandte mich zur Seite. Neben den beiden Sanitätern standen jetzt noch ein Feldscher und ein Sanitätsoffizier.

»Samo ubuistwo – Selbstmord.«

Nun war alles klar. Aus nächster Nähe hatte er einen, zwei oder auch mehrere Schüsse in die linke Seite des Brustkorbes gefeuert. Fast ein Wunder, daß er den Transport bis zu uns lebend überstanden hatte. – Lebend? Was heißt hier lebend?

Nicolai ist 19 Jahre alt. Ist er oder war er 19 Jahre alt? Ist er noch Nicolai, oder war er Nicolai?

»Heimweh«, fügte der Sergeant hinzu, verlegen lächelnd. Es klang fast wie eine Entschuldigung.

Ach so – heute war ja Heiligabend.

Das Gesicht des Soldaten trug asiatische Züge. Aus welchem Teil des fernen Ostens mag er kommen? Feierte seine Familie heute auch den Heiligen Abend? Das wäre ungewöhnlich, aber wir wußten es nicht. Zu welcher Konfession mag er gehören? Die Wahl seines Vornamens sprach für eine christliche Tradition seiner Familie. Aber die Russisch-Orthodoxen haben einen anderen Kalender, andere Feiertage. Doch Zeit, darüber nachzudenken, blieb nicht, war auch unwichtig. Es ging hier um das Ende oder um das Weiterleben eines jungen Menschen. Mit kräftigen Scherenschlägen wurden Uniformjacke und Hemd über der Brust geöffnet, die Ärmel in Längsrichtung aufgetrennt. Lösen des Gürtels. Mit wenigen Griffen wurde die obere und blutig durchtränkte Kleidung unter dem Körper hervorgezogen. Die schmutzigen Stiefel lagen schon in der Ecke. Bergner stellte sich vor die Füße, bückte sich, faßte mit geübtem Griff von innen in die Hosenbeine, sein Körper straffte sich. Der Anästhesist griff unter die Achselhöhlen, zog in die andere Richtung. Hose und Unterhose glitten ohne Widerstand über die glatte, braune Haut.

Vier kräftige Hände fuhren seitlich unter den Körper. Ein kurzes, gepreßtes »Jetzt« – der Körper schien für einen Augenblick zu schweben, dann wurde er behutsam auf die mit einem Gummituch bedeckte Unterlage gebettet. Nicolai lag jetzt entkleidet auf dem schmalen OP-Tisch. Ein muskulöser, kräftiger Körper, dunkle Haut, aber ein graues, fahles, fast leichenfarbenes Gesicht. Starr ruhte er vor uns. Man sah zwischen Brustbein und linker Begrenzung des Brustkorbes, dicht unter der Brustwarze, den Einschuß. Klein, nicht größer als ein Pfennig. Der Rand war scharf ausgestanzt. Ein kleines dunkelrotes Rinnsal führte zur linken Seite auf den OP-Tisch. Aber hier? Was war das? In wenigen Sekunden eine handgroße Blutansammlung hinter dem Rücken, auf dem Laken, neben dem Körper.

Bergner hatte meinen erstaunten Blick gesehen. »Hier«, sagte er und deutete auf die vordere Seite seines Kittels. Blut, viel Blut, alles blutig verschmiert. Er wußte, daß diese Information für mich wichtig war. Deswegen sein Hinweis. Sonst war es nicht seine Art, in dieser dramatischen Situation zu sprechen.

»Dreht ihn auf die Seite!«

Bergner trat an die rechte Flanke, packte ihn an der linken Schulter und Hüfte, drehte ihn langsam zu sich auf die rechte Körperseite.

»Großer Gott!« Es waren die ersten Worte, die der diensthabende Assistent an diesem Abend laut und deutlich sprach, denn auch auf ihm lastete schwer der Eindruck des unmittelbar Erlebten. Wahrscheinlich hatte Dr. Melzer so etwas noch nie gesehen. Wie sollte er auch? Er war noch jung, denn am Heiligen Abend werden immer nur junge Ärzte zum Dienst eingeteilt, nach Möglichkeit Unverheiratete. Wer möchte die Freude und Weihnachtsstimmung seiner Lieben zu Hause nicht miterleben? Gerade an dem Tage! Schließlich freut sich jeder schon viele Wochen im voraus auf diesen Abend. Meine Kinder warteten jetzt auch auf mich, voller Sehnsucht und Spannung. Doch ich kam nicht dazu, daran zu denken.

Ich versuchte, die handtellergroße Wunde an der linken Rückenseite zu inspizieren. Zerfetzte Wundränder, starke Blutung, hervorquellendes, weißes, knisterndes Lungengewebe. Mit dem Spatel wollte ich das Lungengewebe etwas nach innen schieben, um die Wundränder besser sehen zu können. Die Blutung wurde stärker.

»Vorsicht, Herr Chefarzt, Ihr Anzug!«

Schwester Eva sagte es und wies mit erschrecktem Gesicht auf meinen rechten Arm. Die schwarze Jacke war vom Ellenbogen bis zum Handgelenk mit Blut beschmiert! Die gleiche, dunkel glänzende Flüssigkeit auf der Hose störte mich nicht, aber was machte ich hier überhaupt in dem schwarzen Anzug? Ich hatte das sterile Regime in grober Weise durchbrochen. Aber das Gesetz der Dringlichkeit war das Gebot der Stunde. Über allen Hausgesetzen steht als Maxime jeden Handelns die Erhaltung des Lebens. Alles andere war untergeordnet, auch die Einhaltung selbst erlassener Sterilitätsgesetze.

Erst jetzt schaute ich in die Runde und sah das gespenstische Bild. Es erinnerte eher an das Geschehen auf einem Hauptverbandsplatz als an die Vorbereitungen zu einer großen Operation. Die OP-Leuchte brannte, daneben die Zusatzlampe. Das Oberlicht war noch nicht eingeschaltet. Dadurch betonte dieses Spotlight wie auf einer Bühne die Akzente unserer Handlung. Die Umgebung wirkte düster, auch das schien der Handlung angepaßt. Die Stimmung wurde gespenstisch unterstrichen durch die vier verstörten Gestalten am Rande des Geschehens. Leute in Uniform mit Angst in den Gesichtern weisen immer auf eine Bedrohung. Sie standen aneinandergedrängt, ohne Bewegung, mit erschreckten, weit aufgerissenen Augen. Sie suchten Schutz durch ihre gegenseitige Nähe, wie in einer Herde. Einer hatte die Hand vor den halb geöffneten Mund gehalten und verharrte in dieser Stellung. Schreck? Entsetzen? Vor wem hatten sie Angst? Vor einem, der stärker war als sie. Der lange Frieden hatte sie verweichlicht. Sie kannten nicht mehr den Anblick des Todes als etwas Selbstverständliches, Alltägliches. Aber sie ahnten ihn. Jetzt war er mitten unter ihnen. In dieser Minute. Er hatte einen von ihren Kameraden gepackt. Im Krieg wären sie ohne größere Anteilnahme an so einem Ereignis vorübergegangen. Was bedeutete im Krieg schon ein Sterbender? Er war einer von vielen. Aber wir hatten Frieden, schon seit 35 Jahren. Bruchstücke von Gedanken eilten vorüber, fügten sich nicht in das Ganze, waren Teil einer unwirklichen Wirklichkeit. Was suchten diese düstern Gestalten eigentlich in meinem OP?

»R-r-raus!«

Mit diesem Wort war die Realität wieder hergestellt. Ich wies mit der ausgestreckten Hand auf die Tür. Bergner unterstrich meine Aufforderung, indem er die Schiebetür öffnete. Betreten und wortlos, den Blick zum Boden gewandt, gehorchten sie, gingen zum Ausgang. Bergner schob mit dem Fuß die blutigen Kleidungsfetzen und die Zeltplane auf den Flur, ehe er die Tür wieder schloß. Dann hielt er mir einen Kittel entgegen.

»Hier! Sieht besser aus!«

Das schwarze Jackett wurde gegen den OP-Kittel getauscht, das Oberhemd blieb an, nur die ehemals weißen Manschetten des Oberhemdes stülpte ich nach oben. In wenigen Augenblicken war die silbergraue Krawatte ebenfalls unbrauchbar, denn meine Hände hinterließen bleibende Spuren.

»Bleibende Spuren durch meine Hände, hoffentlich nicht«,

ging es mir durch den Kopf. Und jetzt kam wieder das Gefühl der Niederlage und der Isolation. Was hatte mein Handeln noch für einen Sinn? War es bloßer Aktionismus? Ich war gespannt, wer wohl nach der OP als erster käme und mir unter dem Vorwand des Mitfühlens sagte: »Warum haben Sie nicht einfach den Tod festgestellt? Das wäre doch für alle viel einfacher gewesen. Da war doch sowieso nichts mehr zu machen.« Vielleicht der leitende Anästhesist, der jetzt gerade Pakete auspackte, oder der immer klügere Oberarzt, der nie eine erste Entscheidung treffen mußte, denn bei jeder schwierigen Entscheidung wurde der Chef konsultiert, oder der Pathologe, der fast nie irren konnte, weil er immer nur die Vergangenheit beurteilte. »Ach so«, würden sie sagen, »er hat noch mit dem Augenlid gezuckt, – na ja, dann ist das natürlich etwas anderes! Aber man hätte doch sehen müssen, zumindest bei einiger klinischer Erfahrung, daß da nichts mehr zu machen war! Daß das ausgerechnet dem Chef passiert ist! Nicht, daß er ihn umgebracht hat, aber daß er überhaupt noch anfing. Dabei hatte der Anästhesist doch mehrfach gesagt ...«

Ich kannte diese Reden der Assistenten! Ich saß oft genug neben dem Frühstückstisch und mußte zuhören, gewollt oder ungewollt. Und ich war lange genug selbst Assistent gewesen. So ein dummes Gequatsche! Nein, so blöde Gedanken! Aber ich konnte sie nicht dirigieren, sie kamen ungerufen und ungebeten, und ich konnte sie einfach nicht wegschieben. Auch wenn ich es wollte, es ging nicht.

Jetzt suchte ich schon nach Gründen für meinen Mißerfolg und hatte den Eingriff noch nicht einmal begonnen!

»Wollen Sie wirklich noch beginnen?«

Und da war sie ja wirklich, diese blöde Frage. Es war tatsächlich der Anästhesist, Dr. Hartwig, der diese unsinnige und demotivierende Frage gestellt hatte. Und er war mit seinen Ausführungen noch nicht am Ende, denn er ergänzte noch: »Kein Puls, keine Spontanatmung, keine Herzaktion mehr!«

Die jetzige Entscheidung zum Weitermachen fiel besonders schwer, und später wußte ich auch nicht mehr, warum ich sie gab. Normalerweise hätte jetzt in den Behandlungsunterlagen stehen müssen:

Abbruch aller therapeutischen und reanimativen Maßnahmen wegen Eintreten des klinischen Todes.

Alle Angehörigen, Staatsanwälte und Rechtsanwälte würden sich mit dieser einfachen Feststellung zufrieden geben! Ich wußte später nicht, warum ich mich damit nicht zufrieden gab, und aus welchem winzigen Rest des schwindenden oder geschwundenen Lebens ich noch das Fünkchen Hoffnung nahm, um zu sagen: »Es ist noch einen Versuch wert, wir beginnen.«

»Na ja, wenn Sie meinen«, war die nicht gerade begeisterte Erwiderung des Anästhesisten.

Ich zuckte die Achseln, und er tat das gleiche. Mein Blick sollte ihn treffen, aber er sah ihn nicht, denn er blickte auf den Monitor.

»Sie müssen mehr Flüssigkeit geben, denn ich werde in wenigen Minuten mit der intrathorakalen Herzmassage beginnen.«

»Mehr Infusion geht nicht! – Infusion läuft auf beiden Seiten. – Unter Druck. – Ich weiß überhaupt nicht, ob er noch lebt. Zentrale Herzaktion ist nicht mehr nachweisbar.«

Wir hatten beide den gleichen Gedanken. Dr. Hartwig begann jetzt mit der extrathorakalen, also der äußeren Herzmassage, preßte das Brustbein rhythmisch nach unten, und ich würde in wenigen Minuten nach der Eröffnung des Brustkorbes mit der direkten Massage des Herzens die Wiederbelebungsmaßnahmen fortsetzen. In zwei oder in drei Minuten werden wir es genau wissen, denn so lange würde ich brauchen, um das Herz freizulegen.

»Handschuhe anziehen!«

Zum obligatorischen Ritual des Händewaschens blieb keine Zeit, wieder ging es nach dem Gebot der absoluten Dringlichkeit. Das Gesetz der Lebenserhaltung stand ganz klar über dem Gesetz der Sterilität.

Kittel! – Mütze! – Mundtuch! – Gummischuhe!

Meine schwarzen Hosenbeine paßten nicht zu der üblichen OP-Verkleidung, aber für Nebensächlichkeiten wie Kleidungswechsel blieb keine Zeit mehr.

»Noch ein zweites Paar Handschuhe!«

»Messer! Es – geht – jetzt – los!«

Jedes Wort fiel mit schwerem Gewicht in einen Raum, in dem man kein Wort hörte, in dem aber jeder die angespannte Erwartung spürte. Die Stille des großen Raumes wurde nur durch das Klicken des Narkosegerätes unterbrochen.

Jodisal wurde großflächig auf den Brustkorb geschüttet und mit der Kompresse verteilt. Normalerweise waren zwei Alkoholwaschungen und zwei Desinfektionen erforderlich. Aber bei dieser OP war nichts normal, und wir begannen gleich mit der ovalären Umschneidung der Einschußöffnung. Sofortige Verlängerung des Schnittes in schräger Verlaufsrichtung, unterhalb der siebenten Rippe, also etwas tiefer als bei einer normalen Brustkorberöffnung.

Natürlich befindet man sich bei jeder Notoperation in einem Zustand höchster Konzentration und Anspannung. Es ist eine Arbeit gegen das Unbekannte. Welche Zerstörungen liegen vor? Welche Störungen sind eingetreten? Niemals, fast niemals bleibt Zeit zum Überlegen. Der Augenblick erfordert den ganzen Einsatz. Und ein Zurück gibt es nicht mehr. Es ist nie – wie in anderen klinischen Fachbereichen – eine Entscheidung auf Raten. Jede Entscheidung muß richtig sein, es gibt keine Korrektur. Natürlich hilft die Erfahrung, und sie ist der beste Helfer gegen die Fehlentscheidung. Doch die Unsicherheit vor dem Unbekannten lähmt die Entscheidung, und oft sind wichtige Einzelheiten der Erfahrung in tiefen Schubladen der Vergangenheit vergraben. Suchen ist aber nicht möglich.

Beim nächsten Schnitt lag die Lunge frei. Ob das Gewebe in einem weiten Umfeld zertrümmert war? Oder ob die Kugel nur einen schmalen Kanal hinterlassen hatte? Sicherlich. Ob die großen Gefäße getroffen waren? Die größten sind so stark wie mein Daumen. – Nein, dann wäre er schon tot. Wie werden die Bronchien, das verzweigte Zu- und Ableitungssystem für die Atemluft, beschaffen sein? Die Wiederherstellung ist schwierig, bei Defekten oft unmöglich.

Der Schnitt durch die Muskeln des Brustkorbes erfolgte in absoluter Blutleere. Kein Blut mehr in den peripheren Gefäßen. Das war das sichere Zeichen eines kompletten Kreislaufzusammenbruchs, Folge des totalen Herzstillstandes. Warum war der Herzschlag nicht mehr meßbar? Direkte Einwirkung der Verletzung? Oder Entblutung? Entsetzlich viele Fragen in dieser kurzen Zeit. Folgenschwere Fragen. Manche wiegen ein ganzes Leben auf. Für eine Antwort in den kurzen Augenblicken des Handelns und Improvisierens blieb keine Zeit.

Das Messer glitt weiter. Es saß dem vorgewölbten, bläulich durchscheinenden Rippenfell auf. Ein weiterer Schnitt, 20 Zentimeter lang, sollte es öffnen. Doch es kam nicht dazu. Jäh erstarrte die Bewegung der Hand schon nach den ersten Zentimetern. Eine Blutfontäne schoß aus der Öffnung, mehr als ein Liter Blut in Bruchteilen von Sekunden.

Hatte ich den Herzvorhof geöffnet? Unsinn! Ich hatte das Gefühl, mit der nassen Hand in eine offene Steckdose gegriffen zu haben. Ich spürte deutlich, wie sich der elektrische Strom an meinem Rücken verteilte, an den Beinen, den Armen, den Knien, wie er die Brust verengte. Ich schmeckte den Strom auf der Zunge. Alles Unsinn! Es war nur ein gräßlicher Schreck, der mir in die Glieder fuhr. Weiter nichts!

Den Schrecken empfand ich wie einen starken Stromschlag, und Strom lähmt die Bewegung, lähmt das Denken.

Mechanisch, ohne zu überlegen, wurden große Tücher in die Öffnung gepreßt. Die beiden Sauger schafften es nicht.

Operierten wir an einem Toten? Für kurze Zeit schlich sich

dieser Gedanke ein, doch ich drängte ihn zur Seite. Was konnten wir hier noch machen? Was konnten wir noch erreichen? Erst einmal schauen! Wir wußten ja noch gar nichts. Die ersten klaren Gedanken, das systematische Denken, kam langsam wieder zurück. Wie lang hatte der Block gedauert? Oder war es ein Black-out? Minuten? – Nein! Sekunden? – Vielleicht!

Die Lunge war auf der linken Seite in einem großen Segment zerfetzt. Ein kegelförmiger Trichter zerstörten Gewebes erstreckte sich bis zur Hinterwand. Die breite Basis des Kegels befand sich am Rücken. Knorplige Teile des Hauptbronchus lagen in dem zertrümmerten Bereich. Die gesamte linke Lunge mußte also entfernt werden. Mußte? – Müßte! Werden wir noch dazu kommen? Lebte er denn noch?

Nun wußten wir auch die Ursache der starken Blutung bei der Eröffnung des Lungenfells. In der zerstörten linken Brustkorbseite hatte sich eine große Flüssigkeitsansammlung, vorwiegend aus Blut, gebildet. Durch den zerstörten Bronchus entstand im Brustkorb ein erheblicher Überdruck, der diese Flüssigkeit mit Gewalt herausdrückte.

Aber was war das? Die nächste bedrohliche Überraschung bahnte sich an. Die deutlich vergrößerte Herzfigur wirkte beängstigend. Viel zu groß für einen 19jährigen Mann.

»Eine Herzbeuteltamponade!« Ich rief es laut, weil man das gleichzeitig Gesehene und Gehörte eher glaubt. Die Umstehenden beugten sich über unsere Schultern, um auch einen Blick zu erhaschen. Bei Verletzungen des Herzens kann es passieren, daß sich der Herzbeutel, der bekanntlich das ganze Organ wie eine Blase umgibt, mit Blut prall füllt. Er vergrößert sich dann gewaltig. Der Druck zwischen Herzbeutel und dem Herzen wird schließlich so groß, daß der Herzmuskel dadurch auf einen kleinstmöglichen Raum zusammengepreßt wird. Die Herzkontraktionen werden dann schwächer, die Herzleistung nimmt rasch ab. Nur ein sehr kräftiges Herz kann noch einige Minuten lang gegen den äußeren Widerstand eine minimale Herzaktion aufrechterhalten. Das Herz bleibt schließlich in der Systole, in der Phase der Zusammenziehung, stehen. Das bedeutet den klinischen Tod des Patienten, wenn nicht eine schnelle Hilfe erfolgt.

»Schere, rasch!«

Ich faßte mit der Pinzette die relativ dünne, über dem Herzen liegende Gewebsschicht des Herzbeutels, öffnete die Branchen der Schere. Mit völliger Klarheit sah ich die beiden Möglichkeiten vor mir: Hatte die Kugel den Herzmuskel in größerer Ausdehnung verletzt, und wir öffneten jetzt die bedeckende Gewebsschicht, so kam es zum letzten großen Blutausstoß. Eine Herzlungenmaschine zur vorübergehenden Ausschaltung des Herzens besaßen wir nicht. Außerdem wäre die erforderliche Vorbereitungszeit viel zu groß gewesen. Unser Patient wäre dann auch unter den Bedingungen einer Notoperation nicht mehr zu retten gewesen. Dieser Schnitt bedeutete dann das Ende seines Lebens. Aber es gab noch die andere Möglichkeit: Der Herzmuskel war nur in schräger Verlaufsrichtung, also nicht durchgehend, verletzt. Dann konnten wir den Defekt schließen. Vielleicht!

Aber wozu überlegen? Eine Wahl hatte ich nicht!

Ich schloß die Branchen der Schere. Ein Schwall Blut strömte aus dem eröffneten Herzbeutel. Es war nicht mehr als eine volle Tasse. Dann sickerte nur noch ein kleines Rinnsal auf den Boden des nun schlaff herabhängenden Herzbeutels.

Nach jeder neuen Erfahrung ist man bekanntlich klüger als vorher. Natürlich – jetzt sah man es deutlich, und es konnte ja auch gar nicht anders sein! Die Kugel hatte den Muskel der linken Herzkammer tangential verletzt. Ein ausgestanzter, walzenförmiger Defekt, in den man fast einen Finger legen konnte. Im Herzbeutel war deutlich der runde Ein- und Ausschuß der Kugel zu erkennen. Aus dem Muskel hatte es dann langsam, aber stetig geblutet. Der Herzbeutel hatte sich mit Blut gefüllt, die Bewegungen des Herzens behindert. Es hatte weitergeblutet, und schließlich umschloß eine feste Tamponade das ganze Herz. Warum es gar nicht anders sein konnte? Ein Herzdurchschuß hätte zum sofortigen Tod geführt, und das war bei unserem Patienten nicht der Fall gewesen. Der Soldat hatte noch deutliche Zeichen des schwindenden Lebens gehabt, als ich ihn erstmals im OP sah.

Seit dem Beginn der Operation waren erst wenige Minuten vergangen, es kam mir aber schon wie eine halbe Ewigkeit vor. Die Dramatik des Geschehens ließ die Zeit viel inhaltsreicher und damit länger erscheinen. Das Herz war noch gut tonisiert, also nicht erschlafft. Es zeigte noch geringe, stark beschleunigte, flatternde Eigenkontraktionen. In der Fachterminologie heißt das, es war zum Herzkammerflimmern gekommen. Diese Tätigkeit des lebenswichtigen Organs zeigte, daß noch eine geringe Muskelaktivität vorhanden war, doch sie war unkoordiniert und ungenügend für die Aufrechterhaltung des Kreislaufs.

Meine linke Hand umschloß die untere Hälfte des muskulösen Herzens und kontrahierte sich zu einer Faust. Dann erschlaffte sie wieder – kontrahierte, erschlaffte. Dieser Rhythmus wiederholte sich in den nächsten Minuten ohne Unterbrechung. Und dann erlebte ich wieder ein beeindruckendes Wunder, das mir stets in Erinnerung bleiben wird. Die unkontrollierten Muskelzuckungen und Vibrationen wurden rhythmischer, einzelne Bewegungsabläufe ließen sich zuerst mit der fühlenden Hand, danach auch mit dem sehenden Auge verfolgen, sie glitten über das verletzte Herz. Sie schienen zunächst im Nichts zu verlaufen, doch sie kamen wieder. Das ganze Herz bekam einen strafferen Tonus, die Eigenbewegungen wurden kräftiger, und schließlich konnten wir wieder einen koordinierten Bewegungsablauf beobachten, der uns das Bild einer normalen Herzaktion vermittelte.

»Wieviel Blut hat er bekommen?«

Die Frage galt dem Anästhesisten und seinen beiden Schwestern. Jetzt erst sah ich an den schwitzenden und hochroten

Gesichtern, daß auch jenseits des Narkosebügels Schwerstarbeit geleistet wurde.

»Vier Konserven. Alles Universalblut. Zum Kreuzen war noch keine Zeit. Außerdem vier Infusionen Gelafusal.«

Das waren also vier Liter Flüssigkeit. Diese große Menge konnte in der kurzen Zeit nur über Druckinfusionen, die man an beiden Armen angelegt hatte, in den Kreislauf gebracht werden. Die Schwester drückte bei diesem Verfahren mit einem handbetätigten Gummiballon des Blutdruckapparates auf jeder Seite Luft in die Transfusionsflasche. Heutzutage ist dieses Überdruckverfahren strengstens verboten. Viel zu gefährlich, denn es kann zur Luftembolie führen, wenn nicht am Ende der Flüssigkeitsübertragung das Infusionssystem sehr rasch abgeklemmt wird. Bei einer geringen Verzögerung gelangt Luft in die Blutbahn und führt zu der meist tödlichen Embolie. Doch das Verfahren ist effektiv und hat sicherlich auch schon vielen Menschen das Leben gerettet. Die Transfusion wurde bei unserem Verletzten unter starkem Druck und im Strahl in die Vene gepreßt. Auch damals war das Vorgehen nicht ungefährlich, und wir mußten zwei Risiken gegeneinander abwägen und uns dann für das vermeintlich kleinere entscheiden. Am Ende jeder Infusion wurde sehr rasch abgeklemmt und die Transfusionsflasche gewechselt, sonst kam unweigerlich Luft in die Blutgefäße. Doch die äußerste Gefahr für das Leben rechtfertigte auch unser großes, kalkuliertes Risiko. In einer solchen Situation mußten wir alles versuchen, wenn wir noch etwas erreichen wollten.

»Welche Zusätze waren in den Infusionen?«

»Neben Gelafusal noch Plasma und Humanalbumin, insgesamt 4,2 Liter«, erwiderte Dr. Hartwig nach kurzer Pause und bestätigte damit meine Schätzung.

»Er hat aber mehr verloren, wesentlich mehr!«

Hartwig, stets ruhig und sehr zuverlässig, nickte mit dem Kopf und zuckte mit den Achseln.

»Mehr konnten wir in der kurzen Zeit nicht reinkriegen. Die letzten beiden Konserven Universalblut laufen, mehr hat das Labor nicht vorrätig, dann müssen wir erst die Blutgruppenbestimmung abwarten.«

»Wa – a – s?«

Haben die denn keine Blutgruppe von der Garnison mitgebracht?

»Das gibt es doch gar nicht!«

»Es liegt angeblich keine Blutgruppenbestimmung vor.«

Bei Angehörigen einer Militäreinheit, die im Ausland auch zu sofortigen Kampfeinsätzen bereit sein mußte, wurde keine routinemäßige Blutgruppenbestimmung durchgeführt! Das war eine unverständliche Schlamperei! Das kann doch eigentlich gar nicht wahr sein! Die Sätze blieben unausgesprochen. Es war jetzt ohnehin nichts zu ändern.

»Wir müssen die linke Lunge herausnehmen«, meinte ich, »eine Bronchusnaht in der ausgedehnten Trümmerzone ist nicht möglich. Arteria und Vena Pulmonalis, also die Hauptlungengefäße, sind unverletzt. Da hat er riesiges Glück gehabt.«

»Oder auch Pech!«

Es war der zweite Satz, den Dr. Melzer heute ungefragt zum Ablauf der Operation beisteuerte. Der traute sich was! Wir mühten uns hier bis zum letzten, und dann dieser Kommentar! Wenn unsere Arbeit Erfolg hätte, dann hat er also Pech gehabt. Oder glaubte er nicht mehr an den Erfolg unseres Unternehmens? So unrecht hatte er vielleicht gar nicht. Trotzdem! Es war absolut unpassend. Ein vorwurfsvoller Blick von Schwester Eva und ein wütender von mir trafen ihn gleichzeitig. Hoffentlich verstand er beide richtig. Vielleicht hatte Melzer aber doch recht? Ob Nicolai es schaffte? Würde er den nächsten Tag erleben? Was wird, wenn er nach einigen Wochen, die für ihn mit größten Schmerzen verbunden sind, den unausbleiblichen Infekt nicht übersteht? Wochen mit vielen unwägbaren Risiken. Und was passierte nach der Entlassung mit ihm? Alles überflüssige Fragen! Nutzloses Überlegen!

Wenn wir jetzt nicht an unsere Arbeit glaubten, brauchten wir gar nicht erst weiterzumachen. Das heißt, wir mußten ja mit der eigentlichen Arbeit erst noch beginnen, denn bisher gehörte alles noch mehr oder weniger zu den Vorbereitungen.

»Ich verbitte mir Ihre unqualifizierten Bemerkungen!«

Meine Erwiderung auf Melzers Einwurf kam ziemlich spät. Sein Gesicht färbte sich dunkelrot, bis unter den Rand der OP-Mütze. Schweigsam und betreten schaute er auf das OP-Feld. Warum war ich so aggressiv? Gereiztheit ist immer ein Zeichen von Unsicherheit. Das wird schon stimmen. Aber warum sollte ich denn hier Sicherheit vortäuschen? Natürlich war ich unsicher! Aber ich durfte trotzdem das Kommando nicht aus der Hand geben, ich mußte sogar bemüht sein, Optimismus auszustrahlen, um meine Mitarbeiter zu Höchstleistungen anzuspornen. Wenn die anderen meine Unsicherheit merkten, war viel verloren. Wenn ich jetzt an mir selbst zweifelte, war alles verloren!

»Können wir nun die Lunge entfernen oder nicht?«

Formulierung und Ton waren in gleicher Weise schroff. Dabei hatte sich der Anästhesist bisher die größte Mühe gegeben!

»Ich glaube, wir müssen erst abwarten, bis das gekreuzte Blut da ist«, meinte Dr. Hartwig, und dann fügte er noch hinzu: »Der Blutdruck ist peripher noch nicht meßbar. Wenn Sie jetzt weiteroperieren, bleibt er mir auf dem Tisch.«

Das war die geläufige Bezeichnung für den Spezialausdruck: »Exitus in tabula« oder zu deutsch: »Tod auf dem Operationstisch«.

»Verdammt!«

Meine Gereiztheit wurde größer. Ich wußte auch, warum. Aber hoffentlich wußten es die anderen nicht! Eine Lobektomie, die Entfernung eines Lungenflügels, hatte ich gelegentlich durchgeführt. Die letzte vor mehr als zehn Jahren. Eine Pneumonektomie aber, die Entfernung der ganzen linken Lunge, die hier erforderlich wurde, hatte ich noch nie ausgeführt. Außerdem war unser Instrumentarium für diesen Eingriff nicht ausreichend, wir mußten also improvisieren. Ein Bronchusnähapparat war ebenfalls nicht vorhanden! Also mußte ich den schwierigen Bronchusverschluß mit Einzelnähten versuchen. Vermutlich würde es halten. Ob aber auch noch in acht Tagen? Ich wußte es nicht. Und dann diese miserable Assistenz! Melzer sah zum ersten Mal in einen offenen Brustkorb. Die Schwestern hatten wenig Ahnung, der Anästhesist hatte Angst.

Ich auch. – Natürlich tat ich allen unrecht. Aber konnte ich denn überhaupt sachlich und objektiv sein? Alles wurde von der Einmaligkeit und meiner Subjektivität bestimmt.

»Ruft sofort einen Oberarzt! Er soll assistieren.«

»Welchen denn«, Bergner fragte es.

»Ist mir egal, Mensch! Völlig egal. Von mir aus versuchen Sie es in alphabetischer Reihenfolge.«

Bergner zog ab. An der Tür zum Flur murmelte er noch etwas zur Schwester. Hörte sich an wie »dicke Luft« oder so ähnlich.

»Was ist los?« brüllte ich.

»Nichts, ich habe nur gesagt, daß ich zum Telefon gehe.«

Gauner!

Also warten! Warten, bis sich der Kreislauf erholt. Warten, bis der Nächste zum Assistieren kommt. Warten, bis der Anästhesist uns wieder grünes Licht zum Weitermachen gibt. Warten, bis das Schicksal entscheidet.

Warten hat aber auch eine gute Seite. Man wird ruhiger, viel ruhiger. Ich nahm die Mullkompresse vom Herzen. Die Schläge wurden rhythmischer und kräftiger. Aus dem Herzmuskel blutete es wieder.

»Naht!«

Eva reichte mir den Nadelhalter. Der Anästhesist schaute besorgt über den Bügel, doch er wagte keinen Widerspruch.

»Ach, doch nicht so eine Naht! Für den Herzmuskel! Drehrund, dreimal Null, etwa so!« Daumen und Zeigefinger markierten einen Abstand von 2 bis 3 Zentimetern. Eva gab mir das Gewünschte.

Ein schmaler Muskelsaum und die Herzinnenhaut schienen noch intakt. Ich legte drei U-Nähte, die nur den beschädigten Muskelrand faßten. Das Schlagen des Herzens bildete eine beständige Ruhelosigkeit und störte. Meine linke Hand glitt unter das Herz und drückte es leicht, ganz leicht, zusammen, den Nadelhalter führte ich mit der rechten Hand.

Einstich – Ausstich!

Wie tief durfte ich stechen? Ich wußte es nicht, denn noch nie hatte ich eine Naht am schlagenden Herzen gelegt.

Einstich – Ausstich!

Wenden der Nadel.

Alles noch einmal in entgegengesetzter Richtung. So, eine Naht lag! Der ganze Vorgang wiederholte sich dreimal. Meine Stirn war naß, mein Rücken auch. Mit größter Vorsicht spannte ich den Faden, legte den nächsten Knoten, spannte den nächsten Faden.

Da! Der Faden riß aus dem schlagenden Muskel! Ich versuchte es noch einmal – gleichzeitig mit den anderen beiden Fäden. Die Flächen des beschädigten Herzmuskels mußten unter leichter Kompression zusammengeführt und unter dieser Spannung durch den Faden gehalten werden. Beim Anspannen der Fäden riß alles ein, alles. Sechs schmale Risse am Rande des ausgestanzten Muskeldefektes markierten die frühere Lage der Fäden. Aus dem Muskel blutete es stärker. Die Sicht wurde schlechter.

Verdammt – das Ganze noch einmal!

»Darf ich Sie abwischen, Herr Chefarzt?«

Bergner hielt seine ausgestreckte Hand mit einer Kompresse nach oben, wischte mir die wäßrigen Perlen von der Stirn. Warum schwitzte ich eigentlich? Es war doch gar nicht warm?

»Nadelhalter!«

Verbissen wandte ich mich wieder dem schlagenden Herzen zu. Ich wußte natürlich, was ich falsch gemacht hatte. Vielleicht half dieses Wissen beim nächsten Versuch. Meine Angst und meine Unsicherheit hinderten mich, tief in den Herzmuskel zu stechen, viel Gewebe zu fassen. Doch woher sollte die Sicherheit kommen? Woher sollte die Erfahrung kommen? Es war schließlich eine Erstoperation.

Nun griff ich das Herz fester, stach tiefer, hatte dafür die Angst im Nacken, die Herzinnenhaut oder wichtige Gebilde des Reizleitungssystems zu verletzen. Erst später wußte ich, daß in diesem Bereich gar nichts passieren konnte. Meine Konzentration ging bis zur Schmerzgrenze, bis zur körperlichen Höchstbelastung. Die ständige Unruhe des schlagenden Herzens irritierte mich. Noch einmal versank die Nadel in der Tiefe, zwei Zentimeter daneben kam die Spitze wieder an die Oberfläche. Drei U-Nähte lagen!

Anziehen der Fäden! –

Knüpfen! –

Es hielt!

Alle atmeten auf. Die Stimmung war vergleichbar mit einer Entwarnung nach Fliegeralarm. Eine bedrohliche Situation war vorüber, und nichts war passiert.

Die Tür zum Flur öffnete sich. Der breite Kopf des Oberarztes erschien in dem schmalen Spalt. »Fröhliche Weihnachten!« Ach ja, heute war doch Heiliger Abend!

»Zieh dich um! Laß die Sprüche! Die Weihnachtsüberraschung kommt noch!«

Ich duzte meine Mitarbeiter nur bei ganz besonderen dienstlichen Anlässen, nie vor Patienten. Alle wußten das. Und sie merkten dann gleich, daß eine außergewöhnliche Situation vorlag. Und mit diesem Wort konnte man unsere Weihnachtsarbeit schon beschreiben, es war eine extreme Einmaligkeit.

Ich wandte mich an den Anästhesisten:

»Jetzt müssen wir aber bald etwas mit der Lunge machen. Es blutet ständig aus dem großen Defekt. Je mehr Flüssigkeit Sie einfüllen, desto mehr blutet es. Tamponieren hilft nicht mehr. Ich muß die Lunge herausnehmen, wann kann ich anfangen?«

Ich war wieder sachlich, meine Krise schien vorüber, konstatierte ich.

»Blutdruck ist jetzt bei 90. Sie können es ja versuchen.«

»Pinzette – Overhold – Faßzange.«

Ich versuchte am Hilus, an der Aufzweigung der großen Gefäße, zu präparieren. Es blutete wieder stärker.

»Mensch, halt die Haken richtig!«

Da war sie wieder, meine Unsicherheit und Gereiztheit!

Ich setzte Rippenhaken und Lungenspatel besser ein, zog sie auseinander, drückte sie Melzer wieder in die Hand.

»Wenn du dich ausruhen willst, mußt du noch bis zum ersten Feiertag warten. Jetzt wird gearbeitet!«

Er schluckte. Er war im Recht, wenn er sich ungerecht behandelt fühlte. Auch er stand vor der physischen Belastungsgrenze. Mangelndes Geschick und fehlende Erfahrung versuchte er durch große Kraftanstrengung auszugleichen. Das hält man aber nur eine kurze Zeit aus.

»Wie lange dauert es eigentlich noch bis zum ersten Feiertag«, fragte ich.

»Noch drei Stunden.«

Also war es schon 21.00 Uhr. Dr. Tomaschewski, mein Oberarzt, schaute uns an mit fröhlichen Augen, und sein Mundtuch schien viel zu klein, um das breite Lächeln seines Gesichts zu verbergen. Er nahm den Platz von Melzer ein, trat an meine linke Seite. Na also – auf einmal ging es doch. Seine gelöste Stimmung übertrug sich für kurze Zeit auch auf uns. Plötzlich hatte ich Sicht, Raum, Licht, mußte nicht ständig selbst tupfen und saugen, wenn es blutete. Die Lunge wurde in die richtige Lage gezogen, ich konnte sorgfältig präparieren, die Gefäße spannten sich an.

»Overhold-Klemme und Faden, kräftig!«

Ich unterfuhr die große Lungenarterie. Doppelter Knoten. Das Gewebe war jung und elastisch. Die Gefäßwand zog sich gut zusammen. Es hielt. Das Gleiche wiederholte sich an der Vene. Durchtrennen der großen Gefäße. Die rechte Hand glitt auf der Innenfläche des Rippenfells nach oben. Einige Verklebungen wurden gelöst, teils stumpf, teils scharf. Ob er hier in früheren Jahren mal eine Rippenfellentzündung hatte? Den Bronchus brauchte ich nicht zu durchtrennen, das hatte der Patient vor einigen Stunden selbst erledigt. Mit der Kalaschnikow. Die ganze linke Lunge lag nun auf meiner rechten Hand. Ich hob sie heraus, nahm die linke Hand zur Unterstützung. Das obere und untere Drittel sahen normal aus, glatte Oberfläche. Das mittlere Drittel war zerfetzt. Ich ließ das ganze Präparat in eine bereitstehende Schüssel gleiten. Fast bis zur Hälfte war sie gefüllt.

»Einschicken – zur Gerichtsmedizin!

Vorher noch fotografieren!«

Alle Anwesenden blickten auf das große Organ, das jetzt – vom Körper losgelöst – in der weißen Schüssel ruhte.

Ich präparierte die innere Schleimhaut vom Hauptbronchus. Sehr vorsichtig! Wenn das nicht exakt erfolgte, konnte es später zu der gefürchteten Fistelbildung kommen. Mit sogenannten Matratzennähten verschloß ich diese Aufzweigung der Luftröhre, die aus derben Knorpelringen besteht.

»Sie können die Blockung öffnen!«

Diese Kurzinformation ging an den Anästhesisten. Dr. Hartwig öffnete an seinem Tubus einen Dichtungsballon. Dieser hatte den Abgang zur linken Lunge verschlossen. Für die Operation war das wichtig, denn sonst hätte man die gesunde rechte Seite nicht mit genügend Überdruck beatmen können.

»Ist alles dicht«, fragte er zurück.

»Weiß ich noch nicht. – Bitte Kochsalz!«

Ich erhielt von der Schwester eine Nierenschale mit physiologischer Kochsalzlösung, goß die klare Flüssigkeit in die große Höhle des Brustkorbs. Kleine Perlen stiegen von der Bronchusnaht nach oben. Ich war zufrieden.

»Es ist nur der Stichkanal der Fäden, aus dem die Luftbläschen kommen«, erklärte ich den erstaunt zuschauenden Assistenten, »das verklebt in wenigen Minuten.«

Als wir die Probe nach wenigen Minuten wiederholten, war alles dicht.

»Drainage!«

Ein knapp fingerstarkes Drain wurde am Brustkorb herausgeführt, an der Unterdruckpumpe angeschlossen und erst dann besaugt, als der Brustkorb wieder geschlossen war. Ein zweites daumenstarkes Drain sorgte an der unteren Begrenzung über dem Zwerchfell für die Ableitung von Blut und Flüssigkeit nach außen.

Doch was war das? Als ich das Drain plazierte, erkannte ich an der linken Zwerchfellkuppel einen gezackten Rand. Ein Einriß? Ich löste die blutige Kruste und das locker anhaftende Gerinnsel. Ich zog die Ränder des Zwerchfelldefektes auseinander und schaute nun direkt in die freie Bauchhöhle. Der Riß hatte die Form eines dreizackigen Sterns. Der Magen lag in seinem oberen Bereich vor mir. Eine Menge Blut, zum Teil geronnen, befand sich in der freien Bauchhöhle. Vermutlich war es durch den Einschuß auch zu einem erhöhten Innendruck im Brustraum mit Zwerchfelleinriß gekommen. Wir wußten die Ursache nicht genau, aber wir mußten die Folgen beseitigen.

»Magenschlauch und Spülung!«

Während der Anästhesist den dicken Magenschlauch über die Nase einschob, beseitigte ich die Blutkoagel aus dem Bauch. Die Spülung förderte noch Reste eines Abendbrotes zutage. Kapusta – Rotkraut, schlecht gekaute Kartoffelstückchen, mit Magensäure vermischte Soße. Doch die Magenwand war dicht. In der Bauchhöhle befanden sich keine Reste dieser rustikalen Abendmahlzeit. »Zwerchfellnaht!«

Alles Weitere war dann Routine, vergleichbar mit dem Verschluß einer planmäßigen Bauch- oder Brustkorboperation. Die Rippen wurden mit kräftigen Fäden adaptiert, dann die Brustkorbmuskulatur genäht.

Es war ein ungeschriebenes Gesetz, daß bei schwierigen Operationen kein überflüssiges Wort geredet wurde. Die Operation gleicht für den Außenstehenden einem Ritual. Ich erinnere mich gut an mein erstes und recht ungeschicktes Auftreten in einem Operationssaal. Ich war damals in meinem ersten Praktikum, also 19 Jahre alt – ebenso alt wie dieser Patient, der nun in tiefer Bewußtlosigkeit vor mir lag. Ich wagte nicht, tief zu atmen und setzte die Füße mit den viel zu großen Gummischuhen ganz behutsam auf, um nur ja nicht zu stören. Ich stolperte über ein Kabel, polterte durch den Raum und hatte Mühe, nicht vorn in der Gruppe mit den damals noch weißen Kitteln zu landen. Ich wollte vor Scham und Peinlichkeit in den Erdboden versinken, aber das ging leider nicht. Als das Gelächter abebbte, tröstete mich der Unsterile mit den Worten: »Wenn du nicht gerade OP-Pfleger werden willst, werden wir schon noch eine passende Beschäftigung für dich finden.«

Ich erzählte die Episode, die sonst nie ihren Zweck verfehlte und immer Heiterkeit auslöste. Einige hörten sie wohl das erste Mal, manche als Wiederholung. Keiner versagte mir das pflichtschuldige Lächeln. Niemand wagte einen Kommentar. Der Bann und die Verkrampfung, die über dem Raum lasteten, waren noch nicht gebrochen. Die Anspannung der vergangenen Stunden war zu groß. Ich versuchte einen zweiten Anlauf.

»Bei welchem Teil der Einbescherung haben wir Sie denn gerade gestört«, wandte ich mich an den Oberarzt, »beim Auspacken der Geschenke oder bei den Weihnachtsliedern?«

»Die Pakete hatten wir schon ausgepackt, und gesungen hatten wir auch. Es war also gar keine Störung«, erwiderte er höflich, doch wohl nicht ganz wahrheitsgetreu. Damit war die Unterhaltung wieder beendet. Was war denn los? Hatte ich zu viel gemeckert?

»Hautnaht!«

Verband. – Ende.

Es war tatsächlich das Ende der Operation, und der Patient lebte noch. Ich setzte mich auf einen Drehstuhl am Ende des Raumes, lehnte den Rücken gegen die angenehm kühlen Fliesen, spreizte die gestreckten Beine ab und wunderte mich wieder einen kurzen Moment, daß meine normalerweise dunkelgrünen Leinenhosen heute aus einem schwarzen Kammgarn-Wollstoff waren.

Ach so – das hatte ich schon fast wieder vergessen – da war ja noch die Visite am Heiligen Abend!

Bergner fuhr das Bett neben den OP-Tisch und wollte den Patienten hinüberheben. Der Anästhesist winkte ab, dicht über den verbundenen Oberkörper gebeugt, das Stethoskop auf die Brust seines Patienten gesetzt.

»Noch röntgen! Auf dem OP-Tisch.«

Ich schaute in die Runde. Müde und erschöpfte Gesichter. Auf dem Tisch ein junger, kräftiger Mann, tiefbraune Haut. Gardefigur. Das schwindende Leben meldete sich noch über feine Drähte, wurde kontrolliert und durch zuführende Flüssigkeits- und Luftschläuche unterstützt. Der Monitor piepte monoton und ungleichmäßig, eine Kurve huschte grün und flackernd über den Schirm, für jeden sichtbar war die bizarre, inkonstante Form. Das Narkosegerät klickte eintönig. Sogar diese chromblitzenden Geräte wiesen deutliche Spuren unseres Kampfes auf. Dunkelbraune, eingetrocknete, verkrustete Flüssigkeitsreste an den Einstellknöpfen, am Fußboden bis zur Standfläche. Die gleiche Farbe auf unseren Kitteln, dem OP-Tisch, den Verbandstrommeln, dem kleinen Tischchen, auf dem sich eine Vielzahl von Instrumenten in absoluter Unordnung befand. Nur wenig erinnerte an die Ästhetik einer geplanten Operation. Ein düsterer Rahmen für ein düsteres Bild, denn im Mittelpunkt des Geschehens lag ein junger Mensch, der vielleicht nur noch eine sehr kurze Lebenserwartung hatte.

Erst jetzt wurde ich mir der ganz besonderen Situation bewußt. Nichts erinnerte an Routine, alles war anders: greller, kontrastreicher, roter. Alle standen unter dem tiefen Eindruck des Unnormalen, des Außergewöhnlichen, des Unabwendbaren, gegen das wir versucht hatten anzukämpfen. Sie wirkten gebannt durch das Einmalige, durch den Kontrast von Leben und Tod so nah beieinander, da konnte man nichts Alltägliches erwarten. Auch keine normale, ablenkende Unterhaltung. Ich bemühte mich nun nicht mehr, diesen Bann zu durchbrechen, der mich erst jetzt einfing, später als die anderen. Warum später? Ich hatte mich viele Stunden lang auf das Unmittelbare, das Unmögliche konzentriert: Die Blutung, das Herz, den Bronchusdefekt, die reißenden Nähte. Nur langsam kam bei mir die Erkenntnis des Ganzen.

Ich merkte erst jetzt, daß bei mir die ganze Umgebung, das Umfeld, das scheinbar Nebensächliche für die gleiche Zahl von Stunden in einem Nebel versunken war, im Nichts, in der Bedeutungslosigkeit. Ich hatte den Blick für viele Stunden nur auf einen winzigen Ausschnitt des Geschehens, aber auf ein großes Ziel konzentriert, und es war unmöglich, in dieser Zeit an Weihnachten zu denken, an die eigenen Kinder, an andere Menschen. Der Nebel des Verdrängens kam wieder, wurde stärker. Er verdeckte die Wände, Instrumente und Gesichter. Er erstickte jedes fremde Geräusch. Ich hörte nicht mehr das Ticken des Monitors, das Klicken des Atemgerätes, das Klappern der Instrumente. Der Blick war wieder fixiert auf die vergangenen Stunden, auf die große, blutende Wunde, begrenzt durch blutige Tücher und verkrustete Haken. Waren meine Entscheidungen richtig? Hatte ich die Nähte am Herzen zu tief gelegt? Der Nebel schob sich wieder zwischen mich und meinen Patienten. Mir wurde erst jetzt bewußt – und das erstaunende Erschrecken begleitete mich für eine kurze Zeit – daß ich nach den ersten beginnenden Minuten mit keiner Silbe daran gedacht hatte, daß unter meinem Messer ein Mensch lag, ein Wesen, das bis vor kurzem noch fühlen, hoffen und denken konnte, sprechen, empfinden und – vielleicht – lachen. Das Konzentrieren auf das Wesentliche, auf das scheinbar Unmögliche, verdrängte alles andere, alles Unwesentliche. In diesem Augenblick befaßte ich mich nur mit dem Konkreten, mit der gestellten, großen Aufgabe. Ja – ich löste dieses Konkrete sogar aus jedem Zusammenhang. Ich abstrahierte die Wunde von dem Menschen, das Blut von dem Leben, die reißende Naht von dem sterbenden Herzen.

Der Nebel wurde wieder stärker. Er lähmte das Sehen und Denken. Ich ruhte am Rande des Geschehens. Durch den Nebel hindurch hörte ich die Stimme des Anästhesisten:

»Blutdruck fällt wieder ab, liegt jetzt bei 6o. Die zwölfte Konserve läuft!«

Ich wurde wieder hellwach, trat an die rechte Seite des braunen, muskulösen Körpers. Tastete am Hals den Puls der Halsschlagader. Flach, flatternd, kaum mehr zum Zählen.

Drohendes Herzversagen?

Ja – drohendes Herzversagen!

Den Brustkorb nochmals öffnen? Herzmassage? Oder trotz der Rippenbrüche bei geschlossenem Thorax das Herz massieren?

Nein! – Nein! – Nein!

Auf jede Frage ein klares und eindeutiges Nein.

Wir müssen die Grenzen unseres Handelns nicht nur erkennen, sondern auch respektieren. Hier lag die absolute Grenze. Vielleicht hatten wir sie schon überschritten? Das »Nein« zu jeder weiterführenden Operation war geboren aus Spontaneität, doch es basierte auf Erfahrung, und es respektierte die Grenzen des Möglichen, des Äußersten.

»Wir können hier gar nichts mehr machen, wir können nur noch hoffen.«

Es war meine Antwort auf Dr. Hartwigs Hinweis, auf die unausgesprochenen Fragen der anderen. Sie schauten mich an. Sie hatten es gehört, aber wohl nicht verstanden, konnten es nicht begreifen. Ich wiederholte, ohne zu überzeugen:

»Wir können nur noch hoffen!«

Banges Warten. Bange Minuten. Minuten, die zur Ewigkeit wurden. Jeder verharrte auf seinem Platz. Schweigend. Jeder fühlte sich allein, verlassen.

Die beiden Schwestern saßen auf Schemeln, der Pfleger auf einer Fußbank, schauten in den Raum, ohne zu erkennen, ohne zu fragen. Untätigkeit ist schwerer als harte Arbeit zu ertragen! Meine beiden Assistenten standen mitten im Raum, reglos und einsam. Der Anästhesist, als einziger konzentriert arbeitend, kontrollierend, die Atmung manuell assistierend, bildete in seiner verlassenen Hektik einen merkwürdigen Kontrast zu der allgemeinen Lethargie. Doch auch er durchbrach nicht die Isolation seiner eigenen Geschäftigkeit, er störte die anderen nicht in ihrem Alleinsein durch überflüssige Worte. Und ich? Ich saß reglos auf einem Hocker, Rücken und Kopf an kühle Fliesen gelehnt, schaute in den Raum, in die Leere. Ohne Gedanken, Empfinden und Motivation. Allein, hohl, ausgebrannt – einfach am Ende.

Es war kurz nach Mitternacht, als das Telefon unsere unheimliche Ruhe unterbrach. Der Pförtner meldete:

»Der Militärstaatsanwalt möchte Sie sprechen. Zwei andere Offiziere und eine Dolmetscherin sind auch noch da. Soll ich sie zu Ihnen schicken?«

Kurzes Überlegen.

»Ja! In mein Dienstzimmer. Sie sollen dort warten.«

Das schien eine willkommene Beendigung des Wartens, doch

es sollte sich bald herausstellen, daß es nur eine lästige Unterbrechung war. Ich durchquerte den Flur, streifte im Gehen Handschuhe, Kittel und Mütze ab. Alles trug die Spuren unserer Arbeit. Der angemeldete Besuch trat ein.

Meine Begrüßung wurde nicht erwidert.

»Tschto slutschilos?«

»Was ist geschehen«, übersetzte die Dolmetscherin.

»Wü lutsche snajetje – das wissen Sie besser als ich«, antwortete ich, nicht übertrieben höflich.

»Wü goworitje po-russki – Sie sprechen russisch?« Das war der Staatsanwalt.

»Malo – etwas.«

»Lebt er noch«, fragte er in einem fast akzentfreien Deutsch.

Hier war also Vorsicht geboten, ging es mir durch den Kopf. Warum wollte er seine guten Deutschkenntnisse verbergen? Er konnte mühelos alle unsere Gespräche ohne Dolmetscher verfolgen.

»Wahrscheinlich lebt er noch«, war meine provozierende Antwort.

Der Staatsanwalt schaute fragend und mißtrauisch aus seinen kleinen, zusammengekniffenen Augen, schien mich mit dem Blick durchbohren zu wollen.

»Was bedeutet: ›Wahrscheinlich lebt er noch‹?«

»Vor zehn Minuten lebte er noch. Aber ich kann Ihnen nicht sagen, ob und wie lange er noch leben wird. Nicht einmal, ob er jetzt noch lebt.«

Ich setzte mich auf einen Drehhocker, zeigte mit der Hand auf die nicht mehr ganz neue Polstergarnitur. Der gedrungene, stämmige Körper sank in der Mitte der Couch nieder, die jungen Offiziere und die Dolmetscherin blieben stehen.

Kurzes Flüstern.

»Welche Verletzungen liegen vor, will der Herr Staatsanwalt wissen«, übersetzte die Dolmetscherin.

»Sagen Sie bitte dem Herrn Staatsanwalt, der Schuß zerfetzte die linke Lunge, zerriß eine Seite des Zwerchfells und verletzte den Herzbeutel und die linke Herzwand.«

Ohne die Übersetzung abzuwarten, erwiderte er: »Er wird sterben.«

Sein Satz war Frage und Antwort zugleich.

»Nein«, sagte ich mit allem Nachdruck und ohne die sonst übliche, bedächtige Vorsicht, denn seine ganze Art reizte mich zum Widerspruch, »er wird am Leben bleiben.« Später wußte ich nicht mehr genau, woher ich die Sicherheit für diese kühne Aussage nahm.

»Haben Sie operiert? Was haben Sie operiert?«

»Die linke Lunge entfernt, den Riß im Zwerchfell verschlossen, die Herzwunde genäht.«

Sein durchdringender Blick ging wieder durch meinen Körper und in die gegenüberliegende Wand.

»Er wird sterben!?«

Man spürte hinter seinem Satz, daß das Ausrufezeichen nun größer und das Fragezeichen kleiner war. Ich zuckte mit den Achseln, versuchte eine gespielte Gleichgültigkeit zu zeigen und sagte: »Es ist möglich, aber ich hoffe es nicht.«

Wieder der fragende, prüfende Blick aus den kleinen stechenden Augen. Er erhob sich, die beiden Offiziere nahmen Haltung an. Wir sahen uns an, nicht besonders freundlich. Ich hatte den Eindruck, wir waren uns beide nicht sympathisch, und er mochte wohl das Gleiche empfinden.

»Wir werden wiederkommen!«

Ich wußte, das war das einzige, auf das ich mich bei ihm verlassen konnte. Ein kurzes Verbeugen beendete die Unterhaltung. Alle wandten sich um und gingen – grußlos, wie sie gekommen waren. Ich war ganz sicher, daß sie morgen wieder vor meinem Zimmer ständen.

Im OP war nach meinem Weggang der Bann gebrochen. Die

Ruhe wich geschäftiger Bewegung. Die größte Unordnung war beseitigt. Nicolai lag in einem weißen Bett auf der Intensivstation, und hier ist es gelegentlich schwierig, unter der Vielzahl von Apparaten und Schläuchen den Menschen zu erkennen. So war es auch bei unserem Patienten. An jeder Seite lief eine Infusion. Der Tubus ragte aus dem Mund und war über dicke Schläuche am Narkosegerät angeschlossen, außerdem mit breitem Pflaster an Nase und Oberlippe befestigt. Die Augen waren abgeklebt. Die Magensonde führte aus der Nase zum Auffangbeutel. Ein Schlauch aus der Blase mündete in einen Urinbeutel. Drei Drähte klebten unsichtbar am Brustkorb, sie leiteten die minimalen Stromimpulse der Herzaktionen zum EKG und weiter zum Monitor, andere Kabel gingen vom Kopf zum Elektroenzephalographen, um die Impulse der Hirntätigkeit zu dokumentieren.

Ich wollte in dem Gesicht etwas erkennen, lesen. Es ging nicht. Die Technik verdeckte die Menschlichkeit. Die breiten Backenknochen wiesen auf fernöstliche Vorfahren. Die dichten schwarzen Augenbrauen und die dunklen Stoppeln auf dem kahlgeschorenen Schädel waren die einzigen Farbkontraste. Ich nahm eine Kompresse, schob ein Lid nach oben: dunkle, braune Augen, mittelgroße Pupillen, doch der Blick war noch ohne Leben.

Ich schaute zum Anästhesisten. Er wirkte entspannt, also hatte sich der Kreislauf wieder gebessert.

Offenbar hatte er meine unausgesprochene Frage verstanden, denn er murmelte, für alle verständlich:

»Blutdruck jetzt bei 90, Puls bei 116.«

Ja – so ist das mit dem Leben. Wenn es schön ist, reichen 1000 Worte nicht aus, um es zu beschreiben. Wenn es schlecht ist und bald zu Ende geht, reichen wenige Zahlen. Die Kurzformel für das gefährdete, schwindende, erlöschende Leben sind Angaben in Prozent der Überlebenswahrscheinlichkeit. Eigentlich unmenschlich, die Einteilung in diese Kategorie. Doch welcher Arzt hat das noch nicht praktiziert? Wieviel Prozent Lebenserwartung hatte unser junger Soldat noch? Waren es zehn Prozent, oder zwanzig Prozent? Mehr sicher nicht! Wieviel Prozent hatte er, als die Nähte aus dem Herzmuskel rissen? Ein Prozent? Vielleicht weniger?

Schwester Eva wollte wohl meine verdrießliche Stimmung, die sich auch auf die anderen übertrug, unterbrechen, denn sie kam zu mir und fragte: »Na, wie fühlen Sie sich nach so einer Operation?«

Ich überlegte kurz und faßte meine Antwort in einem Wort zusammen:

»Leer!«

Ich hatte alles gegeben, bis zur physischen und psychischen Leistungsgrenze. Da gab es keine Reserven mehr. Aber wer versteht das schon? Und als Sieger oder Gewinner fühlt man sich nach so einer Operation schon gar nicht! Man hat zwar gekämpft, bis an die Grenze der Leistungsfähigkeit, doch man weiß, daß erst in vielen Tagen und Wochen Bilanz gezogen wird, über Erfolg oder Niederlage entschieden wird.

Nicolai lag auf der Wachstation. Ich konnte jetzt nichts mehr für ihn tun. Das Übrige besorgten die Monitore, Überwachungsgeräte, Beatmungsmaschinen und die erfahrenen Schwestern. Und – nicht zu vergessen – der verbliebene Rest seiner robusten Gesundheit, seiner Vitalität, seiner hervorragenden Konstitution. Seine gute physische Voraussetzung wird ein ganz entscheidender Faktor in seinem und unserem Kampf um sein Überleben sein.

Wird das ausreichen? Die bangen Fragen begleiteten mich auf dem Heimweg. Ich ließ das Auto stehen, ging zu Fuß, atmete die frische Nachtluft, um wieder zu mir zu finden. Es schneite nicht mehr. Die vorher erleuchteten Fenster der Straße schauten mich dunkel an. Die letzten Häuser blieben zurück. Ein dunkler, sternenloser Nachthimmel wölbte sich über dem freien, nur spärlich mit Schnee bedeckten flachen Land. Bald war ich zu

Hause. Das Licht in der Diele brannte noch. Der Umriß eines Kopfes, nur schwach erkennbar in der dunklen Öffnung des Fensters, verschwand. Die Tür wurde von innen geöffnet.

»Ich wußte, daß du jetzt kommst. Ist alles in Ordnung?«

»Ich sag es dir später.«

Das Weihnachtszimmer war von der Stehlampe noch matt erleuchtet. Geschenke, Spielsachen, Bücher und Puppen lagen auf Tischen, Teppich und Stühlen. Unter dem Christbaum, friedlich schlummernd, lag Klein-Katrin, vor zwei Stunden beim Spielen vom Schlaf überrascht. Sie ruhte auf einem Kissen, bedeckt von einem leichten Wolltuch. Eine Puppe im Arm und wartend. Wartend auf ihren großen Spielkameraden, der sich verspätet hatte. Ich schaute lange auf dieses Bild des Friedens und wußte, daß ich allen Grund hatte, für dieses Weihnachtsfest Dank zu empfinden.

Am nächsten Morgen besuchte ich Nicolai. Die ganze Nacht hatte das Telefon geschwiegen, und so war ich beruhigt, weil offensichtlich nichts Bedrohliches vorlag.

»Er wird nur noch assistierend beatmet«, flüsterte mir die diensthabende Schwester beim Betreten der Intensivstation zu. Dr. Melzer, müde und übernächtigt, erhob sich bei meinem Eintritt schwerfällig aus seiner ruhenden Stellung, kam mir mit einem etwas verlegenen, aber frohen Gesicht entgegen.

»Die ganze Nacht war Ruhe. Blutdruck immer bei 100. Er wird es wohl schaffen.«

»Vorsicht, Vorsicht«, mahnte ich und klopfte mit dem Finger auf die hölzerne Fläche des Tisches, »erst mal müssen wir acht Tage warten. Die Wundinfektion hat er noch nicht überstanden.«

Der weitere Verlauf war unproblematisch. Kein weiterer Blutverlust, die Spontanatmung war nach zwei Tagen ausreichend. Er schlief nur noch flach und reagierte auf Schmerzreize. Zufrieden ging ich in mein Dienstzimmer und empfing gegen 11.00 Uhr meine uniformierten Besucher, die heute wesentlich freundlicher waren.

»Budjet schitch? – Wird er leben?« war die erste und alles entscheidende Frage.

Der Optimismus meines Dr. Melzer schien mich angesteckt zu haben, denn leichtfertig antwortete ich mit einem einzigen Wort: «Ja.«

Erstaunte Gesichter meiner Besucher.

»Können wir ihn sprechen?«

Jetzt mußte ich erst einmal laut und herzlich lachen.

»Können Sie bitte die Frage in 10 Tagen noch einmal wiederholen? Er atmet nur noch mit der rechten Lunge. Er braucht die Luft erst mal zum Leben. Jedes unnötige Wort ist verboten, und besonders lange gilt dieses Verbot für Sprechen über schwierige Probleme.«

Der russische Dolmetscher übersetzte alles genau und wortgetreu. Meine Sprachkenntnisse reichten gerade noch für diese Kontrollfunktion. Ich beobachtete das Gesicht des Staatsanwaltes genau, auch bei der Passage »unnötiges Wort« verzog sich sein Gesicht nicht, seine Miene blieb eiskalt. Nur der hohe Offizier, er hatte den Rang eines Oberstleutnants, reagierte auf meine heitere Antwort. Sehr ernst verbeugte er sich, dankte und sagte:

»Wir werden wiederkommen!«

Davon war ich überzeugt!

Nach acht Tagen hatte Nicolai trotz Physiotherapie, intensiver Pflege und hochdosierter Behandlung mit Antibiotika eine schwere Entzündung der rechten Restlunge. Es war sehr schwierig, ihn zu motivieren. Er verstand unsere Worte, besonders gut die russischen, aber unsere Gespräche und Aufforderungen erreichten ihn nicht. Er schaltete auf Durchgang. Er wollte nicht mehr leben und verfiel in eine tiefe Depression. Es gelang uns nicht, einen Psychotherapeuten mit guten Sprachkenntnissen zu engagieren, und für die russische Armee waren diese auch gar nicht vorgesehen. Apathisch lag Nicolai im Bett, aß nichts. Wir mußten ihn wieder infundieren. Ich erklärte ihm, daß er sein

Leben nicht durch Hungern beenden könne, denn wir könnten ihn mit Infusionen viele Wochen lang am Leben halten, daß es aber besser für ihn und für seine Familie sei, wenn er wieder gesund werde. Es half alles nichts. Wir begannen wieder mit dem vollen Infusionsprogramm. Nach weiteren zwei Tagen mußten wir ihn intubieren, denn die Eigenatmung war ungenügend. Der Zustand verschlechterte sich bedrohlich. Für weitere zwei Tage wurde er mit Überdruck beatmet. Danach war die Krise überstanden.

Mitte Januar ging er mit Unterstützung auf der Station spazieren. Er lernte in dieser Zeit ein Dutzend deutsche Wörter, die für die Verständigung mit den äußerst fürsorglichen Schwestern ausreichten. Die gleichen Schwestern lernten in der gleichen Zeit viel mehr russische Wörter, um sich mit ihm, der bald zum Liebling der Station aufstieg, bestens verständigen zu können. Er war sehr bescheiden und äußerte nie einen Wunsch. Als er nach zwei weiteren Wochen seine Scheu überwunden hatte, half er den Schwestern bei der Küchenarbeit.

Nie sprach er über den Anlaß, der zu seiner schweren Verletzung geführt hatte. Wenn ich ihn in der Sprache seines Landes fragte: »Warum hast du das gemacht, Nicolai«, ging ein unsichtbares Visier herunter, er wurde verstockt und verstand viele Stunden lang kein einziges Wort mehr. Also ließ ich es bleiben.

Vier Wochen nach dem Unfall hätte ich ihn entlassen können. Doch ich wußte nicht, wie er in der Sanitätsabteilung seiner Garnison betreut würde. Also verzögerte ich meine Zustimmung zu der vorgesehenen Verlegung erheblich. Anfang Februar kam das erdbraun gestrichene Sanitätsfahrzeug wieder, das ihn schon einmal transportiert hatte, und holte ihn. Beim Abschied sprach er kein Wort. Er griff nach meinen Händen, drückte sie ganz fest an sein Gesicht und flüsterte kaum hörbar: »Spassibo – danke.«

Ich sah ihn an, schüttelte mit dem Kopf und sagte:

»Ja tebje otschen blagodarju – ich habe dir viel zu verdanken.«

Nicolai hatte mir unendlich viel gegeben. Denn ich wußte, nur einmal im Leben erhält man das große Geschenk, Weihnachten in dieser Art erleben und begreifen zu dürfen.

Ich werde diesen Heiligen Abend nicht vergessen, den ich nicht im Kreise meiner Lieben feiern konnte. Aber ich möchte diesen Tag nicht missen, denn er gab mir einen Heiligen Abend, der die Bedeutung dieses Wortes verdient. Ich hatte diese Stunden so intensiv erlebt, hatte gehofft, gebangt, gewartet, daß ich manchmal das Gefühl spürte, dem wirklichen, dem absoluten und bewußten Begreifen des Lebens ganz nahe zu sein. Auch dann, wenn unser Kämpfen erfolglos schien.

Es ist uns selten gegeben, Stunden unseres Daseins so intensiv zu erleben, daß wir sie in der zeitlich begrenzten Ewigkeit unseres Lebens bis zum Ende bewahren. An diesem 24. Dezember hatte ich sie erlebt.

Und dafür bin ich Nicolai dankbar.

DER BUS-UMFALL

Die schrille Glocke am Eingang zum Operationsgebäude wurde im Dauerbetrieb betätigt. In ihren Diskant mischte sich das Staccato hastender Schritte, das Crescendo rufender Stimmen und das Fortissimo schlagender Türen. Alle Beteiligten vernahmen die Klangfülle der Ouvertüre eines Notfalls, und es gehörte zu meinen dienstlichen Pflichten, mich in den weiteren Verlauf dieser Aufführung einzubringen, mich an der allgemeinen Hektik zu beteiligen. Also sprang ich auf, warf die Tür meines Dienstzimmers hinter mir zu und war mit wenigen Sätzen am Ende des langen OP-Flures angelangt. Durch die breit geöffnete Flügeltür sah ich zwei Fahrzeuge, einen Wartburg und einen Trabant, die sich an der Auffahrt zum Haupteingang gegenseitig behinderten. Ein drittes Fahrzeug, ein grüner Moskwitsch, kam aus der Gegenrichtung, versperrte den anderen beiden die Weiterfahrt auf der schmalen Fahrbahn, beanspruchte für sich die beste Ausstiegsposition zur Unfallaufnahme. Die wild gestikulierenden Fahrer bemühten sich, ihren offensichtlich verletzten Mitreisenden beim Aussteigen zu helfen. Manfred Bergner, OP-Pfleger und Gipsmeister, dirigierte eine fahrbare Trage zwischen die Fahrzeuge, und sogleich kam es zu einem lauten Disput zwischen den Begleitern, wer die Bahre am dringendsten für seine Insassen benötigte, und welcher Mitfahrer die wenigen Schritte bis zum OP noch zu Fuß gehen konnte. Die erregten Gemüter kamen auch nicht zur Ruhe, als sich Schwester Emmi, nicht mehr jung an Jahren, mit der zweiten Trage einen Weg durch das Chaos bahnte. Ich bat die Wortführer, die unverletzt schienen, zur Seite, hob gemeinsam mit Emmi einen Jungen, der wohl 12 Jahre alt sein konnte und kurz vor dem Kollaps stand, auf den fahrbaren Untersatz und half einer älteren Frau mit einer Schulterverletzung aus dem Fond des grünen Moskwitsch.

Was war passiert? Eine Massenkarambolage? Ich schaute zur Uhr. 16.45 Uhr. Nur merkwürdig, daß die drei Begleitfahrzeuge nicht die üblichen Blechschäden aufwiesen. In kürzester Zeit waren die 10 oder 12 Sitze und die fahrbaren Tragen des Flures belegt, einige Stühle wurden zusammengeschoben, dienten als provisorische Liege. Ein Kind mit einer blutenden Kopfplatzwunde, daneben eine schreiende Mutter, beanspruchten die größte Aufmerksamkeit. Ich schaute mir das Mädchen an und diagnostizierte eine harmlose Stirnplatzwunde. Doch ein blutüberströmtes Kindergesicht sieht immer bedrohlich aus, und die Aufregung der Mutter war verständlich, obwohl das laute Schreien den weiteren Ablauf störte.

»Emmi, Verband anlegen, nur einen Kompressionsverband an der Stirn. Die Wunde versorgen wir später«, wies ich an.

»Was heißt hier später«, erboste sich die Mutter, doch ich war schon wieder bei dem kollabierten Jungen.

»Kreislauf am Boden«, konstatierte ich und rief: »Eine Infusion vorbereiten«, merkte aber rasch, daß es keine Befehlsempfänger gab, denn Bergner kümmerte sich um eine laut stöhnende Frau an der Auffahrt, Emmi war beschäftigt, und mehr »Diensthabende« gab es im Augenblick nicht.

Meine nächste dienstliche Anweisung »Beine hochlagern« mußte ich ebenfalls selbst ausführen, denn die anderen waren beschäftigt. Die starre Trage war für eine Schräglagerung ungeeignet, also griff ich unter die Schaumstoffauflage, nahm diese und den Jungen in meine Arme und bettete beide behutsam auf den nicht mehr ganz sauberen Fußboden, bat eine leichtverletzte Frau um ihren Stuhl, den sie mir auch bereitwillig überließ, drehte diesen um und legte ihn unter die Beine des Jungen. Wir nennen dieses Verfahren auch – nicht ganz korrekt – »Autotransfusion«, weil das Blut aus den nun höher gelagerten Beinen in den Körper strömt und dort den Kreislauf für eine kurze Zeit stabilisiert.

»Wo ist der Diensthabende, wo bleibt Mahmoud Aydanu?«

Mein irakischer Assistent hatte Dienst, war im Bettenhaus, nahm Neuzugänge auf, kam endlich angeschlendert. Erstaunt und in aller Ruhe schaute er sich das Durcheinander an.

»Kann ich helfen«, fragte er mit südländischer Gelassenheit.

»Frag nicht so blöd, du hast Dienst«, herrschte ich ihn an, »öffne die Tür zu Saal III von innen, damit wir dort einige Leute behandeln können. Leg irgendeinen Patienten auf den OP-Tisch, damit wir hier mehr Platz und Übersicht bekommen.«

»Mach ich!«

Mahmoud hatte das Persönlichkeitsprofil eines gutmütigen Cholerikers, der über ein beachtliches explosibles Temperament verfügte, dieses aber nur selten unter Kontrolle hatte, und das demzufolge häufig bei unvorhergesehenen und unerwarteten Begebenheiten zum Ausbruch kam. Er besaß aber neben seiner wohltuenden Gutmütigkeit auch ein penetrantes Phlegma, das mich entweder zur Verzweiflung oder zur Weißglut bringen konnte.

Die Tür zum OP wurde von Mahmoud geöffnet. Gemeinsam legten wir den Jungen aus der Fußboden-Schräglage auf den schmalen OP-Tisch. Es ging ihm deutlich besser.

»Leg ihm eine Infusion an, 500 ml Gelafusal.«

»Mach ich!«

Schwester Emmi hatte die kurze Zeit genutzt und dem Mädchen mit der Stirnplatzwunde einen sehr akkuraten Verband angelegt, doch es war ihr nicht gelungen, die erboste Mutter zufriedenzustellen, die nachdrücklich und laut eine sofortige Wundversorgung forderte. »Beschwerde« und »Scheißorganisation« waren die einzigen Worte, die bis zu mir drangen. Emmi kniete inzwischen in dem großen Warteflur vor einem älteren Mann in Arbeitskleidung, mühte sich vergeblich, eine starke

Unterschenkelblutung zum Stehen zu bringen und rief mich: »Hier, gucken Sie mal.«

Ich sah mir das Bein an. »Nicht so schlimm, nur eine Varizenblutung.«

Ich hockte mich neben sie, drückte einen Bindenkopf auf die 5 cm lange Rißwunde und die spritzende Krampfader. Emmi konnte nun in Ruhe die anderen Bindentouren straff anlegen. Nach wenigen Minuten hatten wir dieses kleine Problem gelöst, wieder einen Patienten provisorisch versorgt. Zurück blieb eine große Blutlache auf den Steinfliesen. Emmi wollte gerade die Spuren unserer Arbeit beseitigen, als das Martinshorn direkt vor dem Fenster aus nächster Nähe gellte und uns aufschreckte.

Der gelbe Rettungswagen mit der Aufschrift »Dringliche Medizinische Hilfe« stand an der Auffahrt zum OP, ließ noch einmal kurz und danach im Dauerton die Sirene ertönen, um die drei PKW-Fahrer zur Weiterfahrt und Freigabe des wichtigen Umsteigeplatzes vor dem OP zu mahnen, denn alle Wagen behinderten sich nun gegenseitig. Schließlich gab der DMH-Fahrer auf, öffnete die Wagentür, sprang von seinem erhöhten Sitz und kam im Laufschritt.

»Ich hab' eine schwerverletzte Frau«, keuchte er, »sieht ganz blau aus. Außerdem drei nicht so schwere Unfälle. Es war ein Busunglück, gleich hinter Beesenlaublingen. Da kommen noch viel mehr.«

Fort war er. Mit seinem Kollegen transportierte er die Trage durch die geöffnete Hintertür des Sanitätswagens, auf der die Patientin lag. Die Frau schien lebensbedrohlich verletzt, das sah man auf den ersten Blick, auch ohne Untersuchung. Das lange schwarze Haar hing über das fahle Gesicht. Zum Glück lief schon eine Infusion.

»Gleich in den OP«, meine ausgestreckte Hand wies die Richtung. In Saal III wurde der Junge vom OP-Tisch nochmals auf den

Steinfußboden gelagert, der bezogene Schaumstoff diente wieder als Unterlage. Er schien außer Gefahr.

Die Frau mit den tiefschwarzen Haaren atmete schwer, mit jedem Atemzug drang blutiger Schaum aus ihrem halbgeöffneten Mund, ein kleines rotes Rinnsal floß aus der Nase. Sie hörte nicht auf mein lautes Rufen, aber ihr Puls war gut tastbar, ihre Pupillen normal weit, sie reagierten auf Licht, also war die Bewußtseinslage noch ausreichend.

»Mahmoud, du bleibst bei der Frau, egal wer sonst noch was von dir will. Röntgen soll kommen, Lungenaufnahme anfertigen, dringend, außerdem eine Bauchübersicht. Labor soll kommen. Blutgruppe und Blutbild gleich, alles andere später. Blutdruck messen, provisorische Kurve anlegen. Kümmre dich um alles.«

Während meiner kurzen Anweisungen hatten wir den Oberkörper entkleidet. Auf der rechten Seite befanden sich viele winzige, punktförmige Hautblutungen, möglicherweise Zeichen einer starken Quetschung, außerdem bewies das Knirschen der Rippen eindeutige Frakturen. Der blutige Schaum vor dem Mund ließ eine durchgehende Verletzung von Rippenfell und Lungengewebe vermuten. Vielleicht durch ein scharfkantiges Knochenstück der Rippenbrüche? Es konnte aber auch eine Lungenquetschung sein.

»Mahmoud, Infusion beschleunigen.

Gelafusal, einen Liter, rasch einlaufen lassen.

6 Konserven einkreuzen.«

Der Warteflur war inzwischen hoffnungslos überfüllt. Die anderen Verletzten, die uns die DRK-Fahrer nun gleich in den OP gesetzt hatten, verfolgten das Geschehen mit großer Ängstlichkeit und weit geöffneten Augen. Erschreckt, verstört und mit den eigenen Schmerzen beschäftigt, wurden sie von uns kaum beachtet, hatten aber Verständnis dafür und schauten unverwandt auf die halbentkleidete Frau, die noch schwerer als sie verletzt war, die um jeden Atemzug kämpfte.

Emmi hatte zum Glück Unterstützung bekommen, denn sie war schon von den Anstrengungen gezeichnet. Ihre Hand zitterte beim Verbinden, winzige Schweißperlen glänzten an ihren silbernen Schläfen. Ihre weiße Haube, die sie nie ablegte, wirkte grotesk. Sie war weit nach hinten verschoben, und der vergebliche Versuch, sie mit der nicht mehr ganz sauberen Hand nach vorn zu rücken, hatte drei breite rote Querstreifen auf dem Stirnband hinterlassen, was ihr möglicherweise in den Augen der ahnungslosen Patienten einen besonderen Rang verlieh, den sie allerdings auch verdiente. Zwei jüngere Schwestern von der Nachbarstation waren inzwischen mit Tragen erschienen und bemühten sich, einen Weg durch die Menge zu finden, um Emmi bei den Maßnahmen der Ersten Hilfe zu unterstützen, und nach kurzer Zeit hörte ich die halblauten Rufe der vertrauten Stimme:

»Eine provisorische Schiene bei dem gebrochenen Unterschenkel anwickeln. Die beiden Schnittwunden mit einem Druckverband versorgen. – Ihr müßt alles auf die Behandlungskarte schreiben, sonst weiß das später keiner mehr. – Auch wenn es schnell geht, muß es akkurat sein.«

Sie versuchte dann, die immer noch aufgebrachte Mutter zu beruhigen, doch das gelang ihr nicht.

»Die Frau mit der Schultergelenkverletzung braucht eine Schmerzspritze«, rief ich in das allgemeine Getümmel, »und wischt doch endlich mal das Blut vom Fußboden, das sieht ja fürchterlich aus.«

Für eine gründliche Untersuchung oder Behandlung der Verletzten reichte die Zeit nicht, und jeder begonnene Arbeitsgang wurde sofort von der nächsten Dringlichkeit überholt und kam unter Zeitdruck. Dadurch waren Probleme vorprogrammiert und nicht mehr aufzuhalten, wie sich gleich zeigen sollte, denn jeder versuchte, das Dringliche und Wichtige wenigstens provisorisch zu erledigen. Was war eigentlich dringlich? Alles war dringlich!

Ich winkte die jüngste der beiden Schwestern zu mir. Sie war im dritten Ausbildungsjahr, also kurz vor dem Examen, und ich glaubte, sie mit einer sehr verantwortungsvollen Aufgabe betrauen zu können, was sich aber gleich als Irrtum erweisen sollte.

»Schwester Ramona, dort hängt der chirurgische Dienstplan, unten stehen die Telefonnummern. Benachrichtigen Sie jeden Arzt. Jeder soll kommen.

Ich brauche alle. Fangen Sie bei Oberarzt Tomaschewski an, dann die beiden anderen Oberärzte. Alle, die sich melden, sollen kommen.«

Sie sah mich unschlüssig und fragend an. »Ich kann doch dem Oberarzt nicht sagen, daß er zum Dienst kommen soll?«

»Nein. Natürlich nicht. Sie sagen, der Chef läßt Sie dringend bitten. Und noch eins: Alle sollen gleich kommen.« Sie zögerte, wählte die ersten Nummern, machte aber bei der Erledigung ihres Auftrages kein sehr glückliches Gesicht.

»Beeil dich, Mädchen«, herrschte ich sie an, »es hängt viel von deinen Telefongesprächen ab!«

Mahmoud kam in den Warteflur. Der Raum glich jetzt einem Hauptverbandsplatz. Wartende Patienten standen verängstigt in kleinen, gedrängten Gruppen an der Fensterfront. Auf den wenigen Stühlen saßen in sich zusammengesunkene Verletzte, viele stöhnend. Vor der Stuhlreihe, direkt auf dem Steinfußboden, hockten zwei Jugendliche, beide mit leichten Verletzungen. Dem jüngeren war schlecht geworden, der andere tröstete ihn. Ich kniete mich nieder, fühlte den Puls, legte seinen Rucksack unter den Kopf, drehte ihn auf die Seite in eine stabile Seitenlage, wie wir das schon im Verbandskurs gelernt hatten.

»Halte ihn so in dieser seitlichen Lage. Das wird gleich wieder gut«, beruhigte ich den Tröstenden, der andere hörte nichts mehr. Das Martinshorn gellte wieder, der nächste Rettungswagen rollte an. Mahmoud beugte sich zu mir herunter. »Chef, Sie müssen kommen«, meinte er, »der Frau geht es ganz schlecht.«

»Wo bleibt denn der Anästhesist«, fuhr ich ihn an, »der kann doch erst mal was unternehmen, ich komme gleich.«

»Dr. Hartwig hat intubiert, Oberarzt Lengwinat ist auch da. Der Frau geht es wirklich schlecht, Sie müssen kommen«, sagte er mit beschwörender Stimme. Der Krankenfahrer ergriff mich am Arm. »Ich hab' den Busfahrer bei mir. War eingeklemmt, ... mit Brechstangen rausgezerrt ... ist ohne Bewußtsein ... was soll ich machen?«

»Mahmoud, geh zum Busfahrer, schnell, sag mir Bescheid. Ich kümmre mich um die Frau.«

In wenigen Sätzen war ich in Saal III, stand neben der Frau mit den langen schwarzen Haaren. Mahmoud hatte nicht übertrieben. Es ging ihr ganz schlecht. Sie lag in den letzten Zügen, war pulslos, trotz Sauerstoffzufuhr war die fahle Farbe des Gesichts jetzt wachsfarben, fast bläulich. Die beiden Narkoseärzte schauten mich an, verlegen und hilflos.

»Die kriegt schon reinen Sauerstoff, die Infusion läuft im Strahl. Die schafft es nicht mehr«, meinte der Oberarzt.

»Wo ist das Röntgenbild?«

»Hatte Mahmoud.«

»Dann sucht es doch, aber schnell!«

Schließlich hielt ich es in der Hand. Ein kurzer Blick genügte.

»Mensch, die hat rechts einen dicken Pneu, die ganze rechte Lunge ist zusammengeschnurrt. Habt ihr das nicht gesehen? Und auf der linken Seite hat sie einen großen Erguß. In die Lunge könnt ihr noch so viel Sauerstoff reinpumpen, da kann doch gar nichts ankommen!«

Ein Pneumothorax – in der Kurzform sagen wir dazu auch Pneu – ist eine Ansammlung von Luft im Spalt zwischen Lungenfell und Rippenfell, der oft durch einen Einriß des Lungenfells entsteht und dann bei jedem Atemzug zu einem stärkeren Druck auf die Lunge und zum Ersticken führt, wenn er nicht umgehend beseitigt wird.

Vorwurf, Ärger und Unverständnis waren unüberhörbar in meiner Stimme. Beide vermieden meinen Blick, schauten jetzt in die andere Richtung, auf die Monitore und die Armaturen. Als ob von dort eine Antwort zu erwarten wäre! – Warum können die nicht mal mitdenken? Meine Geduld war am Ende.

»Schwester Emmi, Sie kommen sofort hierher!«

Mein lauter, alles durchdringender Befehlston ließ jedes andere Geräusch verstummen. Die arme Emmi zuckte zusammen, fühlte sich mitschuldig und konnte nicht ahnen, daß meine Verärgerung die beiden Anästhesisten betraf.

»Ich brauche eine dicke Kanüle und einen Gummifingerling.«

Am unteren Rand der rechten Brust stach ich das Metallröhrchen zwischen den Rippen in die Tiefe, und die in der nächsten Nähe Stehenden konnten das pfeifende Geräusch der unter Druck stehenden, entweichenden Luft hören. Der Fingerling wurde über die Kanüle geschoben, festgebunden, an seinem unteren Ende abgeschnitten. Mit wenigen Handgriffen war damit ein provisorisches Ventil fertiggestellt. Die Luft konnte aus dem Brustkorb entweichen, und wenn sie beim Einatmen wieder zurückströmen wollte, klappte die dünne Gummiwandung des Fingerlings zusammen und hinderte den Luftstrom in dieser Richtung. Schon nach wenigen Minuten war die bläuliche Farbe der Haut beseitigt, ein sicheres Zeichen, daß die Lunge wieder Sauerstoff aufnahm und an das Blut weiterleitete.

»Jetzt einen Troikart, schnell, für die andere Seite. Und eine Spritze mit einem Dreiwegehahn.«

Emmi öffnete hastig den sterilen Behälter mit dem Notinstrumentarium, setzte die Spritze auf das kleine Metallrohr, das vorn scharf wie eine Lanze war, reichte mir alles zu. Ein kurzer, kräftiger Stich genügte, die Spitze befand sich im Inneren der linken Brustseite. Kurzes Ansaugen, die Spritze füllte sich mit Blut. Ein untrügliches Zeichen dafür, daß die Lunge hier durch die Flüssigkeit komprimiert wurde. Der gasförmige Austausch von Sauerstoff und Kohlendioxid war dann nicht mehr möglich, und die Gefahr des Erstickens drohte. Nachdem mehr als ein Liter Blut abgelaufen war, ging es der jungen Frau deutlich besser. Die Haut war rosig, der Puls wieder tastbar.

Ich ging aus dem OP in den Flur, und dort erlebte ich ein Szenarium, das mir die Sprache und den Atem verschlug, ein Gefühl, als ob mich Blitz und Donner gleichzeitig getroffen hätten. Die Schleuse, die den Zugang zu unserem sterilen Operationstrakt, einem hermetisch abgeschirmten Heiligtum, versperrte, war geöffnet, und in dem breiten Flur stauten sich vier oder fünf Tragen aus anderen Kliniken, belegt mit Patienten in Straßenkleidung. Daneben standen Hocker und Stühle, besetzt mit Patienten in Arbeitssachen, sogar zwei fahrbare Toilettenstühle waren in dem Raum belegt, der sonst nur von Auserwählten in steriler Kleidung nach gründlicher Desinfektion betreten werden durfte. Es herrschte ein unbeschreibliches Durcheinander, das durch die Anwesenheit von 6 oder 8 Schwestern und Ärzten von anderen Kliniken, die sich inzwischen zur Unterstützung eingefunden hatten, nur noch vergrößert wurde. In wenigen Sekunden war ich von den hochmotivierten, aber leider wenig fachkundigen Helfern eingekreist.

»Wir möchten gern helfen, was können wir tun?« war die in vielen Variationen wiederholte Frage.

»Das ist großartig, fangen Sie bei den Leichtverletzten an. Legen Sie nur Verbände an, oder Schienen«, meinte ich.

»Wird gemacht. Welche sind leicht verletzt?« war die häufigste und stereotype Gegenfrage.

»Weiß ich nicht«, war meine ständig wiederkehrende Antwort.

»Wo sind die Schienen?«

»Fragen Sie die Schwestern!«

»Welche denn?«

»Schwester Emmi oder Herrn Bergner, die wissen Bescheid.«

»Die sind aber nicht da!«

Ich gab es auf. Mein orientierender Blick suchte in dem Chaos nach Schwerverletzten, die unsere Hilfe am dringendsten brauchten. Ein Mann neben mir auf der Trage krümmte sich vor Schmerzen. Ich zog das Hemd in die Höhe, öffnete die Hose. Keine Wunden. Das Becken schien gequetscht. Ich winkte den Gynäkologen heran, der auch seine Hilfe anbot, und der sich in dieser Körperregion, wenn auch vorwiegend beim anderen Geschlecht, auskennen mußte.

»Erheben Sie bitte den Befund, mit kurzer Dokumentation. Suchen Sie sich eine Schwester zur Unterstützung. Er soll geröntgt werden. Becken und Wirbelsäule.«

In dem allgemeinen Chaos entdeckte ich Tomaschewski und Meierlein. Der erste Lichtblick. Ich verspürte ein Glücksgefühl, meine Mannschaft wurde größer! Sie bemühten sich um den Busfahrer, einen großen, kräftigen Mann, der sich im tiefen Schock befand. Schwere Atmung, lange Pausen zwischen jedem Atemzug, nicht ansprechbar.

Erst viel später erfuhren wir den genauen Verlauf des Unfalls, den der Fahrer verursacht hatte. Einige Zusammenhänge über den Ablauf des Geschehens konnten wir erst nach Tagen wie ein Puzzle zu einem vollständigen Bild zusammenfügen.

Der Busfahrer war zügig gefahren, denn er wußte, daß die meisten Fahrgäste nach den 8 oder 9 Arbeitsstunden der Normalschicht wieder pünktlich zu Hause sein wollten. Der Bus befand sich am Ortsausgang Beesenlaublingen auf der Straße nach Alsleben, gleich hinter einer Kurve. Die Böschung eines Bahnüberganges kreuzt hier die Straße im rechten Winkel, und auf dem einzigen Gleis des Bahndammes fuhr gelegentlich ein Zug zu einer in der Nähe gelegenen Ziegelei, aber die Strecke war schon vor Jahren außer Betrieb gestellt. Der Busfahrer hatte hinter der Kurve Gas gegeben, die Geschwindigkeit bis auf 50 km/h beschleunigt. Ohne Vorwarnung war dann der Unfall eingetreten, als Waldemar Beau schlagartig das Bewußtsein verloren hatte, doch keiner der vielen Fahrgäste hatte die Zusammenhänge erkannt oder auch nur erahnt. In dem überfüllten Bus merkten zunächst nur die vorn Stehenden, daß das schwere Fahrzeug von der Straße abkam, daß aber der schwergewichtige Fahrer das Steuer offensichtlich fest in der Hand hatte. Mit unverminderter Geschwindigkeit fuhr er in Schräglage die ansteigende Böschung hinauf, legte sich bedenklich auf die Seite. Laute Schreie der Fahrgäste waren zu hören. Der Fahrer reagierte nicht, und der Bus fuhr unbeirrt weiter, neigte sich noch weiter zur Seite, riß eine kurze Schneise in das lockere Erdreich und stürzte auf die rechte Seite. Der luftgekühlte Motor lief weiter, und die hinteren Räder drehten sich noch, als die ersten Rettungsmannschaften kamen.

Waldemar Beau war mit dem Kopf nach unten zwischen Fahrersitz und Armaturenbrett gefallen und dort eingeklemmt, sein Fuß möglicherweise noch auf dem Gaspedal, doch er wußte davon nichts, denn ihn umfing eine tiefe Bewußtlosigkeit. Im Bus brach eine unbeschreibliche Panik aus. Die beiden Ausstiegstüren auf der rechten Seite konnten nicht geöffnet werden, denn der Bus lag auf ihnen. Die linke Tür neben dem Fahrer war verklemmt, vielleicht auch verriegelt, sie ließ sich ebenfalls nicht öffnen. Trotzdem kam es zu einem tumultartigen Gedränge vor diesem möglichen Ausstieg. Kinder und ältere oder schwache Fahrgäste hatten keine Chance, in die Nähe der linken Tür, also nach oben zu gelangen. Die derben Arbeitsschuhe der Hinausdrängenden traten ihnen auf Arme, Beine, den Bauch und auch in das Gesicht.

Verzweifelt wurde nach einem anderen Ausstieg gesucht. Fußboden und Dach des Busses bildeten die linke und rechte Seite des engen Verlieses. Mit Fäusten, Schuhen und Aktentaschen schlugen die Fahrgäste auf die Scheiben der linken Busseite, die sich über ihnen befand. Das Glas war bruchfest, nur an wenigen Scheiben bildeten sich gezackte, wellenförmige Risse, aber sie gaben den Weg nach draußen nicht frei. Die kleinen, oberen Schiebefenster wurden geöffnet, aber sie waren für den Ausstieg viel zu klein. Aus vielen bruchstückhaften Erzählungen formten wir uns erst später ein Bild, denn der offizielle Polizeibericht unterlag natürlich strengster Geheimhaltung. Die kleinen dreieckförmigen Scheiben am Heck wurden als erste ausgehebelt, und es gab einen erbitterten Kampf um die Reihenfolge des Ausstiegs, der aber eindeutig zugunsten der nur leicht oder gar nicht Verletzten entschieden wurde. Die Hilfsbedürftigen und Schwerverletzten mußten warten, bis die große Frontscheibe von den Rettungssanitätern mit vereinten Kräften herausgezwängt wurde.

Der Fahrer des grünen Moskwitsch war als erster am Unfallort. Er sah den auf dem Hang liegenden Bus, hörte das laute Schreien im Inneren, außerdem das laute Motorengeräusch, wagte aber nicht zu helfen, weil er eine Explosion des ausfließenden Kraftstoffs bei der noch laufenden Maschine fürchtete. Als die ersten Verletzten schließlich den Hang hinunterhumpelten, lud er drei Passanten in seinen PKW und fuhr sie in das Bernburger Krankenhaus, obwohl ihn die anderen Schaulustigen warnten: »Wenn einem von denen was passiert, bist du dran!«

Zwei andere Fahrer, Besitzer eines Wartburg und eines Trabant, stellten ihre Fahrzeuge schließlich auch zur Verfügung, und die anderen Verletzten mußten auf die Fahrzeuge des Krankentransportes und der DMH warten. Von den 63 Insassen des überfüllten Busses bekamen wir im Verlauf von 90 Minuten 42 verletzte Fahrgäste und den bewußtlosen Fahrer zur Behandlung eingeliefert.

»Was hat er«, war meine erste Frage, als ich ihn sah.

»Es ist der Fahrer«, meinte der Oberarzt.

»Das ist keine Diagnose«, entgegnete ich.

»Das stimmt. Aber ich weiß es nicht. Alles unklar. Oberflächliche Hautschürfungen, kleine Wunde an der Stirn, sonst nichts. Bauch, Brust und Kopf unauffällig, keine äußeren Verletzungen. Arme und Beine sind passiv frei beweglich. Keine Frakturen.«

»Vielleicht eine innere Blutung. Milz oder Leber?«

»Glaube ich nicht«, erwiderte Tomaschewski, »der Blutdruck ist bei 210. Das spricht eindeutig gegen eine Blutung. Kalter Schweiß am ganzen Körper. Paßt alles nicht zusammen.«
»Nimmt der irgendwelche Medikamente?« wollte ich wissen.
»Warum sind die Pupillen so eng?«
»Weiß ich nicht. Alles ist unklar. Aber gut geht es ihm nicht.« Das sah ich auch.
»Lassen Sie röntgen, Bauch, Brust und Kopf. Übersichtsaufnahmen. Außerdem großes Laborprogramm, alles dringend. Die Verkehrspolizei soll seine Frau anrufen. Die muß ja schließlich wissen, was er einnimmt.«

Bergners Hüsteln neben mir sollte meine Aufmerksamkeit auf ihn lenken. Er flüsterte mir zu: »Der Ärztliche Direktor ist vorn am Eingang.«

Ich fuhr ihn an: »Der hat mir gerade noch gefehlt!«
»Da kann ich doch nichts dafür«, entschuldigte er sich.
»War ja nicht so gemeint.«

Den Blick über den oberen Rand der Nickelbrille gerichtet, beide Hände in den Taschen vergraben, die einzige Haarsträhne in die Stirn gekämmt, schaute mein Vorgesetzter über das wogende Getümmel und erinnerte mich an den Feldherrn von Waterloo, wobei ich natürlich hoffte, daß er sich auch wie dieser nach kurzer Zeit vom Ort der Kampfhandlung wieder zurückziehen würde. In seinem Gefolge die Oberschwester Herta und der Sicherheitsinspektor, Herr Wolter.

»Was habt ihr denn hier gemacht«, war seine nicht sonderlich geistreiche Frage.

»Es war ein Busunfall. Einzelheiten sind nicht bekannt. Bei Beesenlaublingen. Bis jetzt haben wir mehr als 30 Verletzte. Es kommen aber immer noch mehr. Drei oder vier Schwerstverletzte bereiten uns größte Mühe.«

»Na ja, Sie werden das schon schaffen.«

Ich wandte mich zum Gehen.

»Brauchen Sie Hilfe?« wollte er noch wissen.

»Betten und Tragen sind knapp.«

»Die Oberschwester soll Ihnen welche besorgen«, und – zu seiner Begleiterin gewandt – fügte er noch hinzu: »Schwester Herta, gleich 10 Schwestern abstellen, von den großen Kliniken zwei, jede kleine gibt eine ab.«

Damit schien die Sache für ihn erledigt.

»Schwestern, die chirurgisch nicht eingearbeitet sind, können mir kaum helfen«, gab ich zu bedenken.

»Das werden wir ja sehen. Die weisen Sie am besten selbst ein«, war seine wenig sachkundige Antwort.

Inzwischen hatte die schreiende Frau mit dem Kind ihren Weg zu unserer Gruppe gefunden. Beim Anblick des Ärztlichen Direktors änderte sie schlagartig ihre Taktik. Sie schrie nicht mehr laut, sondern bekam jetzt einen hysterischen Weinanfall. Ihr Kind durch das Gedränge schiebend, stellte sie sich vor uns und schluchzte, von Weinkrämpfen geschüttelt:

»Seit zwei Stunden warte ich hier vergeblich. – Mein Kind verblutet, helfen Sie mir. Ich werde mich morgen beschweren, da können Sie sicher sein.«

Der von Schwester Emmi angelegte Kopfverband saß noch korrekt, war aber an einer Stelle leicht durchblutet.

Die weinende Frau und das Wort »Beschwerde« hinterließen bei meinem Vorgesetzten einen tiefen Eindruck, denn er wandte sich in einem scharfen Ton an mich und wollte wissen: »Wie soll das weitergehen?«

»Wir werden die Wunde nähen, später«, antwortete ich.

»Später, später, später«, höhnte die Mutter mit weinkrampfgeschüttelter Stimme, »das höre ich mir nun seit zwei Stunden an. Ich fahre jetzt mit meinem Kind nach Halle, und die Rechnung kriegen Sie«, wobei nicht ganz klar war, ob sie den Ärztlichen Direktor oder mich als Rechnungsempfänger ansprach.

»Nein, bleiben Sie hier, das wird gleich gemacht«, rief der Direktor. Damit hatte er meine Toleranzschwelle überschritten, denn ich sagte sehr laut und deutlich: »Die Reihenfolge der chirurgischen Behandlung ergibt sich aus der vitalen Dringlichkeit, und darüber entscheide ich.« Dann ergriff ich den Arm der Oberschwester und ergänzte noch: »Hier, begleiten Sie die Frau mit ihrem Kind in den Behandlungsraum und legen ihr bitte einen neuen Druckverband an.« Die Oberin war unschlüssig, ob sie in Gegenwart des Direktors meine Anweisung befolgen durfte, doch als er zustimmend nickte, entfernte sich die kleine Gruppe, und ich konnte noch gut die Worte der Oberin hören »werde ich an eine chirurgische Schwester weitergeben.«

Ich stand bereits an der nächsten Trage, als ich hinter mir nochmals die leicht krähende Stimme meines Vorgesetzten hörte. »Noch eine letzte Frage. Den Ratsvorsitzenden und den 1. Kreissekretär haben Sie informiert?«

Wieder schüttelte ich mit dem Kopf. »Nein.«

»Warum nicht?«

»Keine Zeit gehabt.«

»Sie wissen, daß bei jeder Havarie oder im Katastrophenfall Meldepflicht besteht. Außerdem müssen Sie auch die ABI informieren.« ABI bedeutete damals Arbeiter- und Bauern-Inspektion.

»Sie entschuldigen mich jetzt bitte«, sagte ich zu ihm, drehte mich um und ging in das Getümmel, ergänzte den Satz aber noch etwas leiser mit den vier Worten, mit denen schon Götz von Berlichingen berühmt wurde.

Bevor ich mit den Operationen begann, mußte ich versuchen, das Chaos zu ordnen, so weit das überhaupt möglich war. Ich winkte Dr. Meier zu mir, außerdem Schwester Irina, die Oberschwester der Chirurgie, die sich inzwischen auch eingefunden hatte und über gute organisatorische Fähigkeiten verfügte.

»Jeder von Ihnen nimmt sich ein paar Schwestern und Ärzte

von den anderen Kliniken, es stehen ja genug herum. Für jeden Verletzten muß eine Karte angelegt und ausgefüllt werden. Personalien – Verletzungen – Befund. Die Karte muß bei jedem Patienten bleiben. Wir müssen alle Verletzten einteilen in drei Kategorien: leicht-, mittel- und schwerverletzt. Um die Schwerverletzten kümmere ich mich selbst, gemeinsam mit Tomaschewski. Die Leichtverletzten müssen warten und werden den anderen Ärzten zugewiesen. Ich werde kleinere Behandlungsteams zusammenstellen, ein Arzt mit ein oder zwei Schwestern.«

Ich war wieder bei dem Busfahrer. Zwei Verkehrspolizisten standen bei ihm und berichteten über ihre telefonischen Recherchen. Er hieß Waldemar Beau. Seine Frau wollte gleich kommen, aber bis Beesenlaublingen waren es 12 Kilometer. Sie mußte sich erst ein Auto besorgen. Er nahm Blutdrucktabletten, Depressan und Adversuten, außerdem Allopurinol gegen Gichtanfälle. Das brachte uns also auch nicht weiter. Sein Zustand war weiterhin bedenklich. Tiefe Bewußtlosigkeit. Blutdruck weiter bei 200, trotz blutdrucksenkender Infusion. Was verbarg sich hinter den extrem dicken Bauchdecken? Die Untersuchung führte zu keinem Ergebnis. Die Röntgenaufnahmen waren unauffällig, kein Erguß in Bauch und Lungen. Tomaschewski hatte sicherheitshalber eine Bauchspülung über einen dünnen Katheter durchgeführt. Die Spülflüssigkeit war klar zurückgekommen, also keine Blutung in die Bauchhöhle. Das Blutbild war in Ordnung, die anderen Laborwerte noch in Arbeit. Bis jetzt war alles unklar, also konnten wir auch nicht gezielt behandeln. Ich schickte die Ordnungshüter wieder weg, sie konnten mir auch nicht weiterhelfen.

»Schwester Irina, den Operationssaal I geben wir frei für Wundversorgungen. Wir fahren noch eine Trage hinein, dann können wir gleich immer zwei Patienten versorgen. Das Kind mit der Stirnplatzwunde zuerst.«

Sie gab meine Anweisungen weiter, nahm sich zwei Ärzte und zwei Schwestern, die im Flur auf Arbeit warteten, und verschwand mit der kleinen Mannschaft hinter der großen Schiebetür. Das Kind und die schluchzende Mutter wurden hineingeführt. Nach wenigen Minuten war die Oberschwester wieder bei mir.

»Kommen Sie schnell, der Junge in Saal III hat keinen Blutdruck mehr.«

Es stimmte. Ich tastete nach seinem Puls, fühlte aber nichts. Er lag immer noch am Fußboden auf einem Laken und dem dünnen Schaumstoffpolster. Die Beine waren erhöht, lagen auf dem umgedrehten Stuhl. Da ich ihm bereits eine Infusion angelegt hatte, schien er versorgt, zumal eine junge Schwester an seiner Seite die weitere Betreuung übernommen hatte. Zumindest glaubte ich das, doch es stellte sich als schwerer Irrtum heraus, wie ich gleich erfahren sollte. Die Karteikarte, die unter seinem Kopf steckte, war exakt geführt, wie ich auf den ersten Blick erkannte. Doch schon beim zweiten Blick sah ich, daß Dieter Schramm, der 12 Jahre alt war, mit seinem Blutdruck innerhalb von 20 Minuten von 120/80 auf 80/55 abgesunken war; und beim nächsten Wert, korrekt nach 20 Minuten gemessen, hatte die Schwester Britta – sie war Schülerin im 2. Ausbildungsjahr – mit akkurater Schrift eingetragen: Wert nicht meßbar.

»Warum haben Sie nichts gesagt?« fuhr ich sie an.

»Ich hab' das doch eingetragen«, stotterte sie und sagte damit die Wahrheit.

»Eingetragen ja, aber wem nützt das? Hier haben Sie geschrieben: Blutdruckwert nicht meßbar. Wissen Sie, was das heißt? Das heißt im Klartext: Wahrscheinlich liegt eine innere Blutung vor, und wenn nicht gleich etwas gemacht wird, dann stirbt der Junge. Und Sie sitzen hier neben ihm herum und stieren Löcher in die Luft.« Sie fing an zu weinen, schluchzte bitterlich.

»Ihr Heulen hilft dem Kleinen überhaupt nichts mehr«, und zu Irina gewandt, sagte ich: »Nach Saal I bringen. Erstmal auf den OP-Tisch legen. Infusion muß schneller laufen. Wir brauchen Blut.«

»In Saal I liegt das Mädchen mit der Stirnplatzwunde«, gab sie zu bedenken.

»Herrgott, ist die immer noch nicht fertig? Die soll auf die Trage.«

Gemeinsam mit Bergner transportierte ich den Jungen durch den überfüllten Warteflur nach Saal I. Das Blut von der Varizenverletzung war noch auf den Steinfliesen, inzwischen aber durch viele kleine und große Schuhe breitgetreten und verschmiert.

»Moment bitte.« Bergner nahm von dem großen Stapel Zellstoff eine dicke Lage, bedeckte den Hauptfleck damit, erst dann konnten wir den Jungen weiter durch die Reihen der Umherstehenden transportieren, die ehrfurchtsvoll zur Seite wichen und eine Gasse bildeten. Ich war froh, daß mich niemand ansprach. Wir legten das Mädchen auf die Trage, zum Glück wartete die Mutter draußen im Flur, denn noch einen Heulanfall hätte ich jetzt nicht ertragen. Den Jungen betteten wir auf den OP-Tisch. Mit einer Spritze führte ich eine Probepunktion aus. Mein Verdacht bestätigte sich.

»Eine innere Blutung. Sofort zur OP vorbereiten. Irina, Sie instrumentieren!«

Sie hob beide Hände in die Höhe und wehrte verzweifelt ab. »Nein, das geht nicht, das hab' ich seit fünf Jahren nicht mehr gemacht.«

»Das interessiert mich überhaupt nicht. Als Oberschwester kann man so 'was. Bereiten Sie alles vor.«

Sie fügte sich in ihr hartes Schicksal, wenn auch ziemlich ratlos.

»Wer macht die Unsterile?« wollte sie noch wissen.

»Mir egal, suchen Sie sich eine. Laufen ja genug 'rum.«

Ich kümmerte mich um die Infusion, hängte eine neue Flasche an, ließ sie schneller laufen, rief nach Mahmoud. Bergner brachte ihn.

»Wasch dich. Du mußt assistieren. Schnell. Vorher holst Du

mir Oberarzt Lengwinat, der steht bei der Frau mit den langen schwarzen Haaren und dem Pneu. Der muß Narkose machen. Beeil dich.«

»Mach ich.« Weg war er.

Ich öffnete den Gürtel des Jungen, zog die Hose nach unten, das Hemd nach oben, desinfizierte den grazilen und doch leicht vorgewölbten Bauch mit Jod. Nur zweimal, und das auch noch im Schnellverfahren, das mußte reichen. Ich ließ mir Handschuhe reichen, deckte das Operationsgebiet mit großen blauen Tüchern ab. Lengwinat kam. Ich brauchte ihm nichts zu erklären, er sah und erkannte die verzweifelte Lage.

»Mahmoud, hol mir irgendeinen Arzt, der im Flur herumsteht. Ich brauche eine zweite Assistenz.«

Er kam mit einem angehenden Internisten wieder, der sich sträuben wollte.

»Noch nie gemacht.«

»Red nicht so viel. Denkst du, wir haben das schon mal gemacht? Wasch dich«, herrschte ich ihn an, seinen Namen kannte ich nicht. Er gehorchte. Irina hatte zum Glück eine Schwester aus der Gynäkologie gefunden. Die hatte wenigstens schon mal einen OP und einen Bauch von innen gesehen.

Die Intubation war in wenigen Minuten erledigt. Lengwinat war ein hervorragender Fachmann, wenn es auch bei ihm mit der großen Wissenschaft nicht so recht klappte. Warum er nur seine Promotion nicht abgeschlossen hatte?

»Irina, wir fangen an.«

»Nein«, kreischte sie, »ich brauche mindestens noch 10 Minuten. Die Bauchdeckenhaken aus Saal II sind noch nicht da, und Klemmen hab' ich auch zu wenig.«

Ich zwängte mich in einen sterilen Kittel, zog noch ein zweites Paar Handschuhe an. Wo blieben die Assistenten? Laut rief ich in Richtung Waschraum: »Mensch, Mahmoud, die Füße brauchst du dir nicht zu waschen, beeilt euch.«

Mahmoud war Moslem, doch zum Glück legte er meine Worte nicht auf die Goldwaage, ich hatte sie auch nicht auf sein islamisches Gebetsritual bezogen, sondern nur den üblichen Slogan gebraucht, wenn das Waschen unverhältnismäßig lange dauerte und ich gegen alle Regeln der Sterilität zur Eile treiben mußte.
»Sind erst drei Minuten rum«, war seine Antwort.
»Dann beende die Reinigung, es geht jetzt los!«
Wir hatten keine Zeit zu verlieren. Vom unteren Ende des Brustbeins führte ich das Skalpell bis zum oberen Rand des Schambeins. Das Gewebe zwischen den dünnen Bauchdecken war mit einem einzigen Schnitt gespalten. Das Bauchfell wölbte sich bläulich nach vorn. Nur ein winziges Berühren mit der Klinge reichte, und das Blut quoll aus der oberen Bauchregion. Wir tupften, schöpften, saugten.
»Bauchdeckenhaken einsetzen!«
»Sind noch nicht da«, meldete sich Irina kleinlaut.
»Dann nehmt die Hände.«
Mahmoud begriff gleich, der angehende Internist überhaupt nicht.
»Die Finger hier herumlegen, um die ganze Bauchwand, wie bei Ihrem Fahrradlenker. So!« Ich zeigte es ihm. »Und dann kräftig ziehen.«
Mahmoud zog mit voller Kraft, der angehende Internist hatte Bedenken, hielt die zitternden Finger nur locker in den Schnittrand, traute sich nicht. Der grazile Körper des Jungen kam aus der Mittellage, wurde auf die Seite Mahmouds gezogen, rutschte aus dem schmalen Kegel der OP-Lampe. Ich murrte.
»Ich hab' Angst, daß ich was kaputtmache«, stotterte der Internist.
»Nicht denken, nur ziehen.« Mahmoud übermittelte ihm mit diesen wenigen Worten einen wichtigen Lehrsatz des guten Operationsassistenten. Ich zeigte es ihm noch einmal. Der Rumpf lag wieder exakt in der Mitte des OP-Tisches. Wir saugten, tupften.

Schließlich konnte ich die Milz erkennen. Sie war nicht verletzt. Also weitersuchen! Das Suchen nach einer unklaren Blutung im Bauch folgt einem bestimmten und bewährten Schema und richtet sich nach statistischen Häufigkeiten der Blutungsursachen. An der ersten Stelle in diesem Schema steht die Milzverletzung. Die war es hier nicht. Als nächstes wurde die Leber inspiziert. Unter dem Zwerchfell fanden wir zwei parallel verlaufende Einrisse im rechten Leberlappen. Zwischen den beiden Berstungslinien befand sich ein isoliertes Lebersegment von der Größe eines kleinen Apfels, das nur noch durch einen dünnen Gefäßstiel mit der Leber verbunden war. Um eine spätere Nekrotisierung zu vermeiden, unterband ich den winzigen Stumpf und entfernte das Stückchen Leber, sollte dafür aber später noch Ärger bekommen.

»Die Bauchdeckenhaken sind da«, meldete sich Schwester Irina.

»Gott sei's gedankt!«

Sie wurden eingesetzt, aber der Zugang blieb schwierig.

»Mir wird schlecht«, verkündete der Internist.

»Sofort zurücktreten! Gehen Sie ans Fenster oder an die Tür! Tief Luft holen!«

Meine gutgemeinten Ermahnungen und Anweisungen erreichten ihn nicht mehr. Es war nur noch ein dumpfer Aufprall zu hören, dann war mein linker Nachbar abgetreten. Wir hatten einen Assistenten weniger und einen Verletzten mehr. Zum Glück kümmerte sich Lengwinat um ihn, und da ich ihn beim anästhesiologischen Oberarzt in guten Händen wußte, konnte ich mich wieder dem Jungen zuwenden. Es war aber trotz aller Anstrengungen nicht möglich, nur mit einer Assistenz die Verletzung am oberen Rand der Leber so übersichtlich einzustellen, daß ich sie auch nähen konnte.

»Irina, Sie kommen an meine linke Seite.«

Nun hatte ich wieder zwei Assistenten, dafür aber keine Instrumentierschwester mehr. Als wir schließlich alles zur Naht vorbereitet hatten, mußte ich die Aufgabe der Schwester mit übernehmen, ging zum Instrumentiertisch, legte eine große Nadel in den Nadelhalter, spannte einen langen, dicken Catgutfaden ein, schnitt zwei weitere Fäden ab und ging wieder an meinen Platz. Nach einigen mühsamen Versuchen lagen schließlich drei Matratzennähte, überbrückten den Riß und drückten die verletzten Organhälften zusammen.

»Die Blutung steht«, meinte Lengwinat, der über meine Schulter geschaut und alles verfolgt hatte.

»Bei dem schlechten Blutdruck habe ich auch nichts anderes erwartet«, erwiderte ich.

Der Oberarzt hatte meine Entgegnung als Kritik verstanden, denn er verteidigte sich mit den Worten: »Mehr konnte ich ihm in der kurzen Zeit nicht geben. Zwei Liter hat er schon. Blutdruck ist auch schon wieder bei 90.«

»Das haben Sie großartig gemacht«, lobte ich ihn, und das war mein erstes Lob an diesem Tage, wie Irina feststellte.

»Wie geht es Ihrem anderen Patienten, dem internistischen Assistenten?« wollte ich noch wissen.

»Den hab' ich auf eine Trage im Warteflur gelegt, zu den anderen Verletzten. Geht ihm aber schon wieder besser.«

»Na, dann kann er doch wieder auf die Innere. Seine Station kann sich um ihn kümmern.«

In diesem Moment erschien er aber schon in der Tür, blinzelte uns an, schaute noch recht benommen, wie nach einer Narkose, und fragte sehr höflich: »Kann ich Ihnen weiter helfen? Tut mir leid, aber das ging alles so schnell, plötzlich drehte sich alles. Tut mir echt leid!«

»Nicht der Rede wert. Gehen Sie wieder auf die Innere. Sie brauchen jetzt Ruhe.«

Tomaschewski erschien. »Hier die Werte von Waldemar Beau.«

Er schwenkte einen weißen Zettel in der Luft, mit Stimme und Gestik triumphierend.

»Na und? Spannen Sie uns nicht so lange auf die Folter.«
»Blutzucker 16 mg %.«

Dann war ja alles klar. Der untere Normalwert beträgt 65mg%. Waldemar Beau, der Busfahrer, hatte einen Zuckerschock, eine schwere Hypoglykämie. Erst später erfuhr ich, daß er heute gar keinen Dienst hatte. Nachdem er mittags sein Insulin gespritzt hatte, immerhin 36 Einheiten, erreichte ihn der dringende Anruf seines Einsatzleiters. Sein Verantwortungsbewußtsein führte ihn direkt in die Katastrophe. Ohne zu murren, hatte er den Dienst eines erkrankten Kollegen übernommen, der wegen einer Grippe nicht zur Spätschicht kommen konnte. In der Eile und Hektik kam er nicht mehr dazu, nach der Insulinspritze seine Mahlzeit einzunehmen, denn pflichtbewußt war er gleich nach dem Anruf nach Bernburg gefahren, hatte dort unmittelbar die zusätzliche Schicht angetreten, sich hinter das Steuer des Ikarus gesetzt, um seinen Kollegen zu vertreten.

Ein Ikarus war ein beigefarbener und ziemlich robuster Omnibus mit lautem luftgekühltem Heckmotor, der in Ungarn hergestellt wurde und das typische und schnittige Design der 60er Jahre trug. Waldemar Beau wußte nicht, daß der Name seines Fahrzeuges der griechischen Sagenwelt entlehnt war, und daß der mythische Ahne und Namensvetter bei seiner Flucht von Kreta der Sonne zu nahe kam, so daß das Wachs der künstlichen Flügel schmolz und Ikarus deshalb in das Meer stürzte, das seit dieser Zeit das Ikarische Meer heißt. Er wäre aber auch in seiner kühnsten Phantasie nie auf die Idee gekommen, daß es zwischen diesem sagenumwobenen Unfall bei einem Höhenflug des Ikarus und seinem unkontrollierten Aufstieg und Absturz an einer steilen Böschung mit einem Ikarus einmal verbale Ähnlichkeiten geben könnte.

Waldemar Beau war bemüht, die 30 Minuten Verspätung, die durch den verzögerten Schichtwechsel eingetreten waren, wieder aufzuholen. Die gesteigerte Hektik führte zu einer Stoffwechselsteigerung, verbrauchte also Blutzucker, aber gleichzeitig wirkten die 36 Einheiten Insulin, senkten den Blutzuckerspiegel weiter, immer weiter, bis unter eine kritische Grenze, und dann nahm das Schicksal seinen Lauf.

Der Zuckerschock mit tiefer Bewußtlosigkeit war die Folge.

Die Behandlung eines Zuckerschocks ist einfach, wenn man die Ursache weiß. Diese wichtige medizinische Grundregel bestätigte sich auch bei Waldemar Beau, bei dem wir zunächst nicht im Entferntesten an die richtige Ursache dachten.

»Glukoselösung, hochprozentig, 500 ml rasch einlaufen lassen. Danach nochmals die gleiche Menge, aber etwas langsamer!«

Bereits nach einer halben Stunde meldete sich das Bewußtsein wieder, er öffnete die Augen, erkannte aber seine Umgebung noch nicht. Nach einer Stunde war er außer Gefahr, konnte zur Station gefahren werden.

Ich war gerade in Saal III beschäftigt, als Lengwinat aufgeregt gelaufen kam und im Telegrammstil berichtete: »Die Frau mit der beidseitigen Lungenverletzung ... Zustand hat sich dramatisch verschlechtert. Sie blutet weiter. Blutdruck ist nicht mehr meßbar. Auf der linken Seite fast zwei Liter abgesaugt.«

»Lassen Sie sie in den OP bringen, alle Patienten aus Saal II auslagern. Tomaschewski soll vorbereiten und beginnen. Wir müssen thorakotomieren.«

Thorakotomieren hieß, den Brustkorb öffnen, die Blutung suchen.

»Das übersteht sie nicht. Kreislauf ist absolut instabil, liegt völlig am Boden.«

»Es ist die einzige Möglichkeit, sie am Leben zu erhalten. Tomaschewski und Rabusch sollen beginnen.«

Nach 10 Minuten erreichte mich der Ruf: »Patientin liegt auf. Sie können kommen.«

Auf der linken Seite, zwischen der 5. und 6. Rippe, also im Bereich der Knochenbrüche, eröffnete ich den Brustkorb. Eine kleine Arterie, die am unteren Rand der Rippen verläuft, war verletzt. Das war eine Blutungsquelle, doch ganz sicher nicht die einzige. Im linken unteren Lungenbereich fand sich ein Einriß, aus dem ein kleines Rinnsal floß. Nach Entfernung einiger Koagel sahen wir das kleine pulsierende Gefäß. Offenbar hatte es seit dem Unfall ständig aus dieser Arterie geblutet, doch die Blutung war kurzzeitig zum Stillstand gekommen, als sich die große Flüssigkeitsmenge im Brustraum befand und die Umgebung komprimierte. Nach dem Absaugen und der forcierten Beatmung auf der Station hatte sich die Blutung erneut eingestellt und zu dieser lebensbedrohlichen Situation geführt. Unterbindung und einige tamponierende Lungennähte waren rasch erledigt.

Ich zog die Handschuhe aus, schaute noch einmal über den Narkosebügel und in das ebenmäßige Gesicht, das von den langen schwarzen Haaren umgeben war, die sich nur unvollständig unter der OP-Haube verbergen ließen, und war überzeugt, daß sie nicht mehr in Lebensgefahr schwebte.

»Kreislauf stabil, Blutdruck bei 110, Herzaktion regelmäßig«, war die anästhesiologische Kurzformel für den zufriedenstellenden Zustand. Die große Schiebetür öffnete sich mit einem leichten Quietschen. Ich stand wieder auf dem langen OP-Flur. Vor mir in dem großen, sterilen und stets peinlich sauberen Raum ein nie gekanntes Durcheinander von etwa 15 liegenden, sitzenden oder stehend wartenden Verletzten in Straßenkleidung, einige von ihnen schon mit Notverbänden oder Schienen versorgt. Mein Weg führte vorbei an der halbgeöffneten Tür des Personalraumes. Im Vorübergehen hörte ich halblaute, erregte Stimmen.

»Leg dich doch hin. Jetzt hör doch endlich mal!«

Bergner versuchte vergeblich, frustriert und immer wieder von neuem, Schwester Emmi zu überzeugen, sich auf das Bett des Bereitschaftsdienstes zu legen. Oberschwester Irina unterstützte sein Bemühen, aber ohne Erfolg.

Emmi stand am Fenster, hielt sich mit der verkrampften rechten Hand an der schwankenden Gardine fest, hatte die Haube abgesetzt, befand sich in einem schrecklichen Zustand. Der fast kahle Kopf mit den schütteren weißen Haarsträhnen an beiden Seiten war für uns ein ungewohnter Anblick. Nun war mir klar, warum sie nie die Haube abnahm, auch nicht bei Besorgungen in der Stadt. Niemand sollte sie in dieser erniedrigenden Haartracht sehen. Sie war am Ende ihrer physischen und seelischen Kraft. Den Oberkörper nach vorn gebeugt, die Augen halb geschlossen, flüsterte sie mit leiser Stimme:

»Es geht schon wieder. Das wird gleich besser! Das wird gleich besser!«

Dabei widersetzte sie sich mit bemerkenswerter Beharrlichkeit und beachtlicher Kraft dem Zugriff Bergners. Ich ging zu ihr, legte den Arm um ihre Schulter und wollte sie zur Seite führen, doch sie sträubte sich trotzig und verharrte in ihrer Haltung, wobei sie gleichzeitig versuchte, meine Hand abzuschütteln.

»Emmi, Sie haben so großartig mitgemacht und so viel geholfen, jetzt müssen Sie auch mal folgen und sich ein bißchen ausruhen.«

Nur langsam wurde sie ruhiger, und erst nach weiteren Mühen hatten wir unser Ziel erreicht. Irina setzte sich zu ihr ans Bett, streichelte ihre runzlige Hand, die so zärtlich sein konnte, und übernahm die weitere Betreuung.

Wir hatten jetzt vier Operationstische besetzt, an denen wir gleichzeitig operieren konnten, leider aber nur einen Anästhesisten, der uns mit Narkosen versorgen konnte. Also ging ich mit Meierlein und Mahmoud durch die Reihen, schaute mir die inzwischen sehr ordentlich ausgefüllten Patientenkarten an und suchte nach Verletzten, bei denen es möglich war, Knochenbrüche in örtlicher Betäubung einzurichten oder Wunden in Lokalanästhesie zu versorgen. Meierlein erhielt nach dieser Auslese drei Weichteilverletzungen zugewiesen, außerdem einen Pädiater zur

Assistenz, der schon vor einigen Jahren seine Pflichtassistenz in unserer Chirurgischen Klinik absolviert hatte, also die Kriterien einer qualifizierten Hilfskraft erfüllte.

Auf einer Trage neben der Korridortür lag ein Mann mit einem Unterarmverband. Auf seiner Begleitkarte stand die Diagnose »Unterarmfraktur«.

»Mahmoud, fahr bitte den Patienten nach Saal III. 20 Kubikzentimeter Xylocitin in den Bruchspalt zur örtlichen Betäubung injizieren.«

Ich schaute nochmals auf die Karte, dort war unter Verlauf vermerkt:

›18.00 Uhr, wegen starker Schmerzen in der Hand 50mg Dolcontral intramuskulär injiziert.

19.35 Uhr, nochmals 50 mg Dolcontral.‹

Danach ohne Zeitangabe: ›Titretta-P-Injektion.‹ Also drei Schmerzspritzen in wenigen Stunden. Der 42jährige Patient wirkte schläfrig. Seine Schläfrigkeit war also keine Bewußtseinsstörung, sondern Folge der Medikamente. Was war die Ursache der starken Schmerzen?

Die mittleren Finger der verletzten Hand waren jetzt ohne Gefühl. Die Hand war stark zur Rückseite verschoben, zeigte eine bizarre Deformität. Es handelte sich um einen Unterarmbruch in Fehlstellung. Wahrscheinlich war der mediane Hauptnerv gequetscht und geschädigt.

Mahmoud winkte mich noch einmal zur Seite des Verletzten, demonstrierte mir den bekannten Befund, stach mit einer Kanüle in den Finger. Der Patient zeigte nicht die geringste Schmerzreaktion.

»Hier, kein Gefühl in den Fingern. Der Nervus medianus ist hin«, meinte er halblaut.

»Du hast recht«, bestätigte ich seine Diagnose, »vielleicht erholt sich der Nerv wieder. Wahrscheinlich haben wir zu lange gewartet.«

Die letzten Worte hätte ich nicht sagen dürfen. Trotz der Schläfrigkeit und geschlossener Augen hatte der vor mir liegende Patient den Satz gehört, sich die Worte gemerkt und später bei einem gerichtlichen Nachspiel gegen mich verwandt. Der Nerv erholte sich nämlich nicht wieder, es kam zu einer Sudeckschen Dystrophie, zu einem langwierigen, sich komplizierenden Behandlungsverlauf und zu einer Bewegungseinschränkung mit einer Erwerbsminderung von 30 %.

»Wo lag mein Fehler?« fragte ich später den Richter und mich selbst. Hätte ich die Reihenfolge der Behandlungen anders ansetzen müssen?

Eine Antwort erhielt und fand ich nicht, doch ich sah wieder einmal einen meiner Glaubensgrundsätze bestätigt: Richter haben für die Behandlung eines Patienten unendlich viel Zeit, ein Chirurg oft nur wenige Minuten.

Der Arm war nach kurzem Repositionsmanöver eingerichtet. Mahmoud modellierte noch den Unterarmgips, und ich wollte wieder meine orientierende Runde fortsetzen. Schwester Irina hatte schon auf mich gewartet, um mir noch eine wichtige Information zu übermitteln:

»Die Eltern des Jungen mit der Leberverletzung stehen an der Eingangstür. Die wollen Sie unbedingt sprechen, der Oberarzt hat aber schon eine ganz Zeit mit ihnen verhandelt.«

»Kommen Sie mit.« Wir gingen durch den langen Flur. Zwischen den Verletzten stand das besorgte Elternpaar.

»Sie haben unseren Sohn operiert, an der Leber.«

Es war eigenartig, aber ich hörte schon aus diesen wenigen Worten heraus, daß sie nicht gekommen waren, um sich bei mir zu bedanken, und auch nicht, um sich nur zu informieren.

»Das stimmt, er hatte eine innere Blutung, wir haben den Blutverlust aber schon wieder ausgleichen können. Er hat einige Blutkonserven erhalten«. bestätigte ich.

»Wie geht es ihm jetzt?« wollte die Mutter wissen.

»Nach der Operation war sein Zustand zufriedenstellend.«
»Das war vor drei Stunden?«
»Das ist richtig. Danach habe ich ihn nicht mehr gesehen. Aber er liegt jetzt auf der Intensivstation, dort wird er betreut.«
»Sie haben ihn operiert? Danach gar nicht mehr gesehen?«
Die Frage enthielt einen klaren Vorwurf.
»Sie sehen, wie viele Patienten hier noch auf meine Behandlung warten«, erklärte ich ausweichend. Sollte ich jetzt noch dafür Erklärungen oder Entschuldigungen abgeben, daß ich hier unter höchstem Streß und Zeitdruck arbeitete, nach dem Prinzip der abgestuften Dringlichkeit folgenschwere Entscheidungen treffen mußte?

»Das sehen wir, aber Sie verstehen, daß uns nur das Schicksal von unserem Sohn interessiert«, sagte der Vater, der Mathematiklehrer war, und bei dem man deshalb ein hohes Maß an logischem Denken voraussetzen konnte.

»Natürlich haben wir auch mit den anderen Mitleid«, ergänzte die Mutter, »aber wir sind nun mal die Eltern unseres Sohnes.«

Ich nickte, denn ich verstand zwar ihre Worte, aber nicht, was sie meinte und wollte.

»Hatten Sie eine Operationseinwilligung, unser Sohn ist erst 12 Jahre alt«, fuhr der Vater fort.

Das war also sein Vorwurf! Natürlich hatten wir keine Operationseinwilligung! Niemand hatte in der Hektik daran gedacht, eine Erlaubnis von den Eltern einzuholen, außerdem hatten wir gar keine Zeit dafür, denn es bestand Lebensgefahr.

»Ihr Sohn war lebensgefährlich verletzt«, gab ich zu bedenken, »innere Blutungen. Zu dieser Zeit bestand höchste Gefahr für sein Leben.«

»Das ist alles richtig«, erwiderte der Vater, »aber ich saß die ganze Zeit am Schreibtisch, neben mir stand das Telefon. Es kam kein einziger Anruf.«

»Darüber müssen wir uns später noch mal unterhalten, das

kann ich jetzt nicht beurteilen«, war meine kurze und schroffe Antwort.

Der Vater schüttelte den Kopf und fuhr fort: »Sie haben unserem Sohn ein Stück Leber entfernt.«

Verdammt, warum hatte Tomaschewski ihm das gesagt, ging es mir durch den Kopf. Die Mitteilung dieser Einzelheiten ist Sache des Operateurs. Aber für Kritik und Vorhaltungen war es jetzt zu spät, zumal der Vater ergänzte:

»Warum haben Sie nicht geklebt? Man kann heute schon Verletzungen an der Milz und an der Leber kleben. Ich habe das gelesen.«

Mein Adrenalinspiegel stieg und erreichte beachtliche Höhen. Jetzt ruhig bleiben, bleib ruhig, befahl ich mir selbst. Ich holte tief Luft, schluckte ein Schimpfwort herunter und sagte dann mit einer äußerlich erzwungenen Ruhe:

»Ihr Sohn schwebte in Lebensgefahr. Wir mußten handeln. Es gab keine Zeit, Sie um Ihre Einwilligung zu fragen«, und nach kurzer Pause ergänzte ich:

»Sie haben sicher Verständnis dafür, daß ich die Unterhaltung jetzt beende, denn die anderen hier«, und dabei zeigte ich auf die vielen Verletzten und Wartenden, »machen mir sonst die gleichen Vorwürfe wie Sie.«

Trotz meiner schnellen Kehrtwendung erreichte mich noch das vielversprechende Schlußwort der Mutter: »Sie werden noch von uns hören!«

Ich wußte, daß ich mich auf diese Aussage verlassen konnte, und natürlich hielt sie Wort. Genau am Tage der Entlassung ihres Sohnes fand ich die Durchschrift eines Schreibens in meiner Post an die »Beschwerdekommission beim Rat des Kreises Bernburg«. Sie beschwerte sich, daß ich ihren Sohn ohne Einwilligung der Eltern operiert hatte und dabei nicht die neuesten Erkenntnisse der chirurgischen Wissenschaft berücksichtigt hatte. Auch bei dem Timing ihrer Beschwerde beachtete sie die ungeschriebenen

Gesetze der kritiklosen Nörgler, denn die Beschwerde darf erst dann auf dem Schreibtisch des Chefarztes liegen, wenn der Angehörige aus dem Krankenhaus entlassen ist, denn es könnten ihm ja sonst vielleicht Nachteile entstehen. Meine Erwiderung und eine entlastende Stellungnahme der Kommission, die sehr zu meinen Gunsten ausfiel – beides noch in meinen Korrespondenzakten aufbewahrt – beendeten das kurze Nachspiel.

Doch auch mit dieser administrativen Zusatzbelastung waren noch längst nicht alle juristischen Hürden beseitigt, die mir bei diesem Massenunfall als unvermeidliche Belastung aufgebürdet wurden. Es war kurz vor Mitternacht, als eine Gruppe gutgekleideter Herren in dunklen Anzügen meinen eiligen Durchgang im Eingangsflur behinderte. Sie standen dort sehr selbstbewußt und sahen im Gegensatz zu den anderen Anwesenden weder verletzt noch leidend aus. An den dunklen Anzügen gab es nur wenige Revers, die nicht durch das obligate Abzeichen mit den beiden amputierten Händen geschmückt waren, und die sie demzufolge als Mitglieder der Sozialistischen Einheitspartei Deutschlands auswiesen. Der kleine Herr mit dem haarlosen Schädel und der Nickelbrille schien der Anführer zu sein, doch sein Begleiter, der ihn um Haupteslänge überragte, eröffnete das Gespräch, indem er auf den Delegationsleiter zeigte und sagte: »Der Herr Bezirksstaatsanwalt möchte von Ihnen eine Auskunft über das Vorkommnis.«

Die fleischige Hand des Mannes mit der Nickelbrille streckte sich mir entgegen, blieb nach dem Ergreifen reglos in meiner Hand, so daß der Händedruck nur von mir erwidert wurde und einem bloßen Berühren glich.

»Was hat der Busfahrer für Verletzungen«, wollte er wissen.

»Nur unbedeutende Prellungen. Er hatte aber einen Zuckerschock«, erwiderte ich.

»Können wir ihn sprechen?« fragte er. Ich schüttelte den Kopf. »Das geht nicht, er ist noch bewußtlos.«

Ich wußte nicht genau, ob ich die Wahrheit sagte, weil mein

Informationsstand seit drei Stunden nicht aktualisiert war. Die Unsicherheit über meine Aussage bedrückte mich, weil ich sah, daß sich zwei seiner Mitarbeiter Notizen machten.

»Es ist besser, wenn wir in das Dienstzimmer gehen«, schlug ich vor und ging in Richtung Wachstation. Der kleine Troß setzte sich in Bewegung, vorbei an belegten Tragen, besorgten Angehörigen und wartenden Verletzten. Wir blieben im Dienstzimmer stehen, ich bot ihm den einzigen Stuhl an, er lehnte ab und begann ohne Umschweife und sehr direkt meine Befragung:

»Wie viele Verletzte sind in Ihr Krankenhaus gekommen? Gab es Todesfälle?«

»Bisher haben wir 42 Verletzte behandelt. Vier von ihnen hatten sehr schwere, lebensbedrohliche Verletzungen. Zum Glück haben es bis jetzt alle überlebt.«

Ohne Überleitung kam er zu seinem eigentlichen Problem.

»Wer hat Ihrer Meinung nach die Schuld für den Unfall?«

Ich hütete mich natürlich, diese plumpe Frage zu beantworten, zuckte mit den Schultern und sagte wahrheitsgemäß: »Das weiß ich nicht.«

»Ich möchte nur Ihre Vermutung hören. Die Aussage wird nicht protokolliert«, wandte er sich an seine Begleiter, die pflichtschuldig das Stenogramm unterbrachen und ihre Bleistifte vom Papier nahmen. »Wie ist es zu dem Unfall gekommen? Bei Ihnen wird doch von allen darüber gesprochen.«

»Mich interessieren nur die Verletzten, außerdem die Diagnosen meiner Mitarbeiter, ob die auch stimmen. Dann lege ich die Behandlung fest oder führe sie selbst durch«, antwortete ich ausweichend.

Er wiederholte die Frage in mehreren Variationen. Das Gespräch führte zu keinem Ergebnis, das merkten wir beide. Er beendete die Unterhaltung nach wenigen Minuten mit den Worten: »Kann ich noch einige Ihrer Mitarbeiter befragen und einige Unfallopfer, die Leichtverletzten?«

Diese aufdringliche Penetranz störte mich erheblich, aber was hatte es für einen Sinn, wenn ich mein Einverständnis versagte? Er brauchte nicht meine Zustimmung, sondern konnte eigenmächtig seine Befragungen durchführen. Ich formulierte deshalb meine Mißbilligung verhalten:

»Die Ärzte und Schwestern sind überarbeitet und müde. Einige Patienten warten seit Stunden auf ihre Behandlung, teilweise mit großen Schmerzen oder unter Schock.«

Er winkte ab. »Das sehen wir ja!«

Sie gingen den gleichen Weg zurück, den sie gekommen waren, blieben dann am Ausgang bei einigen Wartenden stehen und begannen ihre Befragungen.

Es war schon lange nach Mitternacht. Der Mann mit der Varizenblutung des Unterschenkels wurde zur Wundversorgung gebracht. Das Bett, in dem er lag, gehörte Haus 5, also der Inneren Klinik. Es wurde im Warteflur über einen großen braunroten Fleck gerollt. Ich hob die daneben liegenden blutverkrusteten Zellstoffreste auf, legte sie auf den überquellenden Abfalleimer und wußte, daß mehr als 40 Schwestern und Ärzte diesen Fleck als störend empfunden hatten, aber doch ziemlich achtlos mit einem großen Schritt darüber hinweggegangen waren. Emmi war die Einzige, die ihn wegwischen wollte, aber die lag jetzt im Bett des Bereitschaftszimmers und schlief tief und fest nach ihrer Beruhigungsspritze, denn das Faustan wirkte zuverlässig über mehrere Stunden. Die anderen fühlten sich nicht zuständig, denn es war ja nur ein großer, zertretener Blutfleck. Und für die Arbeit im OP ist eben der Chef zuständig, auch und ganz besonders für die Sauberkeit.

Das Chaos hatte sich gelegt. Die vielen stehenden oder sitzenden Patienten hatten ihren Weg auf die Stationen oder nach Hause gefunden. Nur noch wenige Verletzte ruhten auf einigen Tragen nach abgeschlossener Behandlung, in ihrer Nähe kontrollierten jüngere Schwestern den Schlaf und den weiteren Verlauf. Es gab keine Wartenden mehr. Die grellen Oberlichter und auch die OP-Lampen in Saal III waren gelöscht. Das Bild glich nun der gespenstischen Ruhe nach einem verheerenden Sturm, der eine grenzenlose Unordnung und Verwüstung zurückgelassen hatte. Berge benutzter Laken, Tücher und Kittel türmten sich in Ecken und Winkeln, Gipsreste klebten am Boden und am OP-Tisch. Auf den Seitentischen lagen Verbandsreste, gebrauchte Instrumente, deren chromblitzende Oberflächen jetzt mit braunroten Krusten überzogen waren. Die Hektik wurde durch eine ungewohnte Stille ersetzt. Die hochtourige Dynamik und Dramatik des Geschehens waren gewichen, hatten sich durch unsere Arbeit und den Gang der Ereignisse aufgelöst. Die Schmerzen und Leiden der Verletzten, gemischt mit der großen Anspannung und Übermotivation meiner Mitarbeiter, hatten zu einer hyperaktiven Betriebsamkeit geführt, die sich erst nach Stunden in kontrollierte Bahnen lenken ließ und nun von einer endemischen Müdigkeit aller Beteiligten verdrängt wurde. Die Vielzahl der ungelösten, aber dringlichen Aufgaben war die Triebfeder unseres Motors, die nun entspannt war und keine Kraft mehr vermitteln konnte. Dadurch sank der Adrenalinspiegel wieder auf normale Werte, und auch die innere Ruhe stellte sich langsam ein.

Die meisten Helfer waren gegangen. Grußlos, so, wie sie gekommen waren. Sie hatten nur einfach ihre Pflicht getan, freiwillig, ohne Aufforderung, und die Mehrzahl auch ohne Bezahlung, und sie wollten weder Dank noch Anerkennung. Das kleine Team meiner treuesten Mitarbeiter – es war der harte Kern meiner Chirurgie – begleitete mich noch auf dem letzten Informationsgang durch die Räume des Operationsgebäudes.

In Saal I lag die Patientin mit der Schulterverletzung auf dem Operationstisch, die mir am Nachmittag als erste begegnet war. Hatte sie so lange bis zur Einrenkung warten müssen? Das war nicht möglich. Nein, sie erwachte bereits aus der zweiten Narkose, denn die erste Aktion hatte nur einen zeitlich sehr begrenzten Erfolg gehabt. Die beiden Schwestern hatten sich zu wenig Zeit für einen exakten Verband genommen, waren schon wieder zum nächsten Verletzten gehastet. Der reponierte Oberarmkopf war wieder aus dem Gelenk gesprungen. Es war beim Umlagern der Patientin in das Stationsbett passiert. Narkose und Behandlung mußten also wiederholt werden. War es ein vermeidbarer Fehler? Sicherlich! Aber von uns kam keiner auf die Idee, eine Schuldfrage zu stellen, und die Patientin hatte ebenfalls andere Sorgen.

Unser Weg auf dem OP-Flur führte an belegten Tragen vorbei, auf denen Verletzte in entspannter Haltung ruhten. Ihr Schlaf wurde bewacht von angehenden Schwestern, die zur Sitzwache eingeteilt waren. Ich schaute mir einige Begleitkarten an und las: ›Unterschenkelbruch, Reposition und Wundversorgung.‹ Bei dem nächsten, der einen Kopfverband trug, berichtete Tomaschewski:

»Zahlreiche Gesichtsschnittwunden. Die Verletzungen hab' ich versorgt, außerdem viele Glassplitter entfernt. Der Patient hat möglicherweise doch eine Gehirnerschütterung, deshalb nehmen wir ihn im Bettenhaus auf, sobald dort das Notbett frei ist.«

Der Visitenrundgang, ungewohnt das Terrain und ungewohnt die Stunde, hatte den Warteflur erreicht. Von der anderen Seite erschien Schwester Irina, von zwei Schülerinnen begleitet. Sie hatte sich etwas Besonderes einfallen lassen und strahlte über das ganze Gesicht. Jede ihrer Begleiterinnen trug einen großen Teller mit belegten Brötchen. Sie hatten die kleine Überraschung für uns in der Schwesternküche der Station 4a vorbereitet. Sie selbst trug eine große Aluminiumkanne mit frischem Kaffee und begrüßte uns mit den Worten:

»Hier, die erste Stärkung nach 8 Stunden harter Arbeit!«

Das stimmte tatsächlich. Meine Begleiter schauten unschlüssig, aber hungrig auf die schön garnierten Köstlichkeiten, doch nachdem ich das erste Leberwurstbrötchen und ein Senfgurkenstückchen genommen hatte, langten sie ebenfalls kräftig zu, und nach wenigen Minuten glich unser Warteflur einem Stehimbiß in einer zweitklassigen Bahnhofsgaststätte. Sogar die trübe Beleuchtung paßte zu diesem Vergleich.

Die ungewöhnliche Visite wurde fortgesetzt. Die bleierne Müdigkeit war für kurze Zeit einer gesprächigen Fröhlichkeit gewichen, und keiner dachte an das Nachhausegehen. Der 42jährige Patient mit der Unterarmfraktur, die wir in örtlicher Betäubung eingerichtet hatten, saß abgespannt und nachdenklich auf der Bank und wartete auf das Auto für seine Heimfahrt. Ich schaute nochmals auf die Ambulanzkarte, auf der Mahmoud als Diagnose vermerkt hatte: Dislozierte Unterarmfraktur mit möglicher Läsion des Nervus medianus. Ein Blick auf die danebenliegende Röntgenaufnahme zeigte eine gute Stellung des gebrochenen Armes.

»Sie müssen morgen zwischen 10.00 und 11.00 Uhr unbedingt zur Gipskontrolle kommen. Die Hand wird anschwellen«, ermahnte ich ihn nochmals. Er nickte.

»Warum klappt das mit Ihrem Transport nicht«, wollte ich noch wissen, »wo müssen Sie hin?«

»Nach Könnern. Meine Frau holt mich ab.«

Könnern liegt etwa 12 km entfernt von Bernburg, war also gut zu erreichen, und so schlug ich ihm vor: »Wenn Sie möchten, können wir Sie auch mit dem Krankentransport fahren lassen, die sind jetzt wieder frei.«

Er schüttelte den Kopf. »Danke, nicht nötig.«

Das waren die letzten Worte, die ich von ihm hörte, denn das andere ließ er mir durch seinen Anwalt nach der Behandlung mitteilen, aber darüber habe ich ja schon berichtet.

Auf der Station 4a, es war unsere Frischoperiertenstation, waren die ersten 3 Zimmer mit 11 Betten und zwei zusätzlichen Tragen mit Verletzten des Busunglücks belegt. Die Frau mit den langen schwarzen Haaren und doppelseitigen Lungenverletzung wurde noch beatmet. Dr. Hartwig und eine Anästhesieschwester kontrollierten Kreislauf, Monitore, Atmung und Infusionen. Sie war außer Gefahr. Der weitere Verlauf bot keine Probleme, und nach drei Wochen konnten wir sie wieder nach Hause entlassen. Im Nachbarbett schlief friedlich der 12jährige Junge, den wir wegen der Leberverletzung operiert hatten. Ich war überzeugt, daß sein kritischer Vater, der Mathematiklehrer, jetzt ebenfalls friedlich schlief.

Schwester Rosi, stellvertretende Stationsschwester, führte mich in das Nebenzimmer zu einem 82jährigen stöhnenden Patienten mit einem Oberschenkelbruch.

»Der kommt mit seinem Streckverband nicht klar. Er hat ihn schon zweimal abmontiert. Hat ein Durchgangssyndrom, ist völlig verwirrt.« Aus dem Besucherstuhl erhob sich schwerfällig eine fast gleichaltrige Patientin.

»Was hat sie für Verletzungen«, wollte ich wissen.

»Sie war nicht im Bus,« erklärte Rosi. »Wir haben sie aber reingelassen, denn sonst tobt der Vater noch mehr.«

Ich schaute bedenklich zu dem älteren Paar, dann zur Schwester.

»Find' ich gar nicht so gut.«

Ungewöhnliche Probleme fordern ungewöhnliche Lösungen, ging es mir durch den Kopf, aber einverstanden war ich nicht. Doch eine Korrektur der schwesterlichen Ausnahmeregelung wäre jetzt zu dieser späten – oder besser gesagt frühen – Stunde auch nicht sinnvoll.

»Seht zu, wie ihr mit den beiden klarkommt. In den nächsten Tagen werden wir seinen Oberschenkel wohl operieren. Spätestens morgen muß sich die Frau an die Besuchszeiten halten.«

Die anderen Patienten schliefen, was aber für diese Zeit, es war 4.30 Uhr, nichts Außergewöhnliches war. Wir waren gerade an der Stationstür, die zum Warteflur führte, als die Glocke an der Notaufnahme laut und kräftig schallte. Der DRK-Fahrer stand in der Tür.

»Ich bringe ein 18jähriges Mädchen und ihren Freund. Beide angetrunken, kommen von einer Party. Sind in ein Auto gelaufen. Gesichtsschnittwunden, er hat wohl eine Brustkorbquetschung.«

Er stand unschlüssig vor mir und wartete auf meine Anweisungen.

»Wollen Sie erst untersuchen, oder soll ich beide gleich ins Röntgen bringen?«

Jetzt dämmerte es bei mir, aber ziemlich langsam. Ich hatte ja Dienst! Ganz normalen Bereitschaftsdienst. Und der ging ganz normal weiter, noch weitere zwei Stunden, und dann war es 7.00 Uhr, und danach begann der ganz normale Tagesdienst.

»Erst untersuchen, dann zum Röntgen«, sagte ich und wandte mich zum Gehen.

EIN EXPERIMENT

Ich legte den Hörer auf und sah fragend zur gegenüberliegenden Wand meines nüchternen Arbeitszimmers. Fachbücher, Journale, ledergebundene Operationslehren vergangener Chirurgengenerationen, Aktenordner, gefüllt mit Gesetzen und Bürokratie, Korrespondenz und Operationsberichte standen und lagen auf hohen Regalen und schauten mich teilnahmslos an. In den vielen 1000 Seiten konnte ich die Antwort nicht finden, die ich suchte, die mich bewegte. Sie stand in keinen Büchern, sondern in den Vorstellungen und Überlegungen des Ärztlichen Direktors. Was wollte mein Vorgesetzter von mir? Gestern hatte mir seine Sekretärin kurz und bündig mitgeteilt:

»Mittwoch, 14.30 Uhr, erwartet Sie mein Chef in seinem Zimmer.«

»Worum geht es denn«, hatte ich mit gespielter Gleichgültigkeit gefragt.

»Weiß ich nicht«, war die Antwort.

Natürlich wußte sie es. Wenn man 25 Jahre lang auf dem Drehsessel der Chefsekretärin sitzt, gleich neben der Entscheidungszentrale, und vier Chefwechsel, die »aus Alters- oder disziplinarischen Gründen« erfolgt sind, gut überstanden hat, dann weiß oder ahnt man, was der Chef von seinem Untergebenen will. Noch dazu, wenn nicht das beste Einvernehmen zwischen beiden besteht. Wir behaupteten wechselseitig, den anderen zu schätzen, ohne ihn sympathisch zu finden. Das bedeutete aber auch schon die einzige Übereinstimmung zwischen uns beiden. Mehr als 20 Lebensjahre lagen zwischen mir und meinem Vorgesetzten. War es ein Generationsproblem? Oder die differente Interpretation der politischen Lage und die daraus sehr unterschiedlich abgeleitete Notwendigkeit zur Opportunität?

Für meine Gewissenserforschung blieben noch zwei Tage Zeit. Hatten sich Angehörige beschwert? Dann lag im allgemeinen der Gesprächstermin kürzer, denn die drohende Eingabe beim Ratsvorsitzenden mußte so rasch wie möglich verhindert werden. Oder hatte der Direktor erfahren, daß unser OP-Kollektiv bei der »Messe der Meister von Morgen«, kurz MMM genannt, einen achtbaren zweiten Platz errungen hatte? Eigenbau eines Dosierspenders zur Händedesinfektion mit automatischer Abschaltung. Das ergab eine Einsparung von Ressourcen bei flächendeckender Anwendung. Diese Neuerung war zwar kein ökonomisches Highlight, aber unsere seit Jahren kränkelnde Wirtschaft freute sich auch über kleine Stützen, die aber in vielen Fällen nicht mehr als eine Krücke bedeuteten und für uns als Erfinder nur eine Alibifunktion besaßen, denn Mitmachen bei parapolitischen Anlässen ersparte oftmals grundsätzliche Erklärungen. Wir kamen mit unserem Dosierspender also bis in die Bezirksmesse der »Meister von Morgen« nach Halle. Eine Anerkennung oder Aufmunterung von unserem Chef wäre auch für unser OP-Kollektiv und den leitenden und manchmal leidenden Chirurgen ein Grund zur Freude gewesen.

Als ich – pünktlich 14.30 Uhr – die Gesichter der Runde musterte, wußte ich, daß mich und mein Team keine Belobigung wegen eines neuen Dosierspenders oder ähnlicher Anlässe erwartete. Links neben dem Chef der Parteisekretär mit den schwarzgefärbten, ondulierten Locken, auf der anderen Seite die Kaderleiterin, nach der Wende wurde sie Personalchefin genannt, am Nebentisch die Sekretärin, konzentriert auf den gespitzten Bleistift und den leeren Stenoblock schauend, jeden Blickkontakt mit mir meidend. Auch der Vertreter der Gewerkschaft fehlte nicht. Er sollte eigentlich mein Interessenvertreter sein, war aber ohne mein Wissen bestellt worden und hatte noch nie die Interessen eines Mitarbeiters gegen den Chef oder Parteisekretär vertreten. Ein Vorgespräch mit mir war natürlich nicht erfolgt. Alle hatten sie ihre Funktionärsgesichter aufgesetzt.

Was ein Funktionärsgesicht ist? Ein Gesicht ohne persönliche Anteilnahme. Die Mimik verschwindet aus den Mienen, freundschaftliche Erinnerungen an die Vergangenheit oder an Gemeinsamkeiten werden verdrängt. Dafür zeigt sich die Bereitschaft zum Klassenkampf und das Bekenntnis zur Diktatur der Arbeiterklasse. Meine Gesprächspartner fühlten sich alle in dieser Klasse verwurzelt, trotz Universitätsausbildung oder Parteihochschule. Alle gehörten zur führenden Partei der Arbeiterklasse, zur SED, nur ich nicht. Das Mienenspiel in der Runde glich einem Patiententreffen von Parkinsonkranken in einer Selbsthilfegruppe, denn keiner verzog einen Gesichtsmuskel. Nach betont kühler Begrüßung eröffnete der Direktor das Gespräch mit den Worten:

»Sie hatten das Fest zum Jahrestag der Sowjetstreitkräfte in der Garnison besucht.«

Aus dieser Richtung war also der Angriff zu erwarten! Die Teilnahme an Feierlichkeiten in der Garnison war eigentlich nur wenigen Auserwählten und Linientreuen gestattet, zu denen ich aber nachweislich nicht zählte. Bei meinen wiederholten Einladungen zu ähnlichen Anlässen wurde regelmäßig betont, daß es sich um den besonderen Wunsch des Kommandanten handelte. Der schätzte den effektiven Einsatz meiner schnellen Hilfe bei den vielen und oft selbstverschuldeten Unfällen der 15 000 Mann starken Truppe in besonderer Weise.

»Ich hatte eine Einladung bekommen, vom Kommandanten Alexej Tschistkow.«

»Das wissen wir, und die Einladung war anschließend auch von uns genehmigt worden«, unterbrach mich der Direktor.

Was wollen die von mir, ging es mir durch den Kopf. Ich hatte allerdings einen taktischen Fehler begangen und war mit meinem 10 Jahre alten Mercedes 190 D, einem Erbstück meines Vaters, in den Garnisonshof gefahren und hatte dort geparkt. Natürlich mit Sondergenehmigung des Kommandanten Tschistkow, der meine ungewöhnliche Bitte um Parkerlaubnis auf einem ausländischen

Kasernenhof ohne Gegenfrage gestattete, nachdem er wußte, daß ich Bereitschaftsdienst hatte. Er hatte einen Kurier beauftragt, an dem erdfarben gestrichenen Postenhäuschen des Kontrollpunktes vor der Einfahrt der hermetisch abgeschirmten sowjetischen Garnison auf mich zu warten. Der mußte dann in mein Auto steigen und mich auf den großen Kasernenhof vor das Gebäude des Offizierskasinos lotsen. Einige Offiziere in Paradeuniform ließen es sich nicht nehmen, das alte Gefährt mit dem bekannten Firmenzeichen des Klassenfeindes aus nächster Nähe auf ihrem Exerzierplatz zu bestaunen. Für einige von ihnen war es ganz sicher der erste Mercedes, den sie aus dieser kurzen Entfernung in der direkten Begegnung erlebten. Sogar unter die Motorhaube schauten sie, die ich ihnen öffnen mußte. Das Ganze glich fast einer Ehrenbezeugung, zumindest einer klassenkampfverneinenden Interessenbekundung. Es war eine taktische Ungeschicklichkeit von mir, wie ich schon am nächsten Tag erkannt hatte, aber da war es ja nicht mehr zu ändern. Doch die Unterhaltung ging in eine andere Richtung.

»Sie hatten auch mit dem Bezirksarzt gesprochen!«

Das stimmte. Der oberste Medizinalfunktionär des Bezirkes Halle hatte mir neben der Theke im Offizierskasino jovial auf die Schulter geklopft und sich nach meiner Arbeit erkundigt.

»Ihre Bettenauslastung ist gut, immer bei 100 %«, hatte er mir gesagt, »und das bei 144 chirurgischen Betten.«

Ich hatte gestaunt, wie sich ein Bezirksarzt solche Nebensächlichkeiten merken konnte. Bruchstücke der Unterhaltung kamen mir wieder ins Gedächtnis, doch das wichtigste Stück fehlte mir, wie sich gleich zeigen sollte.

Mit akzentuierter Betonung sagte der Direktor zu mir: »Wir brauchen kein Operationsmikroskop, wir sind ein Kreiskrankenhaus.«

Das also war es!

Ich hatte tatsächlich dem Bezirksarzt beiläufig mitgeteilt, daß ich ein Operationsmikroskop dringend gebrauchen könnte, dann wäre es nämlich möglich, einige sehr spezielle Operationen auszuführen. Mein Widerspruch gegen die unqualifizierte Behauptung des Direktors regte sich, denn er war in dieser Hinsicht fachlich nicht kompetent. Außerdem war ich fest davon überzeugt, im Recht zu sein. Doch ich hielt mich zurück und gab nur zu bedenken:

»Wir brauchten bei einigen Unfallpatienten nicht zu amputieren, wenn wir die Möglichkeit schaffen, abgetrennte Gliedmaßen wieder zu replantieren, und das geht nur mit einem Operationsmikroskop.« Und nach kurzer Pause fügte ich noch hinzu: »Denn im Mittelpunkt unserer Überlegungen steht der Mensch.«

Der letzte Satz war ein verbales Massenprodukt des letzten Parteitages und mein Versuch, die mir gegenüber sitzenden Funktionäre mit ihren eigenen Argumenten und Lehrsätzen auszuspielen. Natürlich erkannte der Direktor in meiner Absicht eine anmaßende Verhandlungstaktik und sah darin eine Provokation.

»Wie viele Patienten sind das pro Jahr?«

Schärfe und die genaue Kenntnis der Antwort lagen in seiner Frage.

»Ein bis zwei pro Jahr.«

»Und dafür wollen Sie 37.000.– Mark ausgeben? Warum schicken Sie die zwei Patienten nicht in die nächste Universitätsklinik?«

»Unsere Nachbaruniversitäten in Halle und Magdeburg führen keine Replantationen aus. Nach Jena oder an die Charité in Berlin könnte ich die Patienten nur mit dem Hubschrauber verlegen.«

Blicke wurden gewechselt, in denen sich Mitleid über meine Realitätsferne und Empörung über mein Ansinnen mischten, denn einen Hubschrauber brauchte man nur, um die Republik illegal zu verlassen oder unser Land zu verteidigen.

»Und Sie wollen unser Kreiskrankenhaus über eine Universitätsklinik stellen? Sie wollen hier mehr machen als die an der Uni?«

»Ich habe bei vielen Replantationen mitgemacht, an der Universität in Jena. Wir hatten eine hohe Erfolgsquote. Wenn ich ein OP-Mikroskop und ein Mikro-Instrumentarium habe, kann ich auch hier in Bernburg Replantationen ausführen.«

»So – ein Mikro-Instrumentarium also auch noch! Beides ist im Plan nicht vorgesehen. Und ohne Plan gibt es keine Investitionen. Das wissen Sie genauso gut wie ich. Und Sie wollen uns doch nicht zum Planverstoß überreden?«

Dieser Satz enthielt bereits eine Drohung, denn jeder Planverstoß war ein schweres Vergehen und konnte disziplinarisch geahndet werden. Schon die Anstiftung dazu war ein Delikt. Ich wußte das natürlich und auch, daß der neue 5-Jahrplan erst vor kurzem beschlossen worden war und für die nächsten Jahre absolute Verbindlichkeit besaß. Es war höchst ungewiß, ob der nächste 5-Jahrplan für uns ein OP-Mikroskop vorsah. Dann waren aber acht Jahre vergangen, und mindestens 10 bis 15 Leute hatten in dieser Zeit Arme, Beine oder Finger verloren, die wir retten könnten. So lange wollte und konnte ich nicht warten, und so schnell wollte und konnte ich auch nicht aufgeben.

»Dann muß ich mir eben etwas anderes einfallen lassen.«

Erstaunte, fragende Gesichter.

»Was meinen Sie damit?«

»Vielleicht muß ich nach einer anderen Lösung suchen, ohne Operationsmikroskop.«

Ich konnte nicht erkennen, was sich hinter den Funktionärsgesichtern regte, und die Parkinsonköpfe hätten zu gerne gewußt, was ich wohl meinte. Aber das störte mich nicht, denn ich hatte da eine kühne Idee, die aber noch nicht spruchreif war. Und in diesem Kreise wollte ich auf gar keinen Fall meiner kühnen Phantasie über eine mögliche technische Neuerung freien Lauf lassen.

Außerdem legte offenbar keiner der Anwesenden besonderen Wert auf die Kenntnis meiner neuen Idee, denn das Gespräch ging in eine andere Richtung. Der Ärztliche Direktor hatte nur sein Gesprächsziel im Visier, und dafür brauchte er keine neue Idee. Ohne weitere Umschweife steuerte er dieses Ziel auf dem kürzesten Weg an.

»Sie haben gegen die Betriebsordnung verstoßen. Sie haben betriebsinterne Kenntnisse an höhere Dienststellen weitergegeben.«

»Der Bezirksarzt ist mein Vorgesetzter«, war meine Entschuldigung.

»Ich bin Ihr Vorgesetzter! Und wenn Ihnen das nicht paßt, können Sie zum Kreisarzt gehen. Und da drüber gibt es keine Dienststellen mehr für Sie.«

So einfach war das also! Aber er hatte natürlich recht.

Eine Fortsetzung des Dialogs schien nicht sinnvoll. Also schwieg ich.

»Unser Leitungskollektiv«, und dabei blickte er nach links zur Partei und nach rechts zur Kaderleitung und Gewerkschaft, »ist der einstimmigen Meinung, daß ein schriftlicher Verweis gegen Sie wegen Verstoß gegen die Betriebsordnung angemessen ist.«

Kurze Pause. Ich spürte das Ansteigen des Adrenalinspiegels in meinen Adern und das Steigen des Blutdrucks.

»Wo kann ich mich darüber beschweren?«

»Ich habe Ihnen doch eben gesagt: beim Kreisarzt.«

Die Zornesröte stieg mir ins Gesicht. Das Würgen im Hals wurde stärker. Ich wollte schlucken, doch der Speichel fehlte. Ich schwieg und versuchte, die anderen mit einem verächtlichen Blick zu strafen. Ich bin sicher, daß es mir gelungen war.

Ungerechtigkeit lähmt jede Motivation. Wut fördert die Aktivität, aber es fehlt die Orientierung. Meine erste Reaktion war: Ich mache jetzt Dienst nach Vorschrift. Jeden Tag gehe ich nach acht Stunden Arbeit nach Hause, die Operationsprogramme werden kleiner, die Leute müssen dann länger warten. Schnell schob ich den Gedanken beiseite. Wer bezahlt die Zeche? Der Patient! Aber vielleicht könnte ich die Bettenauslastung senken? Wenigstens um 15 %. Ich lasse die Patienten schneller nach Hause. Eine Struma geht dann schon nach 4 Tagen nach Hause, nicht erst nach 11. Der Plan der Bettenauslastung wird dann nicht mehr erfüllt. Auch diesen Schuß zündete ich nicht, denn er wäre nach hinten losgegangen. Wer ist schließlich für die Bettenauslastung zuständig? Der Chefarzt. Der Schuldige wäre also sehr schnell gefunden.

Schließlich tröstete ich mich mit dem Gedanken, daß der Verweis nach sechs Monaten wieder aus meiner Kaderakte (so hießen in der DDR die Personalunterlagen) entfernt würde. Es war aber nur ein schwacher Trost, denn Ungerechtigkeit läßt sich nur schwer ertragen.

Es ist durchaus möglich, daß diese Unterredung ein Schlüsselerlebnis für den schnelleren Fortgang meiner Idee und einer technischen Neuerung war. Deshalb habe ich sie an den Anfang dieser Erzählung gesetzt. Ganz sicher hätten wir die neue Methode auch ohne diese Unterredung entwickelt, wahrscheinlich aber wesentlich später.

Es war an einem Freitag, am späten Nachmittag. Ich mähte den Rasen hinter unserem Haus und sah meine Frau Aggi, wie sie an das Fenster trat und aufgeregt winkte. Ich stellte den Motor des Trolli ab und hörte sie laut rufen.

»Du sollst sofort in die Klinik kommen!«

Ich unterbrach die Gartenarbeit, lief auf die Terrasse.

»Eine schwere Handverletzung, Oberarzt Tomaschewski war am Apparat.«

Ich wechselte die blaue Arbeitsjacke mit dem weißen Kittel und fuhr in die Klinik. Ein Verletzter wurde gerade auf der Trage durch die geöffnete Flügeltür von der Notaufnahme in den Röntgenraum geschoben. Die Zeichen des Schocks waren bei ihm unverkennbar. Kalter Schweiß auf der blassen Haut. Schmerz und Entsetzen in dem starren Blick, der aus einem fahlen Gesicht ins Leere schaute. Die Stirn war verdeckt durch das strähnige, schwarze Haar. Er war wohl noch keine 30 Jahre alt, bekleidet mit einer staubigen, braunen Arbeitshose und einem grauen Unterhemd, das an der Schulter aufgerissen war. Linke Hand und Unterarm waren in einen Schienenverband gewickelt, der mit Blut durchtränkt war, am Oberarm lag noch der provisorisch festgezerrte Stauschlauch. Die kleine Transportkolonne blieb bei meinem Anblick stehen, wartete auf Anweisungen. Fragende Blicke von Schwester, Pfleger, Röntgenassistentin. Der Oberarzt kam auf mich zu und erklärte:

»Die Hand ist dicht über dem Handgelenk amputiert, hängt nur noch an einem Hautlappen am Unterarm. Da ist nichts mehr zu machen.«

»Ich möchte die Verletzung selbst sehen«, erwiderte ich.

Er wickelte die oberen Bindentouren ab, schob die durchtränkten Kompressen zur Seite, zeigte mir die vordere Seite des verletzten Armes.

»Subtotale Amputation oberhalb des Handgelenkes«, konstatierte ich halblaut, seine Aussage bestätigend. Vorsichtig lösten wir die restlichen, verklebten Kompressen. Die unkorrekt und scheinbar nachlässig angelegten Bindentouren ließen uns die Hektik der ersten Hilfe nur ahnen. Ein schrecklicher Anblick bot sich bei der genauen Untersuchung. Haut und Unterhaut an der vorderen Seite des Unterarmes klafften weit auseinander, freiliegende Sehnenstümpfe der gesamten Beugemuskulatur, beide Unterarmknochen waren durchtrennt. Nur an der Rückseite des Armes waren noch eine kleine Hautbrücke und zwei Sehnenstränge erhalten. Alle wichtigen Nerven und Gefäße waren durchtrennt.

»Vorbereiten zur Amputation«, flüsterte ich zur Schwester. Es sollte unhörbar für den stark benommenen Verletzten sein. Deshalb war ich im höchsten Maße erstaunt, als er die Lippen bewegte und – für uns in der Nähe Stehende deutlich hörbar – sagte:

»Nein, nicht amputieren. Ich brauche die Hand. Ich bin Dachdecker.«

»Wie konnte es zu diesem schweren Unfall kommen?« fragte ich ihn.

Seine bruchstückhafte Schilderung ergab nur ein unvollständiges Bild, das durch den hereingebetenen Kapo ergänzt wurde:

»Ein herabstürzender Betonziegel hat seinen Unterarm getroffen. Er konnte nicht ausweichen, weil er sich mit der rechten Hand an einer Stützmauer festhalten mußte. Er trug eine Hucke voll Dachziegel nach oben. Seit Tagen predige ich schon, daß der Aufzug repariert werden soll. Denken Sie etwa, da tut sich was? Nichts tut sich da! Das ist denen in der Verwaltung doch scheißegal, wie wir hier arbeiten.«

Ich beugte mich dichter zu dem Verletzten, schaute ihn an. Seine Augen waren geschlossen.

»Hören Sie mich? Verstehen Sie mich?«

Keine Reaktion.

»Wir müssen jetzt operieren. Ihre Hand ist durch den Unfall abgetrennt. Sie hängt nur noch an einer kleinen Hautbrücke. Wir können sie leider nicht erhalten.«

»Sie können die Hand doch nicht einfach abmachen«, mischte sich der Kapo wieder ein. »Da müssen Sie doch was machen. Da kann man doch heute schon ganz andere Sachen machen. Meine Brigade arbeitet seit 3 Jahren unfallfrei. Und jetzt das hier.«

Ich bat den wild gestikulierenden Vorarbeiter höflich und bestimmt zur Seite und deutete unmißverständlich mit der Hand auf den Ausgang, ging wieder zu dem verletzten Dachdecker. Der schüttelte nur ganz leicht den Kopf, die Augen blieben geschlossen.

»Nein, die Hand muß bleiben. Machen Sie, was Sie wollen, aber die Hand muß bleiben. Nähen Sie meine Hand wieder an. Das geht doch heute alles.«

»Das geht nur, wenn die wichtigsten Blutgefäße und Nerven erhalten sind. Wenn wir Ihre Hand aber ohne Nerven und Blutgefäße annähen, stirbt sie in wenigen Tagen ab. So etwas geht nicht. Das ist unmöglich.«

Er schüttelte wieder den Kopf, ohne zu schauen.

Ich ergänzte noch: »Ich weiß, daß das ein ganz schwerer Entschluß für Sie ist, aber es gibt keine andere Entscheidung.«

»Ich will das nicht. Ich muß erst meine Frau sprechen.«

Wir akzeptierten seinen Wunsch. Nach einer Stunde war seine Frau da. Ängstlich folgte sie mir in mein Dienstzimmer. Ich erklärte ihr alles. Sie schluchzte, für sie brach eine Welt zusammen.

»Sie müssen Ihren Mann überzeugen, daß nur eine Amputation möglich ist. Er wartet auf Ihre Entscheidung.«

»Das kann ich nicht!«

»Doch, das können Sie, und das müssen Sie. Denn die Infektionsgefahr wird größer, wenn wir länger warten. Mit jeder Stunde nimmt das Risiko zu. Wenn sich in dieser großen und verschmutzten Wunde eine Infektion ausbreitet, geht es um sein Leben.«

Wir hatten dieses Spiel mit verteilten Rollen schon oft in der gleichen Art und Weise gespielt. Es war nicht leicht, einen anderen gegen die eigene Überzeugung zu überreden, denn ich wußte, daß es Kliniken gab, wo man replantieren konnte, um die Hand zu retten. Das Gefühl der Ohnmacht blieb lange.

Nach zwei Stunden war die Operation beendet. Der Patient lag in einem Vierbettzimmer, hatte einen straff sitzenden Stumpfverband am rechten Unterarm und erhielt zwei Konserven, um den Blutverlust auszugleichen. Nach 10 Tagen konnte er entlassen werden.

Also ein ganz normaler Verlauf, könnte man sagen. Trotzdem

beschlich mich beim Erinnern an dieses Behandlungsergebnis immer wieder das unangenehme Gefühl, daß wir den Dachdecker nicht nach dem neuesten Stand der medizinischen Möglichkeiten behandelt hatten. Es war nur ein schwacher Trost, daß in dem Fall auch in den benachbarten Uni-Kliniken keine andere Behandlung durchgeführt wurde, und daß die 36 Krankenhäuser in unserem Bezirk Halle ihre Patienten in der gleichen Art und Weise behandelten.

Dieses oder ein ähnliches Negativerlebnis wiederholte sich nach unserer Klinikstatistik in Abständen von einigen Monaten. Doch es ist bekannt, daß eine Statistik nichts über den Einzelfall aussagt. Die durchschnittliche Zeit bis zur nächsten traumatischen Amputation wurde nicht eingehalten, sie verringerte sich. Schon nach wenigen Wochen wurde ein junger Jurastudent eingeliefert, der in seinen Semesterferien im benachbarten Sodawerk gearbeitet hatte und als Rangierhelfer bei der Betriebseisenbahn eingesetzt war. Bei Regenwetter rutschte er vom Trittbrett eines Güterwaggons und konnte sein Bein vor dem nachrollenden Zug nicht mehr in Sicherheit bringen. Es war zu einer meißelförmigen, glatten Abtrennung oberhalb der Knöchelregion gekommen. Der bereits amputierte Fuß wurde uns in einem separaten sterilen Verband von der Betriebssanitätsstelle mitgeliefert. In einem ähnlichen Fall hatten wir in Jena vor einigen Jahren eine Replantation des Unterschenkels erfolgreich ausführen können. Dieses Ergebnis glich damals – vor etwa 40 Jahren – einer kleinen Sensation und wurde auf vielen Fachkongressen und auch in Tageszeitungen entsprechend kommentiert. Die Ausführung der Operation traute ich mir zu, doch es fehlten uns in Bernburg die technischen Voraussetzungen. Also blieb uns auch hier nur eine Form der Behandlung: Nachamputation und Bildung eines prothesenfähigen Unterschenkelstumpfes.

Beim Erinnern an diesen Verlauf verfolgte mich noch lange Zeit das Gefühl des Versagens, der Ohnmacht und Depression.

Das Wissen, nicht alles, was möglich war, erreicht zu haben, formte sich immer wieder zu einem Selbstvorwurf, und die Erlebnisse trugen dazu bei, einen Plan reifen zu lassen, den ich zunächst als fixe Idee verdrängte, weil ich ihn bei näherer Betrachtung in die Rubrik »Utopie« einordnete. Doch die Idee verfolgte mich, nahm mehr und mehr eine feste Gestalt an und ließ sich schon bald nicht mehr verdrängen.

Aus der Idee wurde ein Entschluß, und dieser wartete auf die Realisierung. Die Schritte waren vorgegeben, es fehlte nur die taktische Umsetzung. Doch damit wartete ich bis zu einem Montagnachmittag. Wie üblich begann an diesem Wochentag um 15.30 Uhr unsere Referierstunde. Aktuelle Themen aus wissenschaftlichen Zeitschriften wurden behandelt, die für unsere praktische Arbeit und die Weiterbildung meiner Assistenten von Bedeutung waren. Das Studium der DDR-eigenen »Zeitschrift für Chirurgie« war eine moralische Pflicht für jeden angehenden und praktizierenden Chirurgen, denn sie war ein Produkt unseres Landes, doch in unserer Rangfolge und Gunst standen »Langenbecks Archiv für Chirurgie« und das Journal »Der Chirurg« weit höher. Bernburg gehörte zu den wenigen privilegierten Krankenhäusern, die diese »Westzeitschriften« beziehen durften, und so hatte ich immer eine größere Auswahl für unsere fachliche Montags-Fortbildung. Nach längerem Überlegen hatte ich das Thema für den heutigen Tag formuliert und den passenden Referenten ausgewählt, immer das große Ziel einer späteren Replantation vor Augen, von dem aber die anderen noch nichts ahnten.

Dr. Dietmar Gerling, der einzige Referent des heutigen Tages, mußte über »Die Anastomose kleiner Gefäße« berichten und hatte sich aus der Fachliteratur gründlich vorbereitet. Mein jüngster Assistent, aus gutem Hause stammend, mit tadellosen Manieren, zwängte sein betont gepflegtes Hochdeutsch in eine näselnde Aussprache, was gelegentlich den Spott seiner Zuhörer herausforderte. »Eine Anastomose, das ist eine operativ hergestellte Verbindung zwischen zwei Hohlorganen, in unserem Fall zwischen zwei kleinen Blutgefäßen«, dozierte er.

Er war kein zündender Redner, und ich wußte, daß seine Ausführungen die wenigen Zuhörer nicht zu Begeisterungsstürmen veranlassen konnten. Außerdem war die Zeit nach dem langen Stehen im OP und dem hastigen Mittagessen ungünstig für eine konzentrierte Geistesarbeit. Doch ich brauchte eine nüchterne Einleitung für dieses Thema und wollte dann in einem Zusatzreferat meine neue Arbeitshypothese vorstellen. Zehn Minuten Redezeit hatte ich ihm gegeben, und nach dieser Zeit wußte jeder, wie wichtig die kleine Gefäßanastomose in der Allgemeinchirurgie für die Erhaltung verletzter oder durchblutungsgestörter Gliedmaßen war.

»Das Thema hat einen aktuellen Anlaß«, begann ich meine ergänzenden Ausführungen.

»Sie alle kennen zwei Unfälle der letzten Wochen, bei denen wir abgetrennte Gliedmaßen amputieren mußten, nur weil wir keine kleinen Gefäßanastomosen herstellen konnten.« Erstaunte Gesichter.

Zur Reaktivierung des Kurzzeitgedächtnisses folgte eine nochmalige Schilderung der Unfälle des Dachdeckers mit der Handamputation und des Jurastudenten mit der Beinamputation. Jeder erinnerte sich an die Dramatik und das persönliche Schicksal der Verletzten. Nachdenkliche und interessierte Zuhörer trotz bekannter Geschichten. Weshalb brachte ich diese bekannten Beispiele in diesem Zusammenhang? Nun bemühte ich das Langzeitgedächtnis meiner Kollegen.

»Wir haben vor zwei Jahren schon einmal einen ähnlichen Fuß amputiert, glatte Wundränder an beiden Durchtrennungsstümpfen. Ursache war ein herabstürzender Förderkorb mit einer defekten Tür. Eine glatte Gliedmaßenabtrennung, wie mit dem Amputationsmesser.«

Einige Dias des schwer verletzten Beines folgten. Die älteren Assistenten kannten den Patienten, einen Grubeningenieur und Vater von zwei Kindern.

»Die Stabilisierung des Unterschenkels durch Platten und Schrauben und die Wiederherstellung der Sehnen könnten wir bei uns jederzeit durchführen. Die Naht der Nerven wäre in einer späteren Operation in der Uniklinik Halle ohne Weiteres möglich, denn das ist eine zeitlich planbare Operation.«

Es folgte eine kurze Pause, dann die Frage:

»Warum haben wir also in diesen drei Fällen amputiert?«

Erstaunte, fragende Gesichter.

»Weil wir die durchtrennten Arterien und Venen nicht nähen konnten. Also blieb uns nur die Amputation mit Stumpfbildung als einzige Notlösung. Und ich könnte diese Negativ-Serie noch weiter ergänzen, aber das bringt ja nichts, wenn wir nur zurück und in die Vergangenheit schauen.«

Ich ging vor zur Wandtafel, nahm ein Stück Kreide, skizzierte die beiden Wandungen eines Blutgefäßes.

»Hier – so sieht schematisch die Durchtrennung aus!«

Ein schräger Strich markierte die Stelle der angenommenen Verletzung.

»Das Innere eines Gefäßes ist in diesem Bereich etwa so groß wie das Innere einer Kugelschreibermine. Für eine sichere Wiederherstellung des Durchflusses müssen wir 6 bis 8 Nähte an der Gefäßwand des zentralen und peripheren Stumpfes anbringen. Das ist technisch schwierig.« Einige Dias aus einer Operationslehre folgten.

»Schauen Sie bitte einmal auf dieses Bild. Jeder Faden muß dreifach verknotet werden. Die Öffnung in der Gefäßmitte muß natürlich für das durchströmende Blut frei bleiben.«

Interessierte Zuhörer.

»Zum Anlegen der Nähte braucht man ein Operationsmikroskop, das wir aber nicht haben, und das uns weder von der

Verwaltung noch von der Plankommission bewilligt wird. Wir haben nur eine Lupenbrille, das ist ein Notbehelf. Außerdem fehlt uns das Mikro-Instrumentarium. Das kriegen wir nie als Ganzes. Viel zu teuer! Aber wir könnten es uns stückweise besorgen, wenn wir über unsere Verbrauchsanforderung jede Woche ein anderes, neues Instrument einschleusen.«

Kurze Pause.

»Die Probleme kennen Sie nun. Wie könnten wir trotz dieser Schwierigkeiten eine Mikro-Anastomose herstellen?«

Fragende, skeptische Gesichter.

Der Referent, bestens mit der Materie vertraut, warf ein: »Das geht nicht, das ist unmöglich!«

Ich blieb hartnäckig: »Unmöglich gibt es nicht. Wie können wir die Ausgangssituation verbessern?«

»Ein OP-Mikroskop besorgen.«

Ich schaute in die Runde.

»Werden wir nie bekommen. Ist im Plan nicht vorgesehen.«

Gespannte Erwartung, denn alle wußten oder ahnten, daß ich noch einen Trumpf in der Hinterhand hatte. Was sollten sonst meine Fragen?

Ich gab eine Denkhilfe: »Wir könnten uns Bougies besorgen.«

Das Erstaunen wurde größer. Was sollten wir hier mit Bougies erreichen? Das sind kleine Rundstäbe zum Aufdehnen von Öffnungen.

Ich ließ mich nicht beirren und meinte:

»Wir lassen uns aus Weichplaste Bougies anfertigen. Unterschiedliche Größen.

Die Steigerung zur nächsten Größe beträgt immer nur einen Viertelmillimeter. Das durchtrennte Gefäß, also die Arterie oder Vene, besteht aus elastischem Gewebe, und das verhält sich ähnlich wie Gummi. Die Bougies stecken wir in die Öffnung, in die zu- und abführende Richtung. So weiten wir das Gefäßlumen auf, das Gefäß wird größer. Wenn das Lumen groß genug ist, brauchen wir vielleicht kein Mikroskop mehr, dann reicht die Vergrößerung der Lupenbrille zur Durchführung der OP.«

Das klang überzeugend.

Eine zweifelnde Stimme aus der Runde: »Wir könnten es ja mal versuchen.«

Schließlich Gerling, begeistert: »Das ist das Ei des Kolumbus. Warum ist da noch niemand vor uns drauf gekommen?«

Der Bann war gebrochen, die Referierstunde beendet.

Ich ging über die Stationen, sah mir die Neuzugänge an. Die erregten, aber gedämpften Diskussionen am Rand unserer kleinen Visite zeigten mir, daß das Referierthema noch keineswegs beendet war. Auch am Treppenflur lebhafte Gespräche und gestikulierende Assistenten. Ich war wieder in meinem Dienstzimmer. Es war 17.00 Uhr, der Feierabend also schon seit einiger Zeit überschritten. Die Begeisterung der anderen hatte mich angesteckt. Ich griff zum Telefon. Mal sehen, wer noch da ist. Nur zwei waren schon gegangen. Dieter Rabusch und Diplom-Mediziner Horst Happe hatten heute Parteilehrjahr, denn es war Montag. Die anderen folgten mir in mein Dienstzimmer.

»Nun sind die Nichtgenossen unter sich«, meinte Gerling.

»Spar dir die überflüssigen Bemerkungen«, schwächte ich ab, »das haben wir alle längst gemerkt.«

Wir saßen in gewohnter Runde, zwei in den Sesseln, die anderen auf der Untersuchungsliege. Etwas abseits auf einem Schemel hockte Manfred Bergner, den ich als Gast zu uns gebeten hatte. Er war seit vielen Jahren OP-Pfleger und ein Hans-Dampf-in-allen-Gassen. Beim Improvisieren war er unübertroffen.

Die Schale mit den Süßigkeiten machte die Runde. Eigentlich waren die Sweeties für die Kleinen gedacht, denn sie milderten sehr zuverlässig das bedrohlich Unbekannte der ersten Begegnung. Doch auch die Großen verachteten sie selten. Die eingewickelten Säuerlinge wurden bevorzugt. Vitalade blieb liegen. Was war eigentlich Vitalade? Sah aus wie Schokolade und schmeckte wie ... Ja, wie schmeckte das eigentlich? Eben wie Vitalade! Es war eine Erfindung des Sozialismus. Schokolade ohne Kakaobestandteile. Man sparte dadurch Devisen. Merkwürdig war, daß schon die Dreijährigen den feinen Unterschied kannten und genau differenzierten, wenn sie die Schale zur Auswahl bekamen.

»Wer zu spät kommt, kriegt Vitalade«, meinte Meierlein, und alle lachten. Eigentlich hieß er Meier, aber alle nannten ihn Meierlein, denn er war klein und unsicher. Er stand meist auf der Seite der Verlierer. Das war schon im Abi so, als er gute Leistungen brachte, aber die Fünf im Sport den ersten Anlauf zum Erfolg blockierte. Auch im Staatsexamen beherrschte er viele Fakten, doch in Innerer Medizin und Gynäkologie hatte er einen Blackout. Vielleicht war das der Grund, daß er sich schließlich für die Chirurgie entschied? Doch er war zuverlässig, und das war wichtig. Nur mit der manuellen Geschicklichkeit haperte es bei ihm, was für die Ausbildung zum Chirurgen aber eine wesentliche Voraussetzung war. Ich hatte es vor drei Jahren nicht fertiggebracht, ihm deshalb den Stuhl vor die Tür zu setzen. Vielleicht lernte er es aber noch. Viele Jahre später wurde er Chefarzt in einem anderen Städtischen Krankenhaus. Manchmal täuschte man sich eben auch bei negativen Beurteilungen. Bei Meierlein hatte ich mich wohl getäuscht, oder der Knoten war erst später geplatzt.

»Jetzt sind alle da, die noch zu erreichen waren«, eröffnete ich das Meeting. »Ich wollte euch fragen, wie wir in der praktischen Arbeit weiterkommen. Unser Ziel ist es, abgetrennte Gliedmaßen zu replantieren. Vorher müssen wir unsere neue Technik in Tierversuchen erproben. Was habt ihr für Vorschläge?«

Der Satz war für alle eine Aufwertung, eine vorweggenommene Bestätigung ihrer noch nicht erfolgten Leistung, denn ich ernannte sie bewußt zu vollwertigen Mitgliedern unseres Erfinderteams. Meine Taktik befolgte auch eine Empfehlung -

meines Lehrers, Prof. Theo Becker, der mir beim Abschied gesagt hatte:

»Du mußt deine Leute von einer Aufgabe überzeugen, dann kannst du sie auch begeistern. Wenn du das schaffst, hast du plötzlich keine faulen Assistenten mehr, denn die wollen ja arbeiten.«

Und Begeisterung wecken konnte mein alter Chef, trotz Strenge und auch gelegentlicher Ungerechtigkeiten. Bis nach Mitternacht hockten wir damals im Tierkeller und operierten Kaninchen, Ratten, Hunde und andere Kleintiere.

Ich gab zu bedenken: »Wir brauchen Blutgefäße, die die Größe einer Fingerarterie haben. Welche Tiere eignen sich dafür?«

»Wir besorgen uns kleine Schweine«, schlug Mahmoud Aydanu vor.

Meierlein tippte sich mit dem Zeigefinger an die Stirn und meinte:

»Und woher kriegst Du so viele kleine Schweine her, du Schädling der Volkswirtschaft? – Außerdem darfst du ja gar keine Schweine essen, du bist Mohammedaner.«

»Blödmann, dann nehmen wir eben Ratten, und die kriegst du zu fressen.«

»Schluß jetzt«, entschied ich, »klärt eure Differenzen bitte später. Es geht jetzt um Tierversuche. Ratten sind zu klein, die Hinterläufe sind kleiner als ein Finger.«

Die Wogen des Jähzorns erreichten Mahmoud schnell, aber sie verebbten auch rasch.

»Meerschweinchen«, schlug er vor.

»Er kommt heute von den Schweinen nicht weg«, meinte Gerling. Ein wütender Blick traf ihn.

»Die sind auch zu klein.«

Versuchshunde wurden genannt, doch ihre Beschaffung war schwierig.

»Kaninchen.«

Das war die Lösung! Wir brauchten Kaninchen. Ich äußerte neue Bedenken.

»Die sind wahrscheinlich zu groß. Die Oberschenkel müssen etwa die Größe eines menschlichen Daumens haben.«

Nach einigem Für und Wider einigten wir uns auf Kaninchen. Das war die geeignete Tierart. Doch es mußten kleine Kaninchen sein. Körpergewicht etwa ein Kilogramm. Jetzt kam die schwierigste Frage: Wie beschaffen wir 24 oder 32 Kaninchen zu einem günstigen Preis?

Das war das Stichwort für unseren findigen OP-Pfleger Manfred Bergner. Manne – so nannten ihn die Schwestern – kannte Siggi, einen Kumpel aus der Kleingartensparte, der eigentlich Siegfried Walch hieß.

»Siggi hat ständig 8 bis 10 graue Riesen in seinen selbstgebauten Bretterkisten.«

»Das dauert zu lange, ehe der so viele gezüchtet hat, da vergehen Jahre, außerdem sind graue Riesen viel zu groß.«

Doch Manne gab nicht auf.

»Ich hab's. Die im Bezirkskrankenhaus haben auch einen Tierstall!«

Das stimmte.

»Die arbeiten auch mit Kaninchen, das weiß ich ganz genau.«

Er hatte recht. Wie konnten wir an diese Kaninchen kommen? Prof. Stanislaus Welzel, der Direktor der Klinik, war ein schwieriger Verhandlungspartner. Hörte der von unseren Versuchen, wollte er natürlich bei einem Erfolg in unserem Team genannt werden, zumindest als Mitautor in späteren Veröffentlichungen. Einen Psychiater und Neurologen konnte ich in der Experimentellen Chirurgie aber nicht gebrauchen.

»Die Beschaffung wird schwierig«, gab ich zu bedenken, » ich will es aber versuchen«.

»Ich kenne Ete, der ist dort Tierpfleger, der besorgt uns die.« Wieder war es Manne, der eine Lösung anbot.

»Wie soll denn das gehen?«
»Ete bezieht von mir Orchideen-Setzlinge. Seit zwei Jahren. Ohne Bezahlung.«
Erstaunte Blicke wurden gewechselt. Mannes Geschäftstüchtigkeit kannten wir. Ohne Bezahlung, das war neu. Er deutete unsere Blicke richtig und ergänzte:
»Na ja, fast ohne Bezahlung, absoluter Freundschaftspreis. Im Januar hatte ich dem außerdem einen halben Sack voll Chicorée gegeben. Alles Setzlinge, für sein Gewächshaus. Die hatte ich von der LPG in Könnern umgeleitet.«
»Auch ohne Bezahlung?« Das war Meierlein. Manfred Bergner überhörte die Anspielung.

Ich verfolgte den weiteren Disput nicht mit besonderer Aufmerksamkeit, denn ich hatte eine ganz andere Beschaffungsidee, die wir später auch realisierten. Sie lag aber an der Grenze des Erlaubten, deshalb konnte ich sie in dieser Runde nur andeuten.

»Ich besorge mir durch Vermittlung des Verwaltungsleiters aus dem Bezirkskrankenhaus sechs Kaninchen gegen Bezahlung. Dafür erhalte ich eine Rechnung. Die Kosten werde ich natürlich selbst tragen, aber sie werden erschwinglich sein«, meinte ich.

»A-a-ch, muß das sein?« Das war wieder Manne. Auch die anderen murrten: Schade um das schöne Geld.

»Bei dieser geringen Zahl kann ich Professor Stanislaus umgehen, außerdem erhalte ich eine ordnungsgemäße Rechnung«, erklärte ich.

Den Rest erledigte später unser OP-Pfleger Manne über Ete und seinen Naturalrabatt im Gegenwert mit Orchideen-Setzlingen. So bekamen wir schließlich im Laufe einer langen Zeit 32 Kaninchen. Außer mir und Manfred Bergner sowie Ete unterzog sich aber niemand der Mühe, die fortlaufende Zahl der Kaninchen zu kontrollieren. Ete hatte uns eben 26mal das Kaninchen mit der

Nummer Sechs geliefert. So hielten sich die Unkosten in Grenzen.

Ich muß in diesem Zusammenhang noch ergänzen, daß zu dieser Zeit die Hemmschwelle bei der Beschaffung und Nutzung von Volksvermögen relativ gering ausgebildet war. Das Volkseigentum machte schließlich jeden Bürger zum Miteigentümer, und in unserem speziellen Fall lautete das vage Schuldeingeständnis: Die Kaninchen waren Eigentum eines Krankenhauses, und das bleiben sie auch. Nur das Krankenhaus hatte gewechselt.

Darüber hinaus waren sie Volkseigentum, und das blieben sie ebenfalls. Außerdem diente ihr Transfer einer guten Sache.

Obwohl man bei diesen und ähnlichen Beschaffungsmaßnahmen ein Restrisiko niemals ganz sicher ausschließen konnte, war ich mir doch ziemlich sicher, daß ich keine Bestrafung riskierte, da ich mich nicht persönlich bereicherte. Im schlimmsten Fall konnte ich eine Rüge erhalten. Aber dieser schlimmste Fall trat nicht ein. Im übrigen besitze ich die Rechnung vom Bezirkskrankenhaus für Neurologie und Psychiatrie aus Bernburg heute noch:

»6 Kaninchen für wissenschaftliche Zwecke, à 14.– Mark.
Gesamtbetrag: 84.– Mark.
Betrag erhalten:
Unterschrift unleserlich.
Bernburg, den 22. September 1973.«

Wir lebten damals in einer anderen Welt, die heute für viele undenkbar ist. Tierversuche ohne bürokratisches Genehmigungsverfahren, das war nichts Besonderes, das war eine Selbstverständlichkeit. Wir brauchten keine Zustimmung der Ethikkommission, denn die wurde erst zwanzig Jahre später gegründet. Auch die Grünen waren nicht zu fürchten, denn sie formierten sich erst viele Jahre später. In Kreiskrankenhäusern wurden im allgemeinen keine Tierversuche ausgeführt, also gab es dort auch keine Reglementierungen. Während unserer Ausbildung an der Uni mußten wir zwar einige Jahre zuvor noch einige kleine Hürden vor jedem Start einer tierexperimentellen Versuchsserie nehmen, doch waren diese stets ohne große Mühe zu überwinden. Das sah gewöhnlich so aus, daß uns der Chef vor dem Beginn einer Studie zu einer Lagebesprechung zitierte und die Problematik erläuterte. Dann mußten wir vor dem Abstieg in den Tierkeller und vor dem Experimentierbeginn bei ihm eine Finanzkalkulation vorlegen. Bei dieser Kalkulation hatte aber weder ein Ökonom noch ein anderer Finanzfachmann mitgewirkt, und es bleibt bis heute fraglich, ob sie überhaupt je durchgelesen wurde.

In der Praxis sah das so aus, daß der Assistent oder Oberarzt, der den besonderen Auftrag zur Leitung der Tierversuche erhalten hatte, sich mit den anderen Kollegen zusammensetzte und alles aufschrieb, was ihm von seinen Mitstreitern zugerufen wurde, und was den einzelnen gerade so einfiel: Material, Sachleistungen, Handwerkerstunden, Tierbeschaffung, Tierverwertungskosten. Alles zusammen ergab dann eine bestimmte Summe, und diese wurde meistens vom Chef und der Verwaltung genehmigt. Die voraussichtlichen Arbeitsstunden der Assistenten wurden natürlich auch aufgeführt. Das waren zwar immer viele Stunden, aber es war der kleinste materielle Wert, nämlich immer »Null Mark«. In jeder Uni-Klinik besaß die Stunde eines Assistenten einen viel geringeren Wert als die Stunde eines Maurers. Das wußte der Verwaltungsleiter, der Assistent und meistens auch der Maurer. Das war eine Tatsache, und niemand verlangte dafür eine Begründung. Unsere Tierversuche wurden aber jetzt an einem Kreiskrankenhaus durchgeführt. Dadurch wurde manches noch einfacher, denn es gab noch weniger Vorschriften. Man mußte allerdings nur das eine ungeschriebene Gesetz beachten:

Nicht unangenehm auffallen!

Ich bildete als erstes eine Arbeitsgruppe »Materialbeschaffung und Finanzkalkulation«, zu der die beteiligten Ärzte und Manne gehörten. Dr. Meier leitete das Team, und er war sich der Verantwortung und Würde seiner neuen Aufgabe voll bewußt,

denn bereits am nächsten Tag legte er mir ein kurzes Protokoll der ersten Sitzung vor. Auf seiner Liste standen:
10 Skalpelle
10 Scheren
10 Pinzetten
20 kleine Klemmen
50 Kanülen N 16
10 Spritzen á 5 ccm
35 Hexobarbitalampullen
35 Kochsalzampullen.

Unter dieser Zusammenstellung hatte er handschriftlich vermerkt: »Die Positionen 1– 6 sind im OP ausreichend vorhanden, Hexo und Kochsalz liegt auf jeder Station.« Außerdem hatten seine Teamkollegen noch 10 Reinigungs- und 20 Handwerkerstunden für besondere Anfertigungen gefordert. Meierlein hatte aber entschieden: Handwerkerstunden zur Anfertigung von Instrumenten werden genehmigt. Die Reinigungsstunden werden abgelehnt, denn Stall und Raum werden selbst gesäubert. Er freute sich über mein Einverständnis und ebenfalls über die Zustimmung zu den niedrigen Tierverwertungskosten, die bei Null Mark lagen, denn die Entsorgung sollte über den Krankenhaus-Heizofen erfolgen.

Es tauchten aber jeden Tag neue Probleme auf, und trotzdem waren alle Mitarbeiter des Teams begeistert, daß sie sich beim Lösen dieser Probleme beteiligen durften. Oft ergänzten wir uns. Der eine lieferte die Idee, der andere die Realisierung.

»Wie machen wir die Narkose?«

»In örtlicher Betäubung«, erhielt ich zur Antwort.

Kurze Diskussion. Vorschlag abgelehnt. Zu wenig Ruhe für den Operateur.

»Also Vollnarkose.«

»Ja, aber ohne Anästhesisten. Die stören nur, außerdem fehlt denen jede Bereitschaft zur Zusammenarbeit.« Das war Dietmar

Gerling. Woher bezog dieser junge Bursche seine tiefgründige Lebenserfahrung?

Unsere Narkosegeräte waren ungeeignet, Halothanverdampfer zu schwierig in der Anwendung, und wir hatten keine Erfahrung im Umgang mit kleinen Tieren. Blieben als Notlösung noch Schlafmittel, die wir direkt in die Vene spritzten. Doch auf diesem Gebiet hatten wir keine Erfahrungen. Wir kramten in Erinnerungen.

»Ich kenne noch Zeiten, da wurden Mägen in Äthernarkose operiert«, gab ich zu bedenken. »Das war in Ohrdruf, in meiner Pflichtassistentenzeit.«

Das Verfahren hatte man ja seit vielen Jahren schon verlassen, weil es zu gefährlich war. Die Dosiermöglichkeit war ungenügend. Doch jahrzehntelang hatten unzählige OP-Pfleger in vielen Krankenhäusern selbständig die Domäne und das Heiligtum der Anästhesisten verwaltet und Narkosen – noch dazu mit Äther oder Chloräthyl – selbst ausgeführt. Teilweise mit beachtlichem Erfolg. Jetzt ist schon der bloße Gedanke an diese Möglichkeit und ebenfalls die Erwähnung dieser Vergangenheit ein Sakrileg. Man brauchte damals nur Chloroform zum Einleiten, viel Äther zum Schlafen und eine Schimmelbuschmaske. Obwohl über viele Jahrzehnte praktiziert, war es eine riskante Methode, aber bei Kaninchen gingen wir ja kein besonderes Risiko ein.

»Woher bekommen wir eine Schimmelbuschmaske?«

Das war ein ganz einfaches Bügelgestell aus Metalldrähten, das an das Visier eines Fechters erinnerte. Zwischen die Metallbügel wurden mehrere Lagen Mull eingespannt. Diese Maske wurde dem Patienten auf das Gesicht gehalten und ständig mit Äther betropft. Der Erfinder dieses Gerätes hieß Schimmelbusch, deshalb dieser sonderbare Name.

Unsere Kellerbestände wurden durchforstet. Alle Schimmelbuschmasken waren schon vor langer Zeit entsorgt worden. Manfred erinnerte sich noch:

»Vor 10 Jahren haben wir die zur Altstoffsammlung gegeben.«
Also Fehlanzeige!

Diesmal kam mir der rettende Einfall. Vor vier Jahren bei meiner Hospitation an der Universitätsklinik für Plastische Chirurgie in Leningrad bei Professor Limberg wurden kleine Eingriffe noch in Äthernarkose ausgeführt. Natürlich mit Schimmelbuschmaske. Es war eine Besonderheit dieser renommierten russischen Spezialkliniken, daß mit einfachsten Mitteln, gelegentlich sogar mit primitivster Technik, absolute Spitzenleistungen erzielt wurden. Wenn eine Universitätsklinik in einem medizinischen Zentrum der Sowjetunion noch diese alten Geräte benutzte, warum nicht auch das Lazarett unserer russischen Garnison in Bernburg?

»Ich könnte ja mal bei unseren Garnisons-Feldscheren nachfragen«, bot ich an.

»Na klar, die machen ihre Narkosen noch nach bewährtem Standard, Tropf – Tropf.« Meierlein wußte Bescheid.

Die Idee war da, nun fehlte nur noch die Beschaffung. Nach drei Tagen kam Manfred Bergner, unser geschickter OP-Pfleger, und präsentierte mir mit siegesbewußter Miene und stolzer Haltung eine Schimmelbuschmaske.

»Wo haben Sie die denn her?«

»Von den Freunden.«

Von den Freunden, das hieß damals im Klartext, er hatte wieder kleine Tauschgeschäfte auf internationaler Ebene zum gegenseitigen Vorteil mit den Angehörigen der Sowjetstreitkräfte erfolgreich durchgeführt.

»Wie geht denn so was?« wollte ich wissen.

»Ich kenne da einen«, er dämpfte seine Stimme zum Flüsterton, »die Schimmelbuschmaske hat einen Gegenwert von einer Flasche Doppelkorn. Nordhäuser Doppelkorn, 40 Prozent.«

»Das geht doch nicht. Die fehlt doch jetzt im Bestand der Sanitätseinheit.«

Er winkte ab. »Die wissen doch sowieso nicht, was da alles rumliegt.«

Sollte ich mich nun freuen, oder war es meine Pflicht, ihm Vorhaltungen zu machen? Wie sollte ich ihm aber die Einhaltung von Gesetzen in einem gesetzesfreien Raum erklären? Obwohl allgemein üblich, war seine Beschaffungsmaßnahme moralisch bedenklich. Doch ich schob diese Bedenken, die auch bei mir nur schwach ausgeprägt waren, rasch zur Seite.

»Was hatten Sie für Auslagen«, fragte ich sachlich und hatte Mühe, meine Freude und ein Schmunzeln zu unterdrücken.

»Gar keine. Die Flasche hatte ich zu meinem letzten Geburtstag bekommen.«

Ich nahm seine Ausführungen also äußerlich sehr gelassen zur Kenntnis und meinte: »Na ja, Sie haben ja bald wieder Geburtstag. Dann kann es also losgehen.«

Nach der ersten Begeisterung kommt meist die Ernüchterung. Wem ist das nicht schon passiert? Ein ganz normaler Vorgang. Ein Gedanke verfolgte und plagte mich ganz besonders: Wenn alles nur ein Flop war? Mit riesigem Aufwand bereitete ich eine Sache vor, die vielleicht gar nicht ging? Kann man die dünne Wand einer Vene überhaupt aufweiten? Über dem Dehnungsstäbchen müssen Nähte liegen, winzigste Knoten angebracht werden. Ist das überhaupt möglich? Sie können die hauchdünne Wand durchschneiden, zumindest werden sie die Wand einreißen. Warum war noch keiner vor mir auf diese simple Idee gekommen? Es sah doch für jeden so einfach aus! Gerling hatte diese entscheidende Frage schon bei der ersten Begegnung gestellt. Ich hatte sie achtlos und großzügig übergangen. Am Tag konnte ich die Zweifel wegschieben, durch Arbeit verdrängen. Nachts kamen sie wieder. Ungerufen. Sie waren einfach da und störten beim Schlafen, wurden grotesk. Klassische Zitate gingen mir durch den Kopf:

Viel Lärm um nichts!

Außer Spesen nichts gewesen!

Bei Chirurgen sind Erfolge selbstverständlich, nur Mißerfolge werden registriert!

Der letzte Ausspruch stammte von meinem Chef, Professor Theo Becker. Wie recht er doch hatte! Wenn man sich diese Lebensweisheit aneignet, erlebt man viel weniger Enttäuschungen, weil man weniger erwartet. Jahrzehnte stand ich im Bann dieses Satzes. Alle Chirurgen werden von seinem Schatten begleitet, außer den wenigen, denen es gelingt, die Größe ihres Nimbus selbst zu bestimmen. Bei denen werden nämlich Mißerfolge dem Schicksal angelastet und Selbstverständlichkeiten als Erfolge gefeiert.

Die erste Operation war für Freitag, 17.00 Uhr, angesetzt. Das ist die ruhigste Zeit in jeder Klinik, denn es gibt nur wenige Mitarbeiter, die sich nicht dem Sog des Wochenendes entziehen möchten oder können. Die OP-Mannschaft wurde von mir sorgfältig zusammengestellt. Monika, unsere umsichtige und flinke OP-Schwester, durfte instrumentieren. Der nimmermüde und stets fröhliche Manfred Bergner war als Unsteriler eingeteilt, denn im Improvisieren war er durch keinen anderen zu ersetzen. Und Improvisieren mußten wir heute, das war mir klar. Der schmächtige Ralph machte die Äther-Tropfnarkose. Er hatte außerdem die Aufgabe, zwei Schilder mit folgender Aufschrift anzufertigen:

Bitte nicht stören!
Operation

Dr. Gerling war mein Operationsassistent. Er war geschickt und konnte sich jeder Situation anpassen. Er besaß noch eine andere wichtige Eigenschaft: Beim Operieren sprach er nur, wenn er gefragt wurde. Zuschauer blieben bei der ersten Operation natürlich draußen.

Das blendende Licht der Abendsonne schien grell in den Nebenraum des Sektionssaals. Mein Kollege und Freund, Chefarzt der Pathologie, hatte uns dieses schmucklose Gemach mit der abblätternden Farbe mit den Worten zur Verfügung gestellt: »Da seid ihr ungestört, dort vermutet euch niemand.«

Der beißende Desinfektionsgeruch störte nur in der ersten Zeit, nach einigen Minuten hatten wir uns daran gewöhnt. Zwei Schreibtischlampen waren auf eine fahrbare Trage gerichtet, doch ihre Lichtkegel wurden im Anfang von der untergehenden Sonne überstrahlt. Vier passend gesägte Kanthölzer unterstützten die Trage, gaben ihr Halt und exakt die Höhe, die ein normaler Operationstisch besaß.

Ralph hatte die schwierige Aufgabe, mit der Narkoseeinleitung zu beginnen. Auf seinem Schoß hockte eine verängstigte kleine Häsin. Er versuchte mehrfach und vergeblich, ihren Kopf mit der viel zu großen Narkosemaske zu überdecken. Herr Schimmelbusch, der Inaugurator dieser Apparatur, hatte bei seiner Erfindung vermutlich andere Vorstellungen von der Kopfform seiner Patienten gehabt. Obwohl die Maske viel zu groß war, erschien der Hasenkopf immer wieder an den unterschiedlichsten Stellen. Verschwand er rechts, kam er gleich darauf an der linken Seite zum Vorschein, es konnte aber auch oben oder unten sein. Das Ganze erinnerte an die bekannte Geschichte vom Hasen und dem Igel und den bekannten Ausspruch »Ich bin schon da«. Der Vergleich war nicht einmal abwegig, denn Ralphs Frisur erinnerte an den Kontrahenten des Hasen in der Fabel, nur hatten beide offensichtlich die Rollen vertauscht, denn der Igel war bekanntermaßen der klare Sieger in dem Wettkampf, was man aber von Ralph nicht behaupten konnte.

Schwester Monika drückte Rumpf und Vorderpfoten des kleinen Patienten mit verkrampften Händen zusammen und stöhnte über die unverminderte Aktivität der Hinterläufe.

»Muckilein, wir wollen dir doch gar nichts Schlimmes tun.«

Die Häsin reagierte überhaupt nicht auf diese Form der Psychotherapie, die noch dazu einer groben Unwahrheit entsprach.

»Wenn du ganz artig bist, kriegst du nachher was Feines zum Fressen«, flötete sie mit ihrer süßesten Stimme, »Monilein hat dir Löwenzahn gepflückt.«

Tatsächlich hatte sie in einem kleinen Deckelgefäß eine Handvoll grüner Köstlichkeiten aus dem elterlichen Garten mitgebracht.

»Sei ganz brav, Mucki, Monilein hatte früher auch Kaninchen.«

Gerlings ergänzender Kommentar: »Sie verschweigt, daß ihre Muckies nur bis Mitte Dezember ein beneidenswertes Dasein führten. Danach wurden sie geschlachtet und bereicherten die üppige Festtagstafel der Familie.«

Ein wütender Blick traf ihn.

Ralph meldete sich: »Die erste Ätherflasche ist leer.«

Er hielt die dunkelbraune Flasche gegen die Strahlen der untergehenden Sonne und drehte die Öffnung nach unten. Tatsächlich leer!

Er hatte nicht getropft, sondern die Narkoseflüssigkeit im Strahl auf die Maske, den zuckenden Kaninchenkopf und -körper, seine Hose und Hände geschüttet. Ganz sicher hatten er und Monika mehr vom Ätherdampf inhaliert als unser widerspenstiges Kaninchen. Wie sollte man sich auch sonst die Konzentrationsschwäche der beiden erklären?

Seinen Worten folgte ein verzweifeltes Aufbäumen der Häsin, dann ein kühner Sprung in die Tiefe. Mucki hatte seine begrenzte Freiheit wiedererlangt. Alle beteiligten sich nun an der aufregenden Hatz, und englische Lords wären begeistert aufgesprungen, hätten sie doch die Erkenntnis gewonnen, es gibt tatsächlich noch neue Varianten der Hasenjagd. Vier huschende, wild gestikulierende und schimpfende Gestalten jagten einen hakenschlagenden Hasen durch einen Nebenraum der Pathologie. Da, endlich! Ein grüner Kittel, von Ralph als Fangnetz geworfen, flog durch den Raum und beendete die ungewollte Einlage.

Vier Binden, als Schlaufe an jedem Lauf befestigt, spannten

wir nun schräg über ein zweckentfremdetes Teigbrett, das die Auflage unseres OP-Tisches bildete. Mucki hatte keine Chance mehr, sein Rücken wurde auf die hölzerne Unterlage gepreßt. Nur mit dem Kopf konnte er noch zucken, aber nicht mehr lange, dann tat der Äther seine Schuldigkeit.

»Manne, jetzt bist du dran«, dirigierte Ralph.

Der hatte nur auf seinen Einsatz gewartet.

»Gib mal den Rasierpinsel rüber, und den Florena-Schaumspray.«

Geübte Handgriffe folgten.

»So kleine Patienten habe ich noch nie gehabt.«

»Nehmen Sie die Haare vom ganzen Bauch weg«, ermahnte ich, »und am Oberschenkel bis zum Kniegelenk rasieren.«

»Desinfektionslösung wie im OP?« wollte er wissen.

»Wie im OP.«

»Also gut, zweimal Alkohol, dann zweimal Jod.«

Nur gut, daß uns keine Zuschauer störten. Jeder Arbeitsgang wurde improvisiert, war neu und ohne Routine. Doch wir waren ja immer noch beim Vorspiel, denn erst jetzt sollte die Hauptsache beginnen, der schwierigste und wichtigste Teil der Prozedur, die Operation.

Der winzige Patient lag auf dem riesigen OP-Tisch, und der hilflose Blick von Gerling sagte mehr als Worte.

»Die Trage ist viel zu breit.«

Das sah ich auch.

»Mach Deinen Rücken krumm, dann geht's.«

»Ein Bügelbrett als OP-Tisch hätte gereicht«, meinte er.

»Gar keine schlechte Idee. Beim nächsten Mal«, konstatierte ich.

Mit einem drei Zentimeter langen Hautschnitt in der Leistenbeuge wurde die Operation begonnen. Aufsuchen des Gefäß-Nerven-Bündels. Ungewohntes Terrain. Ich tastete zwei winzige Gewebestränge. Es waren tatsächlich die gesuchten Blutgefäße,

die Oberschenkelarterie und die begleitende Vene eines Kaninchens. Sie waren viel kleiner als die Arterie am Handgelenk, an der wir uns oft orientieren, wenn wir den Puls fühlen, und viel kleiner, als ich es erwartet hatte. Dafür war das Freipräparieren einfacher, als ich gedacht hatte, denn es gab kein störendes Fett.
»Klemmen, kleinste Größe.«
Moni reichte zwei Mini-Klemmen.
»Die sind viel zu groß!«
»Kleinere haben wir nicht.«
Die Arterie wurde nach unten und oben abgeklemmt.
»Ich brauche die winzigste Schere.«
Das Instrument wurde gereicht.
»Die ist viel zu groß.«
»Das ist unsere kleinste«, lautete die Antwort.
Dieses kurze Zwiegespräch wiederholte sich mehrmals in gleicher oder ähnlicher Form. Es folgte ein winziger Scherenschlag. Die Hauptschlagader des Oberschenkels am Hinterlauf war durchtrennt.
»Dehnungssonde zum Aufweiten des Gefäßes.«
»Mit welcher Größe beginnen Sie?«
»Halber Millimeter.«
Es folgte das Einführen des winzigen konischen Stäbchens in die durchschnittenen Gefäßstümpfe, zuerst nach oben, dann nach unten. Die elastische Gefäßwand spannte sich unter den Bougies bedenklich, aber sie riß nicht und ließ sich dehnen.
»Nächste Größe.«
Interessierte, gespannte Blicke.
»Geht es?«
»Na klar.«
»Nächste Größe.«
Die Spannung wuchs. Alle Augen waren auf die winzige Wunde gerichtet.
»Weiter. Nächste Größe.«

Wir waren bei einer Stärke von einem Millimeter. Es ging tatsächlich.

»Jetzt die letzte Größe, eineinhalb Millimeter.«

Geschafft. Das müßte reichen. Außendurchmesser knapp zwei Millimeter.

»Lupenbrille.«

Die Entfernung zwischen Auge und OP-Feld mußte bei dieser Sehhilfe 30 Zentimeter betragen. Kürzerer oder weiterer Abstand war nicht möglich. Man brauchte Erfahrung, um sich an diese starre Distanz zu gewöhnen. Manfred, der unsterile Pfleger, setzte mir die Brille auf, drückte sie über der Nase fest, klappte den Lupenaufbau herunter. Ich sah jetzt den winzigen Ausschnitt vierfach vergrößert. Für filigrane Operationen eine großartige Hilfe.

»Nähte, 6 mal Null.«

Monika reichte den Mini-Nadelhalter mit Nadel und Faden.

»Viel zu groß.«

Keine Antwort. Das hieß wieder im Klartext: Kleinere haben wir nicht.

»Also versuchen wir es.«

Aufwand und Konzentration waren beachtlich. Vier Nähte wurden auf der hinteren Rundung des winzigen Gefäßes gelegt, alle Fäden geknüpft, jeder dreimal. Das waren 12 Knoten. Die ersten rissen gleich wieder ein.

»Noch mal Naht.«

Das gerissene Gewebe fehlte, der Platz wurde noch enger. Auf der vorderen Rundung der kleinen Arterie passierte das Gleiche. Vor dem letzten Knüpfen wurde das Dehnungsstäbchen entfernt. Ohne dieses Hilfsmittel wäre die Naht völlig unmöglich, das war mir klar.

»Abwischen!«

Die Schweißperlen der Stirn hatten das Glas der Brille erreicht. Die salzige Flüssigkeit brannte in den Augen. Der Kittel klebte am Hemd, das Hemd auf der Haut. Nach einer Stunde waren Schultern, Arme und Rücken verkrampft.

»Jetzt die Vene.«

»Wollen Sie wirklich noch weitermachen?«

Monika fragte, und ich wußte, woran sie jetzt dachte. Nach kurzer Pause sprach Dr. Gerling unsere Gedanken aus: »Jetzt platzt die Verabredung!«

Monika hatte ein großes Herz, das war bekannt. Ihre neue Flamme war mehrere Jahre jünger als sie, und man rühmte sein Temperament. Monika zog den linken Mundwinkel nach innen, biß sich auf die Unterlippe, sagte nichts.

Doch Dr. Gerling bohrte weiter und meinte: »Das ist doch nicht so schlimm, da geh' ich eben heute abend mit Ihnen aus.«

»Das wäre das letzte.« Das war Moni. Ein vernichtender Blick traf unseren jüngsten und eigentlich attraktiv aussehenden Arzt, der sich wirklich nicht über zu wenig Chancen bei den Schwestern beklagen konnte. Und sie legte noch zu: »Da leb' ich lieber enthaltsam, oder ich geh' ins Kloster.«

»Die armen Mönche«, provozierte Gerling weiter.

»Wie spät ist es eigentlich?« fragte ich, um auf ein anderes Thema zu kommen.

»Gleich 20.00 Uhr.«

»Wie lange haben wir für die Arterie gebraucht?«

»Eine Stunde, vierzig Minuten.«

»Verdammt lange«, sagte ich selbstkritisch.

Ich wußte, daß die Operation an der Vene noch schwieriger war, denn die Wandung war viel dünner, die Fäden hielten noch schlechter. Aber unsere erste OP ging noch nicht in die Wertung der Statistik ein, überlegte ich. Zählte noch als Vorbereitung, war gleichzusetzen mit der Nullserie. Also mußten wir jetzt noch Erfahrungen sammeln, dann sah die Statistik später besser aus.

»Wir machen weiter. Jetzt die Vene.«

Kein Wort der Zustimmung, aber auch keine Ablehnung. Moni

dachte wohl an ihren jugendlichen Liebhaber, Ralph an seinen kleinen Sohn und an das Genörgel seiner Frau, weil er Freitag wieder beim großen Hausputz fehlte. Gerling konnte erst morgen zu seinen Eltern fahren, und Manne verpaßte seine Grillfete. Jeder Nadelstich riß ein kleines Loch in die Wand der Vene. Die eigene Hand war nicht mehr so ruhig wie am Anfang. Ich mußte sie beim Einstich und beim Nähen mit der Außenseite am Holzbrett auflegen, um sie absolut ruhig führen zu können.

»Halt endlich die Pfote still.«

Diese barschen und aufmunternden Worte galten meinem Assistenten. Er wußte nicht, ob ich mit »Pfote« seine Hand oder den Hinterlauf des Kaninchens gemeint hatte. Also schwieg er lieber. Längst war die Abendsonne verglüht, und nur die beiden Schreibtischlampen und das spärliche Oberlicht erhellten den kahlen Raum. Jeder machte seine Arbeit, schweigsam und verbissen. Jetzt mißlang die dritte Naht in Folge.

»Abwischen.«

»Die Nadeln sind viel zu groß«, stellte ich fest.

»Wir haben keine kleineren.«

Immer das gleiche Spiel, immer die gleiche Antwort.

»Das Licht ist nicht exakt eingestellt.«

Neuer Zentrierungsversuch von Manfred.

»Es geht nicht besser.«

Die Konzentration ließ nach. Eine Stunde vor Mitternacht gab ich auf und zog das kleine Dehnungsstäbchen aus dem winzigen Blutgefäß, aus der Vene. In dem Wust der Fäden und Knoten waren die durchschnittenen Gefäßstümpfe, die wir eigentlich vereinigen wollten, fast nicht mehr zu erkennen. Unsere physische Grenze war erreicht, die technische Grenze des Möglichen überschritten, die Grenze der Zumutbarkeit für meine Mitarbeiter überzogen.

»Wir unterbinden das Gefäß nach oben und nach unten. Die Operation ist beendet.«

»Amputieren wir jetzt?« wollte Gerling noch wissen, denn die Hauptvene, zuständig für den Rückstrom des Blutes, war damit ohne Funktion.

»Wir werden drei Tage warten, und wenn wir Glück haben, erholt sich die Arterie. Vielleicht bilden sich Begleitvenen, sogenannte Kollateralvenen.«

Tatsächlich war der Hinterlauf nach drei Tagen normal durchblutet. Also ein Teilerfolg, denn der gut durchblutete Oberschenkel bewies, daß die von uns durchtrennte und wieder genähte Arterie von Blut durchströmt wurde.

Gelegentlich verirrten sich Zuschauer in unsere entlegene Experimentierkammer. Sie wollten den Fortgang unserer Arbeit sehen oder einfach nur ihre Neugierde befriedigen. Als uns Mahmoud Aydanu, der Ausbildungsassistent aus dem Irak, einmal kurz besuchte, kam mir eine Idee.

»Mahmoud, hast du Lust mitzumachen?«

Er war der einzige Assistent, den ich duzte. Er hatte mich bei seiner Einstellung vor zwei Jahren so herzlich und nachdrücklich darum gebeten, daß ich ihm seine Bitte nicht abschlagen wollte. Seine großen, schwarzen Augen unter den buschigen Brauen zeigten einen verklärten Glanz.

»Ich soll heute assistieren?«

Ein breites Lächeln zeigte uns zwei Reihen weißer Zähne, die für jede Blendax-Reklame ausreichen würden.

»Nicht heute, an jedem Freitag.«

Er hob beide Hände bis zur Höhe seines Gesichtes, legte die Handflächen aneinander und verneigte sich wie zu einem moslemischen Gebet. Ausdruck und Gestik übermittelten seine Freude und Dankbarkeit eindringlicher als Worte.

»Das werde ich Ihnen nie vergessen, selbst wenn ich 100 Jahre alt werde.«

Seine blumenreiche Sprache entsprang seinem südländischen Temperament.

»Mahmoud, laß die Sprüche, das bedeutet harte Arbeit.«
»Ich verspreche Ihnen. Mit Freuden werde ich hart arbeiten.«
Er konnte die Sprüche einfach nicht lassen! Natürlich war sein Verhalten nicht immer kalkulierbar, aber wenn wir mit unserer Arbeit Erfolg hatten, reichte das Resultat vielleicht als Material für seine Promotionsarbeit. Denn ohne den »Dr. med.« zählte die Ausbildung in seinem Heimatland Irak nur die Hälfte. Ich wollte ihm helfen und schätzte ihn, denn er hatte entbehrungsreiche Jahre hinter sich, und seine bisherige Laufbahn war nicht immer einfach für ihn gewesen.

Ein Freundschaftsabkommen zwischen FDJ und irakischer Jugendorganisation hatte ihm vor vielen Jahren den Besuch der Weltfestspiele in Berlin ermöglicht. Drei Jahre später stand sein Name zu seiner großen Freude auf einer Austauschliste für Studenten. Die Medizinische Fakultät der Universität Leipzig immatrikulierte ihn, doch hatte sie ihn kurz vor seinem Physikum wieder exmatrikuliert, weil die Finanzierung durch sein Heimatland nicht geklärt war. Seine Familie konnte ihm nicht helfen. Sein strenggläubiger Vater war reich im Glauben an Allah, aber arm an irdischen Gütern, denn er mußte sich noch um die anderen 11 Kinder und seine kranke Frau kümmern. Der Ertrag der kleinen Eisenwarenhandlung reichte für Brot und Reis, so daß niemand hungern mußte, doch alles andere, auch Kleidung und Schuhe, zählte zum Luxus.

Als sein erstgeborener Sohn Mahmoud Mohammed, der Stolz der Familie, wieder nach Hause geschickt werden sollte, um die Arbeit im rostbedeckten Lager der väterlichen Eisenwarenhandlung in Bazra fortzusetzen, nahm der Vater einen Wucherkredit über 2000 Dollar bei 25 % Zinsen auf. Nachdem dieser Betrag in harter Währung bei LIMEX, dem Außenhandelsunternehmen der DDR, gutgeschrieben war, wurde Mahmoud das Physikum und das erste klinische Semester an der Karl-Marx-Universität gestattet, wohl eingedenk der Tatsache, daß der große Namenspatron dieser Hochschule sein Hauptwerk über die Gesetze, den Einfluß und die gesellschaftliche Dekadenz des Kapitals geschrieben hatte.

Nach dem Bankrott seines Vaters und der finanziellen Katastrophe der Familie hatte Mahmoud erkannt, daß Geld allein nicht glücklich macht, und daß man zum persönlichen Vorankommen noch andere Verbindungen braucht. Zumindest hatte ihm das Joachim Merz beigebracht, sein ehrenamtlicher gesellschaftlicher Betreuer, den ihm die FDJ als Berater und Beobachter für die Dauer seines Aufenthaltes in Leipzig bestimmt hatte.

»Mahmoud, wenn du eine deutsche Frau hast, kann Dich niemand mehr aus der DDR vertreiben«, hatte ihm Joachim nachdrücklich versichert. Und der Jugendfreund Joachim Merz mußte das wissen, denn er besuchte jeden Montag das Parteilehrjahr und erhielt auch noch von anderen Dienststellen wichtige Instruktionen. Gemeinsam hatten sie dieses Ziel der Familienplanung in Angriff genommen, hatten Eintrittsgelder für Tanzkasinos und Studentenfeten nicht gescheut und schon nach kurzer Zeit eine angehende Absolventin der Fachschule für Ökonomie gefunden, die sich dafür bestens empfahl. Dagmar war – welch ein Zufall – aus Bernburg, und damit war der Bestimmungsort seiner Ausbildung und unserer Begegnung festgelegt. Übrigens hatte ihm sein Betreuer Joachim nur die halbe Wahrheit gesagt, denn als er nach seiner Eheschließung das erste Mal wieder auf der Ausländerbehörde des Einwohnermeldeamtes in Leipzig den Paß zur Verlängerung vorlegte, erfuhr er, daß die Regelung der Nichtausweisung nur für Familien mit Kindern zutraf. Stolz berichtete er mir, daß er noch am gleichen Abend damit begann, die ersten Voraussetzungen zur Realisierung einer kinderreichen Familie zu schaffen. Tatsächlich hatte Verena schon nach kürzestmöglicher Zeit das Licht der Welt erblickt, denn sie war ein Siebenmonatskind.

»Ich liebe Verena mehr als ihre Mutter«, gestand mir

Mahmoud wiederholt. Vermutlich beruhen die gestörten elterlichen Beziehungen auf Gegenseitigkeit, denn die polygame Vergangenheit von Dagmar war auch in ihrer kleinen Heimatstadt bestens bekannt und wurde gelegentlich um neue Anekdoten bereichert. Wie immer war es bei diesen Geschichten nicht einfach, Dichtung und Wahrheit zu unterscheiden, aber das interessierte mich auch nicht besonders, solange Mahmoud seine Arbeit in der Klinik ordentlich ausführte. Und das tat er. Zumindest bis zu jenem Weihnachtsfest, an dem er am Heiligabend und am darauffolgenden Feiertag zum Dienst eingeteilt war, und als seine persönlichen und dienstlichen Angelegenheiten kollidierten. Ich werde das Gespräch vom ersten Weihnachtsfeiertag nicht so bald vergessen, zu dem mich Mahmoud in die Klinik gebeten hatte, um sich bei mir über die nicht vorhandene Monogamie seiner Ehefrau zu beklagen. Es war gegen 10.00 Uhr, als bei mir das Telefon klingelte. Mahmouds unverwechselbare Stimme mit dem orientalischen Akzent meldete sich: »Herr Chefarzt, ich muß Ihnen etwas über meine Frau sagen. Können Sie sofort in die Klinik kommen?«

Tonfall und Vibration der Stimme ließen auf eine größere Havarie schließen.

»Worum geht es denn?«

»Kann ich nicht sagen. Am Telefon nicht. Ich staune selber, daß ich den Kerl nicht totgeschlagen habe.«

Meine Spannung war am Höhepunkt, aber mehr war aus ihm nicht herauszubringen. Also fuhr ich in die Klinik. Ich wußte, daß Mahmoud zu dem wenig beliebten Feiertagsdienst eingeteilt war, und das wußte offensichtlich seine Frau auch.

Das Schicksal findet manchmal eigenartige Wege, um die Wahrheit ans Licht zu bringen. In Mahmouds Fall hatte sie sich eines alten Bäuerleins bedient. Dieser biedere Landmann wollte für die erfolgreich gelungene Gallenblasenoperation seiner Frau dem Operateur seine Dankbarkeit in Form einer Flugente zum

Ausdruck bringen, was in vorwiegend landwirtschaftlich genutzten Gegenden durchaus nichts Ungewöhnliches ist. Mahmoud war der Operateur, und was lag wohl für den dankbaren Ehemann näher, als dem verdienstvollen Arzt zu Weihnachten einen zart gemästeten und schon gerupften Vogel zur weiteren Bearbeitung für die Bratpfanne zu übergeben?

Mahmoud hatte sich artig dafür bedankt, anschließend die Penizillinfläschchen, Infusionen und Dolcontralampullen im großen OP-Kühlschrank zur Seite gerückt und seine Flugente an diesem Platz untergebracht, weil er sicher war, daß ich am Heiligen Abend nicht das Kühlfach kontrollierte. Doch er wollte auch am ersten Feiertag, an dem ich immer zur Visite kam, nicht ein Donnerwetter riskieren. Also beging er den zweiten Formfehler und entfernte sich sehr zeitig ohne Vertretung und unerlaubt aus der Klinik.

»Ich bin in 10 Minuten wieder da«, hatte er beim Weggehen Schwester Monika noch zugerufen.

»Das geht nicht, Sie haben doch Dienst, was mache ich, wenn jetzt ein Notfall kommt«, hatte Monika ängstlich gefragt.

Nicht gerade höflich hatte er erwidert: »Wenn ich sch ... gehe, dauert das auch so lang. Da mußt du eben sehen, wie du klar kommst.« Und schon war er weg.

Natürlich wußte auch seine Frau Dagmar, oder Daggilein, wie er sie manchmal nannte, daß er frühestens am zweiten Feiertag gegen 8.00 Uhr zu Hause sein konnte.

»Als ich Tür aufschloß«, berichtete er mir, »wunderte ich mich schon, daß fremder Mantel am Haken hing. – Küche war leer, Wohnzimmer war leer, Klo war leer, also ging ich ins Schlafzimmer.«

Dort traf er Dagmar, in flagranti, mit einem Freund der Familie, der zu allem Unglück noch Justitiar war.

»Ich überlegte, wen ich zuerst umbringe, meine Frau oder das Schwein. Verdient hatten sie es beide«, übermittelte er mir glaubhaft.

Den Weihnachtsgruß in Form der Flugente warf er seiner Frau an den Kopf. Es entstand kein größerer Sachschaden. Dann nahm er die Glasplatte von seinem eigenen Nachttisch, ließ die daraufstehende Lampe, Bücher und Eau-de-Cologne-Flasche in die Tiefe stürzen und schlug sie dem Anwalt über den Schädel.

»Und jetzt kommen Sie mit«, sagte er mir, ergriff den Ärmel meines Kittels und zog mich in den Nebenraum, »hier liegt das Schwein.«

Ich ahnte Schlimmes, und tatsächlich lag hier ein massiger Körper mit dem Kopf in einer großen Blutlache. Ich schob den blutdurchtränkten Verband in die Höhe und sah die 15 cm lange, weit klaffende Kopfplatzwunde über einem verstörten und verängstigten, ziemlich blutleeren Gesicht.

»Wie sind Sie hergekommen, wer hat Sie hierher gefahren?« fragte ich.

Das Kinn auf die Brust gepreßt, die Augen geschlossen, zeigte er mit dem abgewinkelten Daumen in die Richtung, aus der Mahmouds Stimme kam.

»Mahmoud.«

»Und wer hat Sie verbunden?« wollte ich noch wissen.

Der Daumen markierte die gleiche Richtung.

»Mahmoud.«

»Wir müssen die Wunde nähen. Erst müssen wir die Wundränder ausschneiden. Wir machen das in örtlicher Betäubung. Sie werden nichts spüren.«

Er nickte. Zu Mahmoud gewandt, fuhr ich fort:

»Setzen Sie die Lokale, 20 Kubikzentimeter Jenacain, 1%ig. Ich werde Ihnen assistieren.«

»Nein, bitte nicht. Nein. Nein. Ich möchte das nicht nähen.«

Er stampfte mit seinen abgetretenen schwarzen Schuhen auf die stumpfen Fußbodenfliesen und glich eher einem ungezogenen Schuljungen als dem diensthabenden Arzt eines Krankenhauses.

»Sie haben ihn hergefahren, Sie haben den Verband gemacht,

Sie haben den Unfall verursacht, und Sie haben Dienst. Also werden Sie das auch wieder in Ordnung bringen. Und zwar ohne Widerrede. Das ist eine dienstliche Anweisung. Ich werde Ihnen assistieren.«

Er sträubte sich und blieb Sieger. Widerwillig und knurrend führte ich seine Arbeit aus, setzte die Lokale mit vier Einstichen, wartete wenige Minuten und schnitt dann mit dem großen Skalpell einen zwei Millimeter breiten Hautstreifen von jedem Wundrand ab, bevor ich mit kräftiger Nadel die Fäden durch die derbe Kopfhaut zog und anschließend knotete. Als der Verband fest angewickelt war und ich mich zum Gehen wandte, begleitete mich Mahmoud noch über den OP-Flur bis zum Ausgang, um mir dort mit konspirativer Stimme zuzuraunen:

»Als das Schwein vor mir am OP-Tisch lag und ich Messer sah, dachte ich, steche ich jetzt zu oder assistiere ich? Aber ich blieb ruhig.«

Andere Länder, andere Sitten, für Mentalitäten gibt es wohl keine Norm, noch dazu bei temperamentvollen Ausländern.

Doch kehren wir zurück zu unseren Tierexperimenten. Vier Monate waren vergangen, und wir operierten schon lange nicht mehr bei Abendsonne, denn sie ging bereits am späten Nachmittag unter. Es gab kein Improvisieren mehr. Die Teamarbeit war eingespielt, jeder Handgriff Routine. Gerling führte die Versuchsprotokolle, und jedes Tier hatte seinen Namen, außerdem eine fortlaufende Nummer. Bruno lag auf dem Operationstisch, Tier Nummer 21. Zur Narkoseeinleitung spritzten wir jetzt ein halbes Gramm Hexobarbital, das wir bei Menschen als Kurzschlafmittel gaben. Nach fünf Minuten war damit jedes Kaninchen ein folgsamer Patient.

Die Naht der Arterie war nichts Besonderes mehr. Auch diese Arbeit war Routine, in 20 Minuten beendet, und – was das Wichtigste war – es gab kaum Versager. Die Vene dagegen erforderte immer höchste Konzentration und ein absolut fehlerfreies Arbeiten. Schon das kleinste Vibrieren der Hand konnte den Erfolg gefährden. War die extrem dünne Wand erst einmal beschädigt oder eine einzige Naht ausgerissen, war meist die ganze Anastomose nicht mehr zu retten. Aus dieser Erfahrung hatten wir gelernt und durch diese Fehler eine wichtige Erkenntnis gewonnen: Das Fehlen der Hauptvene wurde durch die rasche Ausbildung von Begleitvenen kompensiert, so daß es zu keiner Abstoßung des Transplantates, also des Oberschenkels, kam. Ob das beim Menschen auch so funktionierte?

Nach einem halben Jahr hatten wir unser selbst gestelltes Ziel erreicht und 32 Oberschenkelarterien und die gleiche Zahl an Oberschenkelvenen nach der neuen Methode genäht. Der kombinierte Einsatz von Dehnungsstäbchen und Lupenbrille hatte sich bestens bewährt. Die schönste Erfahrung meiner Experimente war die Begeisterung und Motivation meiner sieben Mitarbeiter. Ohne ihren unermüdlichen Einsatz wäre der Erfolg nicht möglich gewesen. Niemand hatte die vielen 100 Stunden aufgeschrieben, die jeder einzelne geleistet hatte. Warum taten sie das? Die Frage wurde häufig von Gästen und Zuschauern gestellt, die sich gelegentlich vom Fortgang unserer Arbeit überzeugten. Ich konnte sie nicht plausibel beantworten. Warum taten sie das? Zum Nulltarif! Niemand bekam eine Überstunde vergütet, und sie führten ihre zusätzliche Arbeit mit Fröhlichkeit und ohne Murren aus. Woher kam die Motivation? War es das Gefühl, im Team an einer großen Aufgabe mitzuwirken? Ich weiß es auch heute noch nicht. Ich hatte niemanden zur Mitarbeit überreden oder drängen müssen. Ich versuchte einfach, sie zu überzeugen, und das war mir wohl bei jedem einzelnen gelungen. Alle führten ihre Zusatzarbeit freiwillig aus, keiner wollte seinen Stammplatz in unserem Team an einen anderen abgeben. Früher erklärten wir dieses Verhalten nur sehr unvollkommen mit dem Wort Kollektivgeist, heute heißt es Teamgeist. Das Wort hat sich geändert, der Begriff ist geblieben, doch eine Erklärung für dieses Phänomen haben wir nicht. Als ich

Dietmar Gerling später einmal fragte, warum er diese Mehrarbeit auf sich nahm, antwortete er mir in seiner unkonventionellen Art: »Es gibt im Leben nur wenige Dinge, für die wir uns begeistern. Also müssen wir die wenigen, die wir finden, festhalten. Sie hatten es verstanden, die Leute zu begeistern, und wir fühlten uns wohl in der Gemeinschaft.«

Nach einem halben Jahr übertrugen wir unsere Ergebnisse in mehrere Statistiken und graphische Darstellungen, und ich fertigte einige Makroaufnahmen während der letzten Operationen an. Außerdem faßte ich die Ergebnisse in einer Auswertung zusammen und schilderte die Problemstellung in einer Einleitung. Unsere wissenschaftlichen Arbeiten »Tierexperimentelle Studien zu einer neuen Technik der Naht kleiner Gefäße« waren fertig und wurden in einigen Zeitschriften veröffentlicht.

Die mühsame Vorarbeit war erledigt, und wir gingen nun in Warteposition, denn wir wollten in der Praxis zeigen, was wir konnten. In den nächsten Wochen und Monaten kam natürlich nicht der von uns sehnlichst erwartete Patient, der unsere Bedingungen erfüllte. So blieb uns nichts anderes übrig, als alle 14 Tage ein Kaninchen zu operieren, um in der Übung zu bleiben, um die schwierige Technik der Naht sehr kleiner Gefäße nicht zu verlernen. Trotz vieler Unfälle in unserer Ambulanz mußten wir keine traumatischen Amputationen behandeln, an denen wir unsere Erfahrung in die Praxis umsetzen konnten.

Das erwartete Unglück ereignete sich an einem Samstag im November. Herr Schmieder aus Nienburg hatte an diesem Vormittag Holz gehackt. Er besaß in dieser Tätigkeit wenig Übung, denn von Beruf war er Direktor einer Landwirtschaftsschule. Das niedersausende scharfe Beil – mit der rechten Hand geführt – glitt ab und traf den linken Zeigefinger schräg über dem Grundgelenk. Haut, Sehnen, Knochen, Gefäße und Nerven waren mit einem Schlag durchtrennt.

Die Ehefrau und ein Nachbar waren sofort zur Stelle und führten die Erste Hilfe aus. Frau Schmieder berichtete sehr anschaulich über den weiteren Ablauf. Ein Verbandskästchen wurde gesucht und auch gleich gefunden. Der erste Verband um die linke Hand und den Fingerstumpf war schon nach wenigen Sekunden blutig durchtränkt. Die spritzende Blutung kam erst zum Stehen, als der Nachbar einen Stauschlauch am linken Oberarm angelegt und mit einiger Gewalt festgezogen hatte. Nachdem die Blutung stand, wurde der Handverband erneuert, der abgehackte Zeigefinger vorsichtig in Mull gewickelt und der Arm auf einer Schiene befestigt.

Der Nachbar erzählte später, daß er die 9 Kilometer bis zur Kreisstadt noch nie in einer so kurzen Zeit gefahren war. Schon nach wenigen Minuten nahm er die leichte Steigung zur Auffahrt vor der Chirurgischen Notaufnahme. Der diensthabende Arzt, es war Dr. Meier, sah sich den Schaden an, machte ein ernstes Gesicht und meinte:

»Herr Schmieder, Sie haben da schon die Hälfte der Arbeit selbst erledigt. Der linke Zeigefinger ist amputiert. Wir müssen den Knochen nur noch ein bis zwei Zentimeter kürzen, um einen guten Stumpf zu bilden. In zwei bis drei Wochen ist alles geheilt. Ich muß vorher noch meinen Hintergrunddienst informieren, dann beginnen wir mit der Operation.«

Herr Schmieder nickte wortlos. Was gab es da noch zu fragen oder zu erklären? Ich hatte an diesem Tage Hintergrunddienst, und mein Telefon klingelte nach wenigen Minuten. Dr. Meier berichtete in seiner gewohnt kurzen und knappen Form:

»42jähriger Patient hat seinen linken Zeigefinger abgehackt, etwa einen Zentimeter über dem Grundglied. Saubere Wundverhältnisse. Ich schlage vor, den Knochen bis unter das Grundgelenk zu kürzen, dann habe ich genügend Haut zum Verschluß der Wunde. Wir können den Patienten ambulant behandeln.«

»Wann war der Unfall«, fragte ich, »und wie sieht der Finger aus?«

Kurze Sendepause am anderen Ende der Leitung, und nach einigem Zögern: »Wie meinen Sie das mit dem Finger, der ist doch abgetrennt.«

»Ich weiß. Aber hat der Finger Begleitverletzungen, ist er gequetscht, wie sieht die Wunde am Finger aus?«

Wieder kurze Pause. »Das muß ich mir erst mal ansehen. Da müssen wir den Finger suchen. Moment, bitte.«

Hastiges Hantieren, halblautes Rufen und Rascheln im Hintergrund, dann die Antwort:

»Ganz glatter Schnittrand, keine Zusatzverletzungen. Der Finger sieht fast weiß aus, wie ein Finger in der Pathologie.«

»Nichts machen«, ordnete ich an, »auch nichts an der Wunde. Ich schau mir alles selbst an.«

Nach weiteren 10 Minuten parkte ich vor der Notaufnahme, ging eilends in den kleinen Saal. Herr Schmieder lag auf dem OP-Tisch, empfing mich mit einem sehr kritischen Blick. Kurze Begrüßung, kurze Fragen zum Unfallhergang. Ich untersuchte die Hand, sah mir genau die Wunde an, bewegte passiv die anderen Finger, ließ mir den abgetrennten Zeigefinger zeigen.

Jetzt war wieder eine Blitzentscheidung fällig. Ich mußte Zeit gewinnen, wenigstens ein paar Minuten, um in Ruhe überlegen und entscheiden zu können.

»Wo ist die Ambulanzkarte?«

Ich erhielt das fast leere Blatt. Die Personalien standen am oberen Rand, darunter die kurze und schon bekannte Vorgeschichte. Ich schaute lange auf die Karte, ohne sie zu lesen, überlegte. Waren unsere Tierexperimente möglicherweise die Vorarbeit zur Behandlung dieses Patienten? War Herr Schmieder der richtige Patient für unsere erste Replantation? Ich konnte mir nach unseren mühsamen Tierexperimenten günstigere Bedingungen für die erste Operation an einem Menschen vorstellen. Eine Fingerarterie war viel schwieriger zu rekonstruieren als die wesentlich größere Schlagader an der Hand oder am Fuß. Noch nie war eine Fingerarterie ohne Operationsmikroskop genäht worden, auch nicht in Spezialkliniken. Das wußte ich ganz genau. Sollte Herr Schmieder nun der erste sein? Ein Mißerfolg am Ende unserer langen Bemühungen würde die Hälfte meines Kredits bei allen meinen Mitarbeitern verspielen, auch das wußte ich. Jeder weitere Replantationsversuch wäre dann durch diesen Mißerfolg belastet. Ich hatte jetzt kein eingespieltes, erfahrenes Operationsteam, nur die zufällig zusammengewürfelte Dienstgruppe eines Sonnabends stand mir zur Verfügung. War das ausreichend? Jetzt mußte ich eine Entscheidung in Ruhe und mit Überlegung treffen! Wie beurteilte ich die Erfolgsaussichten?

50 Prozent? Wahrscheinlich geringer, viel geringer.

War es einen Versuch wert? Es war einen Versuch wert!

Ich schob den Drehhocker neben den OP-Tisch, setzte mich an die Seite des Patienten.

»Herr Schmieder, ich mache Ihnen einen Vorschlag. Wir können versuchen, den Finger zu retten. Das wird folgendermaßen aussehen: Zunächst wird der Knochen operativ stabilisiert, von innen mit einem Metallstäbchen geschient. Dann werden die Blutgefäße genäht, danach die Strecksehne und zum Schluß wird die Haut wieder genäht. Ich glaube, das ist einen Versuch wert.«

Ich verschwieg jetzt noch, daß eine zweite OP für die Naht der Beugesehne nötig wäre. Herr Schmieder überlegte. Die Entscheidung fiel ihm nicht leicht.

»Wie lange dauert das? Wie lange bin ich dann krank? Wie sicher ist das?«

»Das sind ja gleich viele Fragen. Die Operation dauert 3–4 Stunden, sie müssen mit 10 Tagen Krankenhausaufenthalt rechnen. Außerdem wird in vier Wochen in einer zweiten Operation die Beugesehne genäht, die Fingernerven werden rekonstruiert, es vergehen bis zur Heilung nochmals 4–6 Wochen. – Ja, und Ihre letzte Frage nach der Sicherheit kann man natürlich nicht ganz exakt beantworten. Ich denke aber, daß Sie mit einer

50%igen Sicherheit rechnen können, daß der Finger wieder anwächst.«

»Und wenn Sie den Finger amputieren?«

»Wenn wir einen Stumpf bilden, müssen wir das Fingergrundgelenk wegnehmen, also um zwei Zentimeter kürzen. Diese Operation können wir ambulant ausführen. Zur Ruhigstellung der Hand wird dann noch eine Schiene angelegt. In zwei Stunden sind Sie wieder zu Hause. Wenn alles glatt heilt, ist die Behandlung in zwei bis drei Wochen abgeschlossen.«

Nach kurzem Überlegen kam seine klare Entscheidung.

»Amputieren Sie den Finger, nähen Sie die Wunde zu, und legen Sie mir eine Schiene an. Dann bin ich in zwei Wochen mit allem fertig.«

Ich war tief enttäuscht und versuchte, meine Enttäuschung vor dem Patienten zu verbergen.

»Herr Schmieder, überlegen Sie es sich gründlich. Man kann diese Entscheidung nämlich nicht mehr rückgängig machen. Der Zeigefinger ist wichtig, auch auf der linken Seite. Ich will Ihnen helfen, den Zeigefinger zu erhalten, auch wenn ich Ihnen natürlich keine Garantie geben kann, daß es gelingt. Es ist aber einen Versuch wert.«

»Wie viele dieser Operationen haben Sie schon ausgeführt?«

Da war sie, die Gretchenfrage, und es gab bei der Antwort kein Ausweichen.

»Wir haben auf diesem Gebiet Erfahrungen, aber wir haben so eine Operation noch nicht ausgeführt. Wir haben eine neue Methode in Tierexperimenten entwickelt. Die Gefäßnaht, und das ist das Wichtigste bei dieser Operation, ist zuverlässig. Ich kann Ihnen diese Operation empfehlen und bin überzeugt, daß es für Sie das beste ist.«

Es entstand eine längere Pause. Herr Schmieder drehte den Kopf zum Fenster und überlegte, dann wandte er den Blick wieder zu mir.

»In Tierexperimenten? Ich bin also der erste Patient, der erste Mensch, bei dem diese neue Methode gemacht wird?«

»Ja.«

Kurzes Überlegen. Dann schüttelte er den Kopf.

»In zwei Wochen haben wir in der Bezirksleitung in Halle eine Planungskonferenz. Da wird über die Perspektive meiner Fachschule beschlossen. Ich halte das Referat nach dem 1. Sekretär. Das kann ich nicht ausfallen lassen. Das ist ganz wichtig. Machen Sie die kleinere Operation, amputieren Sie.«

Kurze Pause. Es fiel mir sichtlich schwer, äußerlich ruhig zu bleiben, doch ich wagte noch einen letzten Versuch.

»Herr Schmieder, ich gebe Ihnen jetzt eine halbe Stunde Zeit zum Überlegen. Dann sagen Sie mir Ihre Entscheidung, und ich akzeptiere diese.«

Er nickte, und wir trennten uns für die vereinbarte Zeit. Erst später erfuhr ich, daß unser OP-Pfleger Manfred Bergner der einzige war, der meine Anweisung nicht gehört oder überhört hatte, keine Gespräche mit dem Patienten zu führen, um ihn in seiner Entscheidung nicht zu beeinflussen. Es war psychologisch nicht unklug, daß Manne ihm ausführlich und begeistert von unseren vielen Tierversuchen erzählte, denn er hat damit maßgeblich seine Entscheidung beeinflußt, und er hat damit – wissentlich oder unwissentlich – meine Absicht wesentlich unterstützt.

Ich nutzte die Zwischenzeit, ließ mir eine 5ccm-Spritze mit Heparin aufziehen, einem Mittel, das frische Blutgerinnsel auflösen kann, und verlangte dazu die dünnste Kanüle. Dann nahm ich die Petri-Schale, in der der abgetrennte weiße Zeigefinger zwischen zwei Mullkompressen lag und ging in Begleitung einer Schwester in den Nebenraum. Ich schob die winzige Nadel in die beiden Fingerarterien, spülte einige Kubikzentimeter Heparin ein, um den Durchfluß der kleinen Gefäße frei zu halten und die Blutgerinnung im amputierten Finger zu verhindern.

Anschließend frischte ich den Hautrand an, indem ich einen 1mm breiten Hautsaum zirkulär abtrennte. Mit einer metallenen Raspel glättete ich den Knochenstumpf, und damit beendete ich die Vorbereitungen für eine eventuelle Fingerreplantation.

Sehr pünktlich nach 30 Minuten betrat ich den kleinen Operationssaal und schaute auf meinen Patienten. Aus seinem Gesicht waren Anspannung, Schmerz und Hektik gewichen.

»Herr Doktor, ich hab´s mir überlegt. Versuchen Sie, den Zeigefinger zu erhalten.«

Ich wunderte mich über seine Meinungsänderung, vermied aber jeden Kommentar und stellte keine weiteren Fragen, um ihn nicht noch einmal umzustimmen. Ich legte nur die Hand auf seinen Arm und versicherte ihm aus tiefster Überzeugung: »Sie dürfen ganz sicher sein, wir werden uns die größte Mühe geben.«

Herr Schmieder wurde vom Vorbereitungsraum in den OP gefahren und auf dem Tisch in der Mitte des Raumes gelagert. Der verletzte Arm lag auf der abgewinkelten Stütze, die an der linken Seite des OP-Tisches angeschraubt wurde. Der breite Lichtkegel der Lampe wurde auf die Hand gerichtet. Das Operationssieb und ein Zusatzsieb mit den winzigen Spezialinstrumenten lagen bereit, außerdem das kleine Knochenbesteck. Die Narkose konnte beginnen.

»Warum Narkose? Ich denke, das kann man auch in örtlicher Betäubung machen?« Herr Schmieder war ein kritischer Patient.

»Das stimmt«, erklärte ich ihm, »aber wir haben mehr Ruhe, wenn Sie schlafen.«

Er willigte ein.

Ich hatte ihm nichts Unwahres gesagt, trotzdem war es nur die halbe Wahrheit. Ich hatte nämlich unseren Anästhesisten nur deshalb um die Narkose gebeten, um störende Fragen eines kritischen Patienten zu vermeiden, der natürlich mißtrauisch würde, wenn er merkte, daß wir improvisierten. Und improvisieren mußten wir, das war mir klar.

»Die Oberarmmanschette anlegen, aber noch keinen Druck geben.«

Ich wollte die Blutsperre und den Druck am Oberarm auf eine möglichst kurze Zeit begrenzen, um die Durchblutung nicht zu lange einzuschränken.

»Abwaschen, dreimal Alkohol, zweimal mit Jod.«

Gewohnte Arbeitsgänge folgten.

»Abdecken.«

Die Vorbereitung jeder Operation lief automatisch ab, es war eigentlich kein Wort nötig. Trotzdem ertappte ich mich immer wieder dabei, daß ich Selbstverständlichkeiten anordnete. Wahrscheinlich war das nur ein Abreagieren der Anspannung, ein Entladen der aufgestauten Energie.

Das taktische Vorgehen, der Operationsplan, lief vor meinen Augen wie ein Drehbuch ab, nur viel schneller. In wenigen Sekunden war es bis zur letzten Seite durchgeblättert. Die Selbstdisziplin führte zur höchsten Konzentration, ein eingespielter Vorgang. Nur jetzt keinen Fehler machen, ging es mir durch den Kopf. Ich begann mit einer sparsamen Korrektur, schnitt einen winzigen Hautring vom Stumpf ab, etwa einen Millimeter breit, um die Wunde anzufrischen, entfernte einige gequetschte Gewebsfasern und winzige Knochensplitter. Die saubere, glatte Wunde lag nun vor mir.

»Bitte den Finger.«

Die Petrischale wurde mir zugereicht. Ich klappte die sterile Kompresse zurück, nahm den abgetrennten Finger, der an eine Nachbildung aus Wachs erinnerte, legte ihn an seine richtige Position. Dann führte ich am Handrücken einen acht Zentimeter langen Schnitt über der Strecksehne aus. Sie war zurückgerutscht, aber gut beweglich.

»Knochenbohrer, fünf Millimeter.«

Durch das Grundgelenk wurde das isolierte Knochenstück in Längsrichtung aufgebohrt, das Bohrloch erweitert und ein Metallstab in den inneren Markraum des verletzten Knochens geschoben. Dieser sogenannte Rush-Pin sollte beide Knochenstücke miteinander verbinden. Ich führte das andere Ende des kurzen Stabes in das Grundglied des abgetrennten Fingers. Eine Knochenplatte aus einem Mini-Instrumentarium zum Verschrauben kleinster Fragmente wäre das bessere und elegantere Verfahren gewesen, doch diese stand uns erst viel später, nach ungefähr 10 Jahren, zur Verfügung. Die durchtrennten Knochenstücke waren nun miteinander verbunden, aber sie waren nicht rotationsstabil. Eine zusätzliche Draht-U-Naht, durch winzige Bohrlöcher gelegt, verband die beiden Knochenstücke und verhinderte ein Abgleiten.

Der nächste Programmpunkt war die Naht der durchtrennten Strecksehne – ein Routineeingriff, den man im zweiten oder dritten chirurgischen Ausbildungsjahr erlernt.

Danach kam die Stunde der Bewährung, die Naht der winzigen Fingerarterie und der dazugehörenden Vene. Ein vier Zentimeter langer Schnitt, von der Wunde zur Hohlhand geführt, legte uns den Stumpf der Beugesehne frei, außerdem die beiden Gefäßnervenbündel. Mit Heparin beseitigte ich die Blutgerinnsel an den zuführenden Fingergefäßen. Nach kurzem Bemühen floß ein kleiner Strahl hellroten Blutes pulsierend aus einem zentralen Gefäßstumpf, und nach kurzem Warten passierte das Gleiche an der anderen Seite.

»Blutsperre füllen.«

Die Manschette am Oberarm wurde aufgeblasen. Langsam kamen die kleinen Blutströme zum Stehen. Erst jetzt erkannte ich die Kleinheit in unserem Operationsgebiet. Die Gefäßstärke betrug etwa einen Millimeter. Eigentlich sollte ich hier wohl aufgeben, es war einfach zu winzig. Doch ich war weit entfernt von dem Gedanken der Resignation.

»Bougies, zum Aufdehnen der Gefäße. Wir fangen mit einem Millimeter an.«

Nach mehreren Versuchen unterbrach ich. Es ging nicht.
»Schere. Ich kürze das Gefäß um ein winziges Stück. Dann habe ich bessere Ränder zum Nähen. – Ich brauche die Lupenbrille.«
Nach kurzem Bemühen erneute Fehlanzeige. Es war nicht möglich.
»Heparin. Ich spüle den Gefäßstumpf an.«
Wenigstens hier ein kleines Erfolgserlebnis, die winzige Verklebung ließ sich lösen. Endlich steckte der kleine Bougie in der Öffnung. Nach langen und bangen Minuten schafften wir es, das Gefäß bis auf zwei Millimeter zu weiten. Das müßte für die Naht reichen.
»Jetzt das Gefäß am Finger.«
Höchste Konzentration. Atemlose Stille. Eine reichliche Stunde nach Operationsbeginn lag das schmale Dehnungsstäbchen der passenden Größe in beiden Gefäßstümpfen.
»Naht, achtmal Null, drehrund. Ich will versuchen, sechs Nähte anzulegen.«
Beim Nähen legte ich die Hand auf die Unterlage des Armtisches, um jede unkontrollierte Bewegung, jedes Vibrieren auszuschließen. Unsere Arbeit war vergleichbar mit dem Versuch, ein Loch in einem feingesponnenen Spinnennetz zu verschließen. Vier Nähte lagen schließlich an der richtigen Stelle.
»Ist das eine Schwerstarbeit«, murrte ich.
Ob jemand versteht, daß Filigranarbeit eine Kraftanstrengung sein kann?
Durch vorsichtiges Vor- und Zurückschieben gelang es, das Dehnungsstäbchen zwischen zwei Nähten zu entfernen. Der Zwischenraum wurde mit einer zusätzlichen Naht verschlossen. Mehr ging nicht. Ob das hielt? Ob im Inneren noch ein winziger Hohlraum für den Durchfluß des Blutes geblieben ist? Gleich würden wir es wissen.
»Öffnen der Blutsperre!«

Die Luft aus der Oberarmmanschette wurde abgelassen.

»Manschette bitte ganz entfernen, aber langsam.«

Gespanntes Warten. Nach wenigen Augenblicken sickerte Blut aus den Rändern der Anastomose, aus jedem Stichkanal.

»Bleibt ruhig, das verklebt,« sagte ich leise, kaum hörbar.

Nach zwei oder drei Minuten blutete es auch aus der noch nicht genähten Vene. Das Gefühl einer unbändigen Freude erfüllte mich. Wir hatten den eindeutigen Beweis, daß unsere neue Gefäßverbindung durchgängig war. Das Blut strömte wieder in den amputierten Finger, wurde durch die Vene zurückgeleitet. Ich sah das langsam herausquellende Blut, in vierfacher Vergrößerung.

«Seht ihr, wie das Blut aus der Vene kommt?« Ich wollte meine Freude auch den anderen mitteilen, doch die Begeisterung meiner Mitarbeiter hielt sich in Grenzen. Aber sie mußten den Vorgang ja ohne Lupenbrille erkennen, oder zumindest erahnen, oder mir nur glauben, denn sehen konnten sie es nicht.

»Wieviel Zeit ist vom Unfall bis jetzt vergangen?«

»Sechseinhalb Stunden.«

»Das ist akzeptabel. Ab jetzt wird der Finger wieder durchblutet«, erklärte ich. »Wenn in der Zwischenzeit keine bleibenden Gewebsschäden entstanden sind, dann erholt er sich wieder.« Und als Selbstgespräch ergänzte ich noch: »Wir haben den Finger kühl gelagert, also den Stoffwechsel gesenkt, mehr kann man nicht machen.«

Die Hektik war gewichen. Nun arbeiteten wir nicht mehr gegen die Zeit, konnten in Ruhe die nächsten Schritte vorbereiten. Die nächsten Schritte? Jetzt kam das Gleiche noch einmal, nur unter erschwerten Bedingungen, denn die Wand der Vene war noch wesentlich dünner.

Heparinspülung – Dehnungsstäbchen einsetzen – Aufweiten der Gefäßöffnungen – Anlegen winzigster Nähte.

Nach weiteren 90 Minuten war auch das geschafft. Die

leichene Blässe des abgetrennten Fingers war einem zarten Gelb gewichen. Ob die Durchblutung reichte? Diese bange Frage würde mich auch noch die nächsten Tage begleiten.

Heute – 30 Jahre später, werden natürlich beide Fingerarterien genäht. Allerdings mit Operationsmikroskop, und in einigen großen Kliniken sogar schon computergestützt. Aber man kann seiner Zeit nur wenig vorauseilen, und man kann diese beiden Zeiten nicht miteinander vergleichen. Ich wußte von anderen Unfällen und von inkompletten Amputationen, daß gelegentlich eine Arterie für die Erhaltung des Fingers genügt. Warum sollte das nicht auch bei unserem Patienten ausreichen? Ob wir korrekt gearbeitet hatten? Es gab keine Vergleiche. Noch nie wurde eine Fingerarterie »Frei-Hand«, also ohne Operationsmikroskop, genäht. Ich entschied, daß die anderen Fingergefäße unterbunden wurden, also ohne Funktion blieben.

»Nun noch feine Nervennähte, nur zum Adaptieren.«

Die Nervenstümpfe wurden mit einer Rasierklinge angefrischt, also 2 mm gekürzt und aneinandergelegt. Das seitliche Gewebe wurde mit zwei winzigen Nähten adaptiert.

»Wir legen zwei kleine Drains, danach lockere Hautnähte.«

Alles andere war Routine, auch das Anlegen der Gipslonguette. Die Bindentouren wurden so gelegt, daß jeder Druck vermieden wurde und die Kuppe und der Fingernagel des Zeigefingers zu sehen waren, um die Durchblutung beurteilen zu können.

Nach vier Stunden war Herr Schmieder wieder munter. Er wollte seinen Zeigefinger sehen. Ich konnte ihm seinen Wunsch nur zum Teil erfüllen, denn er konnte nur die vordere Kuppe sehen. Alles andere war unter dem Verband verborgen. Er schien zufrieden.

»Wird er wieder anwachsen?« wollte er noch wissen.

»Wenn wir beide großes Glück haben: Ja«, erwiderte ich.

Sein Kopf glitt müde zurück in das Kissen, er schloß die Augen und schlief weiter.

Wenn unsere mühsam geschaffene Anastomose verklebt, würde der Finger blauschwarz werden. Ängstlich achtete ich deshalb auf jede Farbveränderung. Eine Revision war technisch nicht mehr möglich. Nach zwei Tagen wechselte ich den Verband. Die Farbe des Fingers war Zartrosa, also alles in Ordnung. Ich entfernte die Drainagen und nach weiteren acht Tagen die Fäden. Die Wunde heilte problemlos, wie nach einer einfachen Schnittverletzung.

Zwei Wochen nach der Operation hielt Herr Schmieder auf der Planungskonferenz des Bezirkes Halle sein Referat. Er war stolz darauf, gleich nach dem 1. Sekretär sprechen zu dürfen. Sein Erweiterungsbau wurde in den Plan aufgenommen, die Investitionen wurden genehmigt.

»Den Finger kann ich jetzt wieder gerade machen«, erklärte er mir lachend nach der dritten physiotherapeutischen Behandlung, »nur beugen geht noch nicht.«

»Das wird auch erst gehen, wenn ich bei Ihnen eine Beugesehnenplastik ausgeführt habe.«

»Warum haben Sie die nicht gleich bei der ersten Operation gemacht?« wollte er wissen. Die Frage war berechtigt, und da Herr Schmieder ein kritischer Patient war, wollte er immer alles ganz genau wissen.

»Die Sehnennaht liegt in unmittelbarer Nähe der Gefäßnaht. Wir hätten die winzige Anastomose am Gefäß gefährdet, wenn wir beides gemacht hätten. Außerdem muß eine genähte Beugesehne schon nach kürzester Zeit bewegt werden, um nicht zu verkleben, die genähten Gefäße brauchen aber eine absolute Ruhigstellung.«

Das leuchtete ihm ein.

»Wann machen Sie also die Plastik an der Beugesehne?«

»Sechs Wochen nach dem Unfall ist eine gute Zeit.«

»Einverstanden.«

Er blieb nach der zweiten Operation noch fünf Tage im Krankenhaus, danach war er wieder als Direktor seiner Fachschule tätig. Nach vier Monaten erklärte ich ihm:

»Wir haben jetzt den Endzustand erreicht. Es wird eine kleine Bewegungseinschränkung des Zeigefingers zurückbleiben. Außerdem wird der Finger immer kälteempfindlich bleiben. Wir werden aber noch einige abschließende Fotos und Röntgenbilder anfertigen, weil sich auch andere Ärzte für das Ergebnis bei Ihnen interessieren. Außerdem weiß ich, daß mir viele Kollegen nicht glauben werden, wenn ich denen nur erzähle, was ich gemacht habe, ohne Bilder zu zeigen.«

Ich hatte auf mehreren Fachtagungen über unsere Experimente und über die »Erfolgreiche Replantation eines Zeigefingers« berichtet, auch auf dem Internationalen Traumatologenkongreß in Budapest. Ohne Bilder wäre es mir nicht gelungen, die vielen Zweifler und Skeptiker zu überzeugen, die erst dann verstummten, als wir in den folgenden Jahren noch eine Hand und einen Unterschenkel replantierten. Die neue Methode half uns ebenfalls, als wir bei dem kleinen Denis die Folgen einer schweren Kindesmißhandlung nur durch den Einsatz der Bougies beseitigen konnten, doch werde ich darüber im folgenden Kapitel berichten.

Die neue Methode wurde leider nicht in größerem Umfang von anderen Kliniken übernommen, denn die Technik war zu schwierig und mußte erst wie bei uns durch eine lange und aufwendige Lernphase erworben werden. Für uns war aber neben einigen Erfolgen im klinischen Alltag die Bestätigung wichtig, daß man eine Herausforderung annehmen soll, wenn man glaubt, daß man damit zur Lösung eines Problems beitragen kann.

Bei der letzten Vorstellung schaute ich Herrn Schmieder lange an und fragte dann unvermittelt: »War es richtig, daß ich Sie zur Operation gedrängt habe? Der Aufwand war doch ziemlich groß.«

Nach einigem Zögern antwortete er:

»Ich wollte es erst nicht machen lassen, weil Sie mir sagten, daß Sie vorher diese Operation nur bei Tieren erprobt hatten. Aber Ihr Pfleger, der vor der OP lange mit mir sprach, überzeugte mich. Der war ja so begeistert von der neuen Methode. Und jetzt bin ich froh, daß ich mich so entschieden habe.«

Als ich einige Zeit später meinen OP-Pfleger Manne freundschaftlich zur Rede stellte und fragte, wie es gekommen sei, daß er damals gegen meine Anweisung gehandelt und es geschafft habe, Herrn Schmieder zu überzeugen, erklärte er nach kurzem Überlegen:

»Das weiß ich jetzt nicht mehr so genau. Wahrscheinlich hatte damals meine Sendeantenne die gleiche Wellenlänge wie Herrn Schmieders Empfangsantenne, und Sie lagen damals wohl auf einer anderen Frequenz.«

Natürlich hatte er recht und wieder einmal bewiesen, daß man mit Begeisterung oft besser als mit nüchternen Worten überzeugen kann.

DENIS SUCHT EINE MUTTER

Kinderaugen, Blumen und Sterne geben Anlaß zu glauben, daß das Konzept unserer Welt größer und vollkommener angelegt war als die von Menschen geschaffene Wirklichkeit. Sterne leuchten in ewiger Klarheit und Beständigkeit, künden von unfaßbarer, grenzenloser Weite und Größe. Blumen übertreffen in ihrer Vielfalt des Schönen jede menschliche Phantasie, und schwer fällt es, ihr leuchtendes Dasein mit einem nüchternen Zusammenwirken von Gesetzen oder Einfällen der Natur zu erklären.

Die Schönheit der Augen von Kindern, ihre Klarheit und Ausdruckskraft, ihr sprechendes, offenbarendes Leben kann man mit Worten nur unvollkommen beschreiben. Sie blicken uns an und wecken Empfindungen, Erinnerungen, Träume, Assoziationen an Schönes, Vollkommenes, Fröhliches, aber auch Nachdenkliches. Sie sprechen zu uns aus einer anderen Welt. Einer Welt, in der es kein Falsch und Unehrlich gibt. Ihrem Lachen widerstehen nur selten Schwermut und Trauer, verschließen sich wenige Herzen. Doch ihre Tränen bereiten uns Schmerzen, und ihr Schmerz rührt auch das Mitleid jener Menschen, die glauben, das Mitleiden schon verlernt zu haben. Die Welt der Kinder gleicht der unseren nur in einer Dimension, in ihrer engen Verbindung von Höhen und Tiefen, in ihrem schnellen Wechsel von Freude und Leid, in der ungerechten Verteilung von Unglück und Glück.

Ich konnte den Blick des kleinen Jungen nicht vergessen, dem ich heute Vormittag begegnet war. Mit tiefliegenden, weit geöffneten Augen schaute er durch mich in eine Ferne, die ich bei Kindern nicht kannte. Warum mußte er leiden? Waren es Schmerzen, die er empfand? Oder Trauer? Der Blick hatte etwas Unwirkliches, denn es fehlte die Beweglichkeit, das kindliche Leben.

Das Weiß in den Augenwinkeln war zu groß, das helle Blau der Iris ohne Ausdruck. Die Farbe der Haut war viel zu blaß, sein Gesicht starr, ohne Regung.

Er saß auf dem Schoß einer Schwester im Wartezimmer der Röntgenabteilung. Seine Händchen umklammerten die Arme, sein Kopf schmiegte sich scheu an die Brust seiner Begleiterin. Der Mund öffnete sich, ohne zu sprechen, der Blick offenbarte eine für Kinder unwirkliche Lebenserfahrung, zeigte Angst und Furcht. Auf dem Gesicht lag eine wächserne Blässe.

War es ein Unfall?

Er drehte den Kopf zu der Seite, aus der ich kam, aber sein Blick erreichte mich nicht. Ich konnte an seinem Hals, an der Stirn und dem Kinn die vielen braunen und blauen Druckstellen und Blutergüsse erkennen, die wir gelegentlich bei Blutkrankheiten beobachten. Er hob seine Hand und den kleinen Arm, schob ihn vor das schmale, zarte Gesicht. War es Schreck? War es Abwehr? Verstohlen blickte er mich nun aus den Augenwinkeln an, aber nicht mit den Augen eines dreijährigen Kindes. Der Blick kam aus einer anderen, unwirklichen Welt. Als die Schwester schützend ihren Arm um seine Schulter legte, senkte er den Kopf, die Lider schlossen sich. Ich ging näher, strich sanft über seine Stirn und die widerspenstigen Haare. Er blickte unter den halbgeöffneten Lidern auf mich, zeigte keine Reaktion, keine Mimik. Er schien zu frösteln, oder schauderte er? Warum?

Ich konnte es nicht begreifen, noch nicht.

Ich vergaß die flüchtige Begegnung, wandte mich wieder der eigenen Arbeit zu, und diese fiel mir seit zwei Tagen besonders schwer, denn ich wehrte mich mit aller Kraft und vielen Tabletten gegen eine nahende Grippe. Jeder kennt das Gefühl, wenn der Kopf dröhnt, wenn es unaufhörlich in den Ohren klingt, wenn der Boden unter den Füßen schwankt. Das Denken schmerzt. Die Arbeit, gestern noch Freude, wird heute zur Last, selbst Routine strengt an. Die Motivation sinkt auf den Nullpunkt. Ich freute mich auf den Feierabend, das weiche Sofa im Wohnzimmer. Zum Glück hatte ich keinen Dienst. Die Visite auf der Frischoperiertenstation war noch der letzte dienstliche Zwang. Entscheidungen brauchte ich nicht mehr zu treffen, Gott sei Dank! Die oberflächliche Durchsicht der Posteingänge und das Durchblättern von zwei Mappen geschriebener Arztbriefe beendeten meinen Arbeitstag. Ich unterschrieb die Seiten mechanisch, ungelesen. Das Dröhnen im Kopf nahm zu.

Ich schloß mein Dienstzimmer ab, wandte mich zum Gehen und sah am anderen Ende des Flures meinen Kollegen von der Kinderabteilung erscheinen, schon von weitem mit gestikulierenden Armen etwas Wichtiges signalisierend. Was wollte der jetzt noch von mir? Der konnte doch früher kommen! Das Klingen in den Ohren wurde stärker. Ich wartete.

»Wir haben heute einen dreieinhalbjährigen Jungen aufgenommen. Von der Treppe gestürzt, schlechter Zustand«, erklärte er.

An der Stirnseite des Flures erschienen zwei Schwestern, eine Trage schiebend.

»Dort ist er«, sein ausgestreckter Arm wies in die Richtung der Trage. »Können Sie ihn mal ansehen? Er gefällt mir gar nicht.«

In meinen Schläfen spürte ich jeden Pulsschlag, der Kopfschmerz wurde stärker. Vor mir lag ein kleines, blasses Kind. Ich erkannte es wieder. Es war der gleiche Junge, den ich heute schon einmal in der Röntgenabteilung flüchtig gesehen und gestreichelt hatte.

Die wächserne Blässe des Gesichtes war extrem, zeigte einen bläulichen Unterton, Haut und Unterhaut waren ohne sichtbare Durchblutung. Er hatte die Augen geöffnet, doch er erkannte mich nicht. Erkannte er überhaupt etwas? Der Blick fixierte nicht mehr und schien ohne Leben. Spiegelte sich in dem Blau der Augen das Grau der Decke? Durch den seltenen Lidschlag fehlte der spiegelnde Glanz der dunklen Pupillen.

Er war bei Bewußtsein und doch ohne Empfinden. Meine Hand glitt wieder über den Wuschelkopf, doch nicht um zu streicheln, nur um zu prüfen. Ich fühlte jetzt nicht die Haare, nur die darunterliegenden Konturen des Schädels, die Rundungen, Kanten und Vertiefungen. Es war geübte Routine. Hatte er einen Schädelbruch? Zwischen beiden Händen hielt ich den kleinen Kopf, der sich gut nach allen Seiten bewegen ließ, der keine Reaktion zeigte, der mich aus leeren Augen ansah, der keinen Widerstand spüren ließ und auch keine Abwehr. Das Röntgenbild half nicht weiter. »Schädelknochen röntgenologisch ohne krankhaften Befund, kein Hinweis für das Vorliegen einer Fraktur«, stand im Krankenblatt. Nach kurzer Prüfung schloß ich mich diesem fachlichen Urteil des Radiologen an.

Ich zog die Bettdecke nach unten, schob das kurze Nachthemd zur Seite. Als ich die blasse Haut des eingefallenen Bauches berührte, lief wieder ein Schauer über den kleinen, mageren Körper. Vorsichtig untersuchte ich den Oberbauch, tastete die Lage von Leber und Milz. Alles o. B., konstatierte ich.

Der starre, fast leblose Blick blieb auch, als ich die dünnen Bauchdecken tiefer in Richtung Rücken drückte und die Wirbelsäule tastete. Meine Hand glitt weiter. Rechter Unterbauch einschließlich Blinddarmregion in Ordnung, registrierte ich. Doch da – was war das? War im linken Unterbauch eine Verhärtung? Der Druck meiner Hand wurde stärker. Ich sah in das kleine Jungengesicht. Es schaute weiter in eine unendliche, unwirkliche Ferne, doch der Mund verzog sich im Schmerz zu einem lautlosen Weinen und erstarrte in dieser Bewegung. Ich nahm die Hand fort. Der Mund entkrampfte nur langsam, blieb halb offen, schlaff, ohne Ausdruck. Ich wiederholte alles noch einmal. Die unterschwellige Schmerzreaktion kam wieder.

»Ich möchte den Oberarzt sprechen«, sagte ich zu Schwester Irene, »Tomaschewski soll kommen.«

Wir standen im Flur und schwiegen, warteten. Ich fühlte die

Schwäche in meinen Beinen, lehnte mich an die Wand, spürte das Frösteln und merkte, wie mein Rücken naß wurde.

Nach wenigen Minuten kam der Oberarzt. Schon seit vielen Jahren arbeiteten wir zusammen. Ich wußte, daß ich mich auf ihn verlassen konnte. Er hatte selbst eine fünfjährige Tochter und ein gutes Verhältnis zu Kindern.

»Ich kann eine innere Blutung nicht sicher ausschließen,« meinte ich, »die Milz scheint frei, aber man kann nichts Genaues sagen. Machen Sie eine Abdominal-Lavage.«

Eine Abdominal-Lavage ist eine Spülung des Bauchraumes, um eine innere Blutung zu bestätigen oder auszuschließen. Von einem kleinen Einstich im linken Unterbauch wird ein dünner Katheter in die Bauchhöhle geschoben. Nach einer Einspülung mit physiologischer Kochsalzlösung erkennt man an der zurückströmenden Flüssigkeit ohne Schwierigkeit eine Blutung in den freien Bauchraum. – Heute erfolgt diese Diagnostik wesentlich einfacher. Wir benutzen ein Ultraschallgerät, um freie Flüssigkeit im Bauchraum festzustellen, und nach 5 Minuten ist die Untersuchung beendet. Doch wir mußten damals, als Denis unser Patient war, noch weitere 15 Jahre auf das erste Gerät dieser Art warten.

»In örtlicher Betäubung?« fragte der Oberarzt.

Ich nickte. Die Vorbereitungen waren schnell erledigt. Schwester Irene legte ein steriles Tuch über den Instrumentiertisch, nahm ein Skalpell aus der Trommel, außerdem zwei Pinzetten, eine Kornzange, Gefäßklemmen und einen Nadelhalter.

Schwester Helga, heute mal als Unsterile tätig, legte die Infusionsflüssigkeit mit der Spülflasche bereit, steckte eine Kanüle mit Schlauchsystem durch den Gummistopfen und zog eine Spritze mit Xylocitin für die örtliche Betäubung auf. Sie war seit mehr als zehn Jahren im OP, vorher lange Zeit auf einer operativen Station tätig. Als ihre beiden Töchter noch nicht zur Schule gingen, konnte sie nicht am Schichtdienst teilnehmen. Deshalb hatte sie damals vier Jahre lang als Sozialfürsorgerin gearbeitet. Seit zwei Jahren war sie leitende OP-Schwester. Wir konnten uns keine Situation vorstellen, der sie nicht gewachsen war. Ihre reiche Erfahrung war ein Schatz für alle Mitarbeiter.

Sie schaute kurz in das Gesicht des Kleinen und meinte: »Bis jetzt hat der nur wenig Gutes bekommen.«

Dann hantierte sie wieder an ihren sterilen Trommeln und kümmerte sich nicht um uns, für die doch dieser Satz bestimmt war. Der Chefarzt der Pädiatrie, ein Assistent von ihm, mein Oberarzt und ich schauten unverwandt auf den kleinen, mageren Körper. Viele erbs- bis pfenniggroße dunkelrote oder braune Flecken waren nicht nur am Kopf und Bauch, auch an den Armen und Beinen. Irgendetwas stimmte da nicht! War das eine seltene Gerinnungsstörung?

»Ob ein Blutungsleiden vorliegt«, wollte der Oberarzt wissen.

»Die Gerinnungswerte sind in Ordnung, alles völlig normal«, erklärte Dr. Wittkowski, Stationsarzt der Pädiatrie.

Es gab aber seltene Blutungsleiden, die wir mit unserem standardisierten Laborprogramm nicht erfaßten. Ein Blutungsleiden konnte natürlich alles erklären. Bei jedem kleinen Stoß oder Druck kam es dann zu einem Hämatom, zu einem Bluterguß in der Unterhaut. Jungen in diesem Alter sind besonders gefährdet, denn sie lassen sich nicht an die Leine legen, auch nicht bei einer Blutkrankheit. Übermut und Herumtollen gehören bei Kindern zum normalen Wohlbefinden. Der Fall von der Treppe – auch aus geringer Höhe – konnte zu einer lebensbedrohlichen inneren Blutung führen. Kinder mit einer unbehandelten und unerkannten Hämophilie, einer Blutgerinnungsstörung, sterben gelegentlich an einer inneren Verblutung, die nicht erkannt wird.

Wir diskutierten. Während ich mein nasses Hemd vom Körper hielt und den Schweiß von der Stirn wischte, erklärte mein Kollege von der Kinderabteilung sehr gebildet und wortreich das Für und Wider einer angeborenen Blutungskrankheit bei Kleinkindern.

»Das defekte X-Chromosom wird durch heterozygote Frauen als Konduktorinnen übertragen, und es kann dann durch einen sporadischen Gerinnungsdefekt zu einer hämorrhagischen Diathese kommen«, dozierte er.

Meine Schwestern lauschten beeindruckt und ergriffen, Oberarzt Tomaschewski und Dr. Güldner wechselten vielsagende Blicke, mir selbst schien das jetzt alles eine Nummer zu groß. Ich wußte, daß er sich vorher belesen hatte und nun glänzen wollte. Ein bißchen Bosheit war schon dabei, als ich ihn unterbrach und sagte:

»Wir müssen hier mehr pragmatisch vorgehen. Die Theorie hilft uns jetzt nicht viel weiter, der Junge hat nicht mehr viel Zeit vor sich. Wenn wir jetzt nicht handeln, wird uns der Pathologe die Zusammenhänge noch besser erläutern können.«

»Natürlich, Sie haben ja recht, Herr Kollege ... Ich wollte ja nur ... Ich meinte ja nur ... daß nichts übersehen wird«, stotterte er.

Helga drängte sich an den OP-Tisch, deckte ein sauberes Laken über die Beine des Jungen, blickte keinen von uns an und murmelte, kaum hörbar, und doch für uns zum Mithören bestimmt:

»Vielleicht hat er eine schlechte Mutter, die ihn zwickt.«

Der Pädiater hatte den Satz auch vernommen. Er lächelte nachsichtig über den vermeintlichen Scherz. Ich kannte Helga zu gut, um zu wissen, daß sie neben einem fast sterbenden Kind keine Scherze zum besten gab. Sollte sie recht haben?

Mein Kopf dröhnte, das Rauschen wurde stärker. Verdammt! Ich merkte den Schwindel ganz deutlich. Nur ein oder zwei Sekunden lang drehte sich der Op, dann stand alles wieder still. Ich lehnte mich gegen die harte Auflage des Tisches. Auch die schwankte. Jetzt spürte ich wieder die Schwäche in den Knien. Nur nichts merken lassen! Warum eigentlich nicht? Weil man als Chef keine Schwäche zeigen darf! Denn ein schwacher Chef ist ein schlechter Chef. So einfach ist das! Dann ist es zwar besser, zu Hause zu bleiben, aber manchmal geht das eben nicht.

»Das muß jetzt alles viel schneller gehen!« Ich trieb zur Eile.

Das Warten wurde anstrengend, für den Kleinen gefährlich, für mich unerträglich.

Die örtliche Betäubung wirkte. Die Einstichstelle am Unterbauch war jetzt schmerzfrei. Es folgte ein kleiner Hautschnitt mit dem Skalpell. Dann das Nachschieben des Troikarts durch die Bauchdecken. Jetzt noch den dünnen Schlauch in die Öffnung führen und weiterschieben. Der Schlauch klemmte im vorderen Öffnungsgang des Troikarts, also war das Peritoneum, das innere Bauchfell, noch nicht durchstoßen. Warum Tomaschewski nicht schneller machte? Das Geräusch in meinem Kopf vermischte sich mit den flüsternden Stimmen zu einem gleichmäßigen Rauschen.

»Mensch, du mußt noch durch das Peritoneum«, drängte ich.

Meine eigene Stimme klang wie aus weiter Ferne.

»Ach so – ja – ich wollte ja! Ich dachte, ich bin schon zu tief.«

Der Oberarzt wurde verlegen. Er zog den Troikart heraus, stach noch einmal. Ein kleines Rinnsal dunklen Blutes quoll durch die innere Bohrung nach außen.

Na also, dann war ja alles klar! Eine Spülung war nicht mehr nötig. Das Blut floß nun in einem kleinen Strahl aus dem Stichkanal, also aus der Bauchhöhle.

»Das sieht doch nach einer Milzverletzung aus. Gebt zwei Konserven! Rasch! Sie können mit der OP beginnen«, wandte ich mich an meinen Stellvertreter und Oberarzt. »Sagen Sie mir bitte Bescheid, wenn Sie im Bauch übersichtliche Verhältnisse haben. Ich bin in meinem Zimmer. Und lassen Sie noch mehr Blut einkreuzen.«

Ich war froh, daß ich bis jetzt einigermaßen Haltung bewahrt hatte. Alles Weitere verlief ja nun genau vorprogrammiert. Jeder kannte seine Aufgabe. In 15 Minuten würde der Oberarzt einen

Schnitt legen, der senkrecht in der Mitte des Bauches verlief. Die Ursache der Blutung war meist ein Einriß der Milz. Die Entfernung dieses Organs war für den geübten Operateur Routine. Erst viele Jahre später wurden Klebetechniken und andere Operationsmethoden zur Erhaltung dieses Organs entwickelt. Damals kam nur die operative Entfernung in Betracht. Wenn man nach Eröffnung des Bauchraumes nicht gleich die Milzarterie fand und unterbinden konnte, wurde die Situation durch die starke Blutung unübersichtlich. Ich war fest überzeugt, daß keine Probleme auftraten. Schließlich war der Oberarzt ein erfahrener Operateur. Trotzdem blieb ich in meinem Dienstzimmer erreichbar. Wie lange ich auf der Untersuchungsliege ruhte, weiß ich nicht mehr. Ein lautes Klopfen an meiner Tür weckte mich.

Schwester Helga stand vor mir. Jede Etikette vernachlässigend, hatte sie nicht auf ein »Herein« gewartet.

»Sie haben das Telefon nicht gehört. Ein großes Gefäß ist verletzt, kommen Sie schnell«, keuchte sie. »Ich weiß, es geht Ihnen nicht gut, aber Sie müssen jetzt kommen.«

Also hatte ich meine Rolle schlecht gespielt. Sie hatte meine Schwäche natürlich erkannt, war aber taktvoll genug, darüber hinwegzugehen.

»Was ist denn los?« wollte ich wissen, zog meinen Kittel über, schluckte noch zwei Gelonida und folgte ihr über den Flur, hastete die Treppen hinauf und war im Operationstrakt.

Bestürzte Gesichter. Von beiden Seiten wurde Blut über die Armvenen unter Druck transfundiert, also war es bedrohlich. Ich beugte mich über die Schulter des Oberarztes, konnte aber nichts erkennen, denn er preßte die linke Faust in die Wunde, um die Gefäße zu komprimieren.

Seine erklärenden Worte kamen abgehackt, bruchstückweise. Ich hörte sie durch einen Nebel.

»Zehn Zentimeter Dünndarm vom Gekröse gerissen.« Kurze Pause. »Hat schon viel Blut verloren.« Wieder eine Unterbrechung. »Hauptarterie des Dünndarmes verletzt ... muß den ganzen Dünndarm entfernen, aber das übersteht er nicht.«

»Auf alle Fälle kann man damit nicht leben«, ergänzte ich.

Behutsam drängte er die blutigen Kompressen zur Seite. Schon der erste Blick zeigte, daß der Darm in seiner Durchblutung schwerstens gestört war. Die Farbe der Darmwand war nicht mehr zartrosa, sondern dunkelblau, fast lila. War eine vollständige Entfernung des Dünndarmes nötig? Denis war erst 3½ Jahre alt. Technisch zwar möglich, bedeutete das den sicheren Tod des Jungen in kurzer Zeit, denn die Stoffwechselprobleme waren dann nicht mehr zu beherrschen.

»Ich möchte den gesamten Dünndarm an seinem Abgang sehen, an der Gekrösewurzel.«

Die Hände drängten die Bauchdecken auseinander. Die Öffnung des Schnittes wurde langsam größer. Mein schlimmster Verdacht bestätigte sich. Der Dünndarm war an seinem breiten Ansatz abgerissen. Nicht die Hauptarterie, sondern die mittelgroßen Arterien waren durchgerissen. Zeit zum Waschen blieb nicht. Ich goß vergällten Alkohol über meine Hände. Schwester Ilona, die heute instrumentierte, reichte mir die Handschuhe zu, verschnürte meinen sterilen Kittel an der Rückseite, stülpte mir zur Sicherheit noch ein zweites Paar Handschuhe über, und dann begab ich mich an den Platz des Operateurs. Die linke Faust des Oberarztes blieb zur komprimierenden Blutstillung an der gleichen Stelle im Bauchraum.

Ich sortierte die Gedanken, erwog die verschiedenen Möglichkeiten, die Wege des taktischen Vorgehens. Viel Zeit blieb uns nicht. Mein Blick ging in die Runde. Erwartungsvolle, gespannte Gesichter waren auf mich gerichtet. Denken strengte an, aber das Dröhnen in meinem Kopf war weg, der Schmerz verflogen. Oder verdrängt? Hilft Adrenalin gegen Kopfschmerz?

Ich mußte die Hauptarterie des Darmes aufsuchen. Vielleicht gelang es mir, sie vor der durchtrennten Stelle zu erreichen und abzuklemmen. Also zuerst – Kompression der Bauchschlagader, dann mußte die gefährliche Blutung erst einmal stehen! Doch sie stand nicht. Wieder blinde Kompression mit der Faust. Weiter transfundieren! Welches Gefäß war verletzt? Ich wußte es nicht. Warum das Denken nur so schmerzte? Oder war es die Konzentration?

»Ich brauche eine weich fassende Darmklemme.«

Mit diesem Spezialinstrument konnte ich den gesamten Stiel des Gekröses fassen. Die Blutung mußte nun stehen! Vergeblich. Doch welches Gefäß war noch zusätzlich verletzt? Die Praxis hilft gelegentlich weiter als die Theorie. Also ging ich empirisch voran. Blut absaugen, übersichtliche Verhältnisse schaffen.

Dr. Kaminski, der Anästhesist, mahnte: »Bitte kein weiterer Blutverlust. Der Kreislauf ist nicht mehr zu halten!«

Auch das noch! Überraschend kam diese Hiobsbotschaft ja nicht.

Die wesentliche Blutung stand, aber das Blut sickerte nun rückläufig, venös aus vielen kleinen und größeren Gefäßen des Darmgekröses, das durch einen langen Riß in der Tiefe der Bauchhöhle von seinem Ansatz abgetrennt war.

Millimeter um Millimeter präparierte ich weiter. Sekunden voll höchster Spannung.

Da – wir sahen die zweite Ursache. Im OP-Bericht stand später für diese dramatische Situation nur der lapidare Satz: »Die zur Leber führende Vena mesenterica superior war unterhalb der Bauchspeicheldrüse eingerissen.«

Damit war ja alles klar. Es blutete retrograd, aus der Leber. Nach gezielter Kompression ließ sich dieser Riß in der großen Vene durch mehrere Nähte verschließen.

Die weitere Operationstaktik war vorgegeben: Wir mußten nun die Gefäße rekonstruieren, eine Verbindung zwischen den kleinen Arterien am Dünndarm wieder herstellen, anders war ein Überleben des gesamten Dünndarmes und des Jungen nicht möglich. Mit der Hälfte des Dünndarmes hatte der kleine Denis aber noch eine Überlebenschance.

Atemlose Stille. Öffnen der breiten und weich fassenden Darmklemme. Unkontrollierte, profuse Blutung. Sauger an! – Noch einmal das gleiche: Gefäßklemme ansetzen, Sauger an! Alles wiederholte sich im eingespielten Rhythmus. Weiteres, vorsichtiges Präparieren an der Gekrösewurzel.

Im gefüllten Zustand hatten die kleinen Arterien eine Stärke von etwa zwei Millimetern, in Blutleere waren sie wesentlich kleiner. Wir mußten unter allen Umständen versuchen, diese Gefäße wieder zu nähen, sonst war unser Mühen um das Leben dieses kleinen Jungen ohne Erfolg.

Jeder von uns kannte die Schwierigkeiten, aber keiner sprach sie aus. Sechs Nähte mit je drei Knoten müssen die winzigen Wandungen fassen, der zentrale Durchfluß dazwischen mußte frei bleiben. Ein leichtes Überziehen des Knotens genügte für einen neuen Einriß. Spezialinstrumente standen uns nicht zur Verfügung.

»Erst einmal warten!«

Diese Aufforderung des Anästhesisten kam mir sehr gelegen. Ich reckte mich aus meiner gebeugten Haltung und sah in die Runde. Die Blutung stand, wenn auch nur vorübergehend. Wir konnten entspannen. Mein Kopf war wieder klar. Hatte die Adrenalinausschüttung geholfen? Ich spürte, wie das OP-Hemd am Körper klebte, kleine Bäche den Rücken hinunterliefen. Ich reckte mich weiter.

Helga schaute in mein Gesicht und sagte: »Eine kurze Unterbrechung?«

Sie nahm eine Kompresse, wischte die großen Tropfen von meiner Stirn, nahm meine Brille ab, strich über die Nase, schob die geputzte Brille wieder an den gewohnten Platz und flüsterte mir so leise zu, daß es die anderen nicht hören konnten: «Wie wär's mit einem Kaffee?«

Ich nickte: »Später!«

Wie konnten diese Verletzungen entstehen? Jetzt fiel es mir wie Schuppen von den Augen. Helga hatte es viel früher erkannt als wir alle.

»Vielleicht hat er eine schlechte Mutter«, hatte sie schon gesagt, als wir noch über die verschiedenen Formen der Blutungskrankheiten diskutierten.

Das Kind war gar nicht die Treppe heruntergefallen! Das hier war eine brutale Kindesmißhandlung. Wie waren die vielen Blutergüsse am Körper entstanden? Schläge mit einem Stock oder mit der Hand? Nein, das hinterläßt andere Spuren! Jetzt sah ich wieder den Ausdruck des kindlichen Gesichtes vor mir, wie es vor mir in der Röntgenabteilung auf dem Schoß der Schwester saß, sich hilfesuchend an den Körper seiner Begleiterin schmiegte. Ein Blick ohne Freuen, ohne Hoffnung, voller Leid. Bei einem Kind etwas ganz Ungewöhnliches.

»Helga, Sie rufen sofort an, die Mutter soll kommen. Ich möchte sie sprechen,« und nach einer kurzen Pause, »warum war die überhaupt noch nicht da?«

Zorn, Wut und Empörung stiegen in mir auf. Ich spürte eine brennende Hitze. Wie konnte man diesen kleinen Jungen so mißhandeln? Das Dröhnen in meinem Kopf kam wieder. War es die Grippe? War es der steigende Blutdruck? War es der Ärger? Oder alles zusammen?

»Diese Verletzungen kommen nicht vom Schlagen, die kommen vom Treten«, ergänzte Helga, meine Gedanken erratend. Und sie fügte noch hinzu: »Die müssen auf dem kleinen Kerl herumgetrampelt sein wie die Tiere!«

»Das stimmt, so schnell reißt doch kein Darm aus seiner elastischen Verankerung«, ergänzte der Oberarzt.

Wir schauten zum Anästhesisten. Kaminski machte ein besorgtes Gesicht. Er hatte inzwischen Unterstützung durch seinen Oberarzt Albrecht Lengwinat erhalten. Beide hantierten an den

Infusionen, an den Einstellungen des Narkosegerätes, und sie schauten in unstetem Wechsel auf die Kurven des Monitors und auf das Gesicht des Kindes.

»Kein peripherer Puls seit einigen Minuten. Ich weiß nicht, ob er das schafft.«

Wieder überflutete mich so eine heiße Welle.

»Helga«, meine Stimme klang jetzt ganz ruhig, gedämpft, »rufen Sie bitte die Staatsanwältin an, Frau Mehnert. In meinem Auftrag bitten Sie sie hierher. Sagen Sie, es handelt sich um eine schwere Kindesmißhandlung mit akuter Lebensgefahr. Ich möchte ihr einen Operationsbefund demonstrieren. Es ist dringend.«

Wer von beiden würde eher da sein? Die Mutter oder die Staatsanwältin? Vielleicht begegneten sich beide im Krankenhaus? Das konnte mir nur recht sein!

Inzwischen hatte Helga die Lupenbrille und atraumatisches Nahtmaterial in der feinsten Stärke aus meinem Zimmer geholt. 8x0, das entsprach ungefähr der Stärke eines Spinnwebenfadens. Doch unsere Aktivitäten wurden gebremst.

»Wir müssen noch warten«, mahnte der Anästhesist.

Wir nutzten die Zwangspause, um unsere mehr oder weniger guten Erinnerungen an die Kreisstaatsanwältin aufzufrischen. Jeder kannte sie, klein von Statur, etwa 1.65 Meter groß, burschikoses Äußere. Sie glich ihre fehlende Körpergröße durch ein forsches Auftreten aus: Viel Temperament und ein großes Selbstbewußtsein begleiteten sie bei allen Amtshandlungen.

»Ich bin gespannt, ob sie kommt«, meinte Güldner.

»Wenn sie erreichbar ist, wird sie kommen«, erwiderte ich, »denn sie hat eine Schwäche, sie hilft Kindern.«

»Sie ist nicht meine Freundin, aber ich möchte sie auch nicht zum Feind haben«, gab Helga zu bedenken.

»Hat sie Ihnen schon mal was getan?« wollte Meierlein wissen.

»Das nicht, aber ich war bei der Verhandlung gegen Henri. Das werde ich nie vergessen, wie sie den fertiggemacht hat.«
Jeder kannte die Geschichte. Eigentlich waren es mehrere Geschichten. Henri Keßler war seit vielen Jahren in der Technischen Abteilung unseres Kreiskrankenhauses und gleichzeitig als Fotograf beschäftigt, doch seit drei Monaten saß er hinter Gittern. Immer freundlich, intelligent und vielseitig interessiert, war Henri stets zu einem Scherz aufgelegt und hatte nie Kontaktschwierigkeiten. Die letztgenannte Eigenschaft sollte ihm allerdings zum Verhängnis werden. Niemand wußte später genau, warum er ehrenamtliche Fortbildungskurse für Schwesternschülerinnen eingerichtet hatte, die er alle 14 Tage am späten Nachmittag, also nach Dienstschluß, selbst durchführte, und die immer gut besucht waren. Henri zeigte dort, wie man richtige Verbände machte, erklärte schwierige Zusammenhänge aus der Anatomie und Physiologie und unterrichtete seine Schülerinnen auch in anderen Lebensweisheiten, die er sich als Autodidakt beigebracht hatte. Niemand fand etwas dabei, daß an diesen Kursen auch Lehrlinge aus der Küche teilnahmen, bis es zum Arbeitsausfall der 15jährigen Dagmar kam. Sie wurde schwanger und gab Henri als Vater an. Es kam danach zu peinlichen Fragen und Antworten, als die Mehrzahl der Lehrlinge eines ganzen Kurses zum Schwangerschaftstest antreten mußte. Die meisten waren noch keine 16 Jahre alt und wollten wissen, ob sie auch von Henri schwanger waren. »Mangelnde Fürsorgepflicht« wurde dem Ärztlichen Direktor von vielen Eltern vorgeworfen. Doch erst, als sich die Parteileitung mit der Angelegenheit befaßte, wurde ihm die Sache zu heiß, und er übergab sie der Staatsanwaltschaft. Zur Hauptverhandlung mußte jedes Arbeitskollektiv eine Person des Vertrauens delegieren. Helga hatte den ehrenvollen Auftrag, den OP würdig zu vertreten. In einem eindrucksvollen Plädoyer hatte die Staatsanwältin Henri als »charakterloses Schwein« bezeichnet, als »Fehlgeburt einer sozialistischen Gesellschaft« und als

»Pestbeule eines Krankenhauses«. Eine dreijährige Freiheitsstrafe hielt sie für angemessen, und der Richter wagte nicht, eine andere Meinung zu haben.

»Die Staatsanwältin hatte so getobt und geschrien, daß wir uns alle schuldig fühlten, obwohl wir nur als Zuhörer geschickt waren«, erinnerte sich Helga.

Ich schaute zur Uhr. Seit einer halben Stunde warteten wir schon. Das kleine Narkoseteam arbeitete auf Hochtouren. Spritzen wurden aufgezogen, Infusionsflaschen gewechselt, Einstellungen am Narkosegerät geändert, Kurven an Monitoren ausgewertet.

Ein neues Gesicht erschien an der Eingangstür. Dr. Waldmann, jüngster Facharzt für Anästhesiologie, hatte heute Rettungsdienst. Ein unbeschwerter, stets fröhlicher Kollege, der nie murrte, wenn der normale Arbeitstag auch mal länger als 12 Stunden dauerte. Er setzte die Mütze auf, band sich das Mundtuch um und kam in den OP.

»Ich habe heute früh den Kleinen geholt und wollte mal sehen, wie es ihm geht.«

»Nicht gut«, erwiderte ich, »vielleicht hat man Sie zu spät gerufen, oder wir haben zu lange gewartet.«

Das lachende Gesicht wurde ernst.

»Ich bin doch gleich losgefahren, kurz nach 8 Uhr kam der Anruf«, sagte er mit entschuldigendem Ton in der Stimme. »Er lag noch vor der Treppe, als ich kam. Ich wunderte mich, warum die Mutter ihn in dieser Schmuddelwohnung nicht wenigstens auf das schäbige Sofa gelegt hatte.«

Die Aussage paßte genau zu meinem Verdacht. Ich nahm an, daß die Mutter Beweise brauchte, um den vorgetäuschten Unfall glaubhaft zu machen. Ihr waren auch falsche Beweise recht. Wahrscheinlich hatte sie ihn vor die Treppe gelegt und dort bis zum Eintreffen des Unfallwagens gewartet. Der Rettungsarzt konnte es dann glaubhaft bezeugen, daß der Junge bei seinem

Kommen noch vor der Treppe lag! Verhält sich so eine Mutter? Meine Annahme war eine kühne Hypothese, aber wer sucht in so einer Situation nicht einen Schuldigen?

»Was war das für eine Treppe?«

»Na eben so eine übliche Holztreppe in den kleinen Häusern. In der Roschwitzerstraße. Ziemlich eng, ziemlich steil.«

»Wie sah denn das Haus aus, und was machten die Eltern für einen Eindruck?« wollte ich wissen.

»Im Haus war es sauber, aber die Eltern sahen aus wie Assis. Die Muter noch ungekämmt, in Jeans, die man hinstellen konnte. Der Vater auch ungepflegt, unrasiert, mit wirren Haaren. Beide Mitte zwanzig. – Aber, das klingt ja wie ein Verhör!«

»Das ist kein Verhör, das ist eine Beweisaufnahme«, erklärte ich ihm. »Wahrscheinlich handelt es sich um eine ganz brutale Kindesmißhandlung. Schwere innere Blutung, Zerreißung des Mesenteriums, des Darmgekröses.«

Jetzt wurde Rainer Waldmann lebhaft.

»Das kam mir gleich komisch vor. Die Mutter sagte, der Junge macht immer nur Dummheiten, der Vater meinte, er war im Garten, als es passierte. Dann schimpfte er, daß der Kerl selber schuld dran ist, weil er ihm schon so oft gesagt hat, nicht auf der Treppe zu spielen. Richtig besorgt um den Jungen war aber keiner.«

Die beiden Anästhesisten unterbrachen unsere Unterhaltung, sie gaben grünes Licht: Weitermachen!

»Sauger an! Spülung des Bauchraumes!«

Ich ließ mir die massive Lupenbrille aufsetzen, den Lupenaufsatz herunterklappen. Vergrößerung 4fach. Ich sah jetzt alles sehr groß, doch das räumliche Sehen ging schlechter, denn man sieht nur in einer Entfernung von 30 cm scharf, alles davor und dahinter verschwimmt in Unschärfe.

Zu allem Überfluß blutete es wieder stark.

Tupfer! – Saugen!

Für einen kurzen Augenblick erkannte ich die kleine Arterie, konnte sie fassen, präparieren, für Anastomosennähte vorbereiten. Doch eine Vereinigung schien unmöglich. Zu kleine Verhältnisse!

Tupfen! – Saugen!

Das monotone Motorengeräusch des elektrischen Saugers war der einzige, doch von keinem mehr wahrgenommene Laut in der Stille des Operationssaales.

»Nadel und Faden, atraumatisch, kleinste Größe!«

Ich hielt den zierlichen Nadelhalter in der Hand, stach durch die dünne Gefäßwand und sah in der Vergrößerung, daß der Stichkanal einen kleinen Schlitz in der Gefäßwandung hinterließ. Auch das noch! Es lag an unserem Nahtmaterial, das keine Spitzenqualität war. Das Bessere war teurer, aber dafür fehlte das Geld. Die Gefäßchirurgie in diesen kleinen Dimensionen war nichts für ein Kreiskrankenhaus. Zählt nicht zu unseren Aufgaben, hatte der Verwaltungsleiter gemeint, als er unsere Materialbestellung nach unten korrigierte und so zusammenstrich, daß wir sie kaum wiedererkannten. Unsere Beschwerde hatte der Ärztliche Direktor mit dem handschriftlichen Vermerk »Ein Kreiskrankenhaus ist keine Universitätsklinik« abgewiesen. Dann war also das, was wir jetzt hier machten, gar nicht unsere Aufgabe, sondern nur unser Hobby! Mein Adrenalinspiegel stieg, wenn ich an dieses Gespräch dachte!

»Ich brauche drehrunde Nadeln!«

Kurzer Wechsel der Instrumente. Nächster Versuch. Es blutete wieder.

»Tupfen! – Saugen! Wenn ihr mir keine Sicht verschafft, kann ich nicht nähen.«

Die erste Naht lag endlich. Ich überlegte, daß fünf Nähte wohl reichen müßten. Beim dritten Knoten riß die Gefäßwand ein. Ich mußte mehr Gewebe fassen, doch dadurch wurde das Gefäßlumen und der Durchfluß noch enger. Nächster Versuch!

An der Tür ein Rascheln, flüsternde Stimmen.
»Was ist los, könnt ihr nicht mal fünf Minuten Ruhe halten?«
»Die Frau Staatsanwalt ist da.«
Warum mußte die gerade jetzt kommen? In diesem Moment? Die merkt doch sofort, daß wir auf diesem Gebiet Amateure sind. Sie kann unangenehme Fragen stellen, alle wußten es. Schwester Helga kleidete sie ein, half ihr in den sterilen Kittel. Warum mußte die gerade jetzt kommen? Ich begrüßte sie kurz, sagte ihr, sie möchte sich noch etwas gedulden, unsere Gefäßnaht wäre bald fertig.
»Saugen! – Tupfen! – Nadelhalter! – Knoten!«
Noch zwei Nähte. Die Brille beschlägt.
»Bitte die Brille putzen.«
Der Faden riß ein. Die wartende Frau hinter mir störte mich erheblich, obwohl ich sie gar nicht sah und auch nicht hörte. Aber ich spürte sie. Ihre körperliche Nähe empfand ich als Belästigung. Ich stellte mir vor, wie sie jetzt auf meinen gebeugten Rücken schaute, auf meine Hände, auf den reißenden Faden. Die eigene Unsicherheit störte mich. Dabei konnte sie den Faden überhaupt nicht erkennen, den sah ich gerade noch mit der Lupenbrille in vierfacher Vergrößerung.
»Kurze Pause.«
Der Oberarzt atmete erleichtert auf. Ich ließ die größeren Wundhaken einsetzen, breitete den Dünndarm aus und demonstrierte den Befund.
»Hier, dieser Einriß im Darmgekröse führte zu einem Abriß lebenswichtiger Blutgefäße. Hier – das sind die verletzten Hauptarterien und Venen des Dünndarmes, jetzt verdeckt durch die Klemmen.«
Die Staatsanwältin stieg auf ein kleines Podest, um besser sehen zu können. Sie nickte. Meine Hand glitt weiter.
»Hier – große Blutergüsse im Bauch. Diese Unterblutungen sind alt. Bitte schauen Sie einmal. Ich drücke darauf, alles fest!

Sogar bei großem Druck kommt kein Blut oder Gerinnsel mehr heraus. Und hier – so sehen Blutungen aus, die erst wenige Stunden alt sind. Wenn ich darauf drücke, kann ich sie ausdrücken wie einen Schwamm. Das Blut in den Gewebsschichten läßt sich verteilen, wenn es noch frisch ist.«

»Ja, das ist deutlich zu sehen«, meinte sie.

Ganz sicher hatte sie nichts erkannt.

Nach kurzer Pause fuhr ich fort: »Hier – die Kapsel der Bauchspeicheldrüse, unterblutet. Sehen Sie die dunkelrote Färbung? – Hier – die vielen oberflächlichen Einrisse im Bauchfell.«

Natürlich sah sie alles, zumindest bestätigte sie es. Natürlich erkannte sie nicht einmal die Hälfte des Schadens. Dazu fehlte ihr die Übung, die Erfahrung des Schauens. Aber ich vertraute ihrer Phantasie, die ihr die fehlende Hälfte ergänzte, denn auch ein Staatsanwalt kommt nicht ohne Phantasie aus.

Sie überzeugte uns schließlich, daß es für sie außerordentlich wichtig wäre, einige Photos zu machen. Es folgte eine kurze Unterbrechung. Sie reichte uns ihre Practica. Kaminski hatte zu Hause den gleichen Apparat.

»Das paßt ja gut«, meinte sie.

Er kam hinter seinem Bügel vor und übernahm für wenige Minuten die photografische Zusatzaufgabe. Ich demonstrierte noch einmal den Befund, er machte ein Dutzend Aufnahmen.

»Ich glaube, das reicht«, unterbrach ich. »Ich habe Sie hergebeten, um Ihnen den Befund zu demonstrieren. Ich werde Ihnen ein ausführliches Gutachten schreiben. Außerdem sind genügend Zeugen anwesend, die das im Notfall bestätigen können.«

Sie ließ sich überzeugen, und ich wandte mich wieder der Arbeit zu. Das Flüstern im Hintergrund störte mich. Ich verstand nur einige unvollständige Satzstücke. Der Chefarzt der Pädiatrie erklärte der Staatsanwältin an der Skizze einer kindlichen Silhouette die Vielzahl der Hämatome; nach einer orientierenden

Zählung waren es 37, doch die Zahl war ungenau, denn einige flossen ineinander über und verschwammen zu einer Fläche. Trotz zeitlicher Bedrängnis zog ich das Gespräch noch einmal an mich, denn ich wollte bei der Staatsanwältin den letzten Zweifel beseitigen.

»Das heißt, 37 mechanische Gewalteinwirkungen sind nachweisbar. Das heißt, 37mal schlug der Stock, schlug die Hand, trat der Fuß das kleine, schwache Kind. Das heißt, 37mal triumphierte die Brutalität und der Sadismus eines Erwachsenen über die Wehrlosigkeit eines kleinen Kindes.«

»Ich habe verstanden«, unterbrach sie meinen Zornesausbruch und wandte sich zum Gehen.

Eigentlich wollte ich ihr noch sagen, daß die seelischen Gewalteinwirkungen schwerwiegender waren als die körperlichen Mißhandlungen. Doch wer will sie nachweisen? Sie hinterlassen keine Beweise und keine Spuren. Aber das müßte sie schließlich auch selbst wissen. Hinterlassen sie wirklich keine Spuren? Doch – sie hinterlassen bleibende Spuren in der Seele eines kleinen Jungen, nur beweisen kann man sie nicht. Denn die Verletzungen in der Tiefe einer kindlichen Seele kann man nicht mit den Augen sehen und auch nicht fotografieren, sie zählen vor Gericht nicht, auch wenn sie viel länger bleiben als die oberflächlichen Blutergüsse. Und sie werden bleiben, manchmal ein ganzes Leben lang. Was gegen den brutalen Vater und die herzlose Mutter zählt, sind Hämatome, Hautabschürfungen und Schrunden. Doch sie sind wie Spuren im Sand, nach Tagen oder Wochen nicht mehr zu erkennen. Hier haben wir einen der ganz seltenen Fälle, wo wir gerufen wurden, ehe diese weniger wichtigen Zeichen ausgelöscht sind, ehe die vergänglichen Spuren am Körper unbeweisbar werden, während die bleibenden Spuren der Seele nie nachweisbar sind.

Ich knüpfte die letzte Naht. Der Oberarzt öffnete die Klemme. Ganz langsam, vorsichtig. Gespannte Erwartung. Es blutete. Erst langsam, dann stärker, nach wenigen Sekunden wieder fast wie zu Beginn der Operation. Am Rande der Naht entstand ein Riß. Lagen die Nähte unter Spannung? Hatten wir zu straff geknotet? Das Dröhnen im Kopf kam wieder, die kleinen Bäche am Rücken rannen schneller, die Tropfen auf der Stirn wurden zu winzigen Rinnsalen.

»Es gibt nur eins, wir müssen die Gefäße unterbinden«, meldete sich mein Oberarzt zu Wort.

»Geht nicht«, ich schüttelte den Kopf, »die Ernährung des Darmes wird dadurch sehr schwer gestört, das Gewebe geht ein. Wir betrügen uns selbst.«

Ein kurzer Gedanke tauchte wie ein rettender Strohhalm auf und brachte den erloschenen Funken Hoffnung wieder zum Glimmen. Ich könnte versuchen, die Bougies einzusetzen, die von uns neu entwickelten Dehnungsstäbchen für die Anastomose kleiner Gefäße. Die Rundung würde weiter, das Gefäß wäre geschient, die Naht einfacher.

Konnte Tomaschewski Gedanken lesen? Er fragte nämlich gerade in diesem Moment: »Könnten wir hier unsere Neuerung einsetzen, die Bougies?«

Ich ließ ihm den kleinen Stolz, als erster daran gedacht zu haben, stritt nicht um das Primat dieses Gedankens, meinte nur: »Ein guter Gedanke.«

Das zusätzliche Sieb wurde ausgebreitet, die elastischen Stäbchen gereicht. Es gelang ohne große Mühe, in einige durchtrennte Stümpfe die Sonden einzuführen und schließlich bis zwei Millimeter aufzudehnen.

»Gefäßnähte.«

Das kleine Erfolgserlebnis setzte neue Kräfte frei. Alle merkten, daß es nun wieder voranging, zielstrebig. Nachdem wir 18 (!) Nähte gelegt hatten, waren zwei Stunden vergangen und drei kleine Arterien rekonstruiert. Es war Mitternacht, keiner sprach mehr ein Wort. Jeder arbeitete zäh und verbissen an seinem Platz.

War die Stimmung am Nullpunkt oder lähmte die Müdigkeit das Denken, Sprechen und Handeln? Als ich laut und für alle hörbar sagte: »Wir versuchen dasselbe noch an den Venen«, sah ich bestürzte Gesichter. Jeder wußte, daß die Ruhe der Nacht dann auf eine minimale Zeit schwand, und daß trotzdem jeder Arzt und jede Schwester morgen früh pünktlich zum eingeteilten Dienst und zum Rapport auf der Station erwartet wird. Aber das ist nun mal seit Jahrzehnten so in diesem Beruf, und jeder hat es gewußt, als er sich für diesen schönen, aber nicht einfachen Beruf entschieden hat. Jeder verrichtete seine Arbeit, es wurde nichts mehr gesprochen.

Nachlassende Kondition und die wesentlich schwierigere Filigranarbeit an der viel dünneren, aber größeren Wand der Vene brachten mich zu der Überzeugung, daß zwei Anastomosen reichen müßten.

»Wir machen Schluß!«

Kein Kommentar, keine Reaktion, auch keine Erleichterung. Es war drei Uhr nachts, vor uns lag noch eine knappe Stunde Arbeit, aber das Ende war nun endlich in Sicht. Drains wurden gelegt und die Bauchdecken in Schichten verschlossen. Alles Routine. Auch die Anästhesisten schwiegen seit Stunden. Also war der Kreislauf stabil, schlußfolgerte ich.

Ich legte Kittel, Handschuhe und Mütze ab, schaute über den Narkosebügel und erkannte, daß die Haut im Gesicht des kleinen Jungen wieder gut durchblutet war.

»Systolischer Blutdruck?«

»Bei 70.« – Also gut.

Erst jetzt merkte ich, daß mein OP-Hemd aussah, als ob es direkt aus einer Waschmaschine kam, bei der die Schleuder versagt hatte. Ich ging in die kleine Umkleidekabine, genoß den Luxus, daß ich den winzigen Raum nicht mit anderen Schwestern und Ärzten teilen mußte, daß mir das einzige Waschbecken allein zur Verfügung stand.

Dann saß ich wieder in meinem Arbeitszimmer, das so viele Gesichter hatte. Meistens schaute es nüchtern und kühl auf meine Arbeit, gelegentlich vermittelte der gleiche Raum angespannte Erwartung, wenn ich hohen Besuch erwartete, aber dieselben Wände rückten zu einer bedrohlichen Enge zusammen, wenn sich nach großen Mühen und höchstem Einsatz ein Mißerfolg nicht abwenden ließ, wenn Komplikationen oder der Tod am Ende meiner Arbeit triumphierten.

Die kühle Nachtluft strömte durch das geöffnete Fenster. Die Atmosphäre des Zimmers strahlte Ruhe aus, eine gelöste Spannung. Wo waren die Kopfschmerzen, die Erschöpfung, das Gefühl des Versagens? Verflogen! Verdrängt durch den Gang der Ereignisse, die Konzentration, die Anspannung, die Einsamkeit inmitten der vielen Menschen. Die Gedanken waren wieder klar, das Denken schmerzte nicht mehr.

Denis kam auf unsere Intensivstation, aber nur für drei Tage. Danach blieb er viele Wochen in der Kinderabteilung. Die fürsorglichen Schwestern bemühten sich, die fehlende Liebe der Mutter zu ersetzen, doch Denis erwiderte die Zuneigung nicht, er blieb verschlossen. Er konnte sprechen, aber er sprach nicht. Er konnte deutlich und ohne Worte zeigen, daß er Zärtlichkeiten nicht mochte. Nur bei Schwester Christine machte er eine Ausnahme. Es war jene Schwester, die ihn am ersten Tag zum Röntgen begleitet hatte. In ihrer Nähe fühlte er sich geborgen, schmiegte seinen Kopf an ihre Hand, doch mehr Gefühl zu zeigen, war er nicht bereit. In ihrer Nähe sprach er ganz leise, unbeholfene Sätze formend, die nur sie verstehen konnte. Seine Mutter besuchte ihn in den vielen Wochen nur zweimal. Nach ihrem Weggehen saß er jedesmal abwesend vor seinem kleinen Abendbrotteller, ließ die Mahlzeit aus und sprach nichts, nicht mit Christine und auch nicht mit mir.

Die Wunden an dem hageren Körper des kleinen Denis waren schon nach einigen Wochen verheilt. Die Wunden an seiner

Seele werden Narben und Beschwerden hinterlassen, ein Leben lang.

Als ich beim Abschied meine Hand behutsam auf seinen blonden Wuschelkopf legte, blickte er mich ängstlich aus seinen Augenwinkeln an, hob die Hand und den kleinen Arm wie zur Abwehr und verdeckte damit das schmale, zarte Gesicht.

Wie am ersten Tag.

Das Gerichtsverfahren dauerte nicht lang. Der Mutter wurde das Sorgerecht entzogen. Denis kam in ein Heim. Ich habe ihn nie wieder gesehen, doch er begleitet mich auch heute noch. Er steht neben mir, wenn ich mißhandelte Kinder behandle, er beobachtet mich, wenn ich von mißbrauchten Kindern höre, und er hebt den kleinen Arm schützend vor sein schmales Gesicht, wenn ich erfahre, daß Kinder von Erwachsenen gequält werden.

EIN OPERATIONSTAG

Graue Wolken zogen langsam über einen trüben Novemberhimmel. Ich schaute aus dem Fenster meines Dienstzimmers. Ein ganz normales Operationsprogramm lag hinter mir. Struma – Galle – Magen. Jetzt sichtete ich den Posteingang. Meine Sekretärin, Frau Wergmann, kam aus dem Nebenzimmer, legte einen Strauß roter Nelken auf den Schreibtisch und sagte:
»Hat eine Frau Rogalla für Sie abgegeben. Sie wurde vor fünf Jahren von Ihnen operiert.«
Ich schaute auf das kleine Kärtchen, sah die akkurate Schrift und las die wenigen Worte: »Mir geht es gut. Herzlichen Dank. Ilse Rogalla.«
Ich durchforschte mein Gedächtnis. Wer war Frau Rogalla? Fünf Jahre ist eine lange Zeit. In jedem Jahr sah ich mehr als 2000 Patienten, die zur Operation kamen. Wer blieb nach fünf Jahren noch im Gedächtnis? Nur sehr wenige, und meist waren es nicht unsere größten Erfolge. Denn Erfolge sind vergänglich, weil selbstverständlich. Patienten, Angehörige und Mitarbeiter haben sie nach kurzer Zeit vergessen. Es sind die Problempatienten, die uns oft ein Leben lang begleiten!
Und da traten langsam aus dem Nebel der Vergangenheit einige Gestalten und Begebenheiten heraus, die einmalig waren und allmählich wieder ein Bild und eine Handlung ergaben. Da war doch ... Da war tatsächlich die große Angst, die mich an einem Novembertag viele Stunden lang bei einer Operation begleitet hatte. Natürlich kannte ich Frau Rogalla. Waren wirklich schon fünf Jahre vergangen? Der Tag war damals so grau, daß er mich noch lange verfolgte und auf mir lastete. Alles war grau. Das Wetter, der Alltag, die Routine. Sogar die Gesichter meiner Mit-

arbeiter und der OP-Schwestern. Ich wußte später nicht mehr genau, ob sich dieser Eindruck erst in der Erinnerung bildete, oder ob ich schon am Morgen beim Betreten der Klinik dieses alles bedrückende Grau empfunden hatte. Ich schaute auf den Strauß Blumen und wunderte mich. Wie war es möglich, daß diese zehn roten Nelken plötzlich ein Fenster öffneten? Ein Stück Vergangenheit tat sich auf! Wie war das damals vor fünf Jahren?

Am Vortag beim Zusammenstellen des OP-Programms hatte mir der leitende Oberarzt beiläufig gesagt: »Die Galle in 4b hat furchtbare Angst.« Ich schaute ihn fragend an, denn Angst vor der Operation ist nichts Ungewöhnliches. Jeder Patient, der zur Operation kommt, hat Angst, der eine mehr, der andere weniger. Viele wissen nichts von dämpfenden Medikamenten, von verbesserten Narkosemethoden, von ausgefeilten Operationstechniken, und deshalb ist die Angst ein unbestrittenes Privileg jedes Patienten, der zur Operation kommt. Wir stellten uns darauf ein und versuchten, durch den persönlichen Kontakt, durch das Vorbereitungsgespräch und unser sicheres Auftreten die Angst vor der Operation zu verringern. Nicht immer waren wir bei unseren Vorbereitungen erfolgreich, und oft blieben größere oder kleinere Reste dieser Angst bis zum Beginn der Narkose, bis zur Operation. Alle Mitarbeiter wußten, daß ich auf die psychische Vorbereitung vor jeder Operation größten Wert legte. Dazu gehörten das persönliche Gespräch, und hier sollten die Assistenten die verbesserten Narkosemethoden, die Beherrschung des Wundschmerzes nach der Operation, die beruhigende Wirkung der dämpfenden Medikamente und die Fortschritte der Operationstechnik erwähnen. Ein fest eingespieltes Procedere. Ganz sicher hatte das in den vergangenen Jahren dazu geführt, daß die Patienten ruhiger und gefaßter in das Krankenhaus kamen und meist überzeugt waren, daß ihr Vertrauen zu »ihrem« Chirurgen berechtigt war. Dennoch war die Furcht vor der Operation nichts

Ungewöhnliches. Sie war begründet in dem Gefühl der absoluten und willenlosen Übereignung des persönlichen Schicksals in das Handeln und Entscheiden eines anderen, den man gar nicht, nur aus der Ferne oder hinter einem Nimbus kannte, und dem man sein Leben schlafend anvertrauen mußte.

Es gibt viele Chirurgen, die dem Patienten das Recht auf Angst nicht zugestehen. Doch jeder Chirurg sollte sich selbst die Frage beantworten: Wäre er frei von Angst, wenn er sich einer Operation stellen müßte? Sicher nicht! Denn es ist bekannt, daß gerade Chirurgen ihren eigenen Operateur sehr kritisch wählen und im Bedarfsfall am längsten nach einem »guten« Chirurgen suchen, der sie schließlich operieren darf. Eine anspruchsvolle Operation ist wie eine Prüfung. Das Unvorhergesehene und völlig Unerwartete ist immer möglich, und wir wissen zu Beginn nichts über den endgültigen Ausgang. Wer will also einem Patienten einen Vorwurf machen, wenn er Angst vor einer Operation hat? Es ist ein ganz natürliches Empfinden, trotz aller Fortschritte der Medizin!

Aber warum sagte mir Dr. Tomaschewski mit solchem Nachdruck, daß die »Galle«, also Frau Rogalla, große Angst vor der Operation hatte? Es mußte einen besonderen Grund haben!

»Konnten Sie sie nicht beruhigen?«

Er zuckte die Achseln.

»Versucht habe ich es, aber ohne Erfolg.«

»Schwester Uta soll kommen«, ließ ich ausrichten.

Nach einigen Minuten erschien die Stationsschwester von 4b bei mir. Eine stets zuverlässige, sehr ruhige und fleißige Schwester. Viele oder große Worte waren nicht ihre Stärke, aber Mitarbeiter und Patienten liebten und verehrten sie in gleicher Weise, weil sie offen, ehrlich und freundlich war und mit den Patienten fühlen und empfinden konnte.

»Wie geht es Frau Rogalla?« fragte ich.

»Sie liegt im Bett und weint. Hat große Angst.«

»Warum haben Sie sie nicht beruhigt?«

Wieder kam die gleiche Antwort: »Das habe ich versucht, aber nicht geschafft.«

»Dann will ich es selbst mal versuchen. Sagen Sie ihr, ich schaue heute abend noch einmal bei ihr vorbei.«

Es war schon dunkel, als ich durch den langen Flur der Frischoperiertenstation zur Aufnahmestation ging. Im letzten Zimmer lag sie. Leise öffnete ich die Tür und sah ihren verstohlenen Blick aus dem abgewandten Gesicht. Also hatte sie gewartet! Ich zog einen Stuhl an ihr Bett, setzte mich zu ihr. Zunächst sagte ich gar nichts, nahm nur ihre Hand und hielt sie fest. Sie hatte die Augen geschlossen, Kopf und Körper waren zur Seite gewandt. Sie atmete gleichmäßig und erschien äußerlich ruhig. Doch ihre Ruhe glich der unbewegten Oberfläche eines Geysirs, von dem wir nicht wissen, was sich im Inneren abspielt, und auch nicht, welche Kräfte nötig sind, die empordrängenden Fluten zu unterdrücken.

Ich legte die Hand auf ihren Arm. Nichts bewegte sich an ihr. Ich brach das Schweigen.

»Morgen um diese Zeit haben Sie alles gut überstanden.«

Ein Beben ging über ihre Schultern, das unterdrückte, gepreßte Schluchzen war zu hören. Ich sagte ihr alles, was mir einfiel, um ihre Angst zu zerstreuen.

»Eine Gallenoperation ist heute Routine. Eine geplante und gut vorbereitete Operation stellt praktisch kaum noch ein Risiko dar. Wenn wir Sie morgen operieren, werden allein vier Ärzte und drei Schwestern da sein, die nur auf Sie aufpassen, davon drei Ärzte bei der Operation, einer bei der Narkose. Wenn Sie nach der Operation Schmerzen haben, brauchen Sie es nur zu sagen, Sie bekommen dann ein Medikament und werden schlafen.«

Ich versuchte, Ruhe und Sicherheit zu vermitteln. Das Schluchzen wurde leiser, das Beben seltener. Ein leises Lächeln glitt über das vom Weinen verschwollene Gesicht. Sie hielt meine

Hand ganz fest und erzählte. Ich unterbrach sie nicht, denn das Zuhören tröstet oft mehr als Worte. Sie hatte zwei kleine Töchter, sieben und fünf Jahre alt. Ihr Mann war sehr besorgt um sie. Schon immer. Nein, es gab nie ernste Differenzen. Sie führten eine gute Ehe. Sie selbst war ein Zwilling. Ihre Schwester wurde vor einem halben Jahr an der Schilddrüse operiert. Am zweiten Tage nach der Operation hatte sie eine schwere Nachblutung bekommen. Gerade zur Besuchszeit. Sie hatte erlebt, wie der Hals plötzlich dicker wurde und sie keine Luft mehr bekam, wie sie ganz blau im Gesicht und schließlich ohnmächtig wurde. Der Arzt hatte ihr dann erklärt, daß bei ihr die Blutgefäße anders liegen, daß die Operation deshalb besonders gefährlich war, daß sich wohl ein Faden an einer Schlagader gelöst hatte, was eigentlich nicht passieren durfte. Inzwischen ging es ihr aber wieder gut. Sie selbst hatte nach einer Hammerzehenoperation eine Thrombose und danach eine Embolie bekommen, obwohl ihr der Arzt vorher sagte, daß das nur eine kleine und harmlose Operation wäre. Ein Teil der Lunge war ausgefallen. Die Ärzte hatten sie schon aufgegeben. Sie hing acht Tage lang am Sauerstoffgerät, und bei der Entlassung hatte der Chefarzt sie beglückwünscht, daß sie noch einmal mit dem Leben davongekommen war.

Ihre zweite Entbindung war ein Kaiserschnitt gewesen. Nach der Operation hatte sie zwei Tage ununterbrochen geblutet. Zehn Blutübertragungen waren nötig gewesen. Der Frauenarzt hatte jede weitere Schwangerschaft als großes Risiko bezeichnet und ihr gesagt, jede Operation wäre eine Lebensgefahr für sie.

Eine lange Leidensgeschichte! Ich seufzte und kam mir plötzlich sehr klein vor. Da stand ich nun mit meiner Schulmedizin vor ihr, oder besser gesagt, ich saß vor ihr, und das Klischee des üblichen Vorbereitungsgesprächs paßte so gar nicht zu dem ganz besonderen Angstprofil dieser Patientin. Ich erkannte, daß ihre Angst berechtigt war. Die meisten meiner Worte hatten sie nicht erreicht. Mir wurde plötzlich bewußt, wie schmal manchmal der

Weg war, auf dem sich das ärztliche Vertrauen bewegt. Dieser Pfad, der vom Arzt zum Patienten führt, war leider auch nicht immer gerade. Oft erreichte man das Ziel nur auf Umwegen oder in vielen Windungen, trotzdem sollte man möglichst auf den richtigen und geraden Weg achten. Das Erringen des Vertrauens ist nämlich für den ärztlichen Erfolg wichtig, denn ohne Vertrauen bleibt das ärztliche Können ein Handwerk.

Ich erkannte erst jetzt, in was für eine fatale Situation ich gekommen wäre, wenn ich mir nicht die Zeit für diese abendliche Unterhaltung genommen hätte. Da erklärte ich mit vielen und schönen Worten, daß eine Gallenoperation heutzutage kaum noch ein Risiko darstellt und wußte nicht, daß bei dieser Patientin ein anderer Chirurg sein ganzes Können aufbieten mußte, um eine schwere und lebensbedrohliche Komplikation nach einer Hammerzehenoperation zu beherrschen, also bei einer Operation, die als Bagatelleingriff angesehen wird und ambulant ausgeführt werden kann. Er hatte sie nach dieser kleinen Operation beglückwünscht, daß sie das Krankenhaus noch einmal lebend verlassen konnte! Der zweite Arzt ihres Vertrauens, der Gynäkologe, riet ihr dringend von jeder weiteren Operation ab, wenn sie sich nicht in Lebensgefahr bringen wollte, und ich – der dritte Operateur – war nun damit beschäftigt, ihr zu erklären, wie harmlos doch eine Gallenoperation sei.

Alle drei Ärzte hatten aus der Sicht ihrer unmittelbaren Erfahrung recht. Aber der Einzelfall läßt sich nur selten in eine Statistik zwängen, und wer versucht schon, den Gedanken eines kranken Menschen nachzugehen, für den es eben nicht möglich ist, drei völlig unterschiedliche Ansichten in seiner Vorstellungswelt über Krankheit und Gefahr zu vereinen. Es fehlen die Brücken eines sechsjährigen Medizinstudiums und einer jahrzehntelangen praktischen Erfahrung. Für mich stand die richtige Diagnose fest: Es handelte sich um Gallensteine, die operiert werden mußten. Für den Gynäkologen war es klar, daß bei Frau Rogalla wegen der besonderen Blutungsneigung jede Operation ein Risiko bedeutete. Der Orthopäde hatte eine Serie seltener Komplikationen bei seiner Patientin Rogalla erlebt und nur mit Mühe beherrschen können.

Welcher Arzt nimmt sich aber nun die Zeit, daran zu denken, daß es einem Patienten unmöglich ist zu verstehen, daß drei Ärzte über die gleiche Sache, nämlich über das Operieren, so grundverschieden denken können und gleichzeitig glauben, daß jeder von ihnen recht hat? Hier mußte doch der Eindruck entstehen, daß die Sache immer so dargestellt wurde, wie sie in das jeweilige Konzept paßte. Mir ging der Gedanke durch den Kopf, daß wir Ärzte eigentlich bessere Anwälte unserer eigenen Argumente werden müssen, wenn wir den Kredit unseres Vertrauens nicht leichtfertig aufs Spiel setzen wollen.

Nach einigem Zögern sagte sie:

»Ich weiß, daß ich so auch nicht weiterleben kann. Die Koliken habe ich seit sieben Jahren, seit der ersten Schwangerschaft. Sie sind oft unerträglich. Also lasse ich mich operieren. Aber ich habe große Angst.«

Ich wurde nachdenklich. Wie oft übergehen wir diese oder ähnliche Probleme bei der Visite? Wie oft machen wir es uns ganz einfach und sagen nur zur Schwester: »Geben Sie heute abend noch zwei Tabletten Faustan zusätzlich.« Im stillen denken wir dann: Danach werden Patient und Arzt sicherlich ruhiger schlafen! Doch die Probleme sind damit nicht gelöst.

Meine Argumente klangen nicht mehr so überzeugend wie am Anfang, und meine Gesprächspartnerin spürte, daß sie in mir Gedanken und Zweifel geweckt hatte, die es vorher nicht gab. Sie schien aber erleichtert, daß ich ihre Sorgen ernst nahm. Ich versprach ihr, daß wir morgen ganz besonders auf sie aufpassen würden. Sie griff noch einmal nach meiner Hand und sagte ganz ruhig:

»Ich danke Ihnen.« Nach einer kurzen Pause fügte sie noch hinzu: »Und ich vertraue Ihnen.«

Der letzte Satz bedeutete für mich eine schwere Hypothek, was sich aber erst am nächsten Tag zeigen sollte. Als ich den Weg durch die Stationen zurückging, waren im Verbindungsflur schon die Oberlichter gelöscht. Nach einem kleinen Umweg blieb ich schließlich vor der großen, schwarzen OP-Tafel stehen, die das Programm für den folgenden Tag trug. In Saal II stand in der dritten Zeile:
Stat. 4b, Patn. Rogalla, 28 J.
Op: Glatte Galle. Operateur: Ma, Ass.: Sm / Ay, Narkose: Va.
Glatte Galle hieß: Standardisierter Operationsablauf ohne Eröffnung des Gallenganges. Ma war das Kürzel für Dr. Wolfgang Matthias, der seit vielen Jahren in meiner Klinik tätig war, ein erfahrener Facharzt für Chirurgie und ein geschickter Operateur, der schon seit zwei Jahren auf die von mir versprochene Ernennung zum Oberarzt wartete, doch leider fehlte die Planstelle. Gallenoperationen gehörten für ihn zur täglichen Routine. Sm war das Signum für Siegfried Schmoll, Ausbildungsassistent im vierten Jahr, und Ay war Mahmoud Aydanu, unser Gast aus dem Irak, über den ich schon mehrfach berichtet habe. Nach einigem Überlegen strich ich den Namen des ersten Assistenten und setzte an seine Stelle das Kürzel Be, also Dr. Karl-Heinz Benedikt, einen erfahreneren Facharzt.

Eigentlich – so überlegte ich weiter – könnte ich die Operation auch selbst ausführen. Nein – ich mußte die OP selbst ausführen! Außerdem hatte sich durch unser langes Gespräch bereits eine persönliche Beziehung entwickelt, und sie hatte mir beim Abschied gesagt:»Ich vertraue Ihnen.« Aus der Galle von 4b war Frau Rogalla geworden, und ich sah an der 3. Stelle in Saal II jetzt eben nicht nur die Galle, sondern die Mutter von zwei kleinen Kindern, die schon einige unangenehme Erfahrungen mit Operationen und Operateuren gemacht hatte und deshalb dem kommenden Tag mit großer Angst entgegensah. Ob sie jetzt ruhiger war?

Ich schaute noch einmal auf das Programm im Nachbarsaal I

und erkannte, daß auch unsere freien Entscheidungen oft nur das Ergebnis von äußeren Zwängen sind. Mein Name als Operateur stand dort vor einer Rezidivstruma und danach vor einem bösartigen, ausgedehnten Nierentumor. Beide warteten schon seit langem auf den morgigen Tag, und ich hatte für sie keinen Vertreter. Ich konnte nichts verlagern, abgeben oder abnehmen und entschloß mich, an dem Programm keine weitere Änderung vorzunehmen, wollte mir aber den Befund von Frau Rogalla demonstrieren lassen, fühlte mich aber nicht ganz wohl bei dieser Entscheidung. Später wußte ich nicht genau, ob sich der dramatische Verlauf der weiteren Handlung durch eine andere Entscheidung von mir hätte abwenden lassen.

Am nächsten Morgen begann der Tag im gewohnten Rhythmus. Alles wurde durch das Ordnungsprinzip der seit Jahren bewährten Klinikroutine geregelt. Um 6.45 Uhr fuhr ich am Pförtner vorbei, nickte ihm ein freundliches »Guten Morgen« zu, stellte mein Auto unter den einzigen Carport und betrat die Klinik. Die wischende Reinigungsfrau im Treppenhaus, die hastende OP-Schwester auf der ersten Etage und die konzentriert schreibende Sekretärin in meinem Vorzimmer waren das gewohnte Empfangspersonal. Ich zog mich um, ging auf die Station, warf im Vorübergehen nochmals einen Blick auf das OP-Programm. Rezidivstruma – Nierentumor – Frau Rogalla. Alles war bestens vorbereitet – glaubte ich.

Dann begann die Visite auf der Wachstation. Den Operierten des Vortags ging es gut, die Verordnungen für sie wurden von Chirurgen und Anästhesisten gemeinsam angesetzt. Etwas länger blieben wir am Bett eines Schwerstkranken, den wir in der Nacht wegen Verdacht auf Darmverschluß aufgenommen hatten. Medikamente und Einlauf hatten die Darmfunktion nicht normalisiert, berichtete mir der diensthabende Arzt. Seit einigen Stunden hatte sich Erbrechen eingestellt, deshalb wurde eine Magensonde gelegt. Ich untersuchte den Kranken, tastete die geblähten Darm-

schlingen, hörte die typischen Plätschergeräusche und sah an der trockenen Zunge, daß der Zustand bedenklich war. Ein Blick auf das Sekret des Magenschlauches bestätigte: Kot, übelriechender Darminhalt. Hier durften wir keine Zeit verlieren.
»Sagen Sie dem Anästhesisten, wir ändern das Programm in Saal I. Der Ileus wird gleich nach der Rezidivstruma operiert.«
Unwillkürlich dachte ich daran, daß dann die Gallenoperation in Saal II und der große Nierentumor in Saal I gleichzeitig beginnen würden, daß ich mich also von dem Verlauf der Gallenoperation bei Frau Rogalla nur sehr kurz überzeugen konnte. Der Fortgang der Visite ließ aber keine Zeit für zusätzliche Überlegungen. Ein 13jähriges Mädchen war am Vorabend mit Verbrühungen eingeliefert worden. Der Stationsarzt berichtete: »Sie wollte ihrer Mutter helfen und hatte sich den kochenden Topf mit heißem Wasser über Brust, Bauch und Beine gegossen. Etwa 25 % der Körperoberfläche sind zweitgradig geschädigt.« Sie war schwerstverletzt. Noch war der Kreislauf stabil, doch ein weiterer Flüssigkeitsverlust war unvermeidlich und bedeutete Lebensgefahr. Die Wunden waren von der Dienstgruppe ordnungsgemäß versorgt worden. In Narkose wurden chemische Lösungen aufgetragen, es wurde eine Behandlung nach Professor Grob angewandt, die zu einer dicken, dunkelbraunen Schorfbildung der geschädigten Haut führte. Dieser Anblick war für Laien abstoßend, sie erschraken, und deshalb untersagten wir bei diesen Kranken zunächst jeden Besuch. Wir wußten aber, daß dieser unansehnliche Schorf der beste Wundverband war, und wenn keine Komplikationen auftraten, war die Krise in 10 Tagen überstanden. Dann begann aber der unvermeidliche Kampf gegen die Infektion, die sich trotz aller Bemühungen von den Wundrändern her ausbreitete, den Wundschorf unterminierte und zu einer Überschwemmung des Organismus mit Giftstoffen führte. Wir mußten große Mengen Flüssigkeit, Salze und Eiweiße zuführen.
Die großen dunklen Augen des Mädchens blickten mich

verängstigt und fragend an. Der kurze Haarschnitt, der Gesichtsausdruck und die langen Wimpern erinnerten mich für einen Moment an meine beiden Töchter Marion und Anna, die fast im gleichen Alter waren. Ich verspürte das beklemmende Gefühl, trotz größten Einsatzes nicht zu wissen, wie dieser Kampf gegen die drohenden Stoffwechselprobleme und Infektionen in zwei oder drei Wochen ausgehen wird. Ich beugte mich zu der Kleinen herab und sagte ihr leise: »Ines, wenn du starke Schmerzen hast, brauchst du es nur zu sagen. Die Schwester füllt dann etwas in diese Flasche, und dann gehen die Schmerzen von allein weg.«

Sie schaute mich dankbar und ängstlich fragend an.

»Ganz von allein?«

Ich nickte, und sie lächelte für einen kurzen Augenblick.

Die Beklemmung wich auch bei der weiteren Visite nicht von mir. Das Gefühl eines unsichtbaren Schattens begleitete mich. Manchmal verfolgen uns Ahnungen, die wir erst in der Retrospektive richtig deuten können. So war es auch an diesem Tage.

Die Mutter des Mädchens hatte sich für Mittag angesagt und wollte mich sprechen, sagte mir Oberarzt Tomaschewski, der den Nachtdienst geleitet hatte. Natürlich würde ich ihr nur sagen, daß ihre Tochter im Moment schwerkrank sei, und daß wir alles tun würden, was in unseren Kräften stand. Sie würde sich dann jeden Tag bei uns erkundigen, und mit meinen bösen Vorahnungen mußte ich schon allein fertig werden, die nahm mir keiner ab. In diesem Fall trafen sie auch nicht zu, aber ich konnte damals nicht wissen, daß Ines in sechs Wochen wieder zu Hause bei ihrer Familie wäre. Für die Mutter hatte es nie ernste Bedenken gegeben, sie hatte uns einfach vertraut.

»Das wußte ich vom ersten Tage an, daß sie es schaffen würde«, sagte sie mir später. So einfach war das! Es hat eben auch etwas Gutes, wenn wir mit unseren Problemen allein stehen. Dann werden diejenigen nicht mit unseren Sorgen belastet, die unsere Hilfe brauchen und uns ohnehin nicht helfen können.

Pünktlich um 8 Uhr war ich im Vorbereitungsraum des Operationssaales. Ich wechselte ein paar Worte mit Frau Herder, der 58jährigen Patientin, die als erste auf die Operation wartete. Vor 16 Jahren wurde sie schon einmal an der Schilddrüse operiert. Seit 4 Jahren wurde der Hals wieder dicker, und seit einigen Wochen bekam sie schon bei geringsten Belastungen nicht mehr genügend Luft. Sie war ganz ruhig und mußte mir noch schnell zuflüstern, sie sei sehr froh, diesmal in Narkose und nicht in örtlicher Betäubung operiert zu werden. Ein kurzer, herzlicher Händedruck, dann wurde sie im Vorbereitungsraum auf den OP-Tisch gelagert, die Narkoseeinleitung begann.

Ich wusch mich, nachdenklich und wortkarg. Die beiden Assistenten standen schon in sterilen Kitteln, Handschuhen, Mundtüchern und Mützen im Saal, warteten und diskutierten lebhaft und laut über einen nächtlichen Randalierer. Dr. Rabusch, der Sportlichere der beiden, vertrat die Ansicht, daß man als Arzt bei Tätlichkeiten auch zuschlagen darf, es sollte aber möglichst keiner sehen und nicht der erste Schlag sein. Ich hielt mich mit meinem Kommentar zurück und genoß das Alleinsein am Rande des Geschehens, denn ich liebte die lauten und fröhlichen Gespräche vor der Operation nicht sonderlich. Die Monotonie des 10minütigen Händewaschens war gut für die Einstimmung, denn in dieser kurzen Zeit konnte man alle Hektik ablegen und sich gut auf den bevorstehenden Eingriff konzentrieren.

Natürlich war der größte Teil des Operierens Routine, doch ich hatte es mir angewöhnt, auch bei einfachen Eingriffen die wesentlichen Operationsschritte immer noch einmal in Gedanken zu rekapitulieren. Ich sah den geschwollenen Hals vor mir – Ausschneiden der alten Narbe – Lösen der Verwachsungen zwischen Haut und Muskeln – Darstellung des seitlichen Halsmuskels. Ob Frau Herder jetzt schläft? Ich hätte bei der Verbrennung zusätzlich noch Haldane-Flüssigkeit zum Trinken ansetzen sollen. – Freipräparieren der Schilddrüsenkapsel – das würde sehr mühsam vorangehen in dem narbigen Gewebe. – Ich mußte der Schwester sagen, daß sie Ines noch Haldane geben sollte. – Vielleicht brauchte ich die Kapsel außen nicht zu präparieren, die Schilddrüsenwucherung ließ sich manchmal von innen stumpf entfernen. – Nun lief der Zeitraffer ab. Die Struma könnte um 9.30 Uhr fertig sein, dann kam der Darmverschluß, im günstigen Fall ohne Darmverlegung – das heißt 11.30 Uhr fertig, aber der Nierentumor würde lange dauern. – Ich mußte Frau Rogalla noch vor dem Operationsbeginn sehen, ich hatte es ihr versprochen, und ganz sicher wartete sie darauf. Die Gedanken zogen wie fliegende Wolken am Himmel vorüber, sie blieben immer nur für eine kurze Zeit sichtbar, und manche warfen ihre Schatten voraus. Sie zogen vorüber, ohne Spur und Erinnerung. Ich hatte sie nicht gerufen, sie kamen ungebeten, manchmal unbemerkt, standen groß vor mir und gingen erst wieder, wenn die nächsten Wolken folgten.

Ich schaute in den Himmel. Grau, alles grau. Die Häuser, die Bäume, die Wege waren ohne Farbe. Ein zäher, trüber Nebel lastete auf Erde und Menschen, und – ich fühlte es ganz deutlich – auf mir ganz besonders.

Ein halblauter Ruf aus dem OP durchbrach den grauen Schleier und störte meine Gedanken.

»Sollen wir mit dem Hautschnitt beginnen?«

Es war die übliche Frage des ersten Assistenten. Ein Blick auf die Sanduhr zeigte mir, daß die Waschzeit fast beendet war.

»Ihr könnt warten. Bin gleich fertig.«

Ich zog den sterilen Kittel an, Schwester Helga schnürte ihn am Rücken zu. Das Mundtuch anlegend, trat ich an das Kopfende der schlafenden Frau Herder. Blaue Tücher umgaben einen handgroßen Hautbezirk. Das war unser Arbeitsgebiet. Meine Konzentration und Aufmerksamkeit wird sich jetzt nur noch diesem Bereich zuwenden. Äußerlich erinnerte wenig daran, daß unter dem Tuch ein Mensch lag, der noch vor wenigen Minuten Hoffen,

Zuversicht und – verständlicherweise – Angst empfand. Es war gut so, daß die dunkelblauen Tücher nicht nur eine Trennung zwischen steriler und unsteriler Zone bildeten, sondern auch eine unsichtbare und undurchdringliche Trennwand zwischen dem arbeitenden Operateur und dem schlafenden Patienten darstellten. Wir könnten weniger helfen, wenn wir bei der Operation nicht nur von nüchterner Sachlichkeit, sondern von Empfindungen oder Mitleid beeinflußt werden. Und doch gab es Ausnahmen von dieser Regel. Wenn wir nämlich vor nahezu ausweglosen Situationen standen und unter dem blauen Tuch ein Kind lag, ein junger Mensch oder ein Patient, dessen persönliche Probleme wir kannten oder ahnten. Dann wurde die Arbeit schwer, manchmal sogar zu einer drückenden Last. Es war gelegentlich ein Ringen gegen das Unmögliche, gegen einen ausgedehnten Tumor, gegen ein versagendes Herz, gegen eine größere, unsichtbare Macht, und unsere einzige Stärke war dann nur die Beharrlichkeit des Kämpfens. Resignation ist immer der Anfang des Versagens.

Wie oft hat jeder Operateur schon auf verlorenem Posten gestanden und gegen eine Übermacht gekämpft? Ein Schockzustand während der Operation, eine unstillbare Blutung, ein Kreislaufzusammenbruch, eine zu spät eingelieferte Schädelverletzung. Und welcher Operateur hat in dieser Rolle nicht schon weitergekämpft, in der Rolle des Besiegten, Unterlegenen, Gedemütigten? Zäh und verbissen, gegen besseres Wissen. Der Anästhesist meldet dann die schwindende Herzaktion, die Assistenten bringen direkt oder umschrieben zum Ausdruck, daß es ja doch keinen Zweck mehr hat, und die eigene Erfahrung und Kenntnis sagen uns, daß sie recht haben. Und welcher Operateur hat nicht schon einmal erlebt, daß dann – wider besseres Wissen – der Anästhesist ausrief: »Der Puls kommt wieder«, und die Assistenten vielsagende, ungläubige Blicke wechselten, und das eigene Erleben eines unerwarteten Sieges einen fast überwältigte?

Es sind Augenblicke, die man nicht vergißt!

Ich schob diese Gedanken zur Seite, wandte mich dem kleinen, grell erleuchteten Bezirk zu. Ein Blick mit Schwester Helga wurde gewechselt. Ihr freundliches Kopfnicken bedeutete: Es kann losgehen. Sie reichte mir das Skalpell, und ich begann die Operation.

Die alte Narbe wurde ausgeschnitten. Zum weiteren Vordringen in den verklebten Gewebsschichten benötigte ich die Präparierschere. Die geraden Halsmuskeln wurden durchtrennt, und nun sahen wir links und rechts von der Luftröhre die knotige Oberfläche der faustgroßen Schilddrüse.

»Licht besser zentrieren. Eine Zusatzlampe einschalten.«

Frau Herder hatte lange gewartet, ehe sie sich zur zweiten Operation entschließen konnte, denn die Luftröhre war durch den seitlichen Druck der Struma schon erheblich eingeengt. Wir sprachen in dem Fall von einer beginnenden Säbelscheidentrachea. Auch hier fanden wir wieder bestätigt, daß der Entschluß zur Operation gewöhnlich erst dann gefaßt wird, wenn die Beschwerden den Kranken mehr belasten als die Angst vor der Operation. Ich suchte die zuführenden Oberpolgefäße auf, es waren Arterien, fast stricknadeldick. Sie waren wohl bei der ersten Operation nicht durchtrennt worden und mußten nun unterbunden werden, damit es beim Entfernen der Schilddrüse nicht zu stark blutete.

Die Operation ging zügig voran, doch die Schwierigkeiten sollten noch kommen. Der seitliche und untere Bereich der Schilddrüsenkapsel war in derbes Narbengewebe gebettet. Zahlreiche kleine Gefäße verursachten Blutungen, die zwar nicht gefährlich, aber doch sehr zeitraubend waren. Sie störten außerdem die Sicht beim Auffinden der richtigen Schicht. Die Halsschlagader und die große Halsvene waren in die narbigen Verwachsungen einbezogen und mußten äußerst vorsichtig behandelt werden, um Verletzungen zu vermeiden. Ein anderes

Problem war der Stimmbandnerv, der bei Zweitoperationen der Schilddrüse oft nicht mehr an der normalen Stelle liegt und deshalb sehr leicht verletzt werden konnte. Schon der Druck mit der Pinzette oder der Zug mit einer Klemme konnte zu einer Schädigung und damit zu anhaltenden Sprachstörungen führen.

»Wir beenden die Präparation an der Außenseite der Schilddrüsenkapsel, um kein Risiko einzugehen«, erklärte ich. »Wir werden das Drüsengewebe aus dem Inneren entfernen und lassen die Kapsel stehen. Das ist ungefährlicher.« Es führte aber zu einer stärkeren Blutung.

»Wieviel Transfusionen sind eingekreuzt?«

Diese Frage galt dem Anästhesisten, es war Oberarzt Albrecht Lengwinat, schon seit vielen Jahren in der Klinik.

»Drei.«

»Das genügt. Wir werden jetzt die Kapsel eröffnen, haben aber die Unterpolarterie nicht aufgesucht. Es kann also stärker bluten. Bitte saugen!«

Ich schnitt das Gewebe keilförmig aus. Dr. Rabusch setzte Klemmen an, Dr. Güldner saugte das Blut ab. So drangen wir stufenweise weiter in die Tiefe vor. Jetzt blutete es stärker. Am Grunde konnte ich die Gefäßstümpfe nicht sehen. Die Klemmen fanden in dem weichen Gewebe keinen Halt. Ich komprimierte mit Tüchern und erreichte eine kurze Verschnaufpause. Für unseren Benjamin, Dr. Güldner, der erst vor kurzem zur chirurgischen Fachausbildung übergewechselt war, sah dieser Teil der Operation gefährlich aus. Auf seiner Stirn waren kleine Schweißperlen zu erkennen, obwohl er sich beim Hakenhalten gar nicht sehr anstrengen mußte. Doch er war verkrampft, es fehlte die Routine. Als ich ihn jetzt genau ansah, merkte ich an seinem konzentrierten Gesichtsausdruck, daß Operieren gelegentlich harte Arbeit sein kann. Aber das Gute bei dieser Beschäftigung ist, daß man die Anspannung erst nach dem Ende der Arbeit merkt. Die Kompressen wurden entfernt, die Blutung stand nicht. Der Sauger summte monoton. Die Klemmen faßten nicht.

»Naht.«

Die erfahrene Schwester Helga hatte bereits den Nadelhalter in ihrer ausgestreckten Hand. Eine gute OP-Schwester muß in ihrem Denken und Handeln immer schon einen Schritt vor dem Operateur sein, dann gibt sie ihm die Sicherheit, auch in schwierigen Situationen ruhig zu bleiben. Der linke Zeigefinger tastete sichernd den Rand der Luftröhre, mit der rechten Hand wurde trotz unübersichtlicher Blutung der verbliebene Schilddrüsenanteil unterstochen. Nachdem drei Nähte lagen und geknüpft waren, blutete es nur noch leicht aus der Schnittfläche. Der Jüngste unseres Teams erhielt eine Kompresse und mußte einen leichten Druck auf die Naht ausüben. Die Blutung war beherrscht, die Spannung wich.

»Ich hab' am wenigsten gemacht und am meisten geschwitzt«, meinte Güldner.

»Ein wahres Wort zur rechten Zeit«, ergänzte Dr. Rabusch, nicht gerade besonders höflich.

Die gegenüberliegende Seite war kleiner. Die einzelnen Handgriffe wiederholten sich. Das Zusammenspiel klappte besser, jedes gesprochene Wort war überflüssig. Schließlich hatte die Schilddrüse wieder Normalgröße, die Luftröhre war von dem umgebenden Druck befreit, alles sah jetzt ganz einfach und übersichtlich aus.

Wir legten zwei Drainagen ein, um die kleinen Nachblutungen, die nach diesen Operationen immer auftraten, abzuleiten. Alles andere war Routine, bei der auch eine Unterhaltung gestattet war. Keiner hatte auf die Uhr gesehen. Die 80 Minuten waren wie im Fluge vergangen. Bei der Hautnaht spürte ich wieder die innere Unruhe, die meine Gedanken zur nächsten Operation und nach Saal II lenkte.

»Schließt die Drains an die Redonflasche und macht einen schönen Verband!«

Mit diesen Worten war die Operation für mich beendet. Ich schaute in den Nachbarsaal und sah, daß der nächste Patient gerade gelagert wurde. Wenn der Neuzugang mit dem Darmverschluß nicht gekommen wäre, könnte ich jetzt Frau Rogalla selbst operieren, ging es mir durch den Kopf. Das »Wenn« mit dem Konjunktiv stellte in der nüchternen Realität eines Operationssaals immer nur eine Möglichkeitsform dar, die selten praktische Bedeutung erlangte. Mein Imperativ aber lautete: Ich muß jetzt den Ileus operieren, und bis zum Operationsbeginn verbleiben mir noch 20 Minuten Zeit. Ich ging in mein Dienstzimmer, öffnete unterwegs die Tür zum Vorbereitungsraum von Saal II und schaute hinein. Natürlich konnte Frau Rogalla noch nicht hier sein. Sie würde ja erst in einer halben Stunde ihre Vorbereitungsspritze erhalten. Aber meine innere Unruhe trieb mich, und – es konnte ja sein!

Ich nutzte die Zwischenzeit zum Diktieren des Operationsberichts, war unkonzentriert, unterschrieb einige Arztbriefe, sah mir Röntgenbilder eines Zugangs an und machte bereits das erste Konzept für den Operationsplan des nächsten Tages.

Das Telefon schrillte. Der OP meldete: Herr Hasselbach schläft. Ich ging den Weg zurück, zog mich um und stand wieder an der rechten Seite des Schlafenden, diesmal in Tischmitte. Ein 30 cm langes und 10 cm breites Hautstück war von dunklen Tüchern abgedeckt. Die Innenkanten des dunklen Leinens waren mit verchromten Klemmen an der Haut markiert. Der Darmverschluß führte zu einer extremen Aufweitung des vorgeschalteten Dünndarmes. Das Röntgenbild zeigte groteske Formen. Die gespannten Bauchdecken wölbten sich stark hervor, und ich sprach unwillkürlich die gleichen Worte wie bei der ersten Untersuchung: «Es wird höchste Zeit!«

Dann durchtrennte ich mit einem langen, geraden Schnitt die Haut- und Bindegewebsschicht, anschließend wurde die Muskulatur stumpf auseinandergedrängt und das Bauchfell eröffnet.

Geblähte und bläulich verfärbte Dünndarmschlingen quollen hervor. Die rechte Hand tastete weiter zur Blase, löste einige Verklebungen. Weitere Schlingen glitten durch den Schnitt an die Oberfläche. Die Linke hielt das ganze Konvolut zurück und wurde unterstützt durch die Hände von Rabusch und Güldner.

»Da!«

Operateure und Anästhesist, Schwestern und Pfleger schauten gebannt auf das Darmknäuel. Die stark erweiterte, bläuliche Darmwandung verengte sich plötzlich, und nach einem kurzen Übergang war der restliche Dünndarm wieder zartrosa gefärbt und von normaler Weite. Die fragenden Blicke richteten sich auf mich, denn die Ursache blieb dem Auge noch verborgen.

Ein hühnereigroßer Gallenstein war nach jahrelangem Wachstum durch die Gallenblasenwand und den benachbarten Zwölffingerdarm gebrochen und in das Darminnere gelangt. Nach einer Wanderung von fast zwei Metern hatte er schließlich das Lumen verlegt und zum Darmverschluß geführt. Das Eröffnen des Darmes, Entfernen des Steines und Absaugen des Darminhalts waren gewohnte Arbeitsgänge und rasch erledigt. Die Gallenblase selbst blieb unberührt. Sie konnte zu einem späteren Zeitpunkt entfernt werden. Ich sah den verständnislosen Blick meines Assistenten Güldner und erklärte ihm:

»Das oberste Gebot bei der Beseitigung eines Darmverschlusses lautet: Der kleinstmögliche Eingriff ist für den Patienten der beste. Deshalb wird die Gallenblase jetzt nicht aus diesem faustgroßen Entzündungskonglomerat herausgelöst. Jede Ausweitung der Operation stellt eine große Belastung für den durch Giftstoffe geschwächten und durch keine Medikamente vorbehandelten Organismus dar.«

Die Bauchdecken ließen sich nun wieder sehr einfach verschließen. Es gab ja keine geblähten Darmschlingen mehr, denn die überflüssige Luft war bei der Herausnahme des Steines mit beseitigt. Die fortlaufende Naht des Bauchfells, die Einzelknopfnähte der übrigen Gewebsschichten, alles war eine perfekt eingeübte Routine zwischen Operateur, den Assistenten und der Instrumentierschwester. Und wieder überraschte mich die innere Unruhe bei der einfachsten und unkompliziertesten Arbeit, bei der Hautnaht. Wieder waren die Gedanken dem Geschehen vorausgeeilt, wieder begleitete ich – gegen meinen eigenen Willen – Frau Rogalla auf dem Wege zur Operation. Sicher hatte sie jetzt schon ihre vorbereitende Beruhigungsspritze erhalten. Ein Blick zur Uhr bestätigte, daß wir zügig gearbeitet hatten.

Entgegen meiner sonstigen Gewohnheit beauftragte ich den ersten Assistenten, den Wundverschluß selbst zu beenden.

Mein Weg führte mich – wie sollte es anders sein – durch Saal II in den Vorbereitungsraum. Ein orientierender Blick reichte für die Feststellung, daß unser Saal einen zeitlichen Vorlauf hatte. Schwester Uta war eben damit beschäftigt, das Laken noch einmal glatt zu streichen, die Falten des Kopfkissens auszugleichen, und mit ihrer abgearbeiteten, aber so unendlich empfindsamen Hand über das Haar von Frau Rogalla zu streichen.

»Sie brauchen keine Angst zu haben. Gleich schlafen Sie ganz fest, und dann sind viele Ärzte und Schwestern da, die alle auf Sie aufpassen. Und wir auf der Station drücken Ihnen die Daumen, daß alles gut geht. Sie werden sehen, in drei Tagen sind Sie wieder bei uns.«

Schwester Uta hatte diese oder ähnliche Worte schon viele 100mal, vielleicht schon 1000mal gesagt. Es war aber ihre ganz besondere Kunst, daß jeder Kranke spürte: Diese Worte waren einmalig und nur ganz allein für ihn bestimmt. Obwohl unzählige Male wiederholt, war alles echt und nichts Phrase. Schwester Uta war traurig, wenn Kranke litten, und sie freute sich, wenn Patienten lachten. Sie war so ehrlich, daß sie tröstende Worte nur sagen konnte, wenn sie Mitleid empfand. Und sie empfand immer Mitleid, wenn sie leiden sah. Uta war eine von den seltenen

Schwestern, die man bei ihrer alltäglichen und schlichten Arbeit bewunderte.

Ich stand in der halb geöffneten Tür am Kopfende des Bettes, Schwester und Patientin hatten mich nicht bemerkt. Uta sah mich zuerst, drückte rasch noch einmal die Hand, an der sich schon die Infusion befand, und verschwand durch die Pendeltür.

»Haben Sie gut geschlafen?« fragte ich Frau Rogalla und versuchte, in ihrem Gesicht zu lesen. Die blonden Haare waren unter einer Leinenkappe verdeckt, dadurch wirkten ihre Züge streng. Das Lächeln währte nur ganz kurz, als sie mich trotz meiner Verkleidung mit Mütze, Mundtuch und blauem Kittel erkannte. Dann schaute sie mich wieder an, äußerlich gefaßt, aber die Ängstlichkeit und Sorge in ihrem Blick konnte sie nicht verbergen.

»Ja, sehr gut.«

Sie sprach leise und bewegte die Lippen kaum. Mich interessierte, ob sie sich wohl noch an das gestrige Gespräch erinnerte, aber ich fragte sie nicht. Ich kannte die Wirkung der Vorbereitungsspritzen und auch den darauf folgenden verschlafenen und gleichgültigen Gesichtsausdruck. Hier war nichts von beidem zu sehen. Sie wirkte sehr beherrscht, doch das war nur ihre selbstrichtete Fassade. Nichts entging ihren wachen Sinnen. So wirkten Patienten vor der Operation, bei denen die Dosis zu gering angesetzt wurde. Denn die Dosis richtete sich meist nur nach Körpergewicht und Größe, aber nur selten nach der Stärke der Persönlichkeit, nach der emotionalen Veranlagung oder nach den persönlichen Problemen. Neigte aber eine starke Persönlichkeit zu Emotionen und war außerdem mit schweren Problemen belastet, so ging unsere pharmazeutische Rechnung nicht auf. Denn Körpergewicht und Größe waren nur Daten, die für jedes Medikament im Tierversuch ermittelt wurden und später in klinischen Studien erprobt waren. Doch wir sollten uns wohl angewöhnen, individueller zu dosieren und daran denken, daß wir hoffende oder verzagende, leidende oder empfindende Menschen behandeln. Hier hatte ich versäumt, den Anästhesisten zu unterstützen, der sich wohl nicht so ausführlich wie ich mit Frau Rogalla unterhalten hatte. Nun war aber auch keine Zeit mehr, den medikamentösen Plan zu verändern. Jede normale Operationsvorbereitung läuft nach einem streng reglementierten und für alle verbindlichen »Count-down« ab, und jede Veränderung stört diesen Rhythmus.

»Ich bin sehr froh, daß Sie so ruhig sind. Alles Weitere wird auch gut verlaufen«, sagte ich und war zu der Zeit überzeugt, daß ich die Wahrheit sprach.

Sie wollte etwas sagen, öffnete den Mund, dann sank ihre leicht erhobene Hand auf die Bettdecke, sie neigte den Kopf zur Seite, schloß die Augen und schwieg. Ein leichtes Vibrieren ihrer Lider zeigte, daß die äußere Ruhe nur ein trügerischer Schein war, hinter dem sich die gleiche Angst wie am Vortage verbarg. Etwas ratlos stand ich neben ihrem Bett. Für ein langes Gespräch blieb keine Zeit mehr. Es wäre jetzt auch unnütz und fehl am Platze. Also schwieg ich, nahm ihre Rechte in meine beiden Hände und schaute sie an.

»Haben Sie doch Vertrauen, wir werden uns die größte Mühe geben«, sagte ich ihr eindringlich. Sie schien es zu verstehen. Mit ihren Fingern umspannte sie meine Hand und hielt sie ganz fest.

»Sie müssen jetzt bei mir bleiben!«

Ich nickte, dachte an den Nierentumor und hatte ein schlechtes Gewissen. Sie löste ihre Hand, dann schaute sie mich wieder ganz ruhig an, wie bei meinem ersten Eintreten. Nicht traurig, auch nicht ängstlich, nur ein bißchen verwundert und sehr aufmerksam. Nichts schien ihrem fragenden Blick zu entgehen, auch nicht meine Gedanken.

»Sie müssen jetzt gehen«, meinte sie, »die anderen warten sonst.« Ich ging den gleichen Weg zurück, schaute dem Operateur des zweiten Teams über die Schulter, sagte irgend etwas Belangloses und fügte dann noch betont beiläufig hinzu: »Sagen Sie mir bitte Bescheid, wenn bei Frau Rogalla das Bauchfell eröffnet ist und Sie den Befund demonstrieren können.«

»Ich rufe Sie dann an.«

Es war nicht viel und eigentlich das Geringste, was ich für sie tun konnte. Oder tun mußte? Denn es war meine Pflicht, mich durch eigenen Augenschein von dem Befund ihrer Krankheit zu überzeugen.

Ich hatte gerade noch Zeit, einige Worte mit dem Patienten zu wechseln, den ich gestern wegen des Nierentumors untersucht hatte. Er war von kräftiger Statur, sonnengebräunt, arbeitete in einem benachbarten Dorf als Traktorist. Er sah der Operation gefaßt, aber nicht gleichgültig entgegen und betrachtete diese als etwas Notwendiges, Unausweichliches, das ihn von seiner Familie für drei Wochen und von seiner Arbeit für weitere sechs Wochen fernhalten würde. Natürlich hatte ich ihm nicht gesagt, daß er später seinen Beruf sicher nicht mehr ausüben konnte, daß wir ihn wahrscheinlich invalidisieren müssen, daß seine verstreuten Herde in der Lunge operativ nicht mehr zu beseitigen waren.

Wir hatten uns schon daran gewöhnt, bittere Wahrheiten in Tropfenform zu verabreichen. War das eine Unwahrheit? Nein! Nur ein Hinausschieben der Wahrheit! Ich würde ihm ohnehin später die volle Wahrheit sagen, denn wir müssen ja das Ende seines Berufes besprechen. Aber jetzt brauchte er noch seine ganze Kraft, um die anstrengenden Tage nach der Operation gut zu überstehen. Ich drängte also den Gedanken an dieses unangenehme, aber wichtige Gespräch zur Seite. Später! – Es wird sich eine Lösung finden! Jetzt lag der Patient ruhig, entspannt und sehr gefaßt vor mir.

»Wie haben Sie heute geschlafen?« wollte ich wissen. Immer die gleiche Standardfrage.

»Wie ein Bär«, erwiderte er, »ich glaube, das waren Ihre guten Tabletten.«

»Und für wann haben Sie Ihren nächsten Besuch bestellt?« fragte ich weiter.

»Heute sollen die mich in Ruhe lassen. Morgen kann meine Frau kommen und die Tochter mitbringen«, antwortete er. Der hat aber ein ganz schönes Zutrauen zu uns, ging es mir durch den Kopf.

»Ihre Leute sollen aber noch nichts zu essen mitbringen«, sagte ich ihm.

»Nein, nur zum Trinken«, scherzte er, lachte dann und führte die typische Bewegung mit der halb geöffneten Hand aus, die andeuten sollte, daß er ein Glas Bier an den Mund führt.

»Na, da passen Sie aber auf, daß die Schwester Sie nicht erwischt.«

Mit diesen Worten war unser kleines, fröhliches Vorgespräch beendet, das mir wieder einmal bewies, wie unterschiedlich Menschen in gleichen Situationen reagieren können.

Ich hatte mich entschlossen, den Tumor von einem rechtsseitigen Flankenschnitt und nicht von einem Bauchschnitt freizulegen. Herr Zaschner wurde in den Operationssaal gefahren und auf dem OP-Tisch gelagert. Eine Prozedur, die für die Mitarbeiter im OP mit erwartungsvoller Spannung, gelegentlich auch mit Anstrengungen und meistens mit Kritik durch den Operateur verbunden war. Es war zu jener Zeit, als der Allgemeinchirurg auch Blasen- und Nierenoperationen ausführen mußte, eben nichts Alltägliches, wenn ein Nierentumor auf dem OP-Plan stand.

»Den Patienten noch mehr zur Seite drehen. Oberschenkel mehr anwinkeln!«

Nach kurzer Pause: »Tisch jetzt weiter abkippen! Nierenbänkchen herausdrehen!«

»Wieviel Konserven sind eingekreuzt?« Diese Frage galt dem Anästhesisten.

»Zwei.«

»Dann lassen Sie bitte weitere zwei einkreuzen.«
»Geht in Ordnung.«
»Gut, dann können wir beginnen.«
Oberarzt Lengwinat, der inzwischen intubiert hatte, nickte. Schwester Helga reichte mir das Messer. Rabusch erhielt Pinzette und Klemme, Güldner den Sauger und eine Kompresse zum Tupfen. Es war immer wieder der gleiche Ablauf, dessen wohlüberlegtes und gut durchdachtes Timing fast einer rituellen Handlung glich, bei der auch die monotonen Geräusche, bestehend aus dem Summen des Saugers, dem Klicken des Narkosegerätes und dem Piepen des Kreislaufmonitors stets gleich waren. Für alle Beteiligten war das ein Stück täglicher Routine, frei von jeder Emotion.

Der Schnitt begann am Rücken unterhalb der 11. Rippe und reichte bis zur äußeren Hälfte des Bauches. Der Tumor war größer als vermutet. Um eine bessere Übersicht zu erhalten, mußte ich die 12. und danach auch die 11. Rippe entfernen. Ich setzte gerade die Rippenschere an, die geräuschvoll, aber ohne großen Kraftaufwand die Rippe glatt durchtrennte, als mich die Mitteilung erreichte: »Der Bauch in Saal II ist offen!«

Im Klartext hieß das, der Operateur im Nachbarsaal hatte jetzt das Bauchfell eröffnet, und ich sollte kommen, um meine angekündigte Inspektion vorzunehmen.

»Unterbinden Sie die Gefäße«, sagte ich zu Dr. Rabusch und ging in den angrenzenden Saal. Ich spürte schon beim Betreten des großen Raumes, daß etwas Besonderes in der Luft lag. Die Konzentration, mit der die drei Akteure in den Bauch starrten, war keine Routine, denn was gab es bei einer normalen Gallenoperation schon zu sehen? Im oberen Drittel der Wunde erkannte ich die Leber, an deren Unterseite die Gallenblase lag. Ich sollte hier vielleicht noch einfügen, daß dieser Eingriff etwa zehn Jahre vor der ersten endoskopischen Operation stattfand, als man noch jede Galle von einem Bauchschnitt aus entfernen mußte. Die Technik der laparoskopischen Chirurgie mit den sogenanten »Minischnitten«, von einigen auch ganz falsch als »Knopflochchirurgie« bezeichnet, wurde erst viel später eingeführt.

Die nicht gestaute Gallenblase wölbte sich bei Frau Rogalla nur wenig unter dem Leberrand hervor. Magen und Zwölffingerdarm mußten vom Assistenten zur Mitte gehalten werden, um in der Tiefe die beiden Lebergänge und den Hauptgallengang zu erkennen. Immer wieder das gleiche Bild, das wir – nach Aussage unserer Operationsstatistik – in jedem Jahr etwa 300mal zu Gesicht bekamen. Es war also durchaus verständlich, daß dieser alltägliche und gewohnte Anblick bei keinem der Anwesenden eine besondere Spannung auslöste. Also mußte hier ein besonderer Befund vorliegen!

»Ihr müßt die großen Spatel einsetzen, sonst könnt ihr in der Tiefe nichts erkennen«, meldete ich mich zu Wort. Man hatte mein Kommen nicht bemerkt, was auch ungewöhnlich war, denn im allgemeinen gibt es in jedem OP so etwas wie einen gut funktionierenden Buschfunk, der alles im voraus meldet. Dann konnte der Chef den Operationssaal noch so leise betreten, er wurde immer von einem der vielen Anwesenden rechtzeitig bemerkt, und dieser Eine hatte dann die moralische Pflicht, die Worte »Chef kommt« oder »Achtung, der Alte« zu murmeln, oder ganz einfach nur zu zischeln. Denn es konnte sein, daß dadurch kleine Nachlässigkeiten noch verdeckt werden konnten, oder daß lockere Reden rasch abgebrochen werden mußten. Und wer möchte da schon seinen Kollegen nicht helfen, denn es konnte ja auch sein, daß man irgendwann die gleiche Hilfe des Kollegen brauchte. Ertönte dieses Zeichen, dann zogen die Assistenten plötzlich viel kräftiger an den Haken, und auch die anderen achteten auf eine besonders akkurate Einhaltung der vielen Vorschriften, die in einem OP zu beachen waren, doch manchmal auch nicht beachtet wurden. Das alles war jetzt unterblieben.

Schwester Isolde, die Instrumentierschwester, tauschte die Bauchdeckenhaken gegen die größeren Wundspatel, und man erkannte in der Tiefe der Wunde eine entzündlich verschwielte Gallenblase, in der sich offenbar mehrere Steine befanden. Die Ausbuchtungen der Wand erreichten Haselnußgröße, aber auch das war noch nichts Außergewöhnliches.

»Die Frau hat zwei Gallenblasen«, berichtete Dr. Benedikt aufgeregt.

Aha! Das also war der Grund der Spannung. Natürlich gab es Menschen mit zwei Gallenblasen, doch war dieser Befund außerordentlich selten. Das erste Mal sah ich diese Anomalie als junger Assistent in der Uni-Klinik Jena. Wie viele Jahre waren seit dieser Zeit vergangen? Ich wußte es nicht. Es waren Jahre, in denen ich wohl einige tausend Gallen assistiert, operiert und gesehen hatte.

Tatsächlich befand sich unmittelbar über dem Hauptgallengang noch ein dunkles, glattwandiges Gebilde. Form und Größe konnte man am ehesten mit zwei nebeneinanderliegenden Taubeneiern vergleichen.

»Hier ist die zweite Gallenblase!«

Nicht ohne Stolz wies er mit der Pinzettenspitze auf die dunkle Vorwölbung, die sich in einer beachtlichen Tiefe befand.

»Da bin ich nicht so sicher«, gab ich zu bedenken, »denn die eine Gallenblase ist von Eiter und Entzündungen fast zerstört und hat Steine, die andere ist zart und normal gefärbt.«

Es war kein Vorwurf, wurde aber als Kritik verstanden. Der Blick, den ich dafür erhielt, besagte ungefähr so viel wie: »Wir sind schließlich auch Facharzt für Chirurgie und wissen, wie eine Gallenblase aussieht. Warum muß uns der Chef immer die Freude am Erfolg verderben?« Die Worte klangen allerdings versöhnlicher als die Aussage des Blicks: »Wir werden alles übersichtlich freipräparieren und rufen Sie dann noch einmal.«

Ich war einverstanden, mußte mir aber noch die Erklärung von

Dr. Matthias anhören, der nie um eine geistreiche Interpretation verlegen war und natürlich auch darum bangte, ich könnte ihnen das eindrucksvolle Erlebnis einer zweiten Gallenblase wegnehmen.

»Es kann ja im Bereich der oberen Gallenblase auch eine Abknickung sein, die zur Stauung führt. Dort entsteht leicht eine Steinbildung und Vereiterung. Der untere Abfluß funktioniert wahrscheinlich ohne Stauung, und dadurch bleibt die zweite Gallenblase gesund.«

Eine merkwürdige Hypothese! Ich nickte mit dem Kopf, um meine Ruhe zu haben, war aber von seinem Argument nicht überzeugt. Außerdem hielt ich nicht viel von Hypothesen, sondern mehr von der Realität, und die würden wir in kurzer Zeit vor uns haben. Ich ging wieder zurück in Saal I und konzentrierte mich auf den Nierentumor. Die Blutstillung war beendet. Mit Schere und Klemme löste ich die Tumorkapsel aus der Ummauerung und fand zu meiner nicht geringen Überraschung eine fast kindskopfgroße Geschwulst. Wenn doch nur nicht so viele Tumorgefäße das zügige Arbeiten erschweren würden! Immer wieder Blutungen, Abklemmen, Unterbinden, Koagulieren, Umstechen. Der Sauger blockierte, weil er ständig mit Blutgerinnseln verstopft war. Wir benutzten große Kompressen, tupften und komprimierten abwechselnd.

Ich fuhr mit der linken Hand zwischen die Gewebsschichten und tastete mit den Fingerspitzen die große Nierenschlagader. Sie hatte die Stärke eines Bleistiftes. Wenn es mir gelang, hier eine Klemme anzusetzen, sparten wir viel Zeit und Blut. Schwester Helga war eine sehr gute Instrumentierschwester, und die können beim Operieren bekanntlich Gedanken lesen. Sie wußte genau, was ich in der Tiefe suchte und reichte mir ohne Aufforderung das richtige Instrument. – Nierenpolklemme! Es gelang mir aber nicht, über die Rundung des Tumors zu kommen.

»Kräftiger ziehen!« Das galt Dr. Rabusch.

Dr. Güldner, der zweite Assistent, sah, wie ich mich anstrengen mußte. Er hatte dicke Schweißperlen auf der Stirn und zog schon seit einiger Zeit mit größter Anstrengung. Trotzdem fuhr ich ihn an: »Schlaf jetzt nicht ein!«

Man brauchte ihn nicht anzuschauen, um zu wissen, daß er jetzt bis unter die Haarwurzeln rot anlief. Er strengte sich noch mehr an, aber das Unmögliche konnte er nicht schaffen. Es blutete im Schwall. Der »Unsterile« stand in der Verbindungstür. Es war der OP-Pfleger und Hans-Dampf-in-allen-Gassen namens Manfred Bergner, der diese Funktion für den heutigen Tag erhalten hatte.

»Sie werden in Saal II erwartet.«

Jetzt ruhig bleiben, redete ich mir ein, jetzt ganz ruhig bleiben!

»Bauchtücher!«

Ich stopfte sie in die offene Wundhöhle und erreichte damit eine Kompression und einen Stillstand der Blutung der kleinen Gefäße.

»Kümmert euch um den Kreislauf«, sagte ich noch im Weggehen, »der Mann braucht Blut.«

Ich pendelte wieder zum Nachbar-OP. Schon mein erster Blick sagte mir, daß meine Worte ernst genommen wurden. Um nichts zu riskieren, hatte man nicht – wie üblich – den Gallenblasengang aufgesucht, sondern die Gallenblase eröffnet. Einige Steine konnten mit der Faßzange entfernt und der Eiter abgesaugt werden. Das morsche Gewebe der Gallenblasenwand war eingerissen. Das machte nichts, es mußte ohnehin entfernt werden. Das merkwürdige, dunkle Gebilde in der Tiefe wirkte nun noch rätselhafter.

Die runden Vorwölbungen sahen nun ganz anders aus, denn sowohl oben als unten waren weitere, kleine Anschwellungen zu erkennen. Nichts glich mehr einer zweiten Gallenblase, und diese Möglichkeit wurde auch mit keinem Wort mehr erwähnt. Jeder von uns wußte, daß der vor uns liegende Befund in keinem Lehrbuch der Anatomie, aber auch in keinem Handbuch der Chirurgie beschrieben wurde. Wir standen wieder einmal vor einem dieser

Rätsel, mit denen uns die Natur in ihrer Vielfalt und Einmaligkeit immer wieder überrascht. Ich schaute zuerst den Operateur, dann Tomaschewski an, der inzwischen auch in den Saal gekommen war. Hier war alles anders und unklar.

Warum hatte ich diese Operation nicht selbst übernommen? Immer wieder stellte ich mir diese Frage, und sie verfolgte mich bei allen weiteren Überlegungen. Die Erinnerung an diese folgenschwere Fehlentscheidung werde ich nie vergessen! Aber blieb mir eigentlich eine andere Wahl? Hatte ich die Möglichkeit der freien Entscheidung? Welchen inneren und äußeren Zwängen hatte ich mich gebeugt? Diese Fragen beschäftigten mich lange, aber ich wußte auch später nicht genau, wie ich mich bei einer Kenntnis des weiteren Verlaufs hätte entscheiden sollen.

Eine andere Erkenntnis dieser Situation, die lange im Gedächtnis blieb, war die Feststellung, daß eine Entscheidung, die man im Widerstreit der Pflichten trifft, selten ohne ernste Folgen bleibt. Doch auch das war wieder ein Trugschluß, denn wir merken uns ja nur die folgenschweren Fehlentscheidungen.

Ich mußte die Nierenoperation durchführen. Oder mußte ich die Gallenoperation übernehmen? Jetzt, unmittelbar? Die Herauslösung des Nierentumors befand sich aber in einer äußerst kritischen Phase. Eine zu starke Manipulation an der Geschwulst oder ein Abreißen des Gefäßstiels führten zu einer lebensbedrohlichen Situation. Ich kannte die Gefahr, und ich hatte mich darauf eingestellt. Es handelte sich um einen Menschen, für dessen Leben ich in vollem Umfang verantwortlich war. Er war Vater von vier Kindern. Ich konnte, ich durfte diese Operation nicht abgeben, ich mußte sie zu Ende führen. Der Oberarzt war auch ein guter Operateur. Doch ich besaß die größeren Erfahrungen. Ich mußte die Nierenoperation zu Ende führen. Oder? Ich fand keine zufriedenstellende Antwort.

Noch ein letzter, orientierender Blick auf den Operationssitus, der von Name und Person völlig losgelöst schien und in dieser abstrakten Form keine Assoziation an die ängstliche, sympathische Frau Rogalla weckte.

»Führen Sie eine Knopfkanüle in den Ausführungsgang der Gallenblase. Dann spritzen Sie die doppelte Menge Kontrastmittel sehr langsam ein und machen zwei Röntgenaufnahmen.«

Eine zystische Erweiterung des Hauptgallenganges mußte mit diesem Verfahren zur Darstellung kommen. Ich war in diesem Moment noch davon überzeugt, daß die unklaren Vorwölbungen durch Gallengangszysten gebildet wurden, was sich später als folgenschwerer Irrtum herausstellen sollte.

»Sagen Sie mir Bescheid, wenn die Aufnahmen fertig sind. Ich möchte sie sehen!«

Dann war ich wieder im anderen Saal. Rasch die Kompressen entfernen. Die Blutung stand. Erleichtertes Aufatmen.

»Haken weiter unten einsetzen!«

Das Team war so gut eingespielt, daß alle wußten, daß ich nun den Harnleiter an seiner tiefsten Stelle aufsuchen, unterbinden und durchtrennen wollte. Alles ging wie am Schnürchen. Nun konnte die riesige Geschwulst nach oben gedrängt werden. Wir hatten wieder etwas mehr Raum gewonnen und freuten uns über jeden Zentimeter. Es gelang jetzt, die Nierenschlagader auch von unten zu tasten und zu unterfahren. Doch es war völlig unmöglich, das Gefäß zu sehen.

»Gefäßklemme!«

Ich bekam die Nierenpolklemme in die Hand gedrückt. Nur mit dem tastenden Finger konnte ich die genaue Position festlegen. Gespannteste Aufmerksamkeit. Ich drückte langsam den Griff zu, verschloß damit das Gefäßlumen. Das metallische Einrasten der Haltevorrichtung hörte man in der atemlosen Stille als leichtes Klicken.

»Schere!«

Jeder wußte, daß sich jetzt aus einer kleinen Ungenauigkeit eine dramatische Situation entwickeln konnte: Schnitt ich unmittelbar über der Klemme ab und rutschte die unter großem Druck und gleichzeitigem Zug stehende pulsierende Nierenschlagader nur wenige Millimeter zurück, dann war in weniger als einer Sekunde das ganze Operationsgebiet mit Blut überflutet. Ein Neuansetzen der Klemme war nicht möglich, denn das Gefäß war nicht zu sehen, der Tumor saß davor und füllte die Wundhöhle fast vollständig aus. Vorsichtig tastete ich mit der Schere an den oberen Gefäßstiel, der nun nicht mehr pulsierte, denn die Klemme verschloß den Zufluß. Ein kurzer Scherenschlag. Kurzes, gespanntes Abwarten. Nichts veränderte sich. Die Klemme schien zu halten.

Hastige Schritte näherten sich dem OP. Die Tür wurde mit einem kräftigen Schwung aufgerissen und schlug dumpf gegen den Stopper.

»Kommen Sie schnell in Saal II. Bitte ganz schnell. Es ist sehr eilig.«

Manfred Bergner war schon wieder verschwunden. Im Hintergrund hörte man erregtes, lautes Sprechen, rasches Laufen. Ein zweiter Sauger wurde hereingefahren. Ich brauchte keine Erklärung. Hier war alles klar! Was mir bei dem Nierentumor erspart blieb, stand mir nun bevor. Ich stoppte meinen raschen Lauf in den Saal II erst am Operationstisch. Dunkelrotes Blut quoll aus der gesamten Wundhöhle. Nichts war in der Tiefe zu erkennen! Leber, Netz und Dickdarm lagen am mittleren Wundrand. Mehr war nicht zu sehen, absolut keine Sicht! Beide Sauger liefen. Die sogenannte zweite Gallenblase hatte sich als eine Gefäßanomalie, als ein Hämangiom oder Kavernom, herausgestellt. Möglicherweise stand sie mit der Pfortader in Verbindung. Nun wußten wir es ganz genau. Aber dieses Wissen nützte uns jetzt gar nichts mehr. Sie war eröffnet worden, versehentlich. Nun galt es, diese Komplikation zu beseitigen, die Blutung zum Stehen zu bringen. Kompressen wurden gereicht. Die Sauger liefen auf Hochtouren, sie schafften es nicht. In kluger Voraussicht hatte sich der Oberarzt gewaschen. Er drückte jetzt mit der Faust in die Wunde. Nun blutete es weniger.

»Wie konnte das passieren?« war meine erste Frage.

»Wir hatten die Gallenblase schon entfernt. Beim Präparieren des Gallenganges war dann eines dieser dunkelblauen Gebilde eingerissen. Dann die Blutung. Wir haben nichts mehr gesehen. Ich zeige es Ihnen gleich.«

»Was hat die Röntgenaufnahme ergeben?«

»Die haben wir noch gar nicht gemacht«, war die kleinlaute Antwort von Wolfgang Matthias. Auch das noch! Die Kontrastaufnahme hätte gezeigt, daß diese Zysten nicht zum Gallengang gehörten. Kleine Nachlässigkeiten haben oft schwerwiegende Folgen, aber für Vorhaltungen war jetzt nicht die richtige Zeit, auch nicht der rechte Ort. Inzwischen war die Umgebung wieder bluttrocken. Die Spatel wurden neu eingestellt. Die Hand des Oberarztes in der Tiefe der Wunde drückte weiter, gegen die pulsierende Blutung. Die Jüngeren atmeten auf, die Erfahreneren wußten, daß es nur eine Atempause war. Millimeter um Millimeter glitt die komprimierende Hand nach oben. Vier Augenpaare starrten auf den Grund. Dort, der Hauptgallengang! Daneben die bläuliche Zyste. Langsam rutschte die Hand weiter. Immer weiter. Noch ein Stückchen, noch ein kleines Stück. Wie eine Fontäne schoß der Blutstrom wieder unter dem Finger hervor. Die Sicht war fort, endgültig. Die Anstrengung war umsonst.

»Noch einen Sauger!« Er wurde gebracht.

»Kompressen!«

»Mehr Druck mit der Hand!«

»Einstellen mit Spateln!«

Vorsichtiges Beobachten. – Erneute starke Blutung.

Jetzt mußte ich das Kommando übernehmen, selbst handeln, aktiv eingreifen.

»Alles so lassen! Weiter komprimieren! Drücken Sie, so stark Sie können. – Fünf Konserven besorgen, zwei sofort unter Druck geben. Ich übernehme die Operation. Bis dahin alles so lassen! Ich bin in wenigen Minuten wieder da.«

Ich ging wieder hinüber in Saal I. Eigentlich wollte ich die 20 Meter laufen, aber ich zwang mich, ganz bedächtig zu gehen. Ich brauchte jetzt Ruhe und Besonnenheit, um richtig entscheiden zu können, um eine ruhige Hand zu behalten. Dann stand ich wieder vor dem Nierentumor. Es fiel schwer, sich auf diese Operation zu konzentrieren, denn die Gedanken waren im anderen Saal.

Würde die Blutung stehen? Werden wir es schaffen? Die Frau war erst 28 Jahre alt!

Ob fünf Konserven reichten?

Mit der linken Hand wurden noch einige Verklebungen unter der Niere gelöst. Auf meinen Fingern ruhte nun eine große, derbe, höckrige Masse. Einige Stränge durchschnitt ich. Es blutete unbedeutend. Würde die Stielklemme halten? Wie ein Stich durchfuhr es mich. Wenn die Stielklemme jetzt abging? Der Gedanke war so suggestiv, daß ich ihn nur mit größter Willensanstrengung und Konzentration zurückdrängen konnte. Zwei bedrohliche Blutungen gleichzeitig! Das würden wir nicht beherrschen. Das war eine seltene Gelegenheit, innerhalb einer Stunde gleich zwei geplante Operationen durch Verblutung zu verlieren. Warum kamen in diesem Moment nicht auch Erinnerungen an unerwartete Erfolge in ausweglosen Situationen? Die Zwangsvorstellung lähmte mein Handeln, doch nur für kurze Zeit. Es folgten noch einige Scherenschläge. Der Tumor war nun frei. Vorsichtig drängte ich ihn mit der linken Hand von unten durch die Wundöffnung, während die rechte behutsam die Stielklemme sicherte.

Nur noch ein leichtes Gleiten. Die Geschwulst war aus der Umklammerung des Körpers befreit. Sie glich einer großen, unregelmäßig begrenzten Kugel. Manfred Bergner stand schon hinter mir und wartete mit der großen Schüssel in der Hand, daß ich diese von Krebs durchsetzte Niere aus dem sterilen in den unsterilen Bereich gleiten ließ, und trug sie dann in den

Zwischenraum. Sie gelangte danach weiter zum Pathologen, wurde untersucht, sicherlich als bösartig bestätigt, genauer klassifiziert. Wie war es möglich, daß dieses Gewebe auch nach der operativen Beseitigung noch über Tod und Leben entscheiden konnte? Gutartiges Gewebe hieß: Endgültige Heilung in zwei Monaten. Bösartiges Gewebe bedeutete: Tod in etwa ein bis zwei Jahren.

Doch für Überlegungen blieb keine Zeit. Doppelte Unterbindung der Hauparterie und der Venen. Einfache Blutstillung der kleineren Gefäße. Austupfen der Wundhöhle. Ein letzter, kritisch prüfender Blick, und zu Dr. Rabusch gewandt:

»Legen Sie eine doppelte Drainage ein, zusätzlich eine Absaugung anschließen.«

Noch ein paar knappe Anweisungen für den Wundverschluß und die Drainage, dann übergab ich an den ersten Assistenten.

Wie oft war ich heute schon den Weg zwischen den beiden Operationssälen gehastet? Ich wußte es nicht. Erst war es Routine, dann Interesse, gemischt mit Spannung, jetzt war es harte Arbeit und Kampf.

Würde ich es schaffen? Ich mußte es schaffen!

Wie würde ich es schaffen? Ich wußte es nicht.

Was würde sein, wenn ich es nicht schaffte? Diese Frage gab es nicht, zumindest verdrängte ich sie. – Und doch stand sie drohend im Raum.

Ich ging diesen Weg nicht gern, aber ich mußte ihn gehen. Niemand konnte mir diesen schweren Gang abnehmen.

Hatte ich Angst? Nein. Aber ich kannte das Risiko und wußte um den Einsatz. Ich kannte aber auch den Preis. Ein Menschenleben! Zwei Kinder warteten dann vergeblich auf ihre Mutter. Eine falsche Entscheidung konnte zur Katastrophe führen. In dieser Situation konnte ein chirurgischer Fehler nicht mehr korrigiert werden.

Ich betrat Saal II und spürte die Spannung der anderen, die auf mich gerichtet war, ich merkte aber auch meine eigene große innere Anspannung. Merkten es die anderen auch? Ich stand an der rechten Seite, schaute über den Narkosebügel, sah das blasse Gesicht, die geschlossenen Augen, die gleichmäßigen Atembewegungen, synchronisiert durch den Narkoseapparat, die zwei mit Blut gefüllten Transfusionsflaschen und die auf mich gerichteten Blicke. Nun war ich wieder ganz ruhig, innen und außen, hatte meine Unruhe und Unsicherheit vor mir und den anderen verdrängt. Sachlich und kurz erläuterte ich mein taktisches Vorgehen.

»Es ist wahrscheinlich ein Pfortaderkavernom, also eine krankhafte Ausbuchtung des großen Lebergefäßes, das verletzt wurde.«

Als Laie kann man sich das Kavernom so vorstellen: Ein faustgroßes Gebilde mit vielen Ausbuchtungen besitzt die Form einer üppigen Weinrebe. Diese Gefäßwucherung hat sich im Verlauf von vielen Jahren zwischen Muskeln, Gewebsschichten und die Organe Leber, Zwölffingerdarm, Bauchspeicheldrüse und rechte Niere gezwängt, und man erkennt bei der ersten Inspektion nur die einzelnen, hervorquellenden »Weinbeeren«. Im Innern dieses Hohlorgans befindet sich strömendes Blut. Die Oberfläche ist von einer dünnen, verletzlichen Gewebsschicht überzogen, nicht viel stabiler als die leicht verwundbare Schale der Weintraube. Eine derbe Berührung der Wand mit einer Pinzette oder Klemme führt zu einem Einriß der Oberfläche. Eine starke Blutung ist dann unvermeidlich. Wie aber sollte nach einer Verletzung eine Naht in der dünnen Wandung halten?

Zu Tomaschewski gewandt, erklärte ich: »Sie werden den Druck Ihrer Hand weiter an den Leberhilus verlagern. Dadurch habe ich eine bessere Übersicht, kann den Zwölffingerdarm mobilisieren, erreiche so die einmündenden Gefäße und kann die Blutzufuhr drosseln. Wir werden dann versuchen, in Blutleere die sehr dünne Wand des Kavernoms zu nähen.«

Der Blick und ein kurzes Nicken des Anästhesisten signalisierten: Wir werden es schon schaffen! Ich hatte mit meinen eindringlichen Worten und der mir selbst aufgezwungenen Ruhe eine wichtige Voraussetzung für die weitere Arbeit geschaffen. Die Ruhe übertrug sich auch auf meine Mitarbeiter, auf den ganzen Raum. Die Hektik und Nervosität der letzten Stunde wich einer gespannten Erwartung.

Magen und Dickdarm wurden zur Mitte gezogen. Dadurch spannte sich das seitliche Bauchfell an. Ich durchtrennte es und schob den Zwölffingerdarm ebenfalls zur Mitte. Nur noch ein kleines Stück, dann ließ sich die Kompressionsklemme anlegen, und es konnte nichts mehr passieren. Hier erlebte ich die erste böse Überraschung. Es gab keine normale Anatomie, wie wir sie aus Büchern oder vom Präpariersaal her kannten. Das Kavernom beherrschte das Bild und breitete sich wie die beschriebene dunkelblaue, üppige Weinrebe noch weiter hinter dem Bauchfell aus.

Was tun?

Eine Umschnürung war nicht zu realisieren, denn es war nicht möglich, unter der »Weinrebe« einen Tunnel zu bilden. Wir mußten also improvisieren.

»Schnell, eine gebogene Klemme und ein dickes Drain«, rief ich.

Das Drain zerschnitt ich in zwei Stücke und streifte diese über beide Branchen der Klemme. Der Druck, von Hand ausgeübt, würde reichen, um die Hauptzufuhr zu drosseln, auch wenn wir keine vollständige Blutleere erreichten. Dann wollte ich diese gepolsterte Klemme anlegen und ein Teilstück der »Weinrebe« abklemmen.

»Jetzt muß alles sehr schnell gehen! Sie geben die verletzte Stelle langsam frei«, wandte ich mich an den Oberarzt.

»Ich bekomme einen Nadelhalter«, das galt Schwester Helga, die inzwischen nach Saal II gewechselt war und mir instrumentierte, während Isolde ihr assistierte.

»Dann saugen Sie beide gleichzeitig, denn es wird stark bluten. Wenn ich zwei Nähte gelegt habe, unterbrechen wir erst mal. – Achtung, ich beginne jetzt!«

Hervorquellendes Blut. – Einstechen der Nadel. – Saugen, saugen, saugen!

»Kompression!«

Es blutete weiter. Anlegen von Klemmen.

»Saugen, mehr saugen!«

Die erste Naht lag! Weitere Kompression mit großem Druck. Wir schauten uns an. Atempause! Wie viele Nähte waren nötig? Würden wir es schaffen? Mehr Fragen als Antworten!

Das Gleiche begann noch einmal von vorn. Wo nur das viele Blut herkam?

»Saugt doch endlich mal richtig! Nadelhalter!«

Die Nadel war irgendwo in der Tiefe. Ich sah sie nicht, fand sie nicht.

»Mehr Druck!« Diese Anweisung ging an den Anästhesisten.

Die Transfusion wurde im Strahl in die Vene gepreßt. Die zweite Naht lag.

»Bitte abwischen!«

Schweiß wurde von meiner Stirn getupft. Es ging weiter. Verbissen kämpften wir um jeden Millimeter. Als die dritte Naht gelegt werden sollte, blutete es weniger, auffallend weniger.

»Blutdruck unter 60«, die Stimme der Narkoseschwester, »der periphere Puls ist nicht mehr zu fühlen.«

»Ich habe nur noch zentrale Herzaktionen«, meldete sich nun auch Oberarzt Lengwinat, der inzwischen die Narkose übernommen hatte und das Team von Dr. Valdeig unterstützte, weil er die größere Kompetenz und Erfahrung besaß.

»Frequenz über 200, beginnendes Herzflattern, drohender Herzstillstand!«

Das ist das Ende! Das Ende? Das darf nicht sein!

Wieder wurde komprimiert, die ohnehin schwache Blutung durch einfachen Druck der geballten Hand zum Stehen gebracht. Doch das konnte ja keine Dauerbehandlung sein! So konnte man bestenfalls Minuten überbrücken.

Unter Druck wurden weitere Blutkonserven in die Armvenen gepumpt.

»Ich brauche 20 bis 30 Minuten, erst dann ist der Kreislauf wieder aufgefüllt.«

Wir hörten auf den erfahrenen Anästhesisten und unterbrachen die Operation.

Das Telefon klingelte in kurzen Abständen.

»Unser Labor hat kein passendes Blut mehr!«

»Dann schickt ein Auto zur Blutspendezentrale nach Dessau! Aber schnell! Bis dahin gebt ihr Universalblut, Blutgruppe O, Rhesusfaktor negativ!«

Ein Kurier wurde eilends auf die Reise geschickt, 40 km bis zur Blutspendezentrale in Dessau. Sechs Konserven waren schon gelaufen, zwei hatten wir noch. Würden die reichen, bis er wieder da war?

Wir saßen auf Hockern, die man uns an die Wand geschoben hatte, damit wir uns dort anlehnen und ausruhen sollten. Das Warten und Nichtstun war schlimmer als harte Arbeit. Das Warten war aber kein Ausruhen, es wurde zur Qual. Die innere Spannung war zu groß. Wir unterlagen dem Zwang, Probleme durch Aktionismus lösen zu wollen. Konnte man nicht irgend etwas tun? Ich saß halb hockend auf der vorderen Kante des Schemels, die Füße nach oben auf die Querstrebe gezogen, den Kopf nach vorn gebeugt, das Gesicht sah nach unten, der Rücken gekrümmt, die Arme verschränkt. Keine bequeme Haltung, aber vielleicht die einzig mögliche, um jetzt nicht angesprochen zu werden, um nicht in Diskussionen oder hypothetische Überlegungen verwickelt zu werden. Minuten wurden zu Stunden. Nach einer Ewigkeit das erlösende Wort:

»Blutdruck bei 80.«
Ich saß noch immer in meiner verkrampften Stellung, die Augen geschlossen. Ich hörte das metallische Klicken der Instrumente, die von den Schwestern Helga und Isolde sortiert und gesäubert wurden, das Piepen des Monitors, vernahm die Stimme von Bergner, daß die Konserven eingetroffen waren. Eine Tür wurde zugeschlagen, die Saugerflasche geräuschvoll gewechselt, das halblaute Flüstern der Assistenten drang zu mir, ich verstand nur einzelne Bruchstücke von Sätzen.
»… müssen weitermachen … gibt keine Chance … erst 28 Jahre … bis zum bitteren Ende.«
Ich stand auf, streckte mich, ging diagonal durch den Saal, wieder zurück. Das Flüstern verstummte, die Saugerflaschen wurden von Manne mit einem geringeren Geräuschpegel gewechselt. Schwester Helga pflegte mit unverminderter Sorgfalt ihre Instrumente. Das leise Klicken störte nicht, auch nicht der monotone, pulssynchrone und immer gleichbleibende Ton des Überwachungsgerätes. Vor der Tür zum Waschraum blieb ich stehen, schaute nach draußen. Dichter Nebel, alles grau. Der Nebel schien durch die Scheiben zu kriechen, zu fluten, störte beim Atmen, lähmte das Denken. Das Grau überzog den Raum, die Wände, den Fußboden, die Schränke, die Gesichter der Assistenten und Schwestern.
Ich trat an das Kopfende der schlafenden Patientin. Das Gesicht war auch grau, oder war es weiß? Die Haut schien ohne Durchblutung, grauweiß war die Farbe. Ich erschrak. Wieder spürte ich den Stich in meiner Brust. Wir müssen handeln, jetzt, in dieser Sekunde! Ich hielt die Ruhe nicht länger aus.
»Wie lange noch?«
»Zehn Minuten vielleicht.«
Wieder eine Ewigkeit.
Wir müssen handeln, jetzt, gleich!
Dieser Satz verfolgte mich, ließ mich nicht los, quälte mich. Er

kehrte immer wieder und wurde zum Inbegriff eines kategorischen Imperativs, dem ich mich nicht entziehen konnte. Was kann ich noch tun, wenn unter meinen Händen ein junges Leben verrinnt? Zehn Minuten können manchmal entscheidend und schicksalbestimmend sein. Es war schwer, fast unmöglich, mir einzureden, daß mein Warten für das Weiterleben der Patientin wichtiger war als mein Handeln. Es fiel mir schwer, nichts zu machen. Der Gedanke ist einem Chirurgen fremd, durch Abwarten und Passivität sein Ziel erreichen zu können. Ich schaffte es nicht.

Wir müssen handeln!

Dieser Satz siegte schließlich über meine Beherrschung und unser Warten.

»Wenn wir jetzt nicht bald weitermachen, dann ...«

Der Rest blieb unausgesprochen, ließ sich aber sehr vieldeutig vollenden, war aber eindeutig gemeint. Lengwinat beendete ihn auf seine Weise, er gab uns grünes Licht, das Zeichen zur Fortsetzung der Operation.

Ich erläuterte meine Taktik: Die obere und untere Kompression an der Portalvene bleibt. Ich würde versuchen, die Ränder des dazwischen liegenden Kavernoms mit weichen Gefäßklemmen zu fassen. Gelang es, könnte ich den Riß ohne größeren Blutverlust mit Nähten verschließen. Der Plan klang überzeugend, und unser Vorhaben begann vielversprechend. Schrittweise glitt die komprimierende Hand des Oberarztes nach oben, nachfolgend wurden Klemmen angelegt, herausströmendes Blut abgesaugt.

Ich wandte mich an die Runde und erklärte: »Jetzt kommt der schwierigste Teil! Wir müssen sehen, wie weit der Gefäßriß bis zur Leber reicht.«

Nun erlebte ich die nächste böse Überraschung. Durch das Komprimieren war der Defekt noch weiter eingerissen. Die Gefäßränder klafften bis an das Lebergewebe. Für uns stellte sich die Frage: Breitet sich das Leck noch weiter im Leberinneren aus?

Wie sollten wir hier nähen und gleichzeitig komprimieren? Wir standen vor einem technisch kaum lösbaren Problem.

Fast beschwörend wandte ich mich an den Anästhesisten: »Füllen Sie den Kreislauf reichlich auf! Es wird noch eine stärkere Blutung geben. Wenn die beiden oberen Nähte liegen, haben wir es hoffentlich geschafft.«

Meine Stimme klang leise, gepreßt, »und nicht sehr überzeugend«, wie ich insgeheim feststellte. Ich war unsicher und hatte Mühe, es vor den anderen zu verbergen. Ich mußte trotz der sehr starken Blutung – denn die Pfortader blutet auch rückläufig aus dem Lebergewebe – eine durchgreifende Naht anlegen, die sowohl Lebergewebe als auch Kavernenwand von beiden Seiten faßt. Wie sollte ich das schaffen? Mit den Fingern der linken Hand drückte ich die spritzende Pfortader zu, mit der rechten Hand versuchte ich die Naht. Nach dem dritten Anlauf lag der Faden an der richtigen Stelle. Die Patientin hatte durch dieses Manöver in dieser kurzen Zeit fast einen Liter Blut verloren.

Jetzt den Faden vorsichtig knüpfen! Doch ich hatte nur eine Hand frei, denn meine Linke mußte den Zufluß drosseln. Der Oberarzt knüpfte. Wenn jetzt der Faden zu fest angezogen wird, schneidet er durch das weiche Lebergewebe. Die Naht hielt. Ich traute meinen Augen nicht, die Naht hielt tatsächlich.

»Noch zwei Nähte.«

Meine langjährigen Mitarbeiter hörten den leisen Triumph in meiner Stimme. Wir hatten gesiegt! Noch zwei Nähte. Jeder konzentrierte sich auf seine Aufgabe. Die Nadel glitt durch die Gefäßwand. Es blutete wenig, wieder erstaunlich wenig!

»Peripherer Puls nicht mehr meßbar. Zentrale Herzaktion nicht mehr sicher nachweisbar. Bitte zur Herzmassage vorbereiten!«

Dr. Valdeigs Worte waren eine eisige Ernüchterung. Der Brustkorb wurde freigemacht. Nur die Hände des Oberarztes blieben in der Operationswunde und übten eine leichte Kompression aus, um einen weiteren Blutverlust zu vermeiden.

»Herzstillstand!«

Mit kräftigen, rhythmischen Stößen preßten wir in kurzen Intervallen das Brustbein nach unten.

»... acht ... neun ... zehn!«

Kurzes Warten. Nichts passierte!

Also noch einmal das Gleiche. Wieder bis zehn. Wieder keine Reaktion!

Kurzes Abwaschen der linken Brustseite mit Jodisal. Ich hatte das Messer in der rechten Hand und war bereit, einen bogenförmigen, kräftigen Schnitt zwischen der 6. und 7. Rippe zu führen, der alle Gewebsschichten durchtrennt.

In dieser Phase der Operation gab es kein Überlegen. Die vitalen Lebensfunktionen wie Herzaktion, Kreislauf und Atmung mußten aufrechterhalten werden. Alles andere hatte zu unterbleiben. Wir standen ganz kurz vor dem Ziel, aber jetzt war keine Zeit mehr zum Nachdenken. Die nächsten Sekunden und Minuten würden über Leben und Tod entscheiden, endgültig.

Der Anachronismus der Situation wurde uns gar nicht bewußt, denn seit zwei Stunden kämpften wir ja schon ununterbrochen um das Leben unserer Patientin. Wir wehrten uns gegen eine Übermacht, und dieser Kampf ging bereits um alles oder nichts. Jetzt standen wir nur auf der anderen Seite der Patientin, der Operateur links, der Assistent rechts. Oder befand sich die Patientin auch schon auf der anderen Seite? Auf der anderen Seite des Lebens? Der Weg nach drüben war für sie nicht weit. Noch etwas weniger Blut oder einige fehlende Herzschläge, dann war das Jenseits für unsere Patientin erreicht. Sie wußte nicht, daß wir die Seiten gewechselt hatten, und sie konnte nicht ahnen, daß sich auch für sie vielleicht der entscheidende Wechsel vollziehen würde. Sie glitt dann im tiefen Schlaf auf die andere Seite, von der es kein Zurück mehr gab, aus dem Diesseits in das Jenseits. Wo befand sie sich jetzt, in dieser Minute? Ihr Herz schlug nicht mehr selbständig. Sie brauchte schon seit langem keine Narkosemittel mehr, spürte aber trotzdem nichts und erhielt zum Atmen reinen Sauerstoff. Die Minderdurchblutung des Gehirns hatte eine tiefe Bewußtlosigkeit zur Folge, die als Schmerzfreiheit für jeden operativen Eingriff ausreichen würde. Aber diese Art der Schmerzfreiheit wollten wir nicht! Sie war gelegentlich ein Vorbote des Todes. Waren wir daran schuld? Eine schwere und belastende Frage!

Ich hielt das Skalpell immer noch in der Hand und wartete auf das nochmalige und verbindliche Zeichen des Anästhesisten. Es waren nur wenige Augenblicke, doch ein ganzer Film zog vorüber. Im Zeitraffertempo beleuchtete er die Grenzen zwischen Sein und Nichtsein.

»Wir geben noch einmal Adrenalin und Xylocitin, außerdem über die Infusion der Gegenseite Natriumbikarbonat«, und nach kurzem Warten: »Die Herzaktion kommt wieder!«

Lengwinat und Valdeig stießen ein unterdrücktes Freudengeheul aus, und der sonst eher introvertiert wirkende Valdeig schlug seinem Oberarzt in nie gekannter Vertraulichkeit die Hand auf den Rücken, daß er auf seinem Drehhocker schwankte.

»Ich taste vereinzelt Pulsschläge an der Halsschlagader,« rief Lengwinat aufgeregt. Offensichtlich hatte er damit nicht gerechnet. Wir auch nicht!

Das Messer glitt aus meiner Hand. Schwester Helga legte es wieder akkurat in die Reihe der anderen Instrumente. Hatten wir gesiegt? – Nein. Diesmal hatten wir nur Glück, denn der Ausgang konnte auch anders sein! Doch was half es uns? Nichts! Unsere Arbeit blieb unvollendet, der schwierige Abschluß war nur aufgeschoben.

Wir saßen wieder auf unseren Hockern, den Rücken an der kühlen Wand, und mußten warten, warten, warten. Wie lange? Ich weiß es nicht mehr. Wir waren niedergeschlagen, müde. Ich hatte wenig Hoffnung, daß wir es noch schafften. Keiner fragte etwas, keiner sagte ein Wort. So vergingen 20, vielleicht 30 Minuten.

Der Kreislauf mußte sich erst erholen, ehe wir die Operation fortsetzen konnten. Erstmals verspürte ich die große innere Leere.

Die Anstrengung einer Operation merkt man immer erst nach der Arbeit – eine altbekannte Erfahrung! Deshalb sollte man sich keine Pause gönnen. Im allgemeinen gab es dazu auch fast nie eine Gelegenheit – zum Glück. Ein Gefühl der Ohnmacht, der Resignation kroch in mir hoch. Ich würgte es hinunter, es kam wieder. Wenn sich der Blutdruck besserte, waren es nur noch zwei Nähte! Der Satz klang einfach, aber er überzeugte nicht mehr. Ich schaute abwesend in eine weite Ferne und wurde das lähmende Gefühl der Ohnmacht nicht los.

Warten. – Auf- und abgehen. – Wieder warten. – Das Blut tropfte in das Infusionssystem. Ich schaute müde auf das Narkoseprotokoll und schreckte auf. Die 15. Transfusion lief bereits. Mehr als 7 Liter Blut, eine komplette Austauschtransfusion. Ich kämpfte wieder gegen die Resignation und gegen die innere Unruhe und merkte, daß diese von Minute zu Minute größer wurde. Ich spürte den psychischen Druck und den Streß als körperlichen Schmerz.

»Der Blutdruck ist wieder bei 100. Ich glaube, Sie können weiter operieren.«

Lengwinat meldete es stolz. Er hatte allen Grund, stolz zu sein. Längst nicht mehr so frisch wie nach der ersten Zwangspause nahmen wir wieder unsere Plätze ein. Oberarzt Tomaschewski hatte die schwierigste Stellung zu halten. 30 Minuten lang umklammerte er die Kompresse und drückte sie gegen die Pfortader. Das sollte ihm erst mal einer nachmachen! – Warum hatte ich ihn nicht ausgewechselt? Daran hatte ich gar nicht gedacht. Ich ärgerte mich über mein Versehen, das aber nicht mehr zu ändern war. Er selbst war zu bescheiden, um an seine Ablösung zu erinnern.

Jetzt wurde nichts mehr gesprochen. Jeder kannte seine Aufgabe. Haken einstellen. Tupfen. Kompressen vorsichtig wechseln. Saugen. Langsam tasteten wir uns in die Tiefe. Es blutete mehr als vorher, der Kreislauf hatte sich also gut erholt. Meine Finger glitten zur Leberunterfläche und weiter zur Pfortader. Ich kannte den Weg im Dunkeln und brauchte nicht zu suchen. Ich drückte, wartete, drückte wieder und wagte nicht zu denken. Nein, das konnte nicht wahr sein! Doch. Es war so. Es blutete trotz meines Drucks in kräftigem Schwall. Ich mußte nachfassen, es blutete weiter.

»Saugen, mehr saugen!«

Für einen kurzen Moment wurde die Sicht in der Tiefe frei. Ich erlebte die größte Enttäuschung auf diesem schweren Gang. Durch die lange und kräftige Kompression und das gelegentliche Wechseln der Hände waren die zarten Nähte, die wir mit so viel Mühe gelegt hatten, aus der dünnen Kavernomwand ausgerissen. Es klaffte ein Riß von drei oder vier Zentimetern Länge. Die schwierigen Nähte an der Leberpforte waren gar nicht mehr zu sehen. Ausgerissen, weggespült, abgesaugt! Alles voller Blut. Die Arbeit und Mühen der letzten Stunden waren umsonst. Wir standen jetzt wieder ganz am Anfang – nein, besser gesagt: am Ende. Nach 15 Konserven!

Jetzt mußte die schwierigste Entscheidung kommen:

Abbruch der Operation!

Diese Entscheidung konnte nur ich allein treffen, ich ganz allein. Und bei dieser Entscheidung ist man wirklich allein, mutterseelenallein. Ich konnte keinen der anderen um seine Ansicht fragen, und ich wollte es auch nicht, denn nur ich trug die Verantwortung. Ich war bereit, sie zu tragen und wollte diese schwere Bürde mit keinem anderen teilen. Ich wollte diese Last nicht in eine Kollektivlast umwandeln; man konnte auch sagen, ich wollte nicht, daß aus meiner Schuld eine Kollektivschuld würde.

Wie schwer wiegen wohl diese drei Worte: Wir hören auf!

Ich konnte es auch anders formulieren und die halblaut

geäußerten Gedanken meines zweiten Assistenten wiederholen: »Es hat doch alles keinen Zweck!« Jedem im Saal wird dann klar, was es bedeutet, wenn diese Worte von mir ausgesprochen werden:

Exitus in tabula – Tod auf dem Operationstisch!

Es ist das Schlimmste und Furchtbarste, das einem Operateur bei seiner Arbeit passieren kann. Und das bei einer 28jährigen Patientin, die nur zu einer Gallenoperation kam!

Es muß wohl wahr sein, daß der Schiffbrüchige im weiten Ozean nach dem vorbeischwimmenden Strohhalm greift. Ich sah in das vorbeiströmende unendliche Grau und wartete auf einen Strohhalm. Es war zum Verzweifeln!

Ich drehte mich um, ging zum Fenster und schaute in einen dichten Nebel. Ich weiß nicht mehr, was ich damals gedacht habe – nur dieses eine war mir klar: Es muß noch einen Strohhalm geben, der uns vielleicht hilft, der uns an das rettende Ufer bringt. Ich sah an den Gesichtern in der Runde, daß alle noch ein bißchen hofften, jeder für sich in einem ganz verborgenen Winkel. Schweigend standen sie da und warteten auf das Wunder, das nicht mehr kommen konnte. Alle hatten dem Tod schon gegenübergestanden und seinen Schritt in vielfacher Gestalt gesehen: Schnell und plötzlich kommend, oder langsam und unaufhaltsam, gelegentlich auch schleichend oder unerwartet. Und wer von ihnen hatte nicht auch schon auf verlorenem Posten gekämpft? Oder mitgekämpft? Bei einem jungen Menschen hofft man sogar noch dann, wenn die Vernunft schon lange sagt, daß es gar keine Hoffnung mehr gibt.

»Wie lange können Sie noch die Narkose fortsetzen?«

Etwas verdutzt schaute mich mein Kollege über den Narkosebügel an. Mit dieser Frage hatte er offensichtlich nicht gerechnet.

»Einige Stunden bestimmt noch.«

»Zwei Stunden?« fragte ich ihn.

»Wenn sie kein Blut verliert, noch viele Stunden.«
»Gut. Dann werden wir versuchen, Dr. Reichenbach zu erreichen. Vielleicht kommen wir gemeinsam weiter.«
Mein Freund Heribert Reichenbach leitete in Halle die Gefäßchirurgische Abteilung. Seine Klinik lag 45 Kilometer entfernt von uns.
Das war mein Strohhalm! Mit raschen Schritten entfernte ich mich in Richtung Sekretariat. Zurück blieb eine ziemlich ratlose OP-Mannschaft. Ich schöpfte ein ganz klein wenig Hoffnung, glaubte aber in diesem Moment nicht an eine reale Hilfe, sondern war nur froh, die endgültige Entscheidung hinausschieben zu können.
»Rasch, rufen Sie die Chirurgische Universitätsklinik an. Gefäßchirurgische Abteilung, Dr. Reichenbach.«
Die zehnstellige Zahl war schnell gewählt, dann meldete sich die heisere Stimme der Telefonistin der großen Nachbarklinik.
»Einen Moment bitte, ich verbinde Sie mit der Station.«
Da Stationsschwestern fast immer überlastet oder im Streß sind, gibt es nur sehr wenige, die freundlich telefonieren können. Unsere Gesprächspartnerin bildete keine Ausnahme.
»Oberarzt Reichenbach ist nicht mehr hier. Sein Dienst beginnt erst wieder um 16.00 Uhr.«
Klick!
An der Uni-Klinik gab es geteilten Dienst, und von 13.00 bis 16.00 Uhr war Pause, die aber meist nicht eingehalten werden konnte. Aber so ist das eben, wenn man jemand ganz dringend braucht, dann klappt es sogar mit der Einhaltung der Mittagspause an einer Universitätsklinik. Erst jetzt wurde mir bewußt, daß es bereits 14.30 Uhr war. Wir lebten ohne Gefühl für Zeit und Raum, nur auf ein Ziel konzentriert. Bange Minuten des Wartens wurden zu Stunden, und Stunden angestrengter Arbeit verflogen wie ein kurzer Augenblick. Vor vier Stunden hatten wir die Operation begonnen!

»Ich brauche noch einmal die Stationsschwester der Gefäßchirurgie, bitte dringend.«

Kurzes Warten, dann die gleiche heisere Stimme:

»Ich habe Ihnen doch gesagt, Sie können nach 16.00 Uhr noch einmal anrufen.«

Unser OP-Pfleger Manne drückte mir den Hörer an das Ohr, und ich hatte Mühe, Worte zu finden.

»Nein, das geht nicht. Nein, wir brauchen ihn sofort. Ganz dringend!«

Nach einigem Fragen, Drängen und Warten wußten wir, daß Dr. Reichenbach an jedem Dienstag und Freitag von 14.00 bis 16.00 Uhr gefäßchirurgische Konsultations-Sprechstunden in einem städtischen Krankenhaus und in der Zentralpoliklinik durchführte. Er besserte damit sein niedriges Gehalt auf, denn als langjähriger Oberarzt einer Universitätsklinik erhielt er damals in der DDR etwa 1.500.- Mark monatlich. Die Sprechstundentätigkeit, in seiner Freizeit ausgeführt, entsprach einer Z 2 – im Klartext: Zusatztätigkeit Stufe II – und verbesserte diesen Betrag um weitere 200.– Mark.

Zwei weitere Telefongespräche waren nötig, um zu erfahren, daß Dr. Reichenbach seine Arbeit im Krankenhaus vor einer halben Stunde beendet hatte, in der Poliklinik aber noch nicht erschienen war.

Damit brach mein schöner Plan erst einmal zusammen. War eine Weiterführung der Narkose überhaupt noch möglich? Konnten wir noch länger warten? Ich ging zurück in den OP und empfand die vielen fragenden Blicke als bohrenden Schmerz. Ich zuckte mit den Achseln, was so viel heißen sollte wie: Ich weiß nicht, oder: Wir suchen weiter.

Ich hatte nicht mehr die Kraft, überzeugende Worte zu finden. Woher sollte ich sie auch nehmen? Jeder sah doch selbst, wie ausweglos unsere Situation war! Also schwieg ich, schaute auf das blasse Gesicht der Patientin und wollte, nein, konnte es nicht glauben, daß ihr Leben nur noch nach Stunden oder Minuten zu zählen war. Die Lider geschlossen, gleichmäßige Atembewegungen, die Haut wieder von einem zarten Schimmer Farbe überzogen, lag sie vor mir.

Ich brauchte nicht zu fragen, ich sah, daß der Kreislauf wieder stabil war. Sollten wir noch einmal beginnen? Es war ohnehin nichts mehr zu verlieren. Sollten wir jetzt das Feld kampflos räumen? Ist es wahr, daß die Entscheidung zur Operation gelegentlich vom Temperament des Operateurs abhängt? Für Patienten schwer zu glauben, aber es ist wahr.

Es gibt forsche Chirurgen, die fast alles mit dem Messer behandeln wollen, und es gibt die bedächtigen, die erst die Risiken, danach die Vorteile abwägen, ehe sie eine OP beginnen. Ich ordne mich lieber in die zweite Kategorie ein. Doch man muß auch bereit sein, eine schwere Entscheidung rasch zu treffen, sonst läuft man der Zeit hinterher. Ich war nicht frei in meiner Entscheidung. Ich sah den langen Riß in der Pfortader, die Reste der mühsam geknüpften Fäden und das hervorquellende Blut. Die letzten Worte des Anästhesisten klangen noch in meinem Ohr:

Der periphere Puls ist weg, keine zentrale Herzaktion mehr.

Die Spuren unserer schweren Arbeit hatten uns alle gezeichnet, und das Gespenst des Exitus in tabula, des Sterbens auf dem OP-Tisch, hielt uns in seinem Bann.

Ich wandte mich wieder dem Ausgang zu, durchquerte den Korridor und ließ mich müde und kraftlos in den Besuchersessel fallen. Ich fragte nichts und sagte nichts. Mein Blick ging durch die gegenüberliegende Wand. Ich schaute, aber ich erkannte nichts. Ich sah die junge Frau in ihrem Bett und ihre Angst vor der Operation. Ich wollte keinem zeigen, daß ich ohne jede Hoffnung war und konnte es doch nicht verbergen.

Nur jetzt nicht an das Ende denken! An den rollenden, mit Segeltuch überspannten Kastenwagen auf dem Weg zur Patho-

logie. Der letzte Funke Hoffnung erlosch, als ich sah, wie sich meine Sekretärin verzweifelt bemühte, Dr. Reichenbach zu erreichen. Nochmaliger Anruf auf seiner Station – kein Ergebnis. Zentrale der Poliklinik: »Dr. Reichenbach hat das Haus noch nicht betreten. Wir rufen sofort zurück, wenn er kommt.«
Ich saß im Sessel und empfand das Gefühl einer grenzenlosen Leere und einer bitteren Niederlage. Wenn ich die Augen schloß, spürte ich, wie der Boden unter meinen Füßen schwankte, und ich glaubte, in eine dunkle Tiefe zu stürzen. Öffnete ich die Augen, stand Frau Rogalla vor mir, wie sie mir ihren Kummer und ihre Krankengeschichte erzählte. Ich sah auch ihre zwei Töchter mit den blonden, langen Zöpfen und den großen, blauen Augen, obwohl ich die beiden Kinder gar nicht kannte. Ob jetzt das Ende kam? Meine Sekretärin vor dem Telefon, die Arme auf die Knie gestützt, schaute auf den Boden und nur gelegentlich verstohlen zu mir hinüber. Auf dem Korridor herrschte eine ungewohnte Ruhe, sogar im Zwischenraum fehlte das Klappern der Instrumente und das halblaute Sprechen der Schwestern. Im Operationssaal war absolute Ruhe, doch eine Arbeit ohne Geräusche wirkt hier gespenstisch, bedrohlich.

Warum war ich nur Chirurg geworden? Warum nicht lieber Internist, oder noch besser Gutachter? Doch schon als junger Student stand mein Berufsziel für mich fest: Chirurg. Warum? Ich wollte das unmittelbare Erfolgserlebnis meiner Arbeit. Nun hatte ich das unmittelbare Ergebnis meiner Arbeit: Eine 28 Jahre junge Patientin würde sterben, weil sie sich mir zu einer Galleoperation anvertraut hatte. Weil ich ihr nicht helfen konnte! Es gibt keinen Chirurgen, der nicht auf dem Gipfel seines Erfolges auch einmal selbstgefällig war, der sich nicht einmal selbst anerkennend auf die Schulter klopfte und zu sich sagte:

»Das hast du gut gemacht! – Da hast du wieder einmal recht gehabt! – Nur gut, daß du nicht auf die anderen gehört hast!«

Nur wenige Außenstehende kennen die Höhen des Erfolges, und noch weniger kennen die Tiefen der Niederlage. Man möchte in die Erde versinken, vor sich selbst weglaufen, vor seiner Arbeit und dem auch unvermeidlichen und unabwendbaren Mißerfolg. Aber man kann nicht vor sich selbst weglaufen, und man darf es auch nicht.

Was gäbe ich darum, wenn ich jetzt nicht hier wäre! Wie lange wir so gewartet haben? Ich weiß es nicht. Das Schrillen des Telefons unterbrach meine trübsinnigen Betrachtungen.

»Ich verbinde Sie mit Dr. Reichenbach.«

Ich riß den Hörer an mich, hörte undeutlich ein Gespräch am anderen Ende der Leitung und dann die tiefe und mir gut bekannte Stimme: »Ich grüße Sie, mein Lieber. Wie ich höre, suchen Sie ...«

»Wir haben einen ernsten Zwischenfall«, unterbrach ich ihn, »Verletzung der Pfortader bei Gefäßanomalie. Der Riß des Gefäßes erstreckt sich bis in das Leberinnere. Die Frau ist erst 28. Narkose läuft seit sechs Stunden. Hat schon 17 Konserven. Ich komme ohne Sie nicht weiter. Sie sind unsere letzte Hoffnung. Können Sie kommen?«

Sendepause am anderen Ende der Leitung. Ich spürte förmlich das angestrengte Überlegen meines Freundes und Gesprächspartners.

»Was sagen Sie? Schon 17 Konserven? Und über sechs Stunden Narkose bei einer Gallen-OP? Meinen Sie wirklich? Ich müßte aber hier noch einiges vorbereiten. Und dann die 50 Kilometer.«

»Sie müssen kommen! Ich bitte Sie dringendst! Es geht hier um alles!«

Der letzte Satz überzeugte ihn dann wohl endgültig.

»Wenn Sie meinen! Ich bringe meinen Oberarzt mit und meine OP-Schwester, weil ich mit denen eingearbeitet bin.«

Natürlich – in kritischen Situationen bevorzugt jeder das eingespielte Team.

Und weiter im Telegrammstil: »Vorher noch Spezialinstrumente und Nahtmaterial heraussuchen. In 40 Minuten fahren wir.«

»Alles klar. Bis gleich!«

Nichts war klar, aber es glimmte wieder der winzige Funken Hoffnung, der sich irgendwo im tiefsten Dunkel gehalten hatte. Er spendete zwar keine Helligkeit, aber er war tröstend.

Es waren noch keine zwei Minuten seit der Beendigung meines Telefongesprächs vergangen, als ich wieder den OP betrat, und ich machte wieder die gleiche Feststellung: Nichts klappt so zuverlässig wie der Buschfunk in einer Klinik. Ich sah es den Augen an, daß ich keine Neuigkeit mehr berichten konnte.

Die Arbeit in einem Operationssaal funktioniert wie das Präzisionswerk einer Uhr. Viele Räder greifen ineinander, kleine und große. Alle sind wichtig. Sie werden durch einen unsichtbaren Motor in Bewegung gehalten. Bei der Uhr ist es die Federkraft, im OP die straffe Organisation und die Zielstrebigkeit von Operateur und leitender OP-Schwester. Doch wehe, wenn die Spannkraft der Feder nachläßt. Dann ist der sinnvolle Rhythmus gestört, dann kommt das Getriebe ins Stocken. Die Räder drehen sich langsamer, die Zeiger werden unzuverlässig, die Unruhe kommt schließlich zum Stehen. Die Arbeit in unserem OP hatte eine Stunde lang einer Uhr geglichen, die kurz vor dem Stehenbleiben war. Jetzt hatte die unsichtbare Hand die Feder wieder aufgezogen. Die Räder kamen wieder in Bewegung, die kleinen und die großen. Schwestern brachten neue Trommeln mit Kompressen und Tupfern. Frisch sterilisierte Abdecktücher wurden griffbereit aufgestellt. Die Anästhesieschwester dokumentierte die Werte des Monitors, zog eine rote Puls- und zwei blaue Blutdruckkurven auf dem Narkoseprotokoll. Dr. Rabusch wusch sich, denn Dr. Benedikt hatte signalisiert, daß sich bei ihm erste Schwächeer-

scheinungen zeigten. Die Türen pendelten wieder häufiger, eine Trage wurde gerollt. Vom Flur hörte man die schlürfenden Schritte der Gummischuhe. Das hochrote Gesicht von Frau Wergmann, meiner Sekretärin, zeigte sich im Durchblick zum Zwischenraum.
»Können Sie noch einmal ans Telefon kommen?«
Die Dringliche Medizinische Hilfe in Halle hatte mitgeteilt, daß sie Herrn Dr. Reichenbach nicht holen wird. Es gibt eine Verfügung, daß sie nur für Fahrten in ihrem eigenen Kreisgebiet zuständig ist. Wenn Fahrten aus einem anderen Kreisgebiet angemeldet werden, dann muß die DMH des anderen Kreises fahren. Tatsächlich gab es in der damaligen DDR so eine Bestimmung. Und außerdem – für die Fahrt von Ärzten und Schwestern sind Dienstwagen der Einrichtung zuständig. Auch das stimmte. Aber stimmte das auch in diesem Fall? Das hieß ja: Doppelte Entfernung und doppelte Fahrzeit. Aufsteigende Galle und ausgeschüttetes Adrenalin schienen sich bei mir zu mischen und trieben Puls und Aggressionsbereitschaft auf ungeahnte Höhen.
»Die sind wohl übergeschnappt? Geben Sie mir mal den Einsatzleiter.«
Inzwischen war die Fernleitung besetzt. Es war eigentlich schon erstaunlich, wie problemlos wir bisher telefonieren konnten.
»Dann geben Sie mir das Fernamt. Die sollen das Gespräch mit der Hand vermitteln. Und zwar als Blitzgespräch. Es geht um eine lebensbedrohliche Situation.«
Erneuter Versuch.
»Die Null ist nicht frei. Ich komme gar nicht aus der Einrichtung.«
»Verdammt.«
Nach bangen Sekunden meldete sich unsere Pförtnerin: »Ich muß Sie darauf hinweisen, was eine Minute eines Blitzgesprächs kostet, nämlich 15.– Mark. Das muß erst von der Verwaltung genehmigt sein, sonst kriege ich Ärger.«
Die Pförtnerin hatte nur ihre Pflicht getan, aber ich brüllte sie

an: »Sie sind jetzt zuständig, daß immer eine Fernleitung für die 227 frei ist. Sonst passiert ein Unglück. Sofort die DMH in Halle.«

Ungeduldiges Warten, eine Minute, zwei Minuten. Endlich meldete sich der Einsatzleiter. Er wollte mir alles noch einmal erklären, doch ich schnitt ihm das Wort ab: »Sie wissen, worum es geht! Sagen Sie mir bitte Ihren Namen.«

Er zögerte.

Ich gab ihm gesellschaftspolitischen Nachhilfeunterricht: »Ein Menschenleben steht auf dem Spiel. Ich werde mich jetzt bei der SED-Kreisleitung beschweren, und dazu brauche ich Ihren Namen«, und nach kurzer Pause fuhr ich fort: »Sie werden jetzt einen Wagen der DMH zur Chirurgischen Universitätsklinik Halle schicken. Ist das klar? Und zwar sofort! Anschließend können Sie sich über mich beschweren. Meinen Namen haben Sie ja. – Ist der Wagen nicht in fünf Minuten vor der Klinik, werde ich mich über Sie beschweren. Doch ich warne Sie! Stirbt die Frau, treffen wir uns vor dem Kadi wieder. Dann verspreche ich Ihnen, daß Sie Ihren Posten los sind. Übrigens habe ich hier eine ganze OP-Mannschaft als Zeugen für unsere Unterhaltung.«

So – das saß! Er schluckte, wollte protestieren, verband mich aber mit seinem Chef. Nach fünf Minuten stand der Wagen an der Pforte der Universitätsklinik. Drei Tage später mußte ich eine schriftliche Beschwerde des Einsatzleiters gegen mich beantworten.

Inzwischen hatte unser Anästhesist, der einen Teil der Unterhaltung mit anhörte, von einem Nebenapparat den eigenen Wagen der DMH nach Halle geschickt. Bei freier Straße konnte er in 35 Minuten dort sein. Macht nichts. Doppelt hält besser! Wir riefen ihn nicht mehr zurück.

Meine Sekretärin, umsichtig und flink, hatte mir eine Tasse Kaffee eingegossen und zwei Brötchen geschmiert. Ich stürzte nur den viel zu heißen Kaffee hinunter, und erst jetzt fiel mir ein, daß alle Ärzte und Schwestern seit vielen, vielen Stunden auf ihrem Posten ausharrten, geduldig und selbstlos, einsatzbereit bis zum letzten, alle mit leerem Magen.

»Die Oberschwester möchte sich persönlich um belegte Brote kümmern. Sie soll eine große Kanne Kaffee fertig machen, aber einen starken!«

Meine nicht gerade freundlich formulierte Bitte wurde – leider ohne Höflichkeitskorrektur – an die Oberin weitergegeben, löste dort einen abfälligen Kommentar aus, wurde aber erledigt. Es war unglaublich, wie sich das ganze Bild gewandelt hatte. Schon das Klappern der Tassen und der Geruch des frischen Kaffees verfehlten nicht ihre Wirkung. Die stumme Resignation war gewichen, die lähmende Stille gebrochen. Es wurde nicht mehr geflüstert, sondern ganz normal gesprochen. Die Gesichter waren nicht mehr starr, die Bewegungen wieder flüssig. Und noch etwas fiel auf: Man wagte wieder, dem Blick des anderen zu begegnen. Ich war stolz auf meine Mannschaft, es war eine prächtige Truppe. Erstaunlich und bewundernswert, wie sich alle für das Ganze verantwortlich fühlten, die Schwestern und Pfleger, Ärzte und Oberärzte, Hilfsschwestern, Sekretärin und Anästhesisten. Vielleicht war ich doch nicht so allein? Nur nicht zurückdenken! Das waren entsetzliche Stunden. Alles kann sich aber noch einmal wiederholen: Die Blutung, der Kreislaufzusammenbruch, der Gefäßeinriß, Herzstillstand, Abbruch der Operation. Alles hatten wir heute schon, und alles konnte sich in wenigen Stunden noch einmal ereignen. Doch wir hatten etwas, an das wir wieder glauben konnten: Ein kleines, glimmendes Fünkchen Hoffnung.

Unzählige Male schauten wir zur Uhr. Vielleicht waren die schon auf der Strecke? Sie müßten doch jetzt bald kommen! – Sie konnten aber noch gar nicht kommen. Erst 30 Minuten waren vergangen. Würde es unsere schlafende Patientin schaffen? Würde der Kreislauf durchhalten? Ich sah an den hastigen Bewegungen unseres Narkoseteams, daß es nicht gerade zum besten bestellt war. Ampullen wurden eilig aufgesägt, Spritzen aufgezogen, der Tropf lief rascher. Blutdruck zwischen 80 und 90. Konnten wir da überhaupt noch größere Gefäßoperationen beginnen?

Jetzt waren 40 Minuten vergangen. Eine nervöse Erwartung breitete sich aus. Sicherlich fuhren sie schnell, für uns aber nicht schnell genug. Mit Blaulicht und Martinshorn. Wieder ein Blick zur Uhr. Jetzt war Berufsverkehr, außerdem leichter Nebel. Wenn unterwegs etwas passierte? Was würden wir dann machen? Warten, nur warten.

45 Minuten, 50 Minuten, eine Stunde.

Es gelang mir nicht, meine Spannung zu unterdrücken. Das beste Mittel dagegen war Ablenkung, war Arbeit. Also gab ich Anweisungen.

»Wir decken alles noch einmal steril ab. Außerdem ziehen wir alle neue Kittel und Handschuhe an.«

Das Befehlen ging wieder, langsam fühlte ich mich wohler. Tücher wurden entfernt, die Haut um die klaffende Wunde desinfiziert und mit neuen, dunkelblauen Tüchern abgedeckt. Wir wechselten gerade die Kittel, als uns der Anruf des Pförtners erreichte.

»Der Wagen der DMH hat die Einfahrt passiert.«

Ich empfing die kleine Delegation am Eingang zum OP-Flur. Allen voran die zierliche OP-Schwester Lilo, die eine große Instrumententrommel auf beiden Armen vor sich trug und wie einen Schatz behütete. Natürlich wollte man ihr die schwere Last abnehmen, aber sie gab sie nicht aus der Hand. Als nächster begrüßte uns sein Oberarzt, lang, hager und ein bißchen verlegen. Als letzter kam Dr. Reichenbach, bedächtig, lächelnd, fast behäbig. Ich fand ihn noch nie so sympathisch wie in diesem Moment.

Schwester Lilo war schon im Zwischenraum verschwunden, und mit der ihr eigenen Sicherheit fand sie sich auch ohne Wegweiser in jedem anderen OP zurecht. Zu dritt gingen wir in mein Zimmer. Weiße Hemden und Hosen lagen bereit, wurden aber zurückgewiesen, denn im Op mußten wir ja alles noch einmal gegen blaue Kleidung tauschen.

Ich gab einen kurzen Lagebericht, und wir stimmten uns noch einmal kurz ab. Die technischen Details der Gefäßversorgung waren dann Sache meiner Kollegen. Ich schloß meine Ausführungen mit den Worten: »Das Wichtigste ist, daß wir jede Blutung vermeiden. Viel hält die Frau nicht mehr aus.«

Dr. Reichenbachs Plan sah so aus, daß er zunächst die ganze Bauchaorta, also die Hauptschlagader, abklemmte. Damit unterbrach er die gesamte arterielle Blutzufuhr der Leber, des Magens, des Darmes und auch der Beine. Für eine begrenzte Zeit war das möglich. Abschließend meinte er: »Wir werden uns das alles erst einmal ansehen, dann wird uns schon etwas einfallen. Zuerst brauche ich aber mal eine andere Hose, denn die hier ist für mich viel zu eng.«

Die Ersatzhose war zu kurz, paßte überhaupt nicht. Also erhielt er eine elastische Binde, mit der er sich gürtete, und er murmelt so etwas wie »Service könnte besser sein«. Trotz dieser mangelhaften Kostümierung betrat er fröhlich und voll Würde den OP, verweilte einen Augenblick in der Tür, die er mit seiner mächtigen Größe fast ausfüllte, und nickte all denen einen freundlichen Gruß zu, mit denen er nun ganz eng zusammenarbeiten mußte: den beiden Assistenten, den Anästhesisten, der Instrumentierschwester.

Dann standen wir wieder im Waschraum und hatten Zeit, letzte Überlegungen auszutauschen und uns das Szenarium durch die große Glasscheibe anzusehen.

Ganz unvermittelt meinte Dr. Reichenbach.: »Ganz schöne Scheiße. So eine Gefäßanomalie ist immer eine bedrohliche Angelegenheit. Glauben Sie ja nicht, daß ich gern hierhergekommen bin. Als unser Fahrer durch den Nebel jagte, hatte ich immer so ein blödes Gefühl und glaubte, daß uns unterwegs etwas passiert.«

Händeschnelldesinfektion. Überstreifen der Kittel, Anlegen der Mundtücher und Handschuhe. Wir standen auf unseren Plätzen. Rechts mein Freund aus Halle, ich gegenüber, links von ihm Tomaschewski, links von mir sein Oberarzt aus Halle, am Kopfende Oberarzt Lengwinat, am Fußende die beiden Instrumentierschwestern, Lilo aus Halle und Helga aus Bernburg.

Wir konnten beginnen. Ich fühlte mich wesentlich leichter als bei der letzten Aktion. So wie in einer Schlacht, wenn das Entsatzheer eingetroffen ist.

»Jagt erst mal die Zuschauer raus!«

Gemeint waren die bei der OP nicht benötigten Assistenten, die sich inzwischen zahlreich eingefunden hatten.

»Wir brauchen noch fünf Konserven. Sauger anstellen. – Es wird gleich bluten. Mehr Kompressen besorgen.« Dann war ich still. Zumindest versuchte ich es. Nun war Dr. Reichenbach an der Reihe, das Kommando zu übernehmen. Es kam natürlich so, wie es kommen mußte, denn welcher Chef glaubt blindlings den Erfahrungen eines anderen Chefs? Dr. Reichenbach machte da keine Ausnahme. Er mußte sich erst einmal selbst überzeugen. Ein Chef ist eben ein Chef. Er suchte nicht die Hauptarterie auf, wie ich vorgeschlagen hatte. Er wollte sich erst einmal selbst den Einriß in der Pfortader ansehen. Vorsichtig und behutsam wurden Kompressen, Haken und Hände aus der Wundhöhle genommen. Das Ergebnis war eine schwallartige Blutung. Zwei Sauger liefen, trotzdem hatten wir keine Sicht mehr in der Tiefe. Meine Stimmung bei diesem Anblick war miserabel.

»Wir werden die Pfortader drosseln«, meinte er und korrigierte sich gleich, als er die gefährlichen Verzweigungen des Kavernoms erkannte.

»Das geht hier nicht, wir müssen anders vorgehen.«

Nachdenklich schaute er in die Runde, in die reglosen und erschreckten Gesichter.

»Ganz schöne Scheiße!«

Dr. Reichenbach schien diesen Satz zu lieben, denn er gebrauchte ihn schon wieder und auch anschließend noch mehrfach. Später sagte er mir, daß er in diesem Moment von dem Mißerfolg unseres gemeinsamen Unternehmens überzeugt war.

Mit konzentrierter Energie unternahm er nun die nächsten Maßnahmen, die auch in dieser kurzen Prägnanz im OP-Bericht nachzulesen sind:

Aufsuchen der Bauchaorta, Anschlingen und Kompression der Hauptarterie, des Truncus cöliacus, Kompression der von unten kommenden Pfortader. Auf eine präparatorische Darstellung muß wegen der Ausdehnung des Kavernoms und der damit verbundenen Gefahr einer Massenblutung verzichtet werden. Freilegung des Kavernoms im oberen Bereich. Anlegen der De-Bakey-Klemme.

Seine Vorstellung war überzeugend und eine eindrucksvolle Demonstration einer schwierigen gefäßchirurgischen Operation!

Für den Nichtmediziner muß ich noch die Funktion der De-Bakey-Klemme erklären, die für den weiteren Erfolg unserer Bemühungen entscheidend war: Es ist ein Spezialinstrument der Gefäßchirurgie, eine weich fassende und im mittleren und unteren Drittel rechtwinklig abgebogene Gefäßklemme. Man kann damit große oder mittlere Arterien oder Venen tangential fassen und so einen Längsriß zeitweilig verschließen. Die klaffenden Gefäßränder werden aneinandergedrückt, und unter der liegenden Klemme kann das Blut in dem etwas eingeengten Gefäß weiterfließen, während der über der Klemme liegende Gefäßsaum ohne Blutung genäht werden kann.

Die Versorgung der Leberpforte war schwierig, doch die abgebogene Klemmenspitze ließ sich unter Fingerführung noch weiter nach unten schieben. Die Blutung stand! Die Blutung stand tatsächlich!

Wir hatten keine Zeit zum Aufatmen, denn der Anästhesist trieb zur Eile.

»Blutdruck bei 80.«

»Bleib ruhig«, meinte Dr. Reichenbach zum Anästhesisten, »jetzt wird es nicht mehr bluten«, und er hielt Wort.

Schwester Lilo reichte die Instrumente, und es war ihre besondere Eigenschaft, beim Operieren schon immer einen Schritt vorauszudenken. In Abständen von ein bis zwei Millimetern wurden feinste Nähte angelegt, insgesamt über 20. Dann folgte das Öffnen der Arterienumschlingung, das vorsichtige Lösen der Pfortaderkompression. Zwischen allen Nähten sickerte Blut durch. Für den Ungeübten ein beängstigender Anblick, für den erfahrenen Gefäßchirurgen kein Grund zum Erschrecken. In zwei bis drei Minuten würde die lokale Blutgerinnung einsetzen und diese winzigen Zwischenräume verkleben. Bis dahin komprimierten wir und warteten. Nach kurzem Zögern langsame Entfernung aller Mullstreifen, Tücher und Tupfer. Die Blutung stand endgültig!

Wir sahen uns erstaunt an und merkten erst jetzt, daß uns allen die Zeichen des Kampfes im Gesicht standen: Spuren der schweren körperlichen Arbeit, stundenlange Konzentration, vergebliches Hoffen am Rande des Verzweifelns, dann wieder Hoffnung, dann endgültiges Verzweifeln. Trotz größtem Einsatz deprimierender Mißerfolg. Ohne Hoffnung weiterarbeiten! Gegen besseres Wissen weiterarbeiten! Gegen das eigene Gefühl, gegen die Ansichten der anderen und gegen die eigene Schwäche weiterarbeiten.

»Jetzt müssen Sie noch den Gallengang verschließen,« sagte mein Kollege.

Es galt, einen kleinen Defekt mit vier oder fünf Nähten zu versorgen. Das war chirurgische Routine. Das war wieder meine Sache.

»Meine Arbeit ist beendet, das Gefäß ist dicht«, meinte Dr. Reichenbach, nicht ohne Stolz, »ich will Ihnen die weitere Arbeit nicht wegnehmen.«

Mit diesen halb scherzhaften, halb ernstgemeinten Worten

übergab er mir den Nadelhalter und übernahm meine Assistenz. Nie werde ich diese einfachen Nähte vergessen! Sie waren für mich so schwer, daß sie meinen letzten körperlichen Einsatz, meine letzte Konzentration forderten. Normalerweise war der Verschluß des Hauptgallenganges ein Arbeitsablauf, den ein Assistent im vierten Ausbildungsjahr beherrscht, und der in wenigen Minuten beendet ist. Ich stand aber jetzt schon fast 12 Stunden am Tisch, davon 8 Stunden unter besonderem Streß und mit höchster Konzentration. Nun schien alles erreicht, worum wir gerungen, gebangt und gekämpft hatten.

Ich spürte eine Leere und ein Rauschen im Kopf. Ich konnte weder Freude noch Erleichterung empfinden. Außerdem sah ich vor meinen Augen flimmernde Punkte.

Die Hand schien nicht mir zu gehören, die das Instrument führte. Eine ungeheure Willensanstrengung war erforderlich, um bei jeder Naht den Abstand von zwei Millimetern einzuhalten. Ich wollte jetzt keine Schwäche zeigen, spürte sie aber so überwältigend, daß ich einen Augenblick zögerte und überlegte, Dr. Reichenbach den Nadelhalter wieder zu übergeben. Die Hand vibrierte, sie schien aus Blei und nicht fähig zu zielgerichteter Koordination. Das Führen des Griffes und das sanfte Gleiten des Instrumentes, oft erinnernd an gefällige Eleganz, wurde zur Schwerstarbeit. Natürlich erkannte der Freund meine schwierige Situation, doch er war taktvoll und verständig genug, es zu überspielen. Geschickte Assistenz, Einfühlungsvermögen und ein paar ablenkende Worte, außerdem die Absicht, nicht nur der Patientin, sondern auch mir zu helfen, waren ausreichend, den Operationsablauf wieder zu normalisieren.

Drainage, fortlaufende Naht des Bauchfells, schichtweiser Wundverschluß, Verband. Das waren die letzten Worte des diktierten Berichtes über eine sogenannte Routineoperation, bei der außer dem Anfang und dem Ende fast nichts normal war. Doch ein Blick zum Kopf der Patientin sagte uns: Sie lebt!

Für einen Augenblick hatte ich das Bedürfnis, Dr. Reichenbach zu umarmen. Doch es war nur ein kurzer Moment. Dann war dieser Anflug von Sentimentalität vorüber, denn im OP haben rührselige Szenen nichts zu suchen. Ein OP ist ein nüchterner Arbeitsplatz. Ich machte nur eine gefällige Verbeugung in die Runde – auch das gehörte zur Routine – und sagte wie üblich: »Vielen Dank allerseits.«

Dann streifte ich meinen Kittel ab, fühlte den Puls von Frau Rogalla und ging durch den Vorbereitungsraum. Dort saß Schwester Helga auf einem Hocker, die Hände vor dem Gesicht und schluchzte. Wer 20 Jahre im Op gearbeitet hat, wird hart. Denkt man! Als ich meinen Arm um ihre Schulter legte, schämte ich mich auch nicht mehr, daß ich ein paarmal schluckte und über meine Augen wischen mußte, um wieder klar zu sehen. Dann ging ich in mein Zimmer, setzte mich an meinen Schreibtisch und ließ mich von dem Gefühl der absoluten Leere und Erschöpfung einfangen, nicht fähig zu denken oder zu empfinden.

Die nächsten zwei Tage hatten wir Mühe, den Kreislauf stabil zu halten. Trotz Infusionen und Medikamenten, trotz Sitzwache und ärztlichem Dauerdienst. Alles andere verlief dann so normal, wie es eben nach einer Gallenoperation zu sein pflegt. Nach fünf Tagen ging Frau Rogalla auf der Station umher, und kurze Zeit später drängte sie auf Entlassung. Wir einigten uns schließlich auf 14 Tage. Nicht so sehr aus medizinischer Notwendigkeit, sondern weil wir sie überzeugt hatten, daß ihr Eingriff nicht ganz normal verlaufen war. Da sie über den Buschfunk des Krankenhauses inzwischen erfahren hatte, daß ihre Operation 13 Stunden gedauert hatte, sah sie es schließlich ein, daß sich ihr Aufenthalt um einige Tage verlängerte. Sie empfand unsere übertriebene Besorgnis als weniger belastend, als wir ihren beiden Töchtern schließlich erlaubten, sie täglich mehrmals zu besuchen. Übrigens hatten beide lange blonde Haare. Bei der Verabschiedung gab mir die Größere, die schon in die zweite Klasse ging, ein zusammengefaltetes Blatt Zeichenpapier. Sie hatte darauf ein Haus mit vielen Fenstern gemalt: unser Krankenhaus. Davor stand ihre Mutter, neben ihr ein Koffer und neben dem Koffer ein Mann mit langem, weißem Kittel, eine weiße OP-Mütze auf dem Kopf. Das war ich. Oben in der Ecke des Bildes strahlte die Sonne.

Was hätte die kleine Bärbel wohl gemalt, wenn nicht viele, viele Zufälle doch noch zu einem Stillstand der Blutung geführt hätten? Nur nicht daran denken!

Das Bild liegt noch in meiner Schreibtischschublade. Zwar habe ich den Schreibtisch in jedem Jahr mindestens einmal aufgeräumt, mich dabei jedesmal von vielen unwichtigen und manchmal auch wichtigen Sachen getrennt, doch das Krankenhaus unter der großen Sonne überstand unversehrt alle Ordnungsaktionen und erinnert mich gelegentlich an einen ungewöhnlichen Operationstag.

ES WAR NUR EINE SCHNITTWUNDE

»Es war ja nur eine Schnittwunde«, meinte die Mutter, als ich sie fragte, ob sich ihr Sohn in den letzten Tagen verletzt hatte.

Der 11jährige Johannes lag auf einer Untersuchungsliege im Aufnahmeraum der Poliklinik und gab mir einige Rätsel auf. Erstaunt und fragend blickte er mich aus seinen großen braunen Augen an, wußte er doch nicht, warum ich ihn so lange und gründlich untersucht hatte, denn ihm fehlte ja nichts. Meinte er! Meine vielen Fragen hatte er nur mit kurzen Sätzen beantwortet: »Mir tut nichts weh.« – »Es geht mir gut.« – »Ich habe keine Schmerzen.« Seine drei Geschwister saßen auf der langen Wartebank, Augen und Kopf zu ihrem liegenden Bruder nach rechts gerichtet, und ihren Blicken entging nichts. Lukas, der Ältere, mußte die beiden Kleineren, Markus und Maria, gelegentlich ermahnen, weil sie sich zu heftig um den Platz mit der besten Aussicht stritten und dabei nicht die von ihm gebotene Ruhe einhielten.

Eigentlich konnte ich ihren Bruder wieder nach Hause schicken. Ich brauchte dann nur auf die Überweisung an den Hausarzt zu schreiben: Klinischer Zustand o. B. (das ist die Kurzform für »ohne krankhaften Befund«), und weitere Beobachtung empfohlen.

Aber das kurze Begleitschreiben des Bruders Johannes trug die Unterschrift »Dr. V. Wegener«, und in der Rubrik »Diagnose« standen drei schwerwiegende Worte:

»Tetanusverdacht nicht auszuschließen«.

Dr. Volkmar Wegener (Name nicht geändert) war einer der erfahrensten Ärzte im Kreis Bernburg. Welche Symptome oder Überlegungen hatten ihn zu dieser Diagnose veranlaßt? Er kannte den Tetanus, also den Wundstarrkrampf, nicht nur aus seinem

Studium oder aus dem Lehrbuch, sondern aus seiner praktischen Erfahrung. Er hatte nämlich die Ostfront im zweiten Weltkrieg als Arzt bis Stalingrad begleitet und dort wiederholt die Möglichkeit gehabt, den Verlauf und die Gefahr dieser gefährlichen und heimtückischen Krankheit aus nächster Nähe zu erleben.

»Wir werden Ihren Sohn zur Beobachtung stationär aufnehmen«, erklärte ich deshalb der Mutter. Ich kannte die Familie aus einigen kurzen Begegnungen, denn der Vater war Pfarrer in einer Nachbargemeinde, und er war mir erstmals durch einen Vortrag über »Aufgaben des Christen in unserer Zeit« aufgefallen, in dem er es wagte, offen und verdeckt systemkritische Äußerungen zu formulieren, die ihm anschließend Schwierigkeiten mit der Obrigkeit bereiteten.

»Wie lange wird er hier bleiben?« wollte die Mutter wissen.

»Vielleicht einen oder zwei Tage«, erwiderte ich in völliger Fehleinschätzung des weiteren Verlaufs, »gegenwärtig spricht nichts für einen Tetanus, aber wir sind dann auf der sicheren Seite.«

Johannes war nicht begeistert, aber die Mutter nickte zustimmend, und so fügte er sich in den unabänderlichen Beschluß.

»Station 4a«, sagte ich zu Schwester Ines, die heute Ambulanzdienst hatte und schon mit der Trage auf den Transport wartete.

»Eigentlich kann ich doch laufen«, meldete sich nochmals Johannes zu Wort. Warum eigentlich nicht?

»Ist mir recht«, antwortete ich, und die kleine Dreiergruppe ging nach kurzem Warten durch den langen Verbindungsflur, gefolgt von der noch kleineren Dreiergruppe, die von Lukas angeführt wurde. Sie klingelten am anderen Ende, und dann verschwanden alle hinter der großen Glastür.

Bei der Visite am nächsten Morgen sah ich Johannes wieder. Seine dichten schwarzen Haare, leicht gewellt und heute noch nicht gekämmt, gaben ihm ein mädchenhaftes Aussehen. Er lag auf der Seite, und nichts entging dem Blick seiner großen dunklen Augen.

»Hast du gut geschlafen«, fragte ich.

»Wie soll man denn schlafen, wenn die zwei so schnarchen«, war seine trotzige Antwort.

»Er hat gut geschlafen. Die Nachtwache war zweimal im Zimmer«, berichtete Schwester Liesl, und ein strafender Blick aus dunklen Jungenaugen traf sie.

Ich setzte mich an sein Bett, bewegte seine Arme und Beine, schaute mir die winzige Narbe an der linken Ferse an. Vor 10 Tagen war Johannes beim Herumtollen auf einem Feld, natürlich barfuß, in eine Glasscherbe getreten. Der diensthabende Arzt meiner Klinik, es war Dr. Meier, hatte sich die Wunde angesehen und gesagt: »Eine Naht ist nicht nötig, da reicht ein Pflaster.«

Dieter Meier war nicht der geschickteste Assistent, aber außerordentlich gewissenhaft. Er hätte die Wunde auch ausschneiden können, das wäre die größere Sicherheit gewesen, aber sie war auch mit dieser Minimalbehandlung glatt geheilt, und besser konnte eine Narbe nach dieser kurzen Zeit nicht aussehen: Strichförmig und reizlos, zwei Zentimeter lang, keine Entzündungsreaktion.

Eigentlich konnte ich Johannes nach Hause entlassen. Nein! Ich mußte ihn nach Hause lassen. Aber instinktiv hatte ich das Gefühl, mit der Anordnung zur Entlassung eine Fehlentscheidung zu treffen. Ich bewegte noch einmal seinen Arm, seine Hand, und ich registrierte da eine winzige Kleinigkeit. Die Finger beider Hände waren etwas gebeugt, und ich konnte sie nur gegen einen leichten Widerstand in die gestreckte Stellung bringen. Der Tonus der Beugemuskeln schien erhöht. Eine unbedeutende Nebensächlichkeit?

Wenn man in seiner Entscheidung unsicher ist, soll man die Zeit für sich arbeiten lassen. Das ist eine alte Lebensweisheit! Die unwichtigen Sachen versinken dann von selbst in der Bedeutungslosigkeit, und für die wichtigen Dinge kommt der rettende Einfall oft unerwartet oder im Selbstlauf. Also sagte ich zur Schwester und zu unserem jungen Patienten: »In zwei Stunden sage ich Bescheid.«

Gleich nach der Visite rief ich Dr. Wegener an.

»Was in aller Welt hat Sie zu dieser schlimmen Diagnose veranlaßt? Tetanusverdacht! Ich kann bei dem Jungen nämlich nichts finden.«

»Ich wußte, daß Sie anrufen werden, und ich habe schon auf Ihren Anruf gewartet. Ich habe auch lange überlegt, ob ich Ihnen den Jungen vorstelle, ich konnte bei der Untersuchung bei ihm auch nichts Richtiges finden«, entschuldigte sich mein Kollege am anderen Ende der Leitung, »aber der Junge krampft bei lauten Geräuschen. So fing bei unseren Soldaten manchmal der Tetanus an.«

Eine wissenschaftliche Begründung für seine Entscheidung war das nun wahrlich nicht, höchstens die sehr vage Vermutung eines Frühsymptoms, das in dieser Formulierung in keinem Lehrbuch zu finden war. Nach dem Gespräch führte mich mein Weg nochmals zur Station 4a. Beim Eintritt in das Zimmer von Johannes ließ ich Schwester Liesl den Vortritt, und hinter mir warf ich krachend die Tür zu.

»Haben Sie das gesehen, Schwester Liesl?«

Natürlich hatte sie nichts gesehen. Aber Johannes hatte gekrampft. Beim Krachen der Tür waren alle drei Patienten zusammengefahren, aber der erschreckte Ausdruck des kindlichen Gesichts war in der Mimik erstarrt, die Finger blieben gekrümmt, ein leichtes Vibrieren bewegte seine Arme.

Nach weiteren drei Tagen hatte Johannes alle klinischen Zeichen eines Wundstarrkrampfs, das Vollbild eines Tetanus. Die Starre der Kaumuskulatur, die Kiefersperre, war das erste alarmierende und sichere Zeichen. Weder aktiv noch passiv konnte Johannes den Mund öffnen, nur die Lippen bewegen. Dadurch wurde sein ebenmäßiges Gesicht zu einem unbeweglichen Grinsen entstellt. Die Starre dehnte sich weiter aus, ergriff Nacken- und Rückenmuskulatur und verzog Kopf und Körper in eine überstreckte Haltung, die ihm größte Schmerzen bereitete. Geringste Geräusche, kleinste Erschütterungen oder Lichtschwankungen lösten ruckartige Krämpfe aus, die diese Qual bis zur Unerträglichkeit steigerten. Die Vorhänge in seinem Zimmer wurden zugezogen, Decken vor die Fenster gehängt und als Geräuschdämmung auf den Fußboden gelegt, eine abgedunkelte Tischlampe spendete ein trübes Licht. Die beiden älteren Patienten wurden in andere Zimmer verlegt. Alle äußeren Reize, auch optische oder akustische, mußten vermieden werden, denn ihnen folgten die qualvollen Krämpfe. An der Doppeltür von Zimmer 5 wurden Schilder angebracht:

Strengste Ruhe!

Tetanus

Die größte Gefahr bedeutete das weitere Fortschreiten der Muskelkrämpfe und die Ausdehnung auf die Atemmuskulatur. Gefährliche Schluckstörungen und eine Starre des Brustkorbes mit bedrohlichem Ausfall der Atemmuskulatur waren dann die Folge. Der Patient erstickte.

Der sonst durch Übermut und Fröhlichkeit auffallende Junge sprach kaum noch ein Wort. Er war bei klarem Bewußtsein, hatte die Augen weit geöffnet, das Gesicht glich einer Maske. Obwohl er die gräßlichen Zuckungen fürchtete, schien er auf die Anfälle gleichsam zu warten, um sich dann noch vor dem ersten Krampfen mit seiner ganzen Kraft dagegen zu stemmen. Seine Mutter kam, trat leise, fast unhörbar, an sein Bett, berührte seine Hand, doch das war bereits zu viel. Ein Krampf schüttelte seinen Körper, zog den Kopf noch weiter zurück, die Kiefersperre verstärkte sich, zwang ihn, gräßlich mit den Zähnen zu knirschen, bog seine Arme noch weiter nach innen. Frau Gebhardt erschrak, flüsterte beruhigende Worte und erreichte das Gegenteil. Seine Zähne blieben zusammengepreßt, während seine Lippen die Worte formten:

»Mama, laß mich! Bitte geh!«

Die Mutter schaute mich hilfesuchend und verzweifelt an. Die Zuckungen wurden stärker, noch schmerzhafter. Er war nicht mehr fähig, gezielte Bewegungen auszuführen. Unendlich ratlos und traurig verließ sie das Zimmer.

Das Toxin, dieses tückische Nervengift, gab Impulse und Befehle zu stärksten Muskelkontraktionen, die durch keine Willensanstrengung blockiert werden konnten und die typische Symptomatik der Krankheit prägten, die durch das Wort »Wundstarrkrampf« deutlich beschrieben ist. Die schweren Verlaufsformen entzogen sich trotz Antiserum und Antibiotika unserem therapeutischen Einfluß. Ich wußte, daß der Verlauf der Krankheit bei einer kurzen Inkubationszeit gefährlicher ist. Manchmal vergehen vom Eintritt der Tetanusbakterien in den Körper bis zum ersten Auftreten der Krankheitszeichen vier Wochen, dann haben die Patienten eine Chance, die schwere Krankheit zu überstehen. Bei Johannes waren es nur acht Tage. Das entsprach einer hohen Virulenz der Keime, also einer großen Aggressivität. Der Junge befand sich in Lebensgefahr!

Am Anfang und am Ende jedes Dienstwechsels traf sich nun regelmäßig das kleine Konzil, zu dem ich die Chefärzte der Pädiatrie und der Anästhesie gebeten hatte. Wir legten die Art und Reihenfolge der Medikamente fest, koordinierten die Infusions- und Nahrungsmenge, besprachen die Wirksamkeit und Gefahren neuer Medikamente. Unser kategorischer Imperativ lautete: Wir dürfen keinen Fehler machen!

Es ist leicht, Verantwortung zu tragen, wenn unsere Handlungen von Erfolgen begleitet werden, doch die gleiche Verantwortung wird zur Last, wenn am Ende unserer Mühen Mißerfolge stehen. Die tragische Bedeutung dieses Satzes bekam ich durch den weiteren Fortgang der Erkrankung deutlich zu spüren.

Obwohl wir die Behandlung gemeinsam festlegten, war ich allein für den guten oder schlechten Verlauf verantwortlich, und ich trug schwer an dieser Bürde und spürte gelegentlich die Einsamkeit bei schweren Entscheidungen.

Sollte ich die Besuche der Eltern und Geschwister erlauben? Jedes kleine Geräusch konnte die Anfälle wieder auslösen. Also ließ ich die Tür nur eine Handbreit geöffnet und hörte so das leise Wispern von Lukas, Markus und Maria. Ich empfand aber auch durch diesen kleinen Spalt den tiefen Gram der Mutter, den stillen Schmerz des Vaters, die nur mühsam unterdrückten Tränen seiner Geschwister. Wie lange konnte ich ihnen ihren Wunsch noch erfüllen? Und ich wußte nicht, wie sie die quälenden Stunden zwischen den kurzen Besuchen überbrückten.

Als sie wieder gegangen waren, sah ich auf dem Bänkchen im Vorraum die kleinen Geschenke der Geschwister, mit denen sie ihren Bruder erfreuen wollten. Ein Strauß Wiesenblumen lag auf dem Polster. Schwester Liesl wußte von den kleinen Besuchern, daß sie von Markus waren. »Ich soll seinem Bruder sagen, die sind vom Schachtsee, dort, wo er immer geangelt hat«, erklärte sie mir. Maria hatte ein Bild gemalt, auf dem ein weißes Haus, eine grüne Wiese und eine große Sonne zu sehen waren. Das Haus hatte vier Fenster, und aus jedem dieser Fenster schaute ein runder Kinderkopf. Es war unschwer zu erraten, daß hier das Triumvirat der Brüder, die drei Evangelisten Markus, Lukas und Johannes in Begleitung von der kleinen Maria, die auf dem Bild gelbe Zöpfe hatte, abgebildet waren. Daneben lag ein nicht mehr ganz neues Taschenmesser, von dem sich – wie mir ebenfalls Liesl berichtete – Lukas schweren Herzens getrennt hatte.

Der Gedanke an Johannes begleitete mich ständig, auch im Operationssaal, bei Sitzungen und Besprechungen. Ich hatte die Narbe an der Ferse vor zwei Tagen nochmals weit im gesunden Gewebe ausgeschnitten, die Wunde mit Wasserstoffperoxyd ausgespült, das Hautstück zur Untersuchung eingesandt. Natürlich war das Ergebnis negativ. Keine Tetanusbazillen mehr nachweisbar. Also war es nur eine Sicherheitsmaßnahme gewesen.

Trotzdem versuchte ich, das Antibiotikum mit dem breitesten Wirkungsspektrum zu bekommen und einzusetzen, denn es war durchaus möglich, daß noch Tetanusbazillen im Blut oder in der Lymphbahn kreisten. Securopen, ein neu entwickeltes Penicillin, war erst seit wenigen Monaten im Handel, und in den »westlichen« Zeitschriften wurde es als wahres Wundermittel gepriesen. Ich brauchte Securopen. Anruf in unserer Apotheke: Fehlanzeige. Anruf in der Bezirksapotheke. Antwort: »Das ist Nomenklatur C. Sehr teuer. Beschaffungsversuch ist aussichtslos. Gibt es nur im Regierungskrankenhaus Berlin.« Kurze Lagebesprechung, dann kam mir eine Idee.

»Ich werde unseren 1. Kreissekretär bitten.«

Jeder kannte ihn, Walter Berberes, den Mächtigen der SED-Kreisleitung.

»Das wird er nicht machen. Sehr oft hatten wir ernste Meinungsverschiedenheiten. Zu oft haben wir uns gestritten«, meinte der Vater, »Kirche und Partei vertragen sich selten.«

»Er wird es versuchen«, meinte ich und sollte recht behalten.

Walter setzte alle Hebel in Bewegung, und nach zwei Tagen erreichte mich sein Anruf: »Tut mir leid, hat leider nicht geklappt. Auch ein großer Freund in Berlin konnte mir nicht helfen.«

Ich war enttäuscht, denn mit meinen Möglichkeiten war ich nun am Ende. Doch ein Pfarrer, noch dazu ein besorgter Vater, gibt nicht so schnell auf. »Ich habe einen Freund in Bayreuth, ein ehemaliger Studienkollege. Er leitet dort eine Pfarrei. Er hat meinen Schäflein in der Gemeinde schon oft geholfen.«

Ich schrieb ihm das Medikament und die benötigte Menge auf einen Zettel: Securopen, 10 Flaschen á 5g. Das waren damals ein paar tausend Mark in harter Währung!

»Das geht aber nur durch den Zoll, wenn Sie eine bestätigte Einfuhrgenehmigung haben! Das kann lange dauern.« Er nickte.

»Soll ich Ihnen dafür eine ärztliche Dringlichkeitsbescheinigung schreiben?« »Nicht nötig«, war seine Antwort.

Wir gaben in der Zwischenzeit ein anderes Antibiotikum mit geringerer Wirkungsbreite, außerdem täglich Tetanusantitoxin, denn dieses Mittel konnte das im Blut und in der Lymphe kreisende Gift noch binden. Doch wir wußten, daß es nichts mehr gegen das schon an die Nervenzellen gebundene Toxin ausrichten kann. Dieses Antitoxin hatte aber auch Risiken, denn es bestand aus tierischem Eiweiß, es wurde aus dem Blut von Rindern, Pferden oder Schafen gewonnen. Ich ließ das Serum in Höchstdosierung verabfolgen und legte das obere Limit gemeinsam mit dem Kinderarzt und dem Anästhesisten fest, denn wir alle wußten, daß hinter dieser extrem hohen Dosierung große Gefahren lauerten, denn Überempfindlichkeitsreaktionen bis zum anaphylaktischen Schock mit tödlichem Ausgang waren möglich.

Auch mit dieser Maßnahme wollte ich das höchste Maß an Sicherheit erzwingen. Gefährlich wird es, wenn der Zwang zur Optimierung einer Behandlung von Mißerfolgen und Verzweiflung begleitet wird. Und wer ist nicht verzweifelt, wenn er einen 11jährigen Jungen am Rand eines tödlichen Abgrunds sieht? Als sich der Verlauf trotz unserer Bemühungen verschlechterte, dramatisierte, rief ich nochmals das Dreier-Konzil zusammen.

»Können wir die 3 mal 30.000 Einheiten Serum, die unser Patient in den letzten Tagen bekommen hat, noch erhöhen?« wollte ich wissen.

»Auf keinen Fall! Die Gefahren sind zu groß! Der Schock ist dann unvermeidlich«, war die übereinstimmende Meinung meiner Kollegen aus der Pädiatrie und Anästhesie, und ich konnte diese Ansicht aus meiner Erfahrung nur bestätigen. Wider besseres Wissen und gegen den Rat der anderen ließ ich aber Johannes am Montag nochmals 30.000 Einheiten geben, denn der auf mir lastende Druck ließ mir keine andere Wahl. Es half ihm nicht, schadete zum Glück aber auch nicht. Aber wer weiß das schon vorher?

Am folgenden Abend, es war Dienstag, hatte Johannes einen akuten Herzstillstand. Das bedrohliche Ereignis kam plötzlich, ohne Vorwarnung, ohne die sonst üblichen Veränderungen im EKG, ohne die sonst vorausgehenden Unregelmäßigkeiten des Herzschlags, ohne die Beschleunigung der Schlagfolge oder das Kammerflimmern. Der ärztliche Bereitschaftsdienst im Stationszimmer hörte das optische und akustische Warnsignal, konnte schon nach wenigen Sekunden mit der äußeren Herzmassage beginnen. Die unförmigen Elektroden des Defibrillators wurden angeschlossen, doch noch vor dem ersten Einschalten der elektrischen Stromstöße hatte das Herz die Aktion wieder aufgenommen, es schlug wieder aus eigener Kraft.

Kurze Zeit später eilte ich in das Zimmer. Es gab keinen Zweifel, das geschriebene Band zeigte es deutlich: Johannes war für zwei oder drei Minuten ohne eigene Herzaktion gewesen.

Wir befanden uns in einer schwierigen Situation, denn es war bekannt, daß sich dieses katastrophale Ereignis jederzeit wiederholen konnte. Obwohl zwei Stunden vor Mitternacht, wählte ich die Nummer der Pfarrei. Der Vater schien auf meinen Anruf gewartet zu haben, denn schon nach dem ersten Rufzeichen hörte ich die bekannte sonore Stimme: »Hier Gebhardt, was haben Sie für Neuigkeiten?«

Ich gab einen kurzen Lagebericht und schloß mit den Worten: »Ihr Sohn schläft jetzt wieder ganz ruhig, der Kreislauf ist stabil, und wir hoffen, daß es so bleibt.«

Nach 20 Minuten läutete ein später Besucher an der großen Glastür, die zur Station führte. Der Pfarrer stand am Eingang, und als er mich erkannte, schien er verlegen und sagte: »Eine ungewöhnliche Zeit für einen Krankenbesuch. Aber vielleicht verstehen Sie mich.«

Ich verstand ihn, und gemeinsam gingen wir durch den langen

Flur zu dem am anderen Ende gelegenen Zimmer, in dem sein Sohn lag. Die Sitzwache, es war Stationsschwester Liesl, die sich selbst zu diesem Dienst eingeteilt hatte, verließ den düsteren Raum. Der schwerstkranke Johannes lag jetzt ruhig im Bett, seine Haltung war gelöst. Die gleichmäßigen und tiefen Atemzüge gaben uns die Gewißheit, daß die Medikamente ihm für einige Zeit Ruhe geben würden. Der Vater setzte sich auf den kleinen Sessel neben der Tür. Ich stand an der anderen Seite des Bettes, zwischen uns lag Johannes. Wir schwiegen, denn wir fürchteten, ein Geräusch könnte die Krämpfe wieder auslösen. Nach einigen Minuten wurde die Tür behutsam geöffnet. Albrecht Lengwinat, der anästhesiologische Oberarzt, kam herein. Ich wandte mich an den Vater und sagte leise: »Ihr Sohn wird noch eine Weile schlafen. Wir können unsere gemeinsame Sitzwache an meinen Kollegen übergeben. Ein Kaffee wird uns gut tun«, und zu Lengwinat gerichtet, fügte ich hinzu: »Wir sind in meinem Zimmer erreichbar. Wenn er wieder unruhig wird, sagen Sie mir bitte Bescheid.«

Wir gingen in mein Arbeitszimmer, das sich in einem Seitenflügel des Gebäudes befand, setzten uns in die beiden Polstersessel mit dem abgeschabten Plüsch, ließen die Ruhe auf uns einwirken. In der Thermoskanne befand sich noch lauwarmer Kaffee. Ich schenkte ein, versuchte ein Gespräch, denn ich sah, daß mein Besucher von schweren Sorgen gedrückt wurde.

»Ihre anderen drei Kinder schlafen wahrscheinlich schon«, meinte ich.

Er lächelte müde, schüttelte den Kopf und sagte: »Leider nicht. Sie wollten mit mir zu ihrem Bruder gehen. Es war nicht einfach, sie zu überzeugen, daß Johannes seine Ruhe braucht.«

Nach einer kurzen Weile stellte er die Frage, auf die ich schon gewartet hatte:

»Kommt es eigentlich oft vor, daß Sie einen Wundstarrkrampf behandeln müssen?«

»Nur alle 3 bis 4 Jahre haben wir einen Patienten mit dieser bösen Infektion. Zum Glück ist das eine sehr seltene Erkrankung. Obwohl die Tetanusbazillen fast überall in der Erde oder im Schmutz zu finden sind, kommt es nur sehr selten zum Ausbruch der Krankheit.«

Sehr nachdenklich sagte er: »Dann haben wir also Pech gehabt?«

»Das kann man wohl so sagen«, erwiderte ich.

»Wie groß sind die Aussichten, so eine Krankheit zu überstehen?« wollte er wissen.

»Vor mehr als drei Jahren haben wir unseren letzten Patienten mit einem Tetanus behandelt. Er war aus Edlau, Mitte Fünfzig, Traktorist, der hatte es nach drei Wochen wieder geschafft. Es geht ihm jetzt gut. Das war damals auch ein ganz schwerer Verlauf. Aber es gibt leider auch andere Resultate, denn in einigen Fällen können wir trotz aller Bemühungen nicht helfen.«

Ich dachte an Johannes, unterdrückte eine böse Vorahnung und fuhr fort:

» Zum Glück ist das aber die Minderheit, bei denen unsere Hilfe versagt. Ich denke, das sind weniger als 50%. Aber Sie wissen ja selbst, eine Statistik sagt nichts über das Einzelschicksal.«

Mein Zuhörer schaute mich an, er schien auf weitere Ausführungen zu warten, also ergänzte ich noch: »Der Ausgang dieser Erkrankung wird von unterschiedlichen Faktoren bestimmt, die wir nicht beeinflussen können. Eine lange Inkubation, also eine lange Zeit vom Eintritt der Erreger bis zum Ausbruch der Krankheit, spricht für eine geringe Aggressivität der Tetanusbazillen. Wenn diese Zeit mehr als drei Wochen beträgt, besteht kaum Lebensgefahr.«

»Bei Johannes waren es nur acht Tage«, unterbrach er mich.

»Das stimmt«, sagte ich nachdenklich, »aber Johannes hat eine gute Konstitution. Er ist sportlich, hat für seine elf Jahre eine sehr kräftige Statur. Er hat keine Organerkrankungen, also gute

Voraussetzungen, eine gute Abwehrlage, die ihm gegen diese heimtückische Krankheit helfen wird.«

»Hoffentlich reicht das«, meinte der kritisch denkende Vater.

Unser Gespräch war wieder am Ende. Wir saßen in den Sesseln, schauten in unterschiedliche Richtungen, schwiegen. Es schien nicht möglich, ihn von seinen bedrückenden, quälenden Gedanken zu trennen. Ich wechselte das Thema und versuchte es aus einer anderen Richtung: »Unsere beiden Berufe sind ähnlich«, sagte ich. »Sie sind für die kranke Seele zuständig, ich für den kranken Körper.«

Er nickte und meinte: »Sie haben es da wohl einfacher, Sie sehen Ihre Erfolge immer gleich, ich erst später.«

»Das ist richtig, aber auch die Misserfolge«, ergänzte ich.

»Das mag wohl stimmen, aber die Erfolge überwiegen.«

»Das wäre auch schlimm, wenn es anders wäre«, gab ich zu bedenken, »aber die Erfolge sind wie Schönwetterwolken. Sie ziehen am Himmel vorüber, sind nach kurzer Zeit unserem Blick entschwunden, und kaum einer erinnert sich mehr daran. Aber unsere Mißerfolge können Sie mit einem Unwetter vergleichen, die vom Blitz gezeichneten Bäume werden Sie noch nach Jahren erkennen.«

Er lächelte und nickte. Ich schenkte nochmals einen kalten Espresso nach. Unsere kurze Unterhaltung war wieder am Ende, denn unsere Gedanken waren auf der Krankenstation, bei seinem Sohn. Jeder von uns wußte, daß sich alles um die eine bange Frage drehte: Wird er es schaffen?

Ich wollte, daß er seine Gedanken in eine andere Richtung lenkte, vielleicht zu seinen daheim wartenden Kindern, deshalb fragte ich ihn: »Sie haben Ihre Söhne nach den Evangelisten genannt. Sollen sie einmal in Ihre Fußstapfen treten und auch Pfarrer werden?«

Seine Antwort überraschte mich, war sie doch für einen Theologen ungewöhnlich, denn er sagte: »Meine Kinder sollen gläubige Menschen werden, aber ich werde ihnen nie vorschreiben, was sie glauben sollen, denn es kommt nicht so sehr darauf an, was man von Gott glaubt, sondern daß man an Gott glaubt.«

»Dann haben also auch die recht, die meinen, Gott ist die Natur?«

»Das habe ich nicht gesagt. Die Evangelien sind das Wort Gottes, und sie bringen uns eine göttliche Wahrheit, die wir nicht korrigieren können. Die Evangelisten lebten aber vor 2000 Jahren, und sie mußten diese Wahrheiten ihren damals lebenden Leuten sagen, wir sollen ihren Text also nicht mehr wörtlich auslegen. Einige Zusammenhänge konnte man damals gar nicht anders ausdrücken und formulieren. Sie haben Einzigartiges geleistet und uns ein bleibendes Vermächtnis hinterlassen. Und es ist kein Zufall, daß die Bibel das Buch ist, das in unserer Welt in die meisten Sprachen übersetzt wurde, und das in der höchsten Stückzahl und Auflage gedruckt wurde.«

»Ich beneide jeden, der unerschütterlich glauben kann, denn er hat es bei vielen Erklärungsversuchen leichter«, meinte ich, »er muß aber auch die Fähigkeit haben, gelegentlich den Glauben über den Verstand zu stellen.«

»Das verstehe ich nicht«, erwiderte er.

»Sie sagen selbst, daß die Bibel vor 2000 Jahren geschrieben wurde. Das Neue Testament berichtet über Vorgänge, Gespräche und Wunder, die sich vor zwei Jahrtausenden ereignet haben. Die meisten dieser Evangelien wurden aber erst nach mehr als 100 Jahren, einige sogar erst nach 300 Jahren aufgeschrieben. Bis dahin mußten sie über viele Generationen mündlich überliefert werden. Und noch später wurden sie durch päpstliche Konzile zu Gottes Wort erklärt. Da sind doch Zweifel an der korrekten Überlieferung berechtigt.«

»Natürlich habe ich auch an einigen Aussagen der Bibel Zweifel. Aber der Glaube an die großartige Aussage des Gesamtwerkes sollte über allem stehen«, gab er zu bedenken.

»Und darum beneide ich Sie«, ergänzte ich.

Nach einigem Zögern und Überlegen sprach er weiter, sehr langsam und jeden Satz abwägend, und ich erkannte, daß es mir gelungen war, ihn auf ein anderes Thema zu lenken.

»Wenn man die Bibel auf ihre historische Wahrheit untersucht, ergeben sich natürlich Zweifel, denn nachdem das Wort Gottes durch kirchliche Dogmen bestätigt und eingefordert wurde, fand man ältere Quellen, besonders seit der Zeit des Rationalismus, also seit 200 Jahren, die andere Aussagen ergeben.

Ein eindrucksvolles Beispiel dafür aus der neuen Zeit sind die Rollen von Qumran, erst seit wenigen Jahrzehnten bekannt, die ältesten schriftlichen Überlieferungen über die Anfänge des Christentums. Einige von ihnen ergeben andere Formulierungen und andere Aussagen als die Zeugnisse der Bibel. Besonders die Prophezeiungen, die Mysterien, die Weissagungen und die Sintflut erscheinen in einem anderen Licht. Und für mich völlig unverständlich, daß der Vatikan für einige dieser Rollen ein Vermögen gezahlt hat und sie gleich nach dem Kauf in den sichersten Verliesen der großen Kirche verschlossen, versiegelt und abgeschirmt vom Zugriff der Gläubigen und der Wissenschaft verwahrt hat.«

»Damit ist wieder einmal bewiesen, daß Kirche und Religion unterschiedliche Positionen vertreten«, meinte ich.

»Die Kirche ist eine von Menschen verwaltete Institution der Religion«, gab er zu bedenken, »und alles, was von Menschen geschaffen oder betrieben wird, ist störanfällig und nicht vollkommen. Das gilt auch für die Kirche. Denken Sie an die Grausamkeiten der Kreuzzüge, die menschenverachtende Inquisition, die Verirrungen der kirchlichen Lehre vor der Reformation. Trotzdem brauchen wir die Kirche, denn ohne sie könnten wir nicht die Tradition des Glaubens und die christliche Religion bewahren.«

Das Läuten des Telefons unterbrach unsere Unterhaltung.

»Johannes krampft!«

Ich eilte zur Wachstation. Albrecht Lengwinat und Schwester Liesl waren im Zimmer. Der Oberarzt zeigte auf den Monitor, dann auf den krampfenden Johannes. Ein dumpfes Stöhnen war zu hören. Ich ging an das Bett, tastete vorsichtig den flachen, unregelmäßigen Puls, schaute auf das in gleicher Unregelmäßigkeit flackernde Schriftband des Monitors, das in dieser bizarren Form einen bedrohlichen Zustand signalisierte. Mehrere Extrasystolen erschienen in rascher, asynchroner Reihe, gefolgt von einer langen, kompensatorischen Pause, sie leiteten über zum Vorhofflimmern mit einer Frequenz von 350, wobei die Kammerfrequenz weiterhin bei 160 blieb. Lengwinat brach eine Ampulle Adrenalin auf, zog das Medikament in die Spritze, injizierte es in die Flexüle am linken Arm.

»Ich kann nur das Gleiche noch einmal geben. Xylocitin läuft. Wir sind mit unseren Möglichkeiten am Ende«, sagte er, und es klang wie eine Entschuldigung. Nach einigen Minuten wurde die Herzfrequenz geringer, Vorhof- und Kammeraktivität synchronisierten sich bei »nur« noch 144 Herzschlägen pro Minute! Immer wieder die gleiche Erfahrung: Die Kompensationsbreite eines jugendlichen Herzens ist erstaunlich und beeindruckend!

Der drohende Herzstillstand war abgewendet. Wieder einmal! Für wie lange?

Die Toxine wirkten weiter. Die Kurve am Monitor signalisierte »Entwarnung«. Vorübergehend oder bleibend? Diese Frage konnte unsere Technik nicht beantworten. War die Wirkung der Medikamente oder die unheimliche Kraft der Toxine stärker? Wir hatten wieder ein kurzes Stück Zeit gewonnen. Unsere Anspannung löste sich. Der Vater erschien in der Tür, und er erfaßte die geänderte Lage.

»Wird die Besserung anhalten?« wollte er wissen.

Wie kam er zu seinem medizinischen Verstehen, ging es mir durch den Kopf, war es Einfühlungsvermögen? Intuition?

»Wir hoffen es, aber wir wissen es nicht.«

Der Vater wirkte jetzt ruhig, gefaßt. Vertraute er unseren Medikamenten? Oder der Kraft seines Gebets? Wir gingen den gleichen Weg zurück, saßen wieder in meinem Zimmer, und diesmal war er es, der sich um ein Gespräch bemühte.

»Sie fragten nach den Namen meiner Söhne. Als ich ›Lukas‹ wählte und meiner Frau vorschlug, war ich nicht so sehr durch seine Lehre, sondern durch sein Leben beeindruckt.«

Er überlegte, und nach einer kurzen Pause fuhr er fort: »Lukas war nicht nur ein begnadeter Missionar, gemeinsam mit Paulus, der ihn bekehrt hatte. Er war auch Arzt und Maler, eine faszinierende Persönlichkeit. Es gibt für mich nichts Größeres, als so zu sein wie er. Diese Botschaft wollte ich meinem ersten Sohn mit dem Namen übermitteln.«

Ich nickte und träumte und lernte.

»Den zweiten Namen hatte meine Frau allein ausgesucht. Sie entschied sich für Johannes, weil er der Lieblingsjünger von Jesus war, außerdem soll er sehr sanft und gut gewesen sein. Unser Johannes hat sich ganz nach seinem großen Vorbild entwickelt, aber das wußten wir damals noch nicht. Er wird von allen geliebt, er hat nur Freunde.«

Er preßte die Lippen zusammen und schwieg, war in Gedanken bei seinem schlafenden Sohn, und ich spürte seinen tiefen Schmerz. Nach einer langen Pause sprach er weiter, doch er wechselte wieder zu unserem ersten Thema.

»Glauben Sie nur nicht, daß ein Pfarrer nicht zweifelt. Der Zweifel ist dem Menschen in die Wiege gelegt. Aber ich danke Gott, daß mein Glaube größer als mein Zweifel ist, denn die immer nur zweifelnden Atheisten betrügen sich selbst. Sie leben nur einen Augenblick, den kurzen Moment ihres irdischen Daseins, und mit ihrem Tod ist für sie alles zu Ende. An einen Gott Glaubende leben viel länger, sie leben ewig. Vielleicht täuschen sie sich aber auch, wenn sie nämlich nur in ihrer Vorstellung leben, in einer von ihnen selbst geschaffenen Traumwelt. Wir wissen es nicht, und wenn ich ›wir‹ sage, dann meine ich damit auch mich, denn ich gehöre zur zweiten Kategorie, zu den an einen Gott Glaubenden, aber gelegentlich auch Zweifelnden.«

Nach einigem Zögern ergänzte er:

»Ich finde es tröstlicher – und wohl auch vernünftiger – an einen Gott zu glauben, der in dem Chaos der Unendlichkeit eine Ordnung geschaffen hat, in der sich auch Leben entwickeln konnte, also auch der Mensch. Sollte die ganze Welt, das grenzenlose Universum, nur ein Zufall sein? Ich kann es mir nicht vorstellen, also glaube ich. Ich glaube aber auch, daß Gott nicht ›Jesus‹ oder ›Allah‹ oder ›Brahma‹ heißt. Aber wir haben immer nur begrenzte Möglichkeiten, uns Gott vorzustellen, und es ist eigentlich eine Anmaßung, wenn wir versuchen, Gott zu beschreiben. Wir haben Gott erniedrigt und auf die Stufe des Menschen gestellt, aber Gott ist größer. Doch wir konnten es nicht besser. Und Gott wird es uns verzeihen, daß wir ihn in unserer Vorstellung so klein abbildeten, eben als ›Jesus‹ oder als ›Allah‹ oder als ›Brahma‹. Und wenn ich jetzt ›wir‹ sage, meine ich unsere Vorfahren, die vor 2000 Jahren lebten und ihren Glauben in Worten formulierten. Sie haben damit Großartiges vollbracht.«

Es folgte wieder eine kurze Pause, dann fuhr er fort:

»Ich wurde in der christlichen Tradition erzogen, und es spielt für mich keine Rolle, ob Johannes der Täufer diese Glaubenssätze formulierte oder ob es ein anderer Jünger war. Vielleicht war es aber auch Markus, der weniger bedeutende Jünger und Namenspatron meines jüngsten Sohnes.«

»Diese Erkenntnisse über Gott haben Sie aber nicht aus Ihren theologischen Vorlesungen«, fragte ich ihn. Und dann fügte ich hinzu: »Es ist noch gar nicht so lange her, da wären Sie für ähnliche Äußerungen als Ketzer verurteilt worden.«

Er schüttelte den Kopf. »Ich hatte mein Theologiestudium schon abgeschlossen, da verstand ich Lessings ›Nathan‹ erst richtig, die Parabel mit den drei Ringen, dem Christentum, dem

Judentum und dem Islam. Wen von den Dreien wollen Sie verurteilen, wenn er sich ehrlich bemüht, in seinem Leben einem Gott ähnlich zu werden? Die starre Auslegung von Glaubenslehren und Dogmen hat zu unzähligen Kriegen und Toten geführt. Glauben Sie, daß Gott das wollte?«

Ich war erstaunt über die Gedanken dieses Pfarrers, die ich in dieser Form eher als mein eigenes Privileg betrachtet hätte. Nach kurzem Zögern ergänzte er:

»Vielleicht wissen Sie gar nicht, daß Johannes bei den Zweiflern des Christentums der bekannteste Jünger ist. Sein Evangelium und seine berühmte Beschreibung der Apokalypse sind zwar fundamentale Bestandteile des Neuen Testaments. Doch nach den neuesten Erkenntnissen der Exegese, der Bibelforscher, sind diese Ansichten wohl nicht mehr in dieser Form haltbar, sie sind wohl nicht eine Aussage von Johannes. Schon im 18. Jahrhundert, also vor 200 Jahren, kamen begründete Zweifel über die historische Wahrheit des Neuen Testaments auf, und heute sind sie vielfach bestätigt. Und hier scheiden sich die Geister oder besser gesagt: die Zweifler. Denn wir können glauben, ohne zu wissen, aber es ist ungleich schwerer, zu glauben gegen das Wissen.«

»Jetzt weiß ich erst, was Sie meinten, als Sie mir sagten: Es kommt nicht so sehr darauf an, was man von Gott glaubt, sondern daß man an Gott glaubt. Aber ich bin erstaunt, daß ich diese Botschaft von einem Pfarrer erhalte.«

Er schaute mich lange und nachdenklich an, und nach kurzem Zögern sagte er: »Ein langer und schwieriger Weg war nötig, um dorthin zu gelangen. Aber er war wichtig, um den eigenen Standort bestimmen zu können. Die Kirche sollte viel mehr Wert darauf legen, uns mit den Zweifeln zu konfrontieren und sich nicht darauf konzentrieren, sie vor uns zu verstecken. Jedes bewußte Leben ist prall gefüllt mit Zweifeln, und wir müssen damit leben. Die Kirche sollte uns nicht so sehr helfen, die Augen vor den Zweifeln zu verschließen, sie sollte uns helfen, die

Zweifel zu erkennen und damit umzugehen. Die Verbrennung von Lehren und Büchern hat nichts gebracht, das wissen die Christen heute am besten.«

»Führt der Zweifel zum Unglauben?« wollte ich von ihm wissen. Nachdenklich kam seine Antwort: »Zweifel führt zu kritischen Fragen, und es kommt auf das Fundament an, auf dem Sie stehen. Befinden Sie sich auf dem Boden der christlichen Tradition und stellen kritische Fragen, werden auch negative Antworten Ihren Glauben nicht erschüttern. Stellen Sie die gleichen Fragen als Atheist, werden die gleichen Antworten Ihren Unglauben bestärken. Nehmen Sie einmal den Begriff des Todes, der für jedes Lebewesen eine unabänderliche Tatsache ist. Trotz der Unabänderlichkeit haben wir Zweifel über die Endgültigkeit, über die Art des Weiterlebens, die Auferstehung und sogar unterschiedliche Ansichten über die eigentliche Bedeutung des Wortes Tod.«

Nach kurzem Überlegen ergänzte er:

»Ich habe viele Jahre gebraucht, um zu akzeptieren, daß mein irdisches Leben eine zeitliche Grenze hat. Die Einstellung zu dieser zeitlichen Grenze hing immer von der Zahl meiner Jahre ab. In der Schulzeit verdrängte und verbannte ich diese Vorstellung völlig aus meinem Leben. Obwohl natürlich und selbstverständlich, war der Tod für mich damals unvorstellbar. Noch in der Zeit des Studiums war es eine Horrorvision, daß mein körperliches Leben zu irgendeiner Zeit zu Ende sein könnte. Inzwischen lebe ich gut mit dieser Realität, und sie hat eigentlich nichts Unnatürliches mehr, obwohl sie bedrohlich ist. Aber die Akzeptanz der Einmaligkeit und der Begrenzung meines irdischen Lebens führt eindeutig zu einer anderen Gestaltung und zu einem bewußteren Erleben.«

Wir ließen die Ruhe auf uns einwirken, schlürften den kühlen Kaffee, hatten unsere Gedanken für wenige Minuten von der bedrückenden Gegenwart gelöst. Er trat ans Fenster, schaute lange in den dunklen Nachthimmel, ehe er dann seine weiteren Gedanken formulierte:

»Es hat mich geprägt und verändert, daß ich viele Menschen in ihren letzten Stunden begleiten durfte, gelegentlich begleiten mußte. Wenn das Ende in Sekundenschnelle eintrat, so bei einem plötzlichen Unfall, dann überraschte das Schicksal den Menschen, es traf ihn unvorbereitet, ließ ihm keine Zeit, sich darauf vorzubereiten, und ich konnte dann nur beten, daß er vorher seine Angelegenheiten geordnet hatte. Wenn es aber langsam kam, gelegentlich sogar zu einem Zwiegespräch aufforderte, dann hingen das Verhalten und die Reaktion ganz entscheidend von der Zahl der Jahre ab. Wenn die pulsierende Kraft des Lebens noch bis in den letzten Winkel des Körpers zu spüren war, dann bedeutete der Gedanke an das Ende etwas Grausames, Unfaßbares, Schreckliches, und der Abschied vom Leben bedeutete einen erbitterten Kampf.«

Er schwieg, schien aber nicht auf eine Entgegnung zu warten. Sprach er jetzt über allgemeine Erkenntnisse, oder waren seine Überlegungen von Assoziationen der bedrohlichen Gegenwart beeinflußt? Offensichtlich nicht, denn er fuhr fort:

»Wenn aber der Leidende, der Patient, wie die Mediziner latinisierend sagen, aus einem Leben scheiden mußte, das ihm viele Entbehrungen, Enttäuschungen, Ungerechtigkeiten bereitet hatte, dann fiel der Abschied leichter. Doch ich habe bei dem letzten begleitenden Gang mit anderen auch viel gelernt. Trotz aller Fortschritte der Medizin können wir einige Gebrechen, seelische Einsamkeit, grenzenlose Schmerzen, zunehmende Hinfälligkeit im Alter nicht oder nur ungenügend beeinflussen. Unter diesen Bedingungen habe ich auch Menschen erlebt, die ihre letzte Stunde herbeisehnten, sich darauf freuten und in ihr Gebet eingeschlossen haben, auch wenn sie keiner Konfession angehörten. Es war eine lange Zeit des Lernens und Erfahrens erforderlich, um zu begreifen, daß der Wunsch nach der letzten

Stunde ein ehrliches und überzeugtes Anliegen sein kann, doch die Voraussetzung dafür ist immer ein erfülltes, langes Leben, nur in seltenen Fällen reicht dafür ein enttäuschtes.«

Er schwieg wieder, und ich unterbrach seine Gedanken nicht. Nach einer kurzen Weile sprach er weiter:

»Obwohl ich dem Tod schon oft begegnet bin, kenne ich ihn nicht. Ich weiß, daß ich vor ihm Angst haben werde, wenn er einmal seine Hand nach mir ausstrecken wird, denn sein Griff ist kalt und dunkel. Trotzdem weiß ich aber, daß ich weiterleben werde in einer Welt, in der es keine Kriege und nichts Böses gibt. Ich weiß aber nicht, ob ich alle wiedertreffen werde, die mir in diesem Leben einmal etwas bedeutet haben, oder ob es nur ein Leben im Angesicht Gottes sein wird, der mir Harmonie und ewigen Frieden vermittelt. Diese Aussicht erfüllt mich einerseits mit Zuversicht, doch die Ungewißheit bedrückt mich auch.«

Er machte eine Pause, schaute mich an und fragte unvermittelt:

»Sicherlich sind Sie noch öfter als ich dem Tod begegnet. Haben Sie keine Angst, denn er wird auch eines Tages zu Ihnen kommen und die Hand ausstrecken?«

Ich überlegte, denn mit dieser Frage hatte ich zu dieser späten Stunde nicht gerechnet, dann erwiderte ich:

»Das Begleiten meiner Patienten in schweren Stunden war für mich auch Lernen. Ich habe dadurch die Erkenntnis gewonnen, daß die letzte Stunde nichts Grausames, sondern etwas Natürliches ist. Ich wünsche mir, daß diese Stunde noch weit weg von mir ist, doch ich erinnere mich gelegentlich auch an die Worte von Papst Johannes XXIII., der vor vielen Jahren sagte: ›Meine Koffer sind gepackt, ich bin bereit für die letzte Reise.‹ Das kann ich auch von mir behaupten. Wenn die letzte Reise für mich beginnt, werde ich zwei Wünsche haben, die eigentlich erfüllbar sind:

Ich möchte frei sein von körperlichen Schmerzen, und ich

möchte einige von meinen Lieben in meiner unmittelbaren Nähe haben, vielleicht sogar eine mitfühlende Hand spüren.«

Er hörte interessiert zu, sagte aber nichts, und ich ergänzte:

»Da ich weiß, wieviel Trost die Erfüllung dieser beiden Wünsche bedeutet, war ich stets bemüht, diesen Trost auch anderen zu vermitteln, die ich bei ihrem letzten Gang begleiten durfte. Und es ist möglich, daß dadurch gelegentlich bei einem unvermeidlichen Schicksal oder bei einem älteren Menschen eine lebensverlängernde, aber überflüssige Behandlung unterblieb, daß deshalb eine zusätzliche Transfusion nicht angeschlossen wurde, weil ein Arm für den Kontakt zur Familie frei bleiben mußte, daß eine nutzlose Therapie nicht ausgeführt wurde, weil mir in dieser Zeit das Gespräch wichtiger erschien, und daß die Zahl der zu- und abführenden Schläuche nicht auf ein Maximum gesteigert wurde, weil sie mir mit dem Minimum an menschlicher Würde nicht vereinbar schien.«

Der Pfarrer saß mir gegenüber, sein leichtes Nicken bedeutete wohl Zustimmung, doch er schwieg. Warum hatte ich mich auf dieses Thema drängen lassen? Mein später Gast hatte unserem Gespräch eine Richtung gegeben, die ich nicht beabsichtigt hatte, die ich nicht wollte, der ich mich aber auch nicht entziehen konnte. Ich bemühte mich nochmals, aber es war vergebens, dem Gespräch eine andere Wendung zu geben, und sagte:

»Wir sollten uns angewöhnen, erst dann über die Bedeutung des Weiterlebens nach dem Tode zu philosophieren, wenn wir die Frage nach dem Sinn des jetzigen Lebens beantwortet haben.«

Ich sah an dem erschreckten Ausdruck seines Gesichts und an seiner Entgegnung, daß ich meine Gesprächstaktik nicht günstig gewählt hatte, denn er überraschte mich mit den Worten:

»Es fällt mir außerordentlich schwer, gerade jetzt etwas über den Sinn des Lebens zu sagen, wenn ich nicht weiß, wie lange sein junges Leben noch währt«, und er deutete mit einer leichten Kopfbewegung in die Richtung seines Sohnes und ergänzte:

»Aber ich kann Ihnen versprechen, daß ich Ihre Frage über den Sinn des Lebens zu einem späteren Zeitpunkt beantworten werde.«

Ich spürte, daß seine Gedanken in der ganzen Zeit nur bei seinem Sohn waren, daß ihn die Ungewißheit über das weitere Schicksal so sehr bedrückte, daß ich ihn nicht von seinen Sorgen ablenken konnte. Also erhob ich mich, und wir gingen wieder zurück durch die dunklen Flure in das spärlich erleuchtete Krankenzimmer. Johannes schlief, die Schwester wachte, wir konnten gehen, denn es blieben für uns nur noch wenige Stunden Zeit zum Schlafen.

In den nächsten Tagen gab es außerhalb des Operationsprogramms und der üblichen Sitzungen und Besprechungen nur wenige Stunden, an denen ich nicht nach Johannes schaute. – Der Mittwoch verlief ruhig, ohne Besonderheiten. Am Donnerstag mußte ich nach Leipzig fahren. Programmkonferenz der Akademie für Ärztliche Fortbildung. Das Konzept der Weiterbildung an meiner Klinik, die ebenfalls Ausbildungsaufgaben übernommen hatte, mußte mit anderen Krankenhäusern abgestimmt werden. Ein Vertreter wurde nicht akzeptiert, also mußte ich selbst hinfahren. Schon bei der Abfahrt begleitete mich eine böse Vorahnung. Gegen 18.00 Uhr erreichte mich dann der Anruf: »Johannes hatte vor einer Stunde wieder einen Herzstillstand. Oberarzt Lengwinat und Oberarzt Tomaschewski führen die Wiederbelebung und Herzmassage durch. Was sollen wir machen?«

»Weitermachen, ich komme!«

Nach zwei Stunden war ich in der Klinik. Die Wiederbelebung hatte Erfolg. Das Herz schlug wieder. Johannes schlief tief und fest, er war intubiert. Der Kreislauf war instabil, die Herzaktion lag bei 168 Schlägen pro Minute, die Schlagfolge war sehr unregelmäßig. Gegen 21.00 Uhr rief ich Frau Gebhardt an und sagte ihr:

»Es geht Ihrem Sohn jetzt wieder etwas besser. Vor einer Stunde hatten wir große Bedenken, und es sah gar nicht gut aus. Johannes hatte wieder einen Herzstillstand. Die Wiederbelebung hatte Erfolg. Das Herz schlägt nun wieder selbständig, der Kreislauf ist aber noch nicht stabil.«

Ein trockenes, mühsam unterdrücktes Schluchzen war die Antwort. Es mochte wohl eine weitere Stunde vergangen sein, als ich an der Tür von Zimmer 5 ein leises, kaum hörbares Klopfen vernahm. Pfarrer Gebhardt stand vor mir, der Vater unseres Sorgenkindes.

»Ich möchte für Johannes beten. – Natürlich kann ich das auch in der Kirche, oder zu Hause. Aber ich dachte ...«

Ich war überrascht, denn mit dieser Bitte hatte ich nicht gerechnet.

»Wir müssen alle akustischen und optischen Reize von ihm fernhalten, sonst kommen die schrecklichen Krämpfe wieder«, gab ich zu bedenken. Ich schaute auf den schlafenden Jungen, dann zu dem in Schwarz gekleideten Besucher. »Aber wenn Sie sich dort ganz leise hinsetzen«, ich zeigte auf den gepolsterten Rekonvaleszentensessel, auf dem er schon vor zwei Tagen gesessen hatte, »dann wird das wohl nicht stören.«

Pfarrer Gebhardt ging zu dem Lehnstuhl, zog aus der Tasche seines dunklen Lodenmantels ein kleines holzgeschnitztes Kruzifix, stellte es auf die Sitzfläche, kniete sich vor den Sessel auf den harten Fußboden und faltete die Hände.

Ich ging zu dem großen Fenster, schaute in den dunklen Nachthimmel. Das monotone Flüstern und gleichförmige Murmeln drang wie aus weiter Ferne zu mir. Zu wem baute er jetzt eine Brücke? War es Gott Vater, der Allmächtige? War es Jesus Christus, der als Gesandter und Sohn Gottes als Erlöser zu uns gekommen war? Oder war es der Heilige Geist, jene imaginäre Person der Dreifaltigkeit, die mir in der begrifflichen Vorstellung der Christenlehre immer die größten Schwierigkeiten bereitet hatte? Konnte er meine bisher wenig erfolgreiche Behandlung ergänzen, verbessern? Konnte ich seine Absichten unterstützen? Ich beneidete alle, die bedingungslos glauben konnten, denn sie fanden Trost in jeder schwierigen Situation. In jeder? Auch dann, wenn ein 11jähriger Junge im Sterben lag? Der Gedanke bedrückte mich, erschreckte mich, und ich bat in Gedanken gemeinsam mit der gebeugten, dunklen Gestalt vor dem Sessel: Herrgott, laß ihn nicht sterben. Er hat das Leben doch noch vor sich!

Meine Gedanken begleiteten die geflüsterten Worte, die sich zu dem gleichmäßigen und bekannten Gebetsrhythmus formten, der es mir gestattete, auch die unhörbaren Passagen zu ergänzen:

»Vater unser, der Du bist im Himmel.
Geheiligt werde Dein Name.«
Als die Passage kam
»Dein Wille geschehe, wie im Himmel,
also auch auf Erden ...«

zögerte ich, wie schon so oft in den vergangenen Jahren. Bei diesem Satz kamen mir wieder Zweifel, und manchmal konnte ich daran verzweifeln. Besonders dann, wenn ich sterbende oder geschändete Kinder sah. Schwer fällt es zu glauben, daß alles Sein Wille ist. Aber er hat als Gott den Menschen auch den freien Willen gegeben, und den mißbrauchen sie oft, wenn es darum geht, Schwache zu unterdrücken, zu quälen, zu töten, oder manchmal auch nur, um ihre Macht, ihren Neid, ihre Gier zu befriedigen.

»Das hättest Du als Gott wohl anders einrichten müssen, das mit dem freien Willen. Vielleicht hättest Du manche von ihnen mit einem feineren Empfinden, mit einem besseren Sensor ausstatten müssen, daß sie Gutes und Böses besser unterscheiden können«, ergänzte ich im stillen, denn ich hatte mich von dem gesprochenen Text des betenden Priesters gelöst, war in Gedanken eigene Wege gegangen.

Erinnerungen aus längst vergangenen Zeiten kamen wieder in die Gegenwart, denn es war schon sehr lange her, daß mich meine

Mutter den katholischen Glauben lehrte. Sie hatte aber damals nicht nur ihren vier Kindern diesen Glauben vermittelt, sie lebte auch danach. Mein Vater, der in den ersten Jahrzehnten seines Lebens auch katholisch war, lehrte mich, erst den Verstand zu fragen, und dann erst zu glauben, wohl wissend, daß diese Lehre zum Zweifel führt. Weltanschauliche Konfrontationen waren vorprogrammiert. Meine Mutter glaubte an die Dreifaltigkeit, an die leibliche Himmelfahrt der Heiligen Mutter Gottes und an das Fegefeuer. Mein Vater glaubte auch an die Kraft des Gebetes, aber er versicherte mir immer wieder: »Ich brauche den Pfarrer nicht als Boten, wenn ich mit Gott spreche«, und er war überzeugt: »Die Religion funktioniert auch ohne Kirche.«

Ich beneidete den neben mir knienden Pfarrer um die Inbrunst seines Gebetes, um seinen Glauben und auch um die Möglichkeit einer transzendenten Hilfe, denn ich zweifelte nicht nur an den dogmatischen Glaubenssätzen, sondern jetzt auch an der Wirksamkeit unseres medizinischen Könnens und an unserem Erfolg im Kampf gegen diese heimtückische Krankheit. Ich war mit unserer Therapie am Ende, denn unsere effektivsten Medikamente wirkten ja nur gegen die Tetanusbakterien, doch nicht gegen das schon in den Körper abgegebene Gift, gegen das Toxin. Das von uns in einer gefährlichen Höchstdosis verabfolgte Tetanusserum hatte wohl den im Blut kreisenden Teil des Toxins blockiert, doch offensichtlich reichte das nicht, denn das in den Nervenzellen schon gebundene Gift wurde nicht mehr erreicht. Die Menge des Medikaments hatte ich schon unverantwortlich hoch gesteigert, die Maximaldosis für diesen Jungen erheblich überschritten und dabei einen anaphylaktischen Schock riskiert, den ich bei einem Ausbruch in diesem geschwächten Organismus nicht mehr beherrschen würde.

Ich erkannte die Divergenz meiner in die Unendlichkeit eilenden Gedanken und andererseits die von der Realität bestimmten Überlegungen, doch ich konnte mich der suggestiven Wirkung

der halblaut gesprochenen Worte nicht entziehen. Und so wartete ich schweigend, bis die Stelle ›Dein Wille geschehe …‹ in dem schon so oft wiederholten Gebet vorüber war und synchronisierte erst dann die folgende Zeile mit meinen gleichfalls leise gesprochenen Worten:
»Sondern erlöse uns von dem Bösen,
denn dein ist das Reich und die Kraft und die Herrlichkeit.«
Mein Blick glitt wieder zu den Sternen, in den Nachthimmel, der mir schon oft die richtige Relation von Wichtig und Unwichtig, von Kleinheit und Größe, von Gut und Böse vermittelt hatte, und der für alle Betrachter eine Orientierung darstellt, für die Gläubigen und die Ungläubigen, für die Zweifler und Spötter, und auch für jene, die einen Gott einfach nur in der Unendlichkeit des Universums suchen.

Einer Tradition aus den ersten Schuljahren folgend, suchte ich am Sternenhimmel den Großen Wagen. Die fünffache Verlängerung des hinteren Wagenkastens führt zum Polarstern, der den Norden markiert und schon seit Jahrhunderten Reisenden und Seefahrern die Richtung zeigt. Dieser Stern hatte mir im Dunkel der Nacht schon oft geholfen, große Sorgen ganz klein zu sehen, Wesentliches und Unwesentliches richtig bewerten zu können, denn wenn ich daran dachte, daß das Licht dieses Sterns bis zu uns eine Zeit von 650 Jahren braucht, dann war ich stets von neuem von der Größe und Unvorstellbarkeit des Universums überwältigt, denn ich stellte mir vor, daß dieses Licht, das wir jetzt als Polarstern sehen, schon 150 Jahre vor der Reformation auf die Reise ging und in jeder Sekunde dieser gewaltigen Zeitspanne 300.000 km zurücklegte. Unvorstellbar! Dieser Stern erinnerte mich seit meiner Kindheit an die Kleinheit des eigenen Lebens, an die Bedeutungslosigkeit der eigenen Sorgen. Die begriffliche Umsetzung dieser Entfernung übersteigt meine Phantasie, und ich kann mir auch heute noch nicht vorstellen, daß es mehr als 200 Milliarden Milchstraßen gibt, und daß dieser riesige Polarstern eigentlich nur ein Staubkorn in einer von diesen vielen Milchstraßen ist, in »unserer« Milchstraße.

Doch der Blick in die Sterne und der selbst auferlegte Zwang zum rationalen Denken halfen wenig, wenn ich in das blasse, verzerrte Gesicht von Johannes schaute und die Frage nicht beantworten konnte, ob sein Herz nur noch eine kurze Zeit schlagen würde, ob dann für ihn die unvorstellbare Unendlichkeit, verbunden mit der imaginären Ewigkeit, beginnen würde. Der Gedanke, dieses junge Leben nicht erhalten, nicht festhalten zu können, bereitete mir physische Schmerzen, und es wurde mir klar, wie bedeutungslos das ganze Universum für uns wird, wenn es darum geht, ein einziges und kostbares Leben zu bewahren.

Der Gedanke an die engen Grenzen unseres eigenen Könnens und an das eigene Versagen drängte sich in den Vordergrund, verdrängte die Vorstellung von Größe und Unendlichkeit des Weltalls, richtete wieder den Blick auf die Zwiespältigkeit der von uns selbst geschaffenen Ordnung und die Widersprüchlichkeit unserer kleinen irdischen Welt. Wir können zwar Menschen auf den Mond und riesige Wohnsilos in das Weltall schicken, aber wir können nicht einen 11jährigen Jungen am Leben erhalten, obwohl wir doch wissen, woran er leidet. Diese Boten des Todes, die winzigen kleinen Lebewesen und ihre Giftstoffe, die wir nicht einmal mit bloßem Auge sehen können, haben mehr Gewalt über das Leben eines jungen Menschen als die gebündelte Kraft der ganzen Menschheit mit der vereinten Macht ihres gesamten Könnens.

Unvorstellbar!

Warum haben wir noch kein Mittel gegen das im Körper kreisende tödliche Toxin, das sein Herz schon mehrfach zum Stillstand brachte? Der Gedanke an die Wiederholung dieses Geschehens ließ den immer gleichen Sternenhimmel viel dunkler erscheinen, lähmte das transzendente Denken, gab der kleinen und großen Welt meiner Vorstellungen eine düstere Farbe. Die

Sterne waren noch sichtbar, aber sie waren nicht mehr so hell, sie spendeten keinen Trost mehr.

Ein kleines Geräusch veranlaßte mich, den Blick in die andere Richtung zu wenden, wieder zurück in die Enge des kleinen abgedunkelten Raumes. Ein dumpfes Ächzen quälte sich aus der Brust des 11jährigen Jungen, brachte den gläubigen Priester und den zweifelnden Arzt zurück auf den Boden der Realität. Unsere Blicke begegneten sich. Der Priester beendete sein Gebet, ich unterbrach meine davoneilenden Gedanken, ging zu dem Kranken, nahm die Spritze Chloralhydrat, verband sie mit der Flexüle, drückte auf den gläsernen Kolben. Das Zucken verebbte, das Vibrieren verschwand, das Stöhnen verstummte.

Wie lange hatte er jetzt Ruhe? Einige Minuten? Einige Stunden?

Oder eine ganze Ewigkeit?

Ich schaute wieder zum Polarstern und fand die deprimierende Erkenntnis nochmals bestätigt: Dieser dominierende Stern zeigte mir jetzt weder die Richtung noch konnte er mir eine Assoziation zur Ewigkeit oder zur Unendlichkeit vermitteln. Sein Licht war beständig, aber es war gleichbleibend kalt und hatte keine Beziehung zu unserer Welt der Empfindungen und Gefühle, der persönlichen Nähe, der menschlichen Wärme und Geborgenheit, in der wir lebten.

Ich wußte, daß ich mit dem injizierten Medikament nur für eine kurze Zeit die Symptome der schweren Krankheit unterdrücken, zudecken, verwischen konnte. Aber die äußere Ruhe täuschte, die Giftstoffe wirkten in dem schlafenden Körper weiter, wurden mit jedem Schlag des schwächer werdenden Herzens bis in die letzte Zelle jedes Organs dieses Jungen gepumpt, entzogen sich dort unserer Behandlung. Das Gift schädigte die empfindlichen Strukturen des Gehirns und der Nerven, beeinflußte das hochsensible Reizleitungssystem des Herzens, störte die Koordination der feinen Fasern der Muskeln.

Es bestand die große Gefahr, daß sich Herzstillstand und Kammerflimmern wiederholten. Wie oft konnten wir überhaupt eine Reaktivierung eines still stehenden Herzens erreichen? Der Anästhesist kam, korrigierte die Zusätze der Infusionen, die Medikamente, prüfte die neben dem Bett stehende Apparatur des Defibrillators auf schnelle Einsatzbereitschaft, ging wieder.

Wir drei waren wieder allein. Jeder für sich. Johannes schlafend, ich zweifelnd, der Pfarrer betend. Oder mit Gott im Gespräch? Jetzt erhob er sich, straffte seinen Rücken, ging einige Schritte durch den Raum, setzte sich auf den kleinen Hocker vor dem Bett, schaute seinen Sohn an, unverwandt. Was mochte er denken?

Nach einer langen Zeit wandte er den Kopf zu mir.

»Warum können wir gar nichts machen?«

Er schaute auf den Monitor. Konnte er in dem langsam dahingleitenden Leuchtband die bedrohliche Arrhythmie, also die Unregelmäßigkeit, das wiederkehrende Vorhofflimmern, oder die Blockbildung deuten? Sicher nicht!

»Wird er am Leben bleiben?«

»Wir haben alles getan, was möglich ist, und Sie haben alles getan, was in Ihrer Kraft steht«, tröstete ich ihn. Nach einer Pause fügte ich hinzu: »Und wir werden hoffen, so lange sein Herz schlägt. Wir werden weiter alles tun, was möglich ist.« Und ich hörte die leise gesprochenen Worte, »und manchmal reicht das alles nicht« und erkannte den gleichen, aber anders formulierten Zweifel in seinen Gedanken.

Das Gesicht des Pfarrers lag im Halbschatten. Ich sah nur die Kontur des Profils, doch ich beobachtete in dem dunklen Grau auch den tiefen Schmerz, spürte die Trauer in der tonlosen Stimme, bemerkte die Verzweiflung in der Haltung. »Ich würde mein Leben geben, wenn ich sein Leben erhalten könnte.«

»Denken Sie an Ihre drei anderen Kinder, die brauchen Sie.«

Er nickte, und ich sah Tränen in seinen Augen.

»Ich weiß, es ist ungerecht, aber wir hängen immer besonders an denen, die von uns gehen«, sagte er.

»Haben Sie gar keine Hoffnung mehr?« wollte ich wissen.

»Ich bete für ihn, und ich hoffe für ihn. Doch ich weiß nicht, ob das genug ist. Aber mehr kann ich nicht tun.«

Wir beide kannten die Grausamkeit des Todes, die auch vor Kindern nicht haltmachte. Wir waren dem Tod schon oft begegnet, er als Pfarrer, ich als Arzt. Wir standen dann auf unterschiedlichen Positionen. Er sah das Unabänderliche, mußte es akzeptieren, während es zu meinem Beruf gehörte, mich auch einem scheinbar unabwendbaren Schicksal in den Weg zu stellen. Der Ausgang meiner Bemühungen war nicht immer erfolgreich, und ich spürte das Bedrohliche der augenblicklichen Situation.

Seine Aufgabe war es, den Angehörigen das Unabänderliche des Todes zu erklären, ihnen auch in trostlosen Situationen Trost zu vermitteln. Aber hier war alles anders, denn er stand vor seinem eigenen Sohn. Meine Pflicht war es, auch in der Ausweglosigkeit nach einem Weg zu suchen, um schwindendes Leben zu bewahren, um dem Tod gelegentlich einen Erfolg abzutrotzen.

Unsere unterschiedlichen Aufgaben werden zur drückenden Last, wenn sie junge Menschen betreffen, und wir beide wußten aus unserer Erfahrung, daß die Größe der Niederlage auch durch das Alter bestimmt wird. Das klingt hart, aber es ist so, und wir alle handeln danach. Denn wir kämpfen ungleich stärker und intensiver gegen den Tod eines jungen Menschen als für das Weiterleben eines 85jährigen. Während es für die Hinterbliebenen des alten Menschen der größte Trost ist, wenn wir ihnen sagen können »er hat doch sein Leben gelebt«, können wir bei dem Tod eines jungen Menschen keinen Trost vermitteln, denn die alles entscheidende Frage »Warum gerade er?« kann weder der Pfarrer noch der Arzt beantworten. Und der Ausspruch »Er hatte das Leben doch noch vor sich« wird immer eine Anklage gegen das harte Schicksal sein. Oder gegen den, der das Schicksal lenkt! Wir maßen uns damit an, das Recht auf Leben in ungleicher Größe zu vergeben.

Aber wir sind auch nicht bereit, unsere Einsicht zu ändern! Der Pfarrer saß nach vorn gebeugt, unbeweglich, und schwieg. Seine Gedanken waren bei seinem Sohn. So hatte er wohl eine Stunde lang in dem breiten Sessel geruht, denn ich war wiederholt in das Dienstzimmer gegangen, hatte ihn nicht gestört, hatte ihn alleingelassen. Vielleicht hatte er auch geschlafen. Jetzt stand er in der Tür des Stationszimmers, übernächtigt. Schwester Kläre, die eigentlich in der Ambulanz ihren Nachtdienst versah, hatte die Begegnung mit unserem nächtlichen Gast gesucht, die außergewöhnliche Situation längst erkannt, und sie hatte nun endlich ihr Ziel erreicht, ihm einen besonders guten Kaffee servieren zu können, für den sie bekannt und berühmt war. Er nahm diesen kleinen Liebesdienst dankbar an, schlürfte das heiße Getränk im Stehen, zeigte auf die große Uhr an der Wand und meinte:

»Es ist gleich 4.00 Uhr, da muß ich losfahren. Der Sohn von meinem Studienfreund aus Bayreuth ist unterwegs. Er fährt bei Hirschberg über die Grenze, weiter nach Berlin. Um 6.00 Uhr wird er an der Raststätte am Hermsdorfer Kreuz sein, da wollen wir uns treffen. Er bringt das Medikament für Johannes.«

Ich mußte schlucken, empfand Bewunderung und Hochachtung für diesen bescheidenen Mann. Wann hatte er eigentlich telefoniert und diese schwierige Beschaffung organisiert? In seiner stillen und ruhigen Art erreichte er oft mehr als wir mit vielen lauten Worten. Wieder einmal hatte er mir gezeigt, daß er nicht nur beten, sondern auch kämpfen konnte.

»Wie geht es Johannes?« wollte er noch wissen.

»Nicht gut, aber auch nicht anders als in den vergangenen Stunden.« Wir sahen uns lange an, denn jeder wußte um die Fragwürdigkeit der augenblicklichen Situation. Nach einem kurzen Zögern ergänzte ich noch:

»Es darf nicht die geringste Verschlechterung eintreten. Sein Kreislauf ist an der Grenze der Belastbarkeit.«

Wir gingen noch einmal in das abgedunkelte Zimmer. Er sah lange auf seinen Sohn, der ihn nicht erkannte, immer noch in der überstreckten Zwangshaltung lag, den Hinterkopf in das Kissen gebohrt, die Zähne krampfend zusammengepreßt, die Lippen weit geöffnet. Die Hand des Vaters bewegte sich langsam zu seinem Kopf, wagte aber nicht, ihn zu berühren, blieb über seiner Stirn. Segnete er ihn? Wußte er, daß es die letzte Begegnung mit seinem Sohn war? Wortlos wandte er sich zum Gehen, verließ die Station.

Ich ging in mein Zimmer, rollte mich in eine Decke, legte mich auf die schmale Untersuchungsliege, hatte noch zwei Stunden Zeit bis zum Dienstbeginn. Durch das schrille Läuten des Telefons wurde ich geweckt. »Herzstillstand.« Das Wort kam nicht überraschend. In wenigen Sekunden war ich auf der Station. Lengwinat hatte schon die Elektroden des Defibrillators plaziert. Das Gesicht des Jungen war jetzt entspannt, gelöst, der Mund locker geschlossen. Für uns ein untrügliches Zeichen, daß die Muskeln nicht mehr reagierten, auch nicht mehr auf das extreme Stimulans der Toxine. Die Stromstöße lösten nur ein dumpfes Zucken des Oberkörpers aus, doch die wiederholten Versuche blieben ohne Erfolg. Wir begannen mit der äußeren Herzmassage, unterbrachen nach wenigen Minuten, schauten auf den Monitor.

Nichts!

Eine isoelektrische Kurve, ein horizontaler Strich!

Es waren keine Zeichen der Herzaktion mehr nachweisbar. Wir führten die Herzmassage weiter, gaben reinen Sauerstoff über den in der Nase liegenden Tubus.

20 Minuten – 30 Minuten – 40 Minuten.

Nichts!

Sollte ich eine intrathorakale Herzmassage durchführen, den Brustkorb öffnen? Jeder wußte, daß es sinnlos war. Ich auch.

Nach zwei Stunden beendeten wir unsere Bemühungen.
Wir hatten den Kampf verloren.

Nach mehreren Tagen hielt ich das Päckchen mit dem wertvollen Medikament in der Hand. Im Innern fand ich den kleinen Zettel mit der kurzen Notiz:
›Vielleicht kann dieses Mittel einem anderen helfen,
denn für Johannes war es zu spät.‹
Darunter war zu lesen:
›Ich danke allen,
die meinem Sohn Gutes taten‹,
und durch einen Absatz getrennt, und in sehr kleiner Schrift, beantwortete er mir offensichtlich die Frage, die ich ihm vor wenigen Tagen über die Bedeutung des Lebens gestellt hatte, doch vermittelte mir seine Antwort kein zusätzliches Wissen, sondern nur Nachdenklichkeit, denn ich las:

›Wir können die ganze Welt durchforschen,
um den Sinn des Lebens zu suchen,
wenn wir ihn nicht in uns tragen,
werden wir ihn nicht finden.‹